『第六届中国社会科学前沿论坛』会议论文集

走向世界的中国学术

Zouxiang Shijie De Zhongguo Xueshu

主编/高翔　副主编/余新华
执行主编/魏长宝　路育松

中国社会科学出版社

图书在版编目（CIP）数据

走向世界的中国学术／高翔主编．—北京：中国社会科学出版社，2013.7

ISBN 978-7-5161-2904-3

Ⅰ．①走…　Ⅱ．①高…　Ⅲ．①社会科学—中国—文集　Ⅳ．①C53

中国版本图书馆 CIP 数据核字（2013）第 148418 号

出 版 人　赵剑英
责任编辑　王　茵
责任校对　王兰馨
责任印制　王炳图

出　　版　中国社会科学出版社
社　　址　北京鼓楼西大街甲 158 号（邮编 100720）
网　　址　http://www.csspw.cn
　　　　　中文域名：中国社科网　　010-64070619
发 行 部　010-84083685
门 市 部　010-84029450
经　　销　新华书店及其他书店

印　　装　北京君升印刷有限公司
版　　次　2013 年 7 月第 1 版
印　　次　2013 年 7 月第 1 次印刷

开　　本　710×1000　1/16
印　　张　27
插　　页　4
字　　数　453 千字
定　　价　79.00 元

时任中国社会科学院常务副院长王伟光在第六届中国社会科学前沿论坛开幕式上致辞

第六届中国社会科学前沿论坛开幕式

第六届中国社会科学前沿论坛会场 1

第六届中国社会科学前沿论坛会场 2

第六届中国社会科学前沿论坛全体代表合影

目　录

主旨论文

专题文章

塑造中国学术的大国气象与世界影响

——在第六届中国社会科学前沿论坛上的讲话

王伟光

（2012 年 10 月 25 日）

要坚持中国学术的自觉与自信，毫不动摇地继承和弘扬中华民族的优秀学术传统，创造并发扬光大具有时代气息的、中国特色的学术，推动世界不同文明之间的对话与交流，促进人类文明的整体进步和成长。

同志们：

在全国人民喜迎党的十八大之际，哲学社会科学界的专家学者代表齐聚徐州，共同研讨当代中国学术如何走向世界。这一议题的提出，既凝结着党和国家对哲学社会科学工作者的殷切期望，也体现了我国学者对当前世界学术格局的清醒认识和强烈的历史使命感。在此，我谨代表中国社会科学院党组、代表陈奎元院长，向参加此次会议的专家学者致以热烈的欢迎！向为承办此次会议付出辛勤劳动的江苏师范大学的领导和同志们表示衷心的感谢！

今天我主要讲三个问题。

一　中国学术走向世界是统筹国内国际两个大局、发展中国特色社会主义、实现中国现代化的必然要求

思想源于对现实的深刻把握。回顾人类思想史，一切划时代的思想体系都在于它回应了时代最响亮、最迫切的问题。正如马克思所说，“问题是时代的格言，是表现时代自己内心状态的最实际的呼声”。推动中国学术走向世界，提升中国学术的世界影响力和国际话语权，是我们基于对我国发展态势和国际形势走向的总体判断而提出的时代课题，是哲学社会科学界深入贯彻党中央统筹国内国际两个大局、发展中国特色社会主义、实现中国现代化战略思想的重大举措。

改革开放34年来，特别是党的十六大以来，中国特色社会主义各个方面建设都取得了令世人瞩目的巨大成就，中国的综合国力显著提升，世界影响力大幅拓展，民族自信心空前高涨。进入21世纪以来，中国在国际事务中日益展现出积极进取的对外姿态，广泛地参与到世界经济、国际和平、发展援助、非传统安全等问题的讨论与解决之中，中国更加自觉主动地在各类国际论坛上提出自己的政策主张。伴随着中国国际地位的上升，世界越来越需要获得中国的参与，越来越需要倾听中国的声音，越来越需要汲取中国的智慧。世界需要中国，中国需要世界。在国际目光日益投向中国的新形势下，中国哲学社会科学走向世界既面临着难得的历史机遇，也肩负着增强国家文化软实力、进一步提升国际影响力的历史使命。

30多年来，中国共产党带领中国人民不断探索、勇于创新、敢为人先，成功走出了一条史无前人的中国特色社会主义道路。这条道路凝结着中国人民的汗水和智慧，蕴含着丰富的实践经验和理论素材。中国道路世界瞩目。当然，中国的继续发展也面临着一系列有待解决的困难、问题与矛盾，这些难题的成功破解需要哲学社会科学认真进行经验总结、理论概括和对策提炼，需要中国的学者为前进道路上可能遇到的种种问题提供具有前瞻性的智力支持和科学的解决方案。中国特色社会主义道路是一条反对教条主义、打破西方神话、坚持独立探索的道路，它所体现的实践特征、它所提出的理论问题，是任何一种西方理论范式都无法给予充分解释

的。这种独特性，为中国哲学社会科学既吸取西方学术又超越西方学术、既吸取中国传统文化又超越中国传统文化、实现理论学术创新提供了极其丰沃的思想资源和实践素材，也为中国哲学社会科学走向世界、为人类文明的提升，贡献中国人自己的思想智慧奠定了坚实基础。

中国特色社会主义伟大实践不断激发着理论创新、学术创造的活力，为哲学社会科学打开了世界性的宏阔视野，奠定了中国学术走向世界的理论与现实根基。中国学术在新的历史条件下必将有所发现、有所突破、有所创造，作出具有世界意义的重要贡献。

从世界范围内看，中国哲学社会科学走向世界是中国参与世界文明重组、为人类发展贡献中国智慧的客观要求。20 世纪 90 年代，苏联解体，冷战结束，世界社会主义运动遭受重大挫折。美国右翼思想家福山随之提出了“历史终结论”，认为冷战的结束标志着共产主义的终结，西方自由民主制度将成为“人类意识形态发展的终点”和“人类最后一种统治形式”。具有资产阶级意识形态特征的新自由主义或者说“华盛顿共识”在全球大行其道。然而，冷战后残酷的现实让新自由主义名誉扫地：休克疗法使俄罗斯一蹶不振，自由化改革让拉美身陷经济陷阱，非洲民主化浪潮造就一批所谓“失败国家”。特别是 2008 年欧美金融危机，更让国际思想学术界对新自由主义产生了深刻的怀疑。相反，中国在苏联解体后，沉着应对，沿着中国特色社会主义道路坚定前行，创造了令世界惊叹的中国奇迹。中国特色社会主义所取得的伟大成就，新自由主义所遭遇的尴尬境地，充分证明人类历史的社会主义必然趋势并没有终结，人类的社会主义现代化发展道路依然面临着极其广阔的空间。中国人民是不断探索人类社会新的发展道路的勇敢践行者，它在探索过程中所积累的经验，将为世界其他国家和民族探索适合自身特点的发展道路提供有益的借鉴和理论启示。人类的发展需要离不开中国经验、中国智慧，中国哲学社会科学走向世界正是对这种需求的积极回应！

二　中国哲学社会科学的繁荣发展是中国学术走向世界、争夺“话语权”、占据“思想高地”的坚实基础

伟大的时代催生伟大的精神产品。当前，中国哲学社会科学事业正处

于前所未有的快速发展中，这为中国学术走向世界、争夺“话语权”、占据“思想高地”积累了宝贵经验，创造了积极条件，奠定了坚实基础。

中国当代哲学社会科学的发展与鸦片战争以来中国学术的近代转型有着不可分割的渊源关系。自以林则徐、魏源为代表的先知中国人睁眼看世界以来，中国学术的发展就与学习西方文明结下了不解之缘。从洋务运动、戊戌变法、辛亥革命到新文化运动，中国学术伴随着近代中国社会的发展持续地引进西学，向世界文明学习。而20世纪二三十年代马克思主义在中国的传播和崛起，更是中国思想史上开天辟地的大事，标志着中国学术进入一个崭新的发展阶段。新中国成立以后，伴随着学术界对马克思主义的学习与研究，马克思主义在学术研究中的主导地位得到确立和加强，取得了一大批具有历史意义的优秀科研成果。改革开放以来，我国哲学社会科学立足中国，面向世界，大力探索马克思主义中国化，充分借鉴国外人文社会科学研究的新观点、新方法、新成果，建立了相对齐全的学科体系。进入新世纪，中国哲学社会科学研究在基本完成了对西方学术理论的引介的同时，积极探索如何在新的历史起点上构建起具有鲜明中国特色的学术理论体系、在国际学术界发出中国的声音，这已经成为摆在我国哲学社会科学工作者面前的重大时代课题。繁荣发展中国哲学社会科学是历史的必然选择。

十六大以来，党中央进一步把繁荣发展哲学社会科学作为建设社会主义文化强国的一项重要内容。十七大明确要求“繁荣发展哲学社会科学，推进学科体系、学术观点、科研方法创新”；国家“十二五”规划纲要提出：“大力推进哲学社会科学创新体系建设，实施哲学社会科学创新工程，繁荣发展哲学社会科学。”十七届六中全会《决定》提出了“繁荣发展哲学社会科学”和“提高文化开放水平，推动中华文化走向世界”的重要任务。这一系列重大举措表明，随着中国特色社会主义实践的深入发展，我们党更加重视哲学社会科学事业的繁荣发展，更加娴熟地把握哲学社会科学的发展规律，更加自信自觉地塑造中国学术的国际竞争力和世界影响力。

改革开放以来，我国哲学社会科学事业取得了长足进展。广大哲学社会科学工作者奋发进取，开拓创新。马克思主义理论研究和建设工程是党的十六大以来我国思想理论建设的标志性工程，推进马克思主义中国化、时代化、大众化取得了显著成果。一大批学术新领域被开辟，研究手段、研究方法加速更新，新兴学科不断兴起，不同学术观点、学术流派相互激荡，哲学社会科学学科体系和教材体系建设得到显著加强，优秀成果、优良人才不断涌现，一批有影响的学术理论报刊成功创办并得到发展，学术新媒体快速成长，为推动和引领中国学术走向世界搭建了桥梁。

改革开放以来，我国哲学社会科学事业成果辉煌，为中国特色社会主义道路的发展提供了坚强的理论支撑和智力支持。可以说，我们正处在一个学术发展的黄金时代，中国学术已经具备了走向世界的条件。

三 立足中国、面向世界，围绕中心、服务大局，为实现中华民族的伟大复兴、为世界文明的提升贡献中国智慧

哲学社会科学走向世界，是一个严肃的时代课题，不能盲目，不能跟风，必须有目标、有方向、有规划，必须坚持“立足中国、面向世界，以我为主、为我所用”的原则，必须坚持围绕中心、服务大局，为实现中国现代化和中华民族伟大复兴、为中国特色社会主义服务的方针。这里有三点需要特别强调。

第一，中国学术必须坚持以马克思主义为世界观方法论指南。马克思主义是当代中国学术的灵魂，在繁荣发展哲学社会科学方面发挥了龙头作用、基础作用和导向作用，为中国学术坚持正确的政治方向、理论方向和科研方向，奠定了牢固的思想基础。马克思主义是我国哲学社会科学的本质特征，是我们与西方进行理论对话的科学指导，是我们超越西方学术、赢得学术话语权的创新动力，是中国学术走向世界的理论支点。必须始终坚持马克思主义在学术研究中的主流地位。

第二，中国学术走向世界必须坚持服务于中国特色社会主义事业。中国学术自古就有经世致用的优良传统，具有“为天地立心、为生民立命、为往圣继绝学、为万世开太平”的博大情怀。以马克思主义为指导的哲学社会科学研究，是中国特色社会主义事业的有机组成部分，是实现国家文化战略的重要力量。在中国学术走向世界的进程中，哲学社会科学工作者要始终将学术研究与国家发展战略结合起来，围绕党和国家中心工作，服务于中国特色社会主义现实发展大局，将个人努力方向与国家的需要、

民族的需要结合起来，不辱使命，不负重托。

中国特色社会主义实践既是中国学术走向世界的物质基础和理论资源，又是中国学术走向世界的服务目标和终极归宿。中国学术走向世界，绝不单纯是为了赢得国际学术话语权、提升国家文化软实力，更是为了通过走向世界更好地服务于中国特色社会主义伟大实践。为此，走向世界的中国哲学社会科学必须牢牢把握中国特色社会主义道路的政治方向，始终服务于中国特色社会主义政治、经济、社会、文化以及国防建设，在和世界其他国家、其他民族学术文化的深刻互动中，批判地汲取优秀智慧和营养，为党和政府破解中国特色社会主义发展道路上的种种难题提供智力保障，在与实践偕行中，努力构建具有中国特色、中国风格、中国气派、中国话语体系的哲学社会科学理论体系，以鲜明的时代感和民族性，彰显中国特色社会主义的强大生命力。

第三，与国际学术界展开平等、独立、有尊严的对话，以鲜明的中国特色和时代特征走向世界。理论的成长成熟离不开思想砥砺和学术争鸣。中国学术只有通过与国际学术界展开平等、独立、相互尊重的对话，才能真正屹立于世界学术之林，为民族、国家赢得更多的发展机遇，提供更多的智力支持。尊严来自实力。中国学术源远流长、博大精深，五千年的文明史造就了灿若星辰的文化巨擘、浩如烟海的学术经典、辉煌璀璨的民族文化，为人类知识宝库留下了极其丰富的精神遗产。当代中国的历史实践又创造了战后世界范围内国家建设的伟大奇迹。立足中华民族的光辉历史，我们没有理由对中国学术走向世界的“梦想”失去信心。只有民族的，才是世界的；只有世界的，才是民族的。在中国学术走向世界的进程中，只要我们立足中国的历史与国情，传承和发扬中国自身的特色与传统，就可以与国际学术展开平等、独立、有尊严的对话。数典忘祖、全盘西化，绝不是走向世界，而是背离中国学术发展的正确方向，必将葬送中国学术的远大前程。

与国际学术界展开对话，要坚持以科学的眼光对待其他国家、其他民族的学术观点和学术成果，既不能故步自封、狂妄自大，也不能妄自菲薄，一味崇洋。在以博大的胸怀、开放的心态吸纳世界其他文明优秀成果的同时，要坚持中国学术的自觉与自信，毫不动摇地继承和弘扬中华民族的优秀学术传统，创造并发扬光大具有时代气息的、中国特色的学术。在此基础上，推动世界不同文明之间的对话与交流，促进人类文明的整体进步和成长。

最后，预祝第六届中国社会科学前沿论坛圆满成功！

谢谢大家！

（作者时任中国社会科学院党组副书记、常务副院长，
现任中国社会科学院院长、党组书记）

第六届中国社会科学前沿论坛开幕式致辞

任　平

（2012 年 10 月 25 日）

尊敬的王伟光院长，尊敬的各位领导、各位来宾：

十月的彭城，天高风爽，丹桂飘香；金秋的徐州，贵宾云集，高朋如云。今天，第六届中国社会科学前沿论坛在这里隆重召开。本次会议由中国社会科学杂志社主办，我校承办。王伟光院长亲临论坛，还要发表重要讲话。省委宣传部周琪副部长，省教育厅殷翔文副厅长，中共徐州市委常委、宣传部张彤部长拨冗出席。全国 60 多所著名大学、社会科学院等单位的领导和学者共 120 多人。这是在党的十八大胜利召开前夕的一次学界盛会！首先，请允许我代表承办方江苏师范大学向拨冗与会的各位领导、专家表示诚挚的感谢和热烈的欢迎！

有幸在徐州承办此次论坛，也愿借此机会向各位介绍一下江苏师范大学。江苏师范大学始建于 1952 年的无锡，1958 年北迁徐州，从徐州师范学院到徐州师范大学，再到现在的江苏师范大学，60 年风雨兼程，一甲子成就辉煌。学校已成为设有 3 个试点学部、21 个专业学院以及教师教育学院、继续教育学院和独立学院科文学院，涵盖 11 个学科门类、70 个本科专业、26 个一级学科硕士点的现代化高校。学校现有 1365 名专任教师，教授 211 人（其中博士生导师 34 人）、副教授 452 人，具有博士学位者 434 人。有两院双聘院士 3 人，中国社科院学部委员（双聘）1 人，长江学者特聘教授 1 人，长江学者、国家杰出青年级人才（双聘）18 人。近五年来，学校共获得各级各类纵向科研项目 700 余项，其中国家基金项目 170 项。特别是 2011 年和 2012 年，我们在人文社科领域的发展获得了重大突破。两年来，共获得国家哲学社会科学基金 38 项，其中重大项目 4 项，重点项目 4 项，我校语言认知科学与文化艺术学科群还获得了江苏省首批优势学科项目。江苏师范大学能有今天的成就和快速发展的格局，与在座各位的鼎力支持和社会各界的殷切关怀密不可分，在此，我代表学校向各位致以诚挚的谢意！明天，江苏师范大学将举办建校 60 周年庆典，这里，我谨代表学校全体师生再一次向与会的各位领导和嘉宾发出诚挚的邀请！

作为中国改革开放精神表征的中国学术正处在一个取向大转折、思想大创新、理论大繁荣的关键时期。前 30 年，中国开放取向主要是“世界走向中国”；而今天，已经转向“中国走向世界”的新时代。美国金融危机和欧洲债务危机不仅是西方经济霸权的危机，而且也是西方文化霸权的危机。创造经济奇迹并成功抗击危机的中国道路，内在地蕴涵着中国价值，已经在世界范围内产生着越来越大的影响。中国学术需要走向世界也正在走向世界。走向世界的中国学术需要转换问题意识、实践条件、经验基础、理解主体和话语方式，更要在全球多元文化主体间学会对话和融通，许多问题需要深度研究。本次大会邀请各位领导和著名专家以此为题深度研讨，必将有重大收获。

中国社会科学前沿论坛始终站在历史和时代的制高点，直面我国社会发展和人类文明进程中的问题，追踪和引领学术热点和社会科学发展潮流，在推动我国哲学社会科学研究和社会进步、建构中国学术话语体系等方面起到重要作用。此次社会科学前沿论坛在我校的召开，对于江苏师范大学来说，更是一次难得的交流学习的机会。我们也希望借此机会，认真学习王伟光院长的讲话精神，认真听取各位领导和专家对我校学科建设、专业发展、人才培养和科学研究等各项工作的建议和指导，进而推动江苏师范大学朝着既定建设目标跨越式前进！

最后，预祝第六届中国社会科学前沿论坛取得圆满成功！祝各位领导在徐期间生活愉快！谢谢大家！

（作者系江苏师范大学校长、教授）

主旨论文

成就、问题与期许：中国三十年来人文社科事业的发展*

朱光磊　宋林霖　王转运

摘　要：改革开放以来，中国人文社会科学学科门类体系趋于完善，“人文”与“社科”两大领域的分化基本完成，研究范式发生历史性变化且方法论意识初步得到加强，对外学术交流日益活跃，发展成就可谓显著。但在学科划分、概念运用、理论建构和研究方法等方面依然存在突出问题。未来中国人文社会科学事业的发展，要立足于中国经济高速发展和社会结构转型、社会主义市场经济体制建立以及国际化等三个“基本面”，正确处理“中国意识”与“国际意识”、“问题意识”与“学科意识”、“人文做精”与“社科做强”之间的平衡关系。

关键词：人文社会科学　学科　国际化

改革开放以来，中国人文社会科学领域取得了许多重大的进展，研究队伍迅速壮大。截至2010年底，高校哲学社会科学教师已达44万人，涌现了一批优秀的学科带头人和中青年学术骨干；据不完全统计，“十一五”期间，仅高校共出版哲学社会科学著作约12.9万部，发表论文约

* 原文刊发于《江淮论坛》2013年第1期。

151 万篇，其中一部分具有很高的水平。[①] 这为人才培养、理论创新和文化传承作出了重要的贡献。但是，同时人文社会科学领域也还存在着一些不尽如人意的问题。在中国的人文社会科学事业和改革开放事业一同步入新中国的第三个 30 年的关键时间节点，有必要从宏观上总结其主要成就，具体分析存在的主要问题，以推动人文社会科学事业的健康发展。

一　改革开放以来中国人文社会科学事业发展的主要成就

第一，学科门类体系趋于完善，邓小平同志提出的“补课”任务已经基本完成。

邓小平同志在改革开放之初的一次理论工作务虚会上曾提到对社会科学的“补课”问题。“实现四个现代化是一项多方面的复杂繁重的任务”，“我们已经承认自然科学比外国落后了，现在也应该承认社会科学的研究工作（就可比的方面说）比外国落后了”，对社会科学“我们过去多年忽视了，现在也需要赶快补课”。[②] 现在，法学、政治学、社会学、行政学等学科不仅得到了恢复性的发展，有些应用型强的学科发展的规模还很大，建设水平也提高很快，比如法学、行政学以及新闻传媒等学科、专业；像过去一直没有进入中国或是一些比较特殊的学科，前者如社会工作，后者如人类学、民俗学等，都得到了较快的发展。目前高校哲学社会科学共有 28 个一级学科（不包括军事学门类）、400 多个二级学科，形成了门类齐全、布局合理的学科体系；[③] 学科门类体系已臻完善。可以说，领域“补课”的历史任务已经基本完成。如果说改革开放 30 年是为人文社会科学的发展打基础的时期，那么接下来的 30 年将是这种发展进入开花结果的繁盛期。这

① 新闻通气会材料：《教育部启动实施〈高等学校哲学社会科学繁荣计划（2011—2020 年）〉大力推进高校哲学社会科学创新体系建设》（http：//www. moe. gov. cn/publicfiles/business/htmlfiles/moe/s6015/201111/126841. html）。

② 《邓小平文选》第 2 卷，人民出版社 1994 年版，第 180—181 页。

③ 新闻通气会材料：《教育部启动实施〈高等学校哲学社会科学繁荣计划（2011—2020 年）〉大力推进高校哲学社会科学创新体系建设》（http：//www. moe. gov. cn/publicfiles/business/htmlfiles/moe/s6015/201111/126841. html）。

一成就是改革开放30多年来中国人文社会科学事业一切发展的基础。

第二，“人文”与“社科”两大领域的分化基本完成。

对于人文社会科学，人们习惯说“文、史、哲”，“政、经、法”，其实这是一个很好的概括。前三者，是三个最基本的人文学科，后三者，是三个最基本的相对于人文学科的纯社会科学学科。例如，刚刚恢复高考的时候，“人文”与“社科”的分界点并不明显，大家都在“文科”的大旗下，将自己的身份定位为“文人”，“指点江山，激扬文字”。事实上，当时真正的社会科学专业也不多，文科规模最大的专业就是文史哲，“文笔好”对于做一个好学生、好教师，甚至好教授，都是一个非常重要的评价标准。这是中国重视文史学习的文化传统尤其是长期实行科考制度所形成的思维惯式，是人文社会科学事业长期不发达的必然产物。虽然，彻底扭转这种观念非常困难，但不注意自觉区分人文与社科的差别确实在严重制约着社会科学的发展。比如，在某种意义上，政治学家、社会学家不是一般意义上的文人，而是社会科学工作者，不宜像诗人、散文家一样，凭感想和感觉解决问题，而是要借助精确的数据、实地调查研究，通过系统的逻辑推理下结论。他们的文章可以缺些华彩，但不可以讲半句没有根据的观点。经过30年的发展，这种现象在今天已经大有改观。例如，在一个有诸多文科名校学者参加的政党问题学术研讨会上，即使涉及意识形态色彩较重的敏感议题，与会学者的发言都能够秉持规范性研究和建设性解决问题的态度，没有发生简单发牢骚唱高调的现象，——这在十几年前是不可想象的。总体来说，目前人文与狭义社会科学研究领域的总体分化已基本完成，以问题为导向的研究，尤其是具有重大影响和深刻意义的问题研究，将是进一步要完成的工作。

第三，研究范式发生历史性变化，方法论意识初步得到增强。

30多年来，我国人文社科研究的方法论意识也在增强。方法在科学研究中具有重要地位，爱因斯坦认为它甚至比知识重要。20世纪以来的西方思想对方法的重视，在托马斯·库恩所表述的“范式”中得到充分体现。约翰逊也曾经说过，“如果不运用所有这些范式的洞察力，社会现实的任何一个方面都不能得到充分的令人满意的解释”。[①] 这个一开始用来说明科学革命结构转换的概念，后来被广泛地运用到社会科学研究领

① ［美］T. D. 约翰逊：《社会学——多重范式的学科》，《国外社会科学》1992年第3期。

域，与此相伴随的是现代西方思想潮流的此起彼伏，人文社会科学研究的各自方法也不断得到彰显。我国学术界的方法论意识与西方相比尽管处于“后发”劣势，但经过这些年对西方思想的译介和研究，也逐渐实现了研究方法的转变。

比如，在80年代，中国政治学、社会学等领域主要侧重于介绍和研讨西方从古至今的政治学理论，以试图在转变传统研究范式的同时，建构具有现代意义的学科体系。但是，由于缺乏理论发展的学科积累和一套成熟完善的研究方法，使得在学科建构中，出现了离开具体的社会历史文化背景，或简单套用马克思主义经典著作中的某些词句，或简单移植西方政治学理论体系和理论观点的倾向。相应地，这一时期对中国现实问题的关注和理论抽象，则停留在“提想法”的层面上。当时，在《理论信息报》等媒体上，一篇几百字的感想性文章，一则非常简单的议论文，就可以引起“理论界”的轰动，作者就可以一夜成名。在当时，这也不为不正常。经过20多年的努力，学术界已经出现了变“拿来主义”为对学术和学科的系统理论建构的重要趋势，即一方面及时跟踪国外政治发展的动态及趋势，认真研究当代国外出现的新学科、新思潮、新流派和新方法的发展情况，批判地借鉴其新的理论和方法论成果，以开拓中国政治学研究的视野，丰富其理论内容；另一方面，则在明确中国社会科学实践功能与理论研究功能的基础上，初步建构了一套与这些功能相适应的概念和范畴、学科研究方法和研究模型。比如，在政府理论领域，就已初步形成了政府体制、政府过程、政治形态等多个角度的研究并存的局面，在中国社会成员构成研究领域，初步形成了阶级分析、阶层分析、阶级与阶层综合分析、“身份—契约”分析、社会利益群体分析等不同的视角。凭借一篇感想一鸣惊人的年代已经过去了。

中国改革开放本身为中国自身的理论建构提供了最适宜的实践平台。在这方面，中国学者开始以自身方法来建构中国本土的理论体系，并取得初步成就。从政治学领域看来，有关这方面，北京大学王浦劬教授主持撰写的《政治学基础》（1995年）、复旦大学王沪宁教授等撰写的《政治的逻辑：马克思主义政治学原理》（1994年）等，都做出了积极的探索，促成了包括“利益政治观”等在内的重要的政治学概念、命题在中国政治学界取得了初步的学术地位，引发或推动了人们对许多经典政治学课题的新思考；一批“海归”学者更是在这方面作出了自己的独特贡献。

第四，大量新学科、新思想、新方法进入中国，对外学术交流活跃。

从源头考证，中国社会科学是洋务运动之后引进的西学，传统中国的观念思想和方法一直处在变革之中，并不断地受到西方思想的深刻影响。但是，改革开放以后，中国人文社会科学界才真正完全自主、有目的地大量了解和研究西方的新思想、新科学。从20世纪80年代以来，西方各种思想潮流，比如存在主义、结构主义、解构主义、历史主义、生态主义、女权主义等等思潮，层出不穷地引入中国学术界。它们对中国学术的理论建构和方法论启发产生了不少影响。不过，这个过程从鸦片战争以来一直都是非对称的，在此之中基本上只有西方思想对中国的影响，后者对前者的影响少之又少，甚至也没有有意识地这样做。可喜的是，近年来，随着国家经济实力的增强和国际影响力的扩大，国际和地区学术交流的日益活跃，多渠道、多形式、多层次对外交流不断展开，中国与国际上许多高水平大学、学术机构的实质性合作在不断加强。据不完全统计，“十一五”期间，高校哲学社会科学研究人员参加各类国际交流活动约37.6万人次，参加国际合作项目2600多个，在国外期刊上发表论文1.5万多篇，有近800部以中国学者为第一作者署名的著作被翻译成外文，在96个国家和地区开设了322所孔子学院和369个孔子课堂，[①] 这无疑扩大了我国哲学社会科学在世界上的影响。随着国家哲学社会科学“走出去”战略的实施，中西方的学术交流必将越来越密切，而且可以想见将越来越会以一种对称性的方式进行。不过，在此期间我们需要解决中国人文社会化科学研究中的一些问题。

二　中国人文社会科学事业发展中的突出问题

（一）学科：主观划分对象化

学科的划分，改革开放之前基本上受到苏联模式的影响，改革开放以后逐渐推翻苏联模式，但不顾学科自身发展规律而随意主观地进行学科划

① 新闻通气会材料：《教育部启动实施〈高等学校哲学社会科学繁荣计划（2011—2020年）〉大力推进高校哲学社会科学创新体系建设》（http：//www. moe. gov. cn/publicfiles/business/htmlfiles/moe/s6015/201111/126841. html）。

分的现象却依然存在，在某些方面甚至非常严重。比如，行政管理就因为“管理”两个字，就被划分入了管理学门类，成为公共管理的一个二级学科。而公共管理这个一级学科本身也带有明显的拼凑色彩，包括了行政管理、社会医学与卫生事业管理、教育经济管理、社会保障和土地资源管理5个几乎没有什么联系的二级学科。另外把中共党史划入政治学的二级学科，也存在类似的问题。其实，“分类”是个认识工具，是为了便于规范管理的“参照系”，对研究工作来说只是一个参考。但是，现在的突出问题，是所谓的“学科划分”被简单地对象化和绝对化了——似乎作为一个“客观标准”，成为了在学科建设之内和学科相关领域以外都需要“遵守”的东西。

（二）概念：数量少与不规范

现代社会迅猛发展，对某种思想，某些社会现象及其规律的探究，是需要摆脱日常话语而用严格的学术概念来实现的。面对浩瀚的学术典籍，我们一方面感叹其数量之繁多，另一面也惊叹这些概念能建构如此精巧的理论，以至于能深刻而全面地解释问题。改革开放以来，我们一方面大量地译介西方思想，另一面也有不少学者尝试着构造自身概念来构造自身学术理论，但在质量和数量上，译介西方的思想其实也是非常有限度的。这与日本在现代化过程中对于西方思想的译介来说，中国方面的工作还相对有限，其主要原因其实就是长期以来官方评价体系中对专业翻译工作的不重视，尽管强制普及应用外语的导向很明显。比如，在高校，翻译著作大都是不计入工作量与职级晋升无关。于是，便导致了翻译人员工作敷衍，由于翻译人员专业知识缺失而导致的理论疏漏，无法达到“信达雅”的标准等问题。同时，由于中国人文社会科学的发展滞后性，使学者很难在不受西方思想的影响下，以自身概念来建构原创性的理论问题，这就使得原生概念更少产生。时下很多人将生活用语、网络用语，运用于对一些理论问题的探讨，而不是相反，恰恰反映出学术概念在某些理论领域概念或概念运用上的匮乏。其实，理论领域概念或概念运用上的匮乏，也与我们概念运用的不规范相关。比如“国家”与“政府”概念不分。不过也要看到的是，这种不规范其实并非仅仅根源于概念，而是源于思想。比如在西方思想的译介中，英语词“right”在中文里对应的是“权利”或“正当”，其对应的德语词“Recht”却与“权利”、“法”、“法律”、“法权”等对应翻译，其实这些译名的选择后面对应的是思想，但却需用不同概念去说它，这意味着同一个概念在中文环境下有可能是非常不同的。所以，概念问题一定与更深层次的理论问题相关联。

（三）理论：建构的依附性

改革开放以来，这种依附性一方面是对西方学术理论的依附，另一方面是一学科对其他学科之间的依附。从 80 年代开始，各种西方思潮不断被介绍到汉语世界，思想流派层出不穷。在这个意义上学术概念也是不少的，但是能够有效地被运用到针对中国现实问题的自身学术建构的概念并不多。其中的原因，其一来自于这些思想的理解很多都是只停留在介绍和了解上，没有被运用到中国内生的理论研究上，更没有在中国原创的（原生态的）思想理论上来加以深入理解和批判；其二也在于理论建构太多受制于西方学术，而没有以更高的理论自觉来面对自生的现实问题。所以，理论建构的表层化，其实是遗漏了或者没有面对根本上的问题，而只是在概念之间打转。这就使得理论建构的依附不仅仅是依附于西方各自各有的思想潮流和概念体系，而且也使得学科之间的依附也非常明显。比如计量经济学中，经济学对数学的依附使得前者完全可以化约为后者。这种依附其实隐藏了一个更为隐秘的假设，即一个学科的问题可以转化成另一个学科的问题，一个学科的方法可以推广到另一学科。近年来在研究方法所表现出来的双重性与此相关。

（四）方法：总体依然滞后与绝对化现象并存

西方学术史已经清楚地表达了方法对于理论建构的革命性作用，有时候一门新的方法甚至可以开辟出一门新的学科。但在中国，人文社科研究中却有一种怪现象，一方面理论建构的方法总体上滞后于西方，但另一方面，却有一种方法论的神话，似乎有一种通用于多（甚至所有）学科的方法，方法论被看作是根除百病的妙药。这其实仍是懒于面对自身理论问题，放弃内生问题而舍本逐末的态度。所以毫不奇怪，会有学科之间的依附性，而不会引出问题之间的依附性。后者显然是需要更大的学术勇气。这也是我们在八九十年代不得不大力推动和鼓励运用计量的方法、田野调查方法来研究社会科学问题，而今天却又不得不提醒部分年轻的朋友们不要把计量方法和田野方法的作用绝对化。

这些亟须突破的问题，归根到底昭示出一个根本的态度，回归到中国学术自身的问题之中，以中国的话语来解决中国的当下问题。现代化国家，比如美国、德国、日本等，走向文化强国的道路，无一不历经了对自身现实问题的理论阐释过程。以自身的原创性来突破这些问题是实现我国由教育大国向教育强国迈进的必要条件，也是实施我们的“走出去”战略的最好资源。

三　中国人文社会科学事业发展的未来走向的几点期许

中国人文社会科学事业的未来走向，从客观方面必须立足三个“基本面”：

第一，中国经济的高速发展和社会结构的转型，使得我国社会的整体文化水平明显提高。据统计，我国的成人识字率已超过94%，高等教育正走向大众化阶段，中高收入者的比例也在持续提高。这些变化使得哲学社科方面的意识形态功能逐步转变，要求更全面的科普工作和更加面向具体问题的理论态度。另一方面，随着网络成为传播社会科学文化成果的重要载体，信息的流通和传播也在飞速进行，如此带来的是思想观念方面巨大而深刻的变化，人文社科在此产生的新问题和亟须研究的新领域就不仅仅是局部和地域性的，而是世界性的了。据此而言，这个基本面也是中国人文社科事业走向世界的一次契机。

第二，社会主义市场经济体制的建立使得我国的经济发展进入到全球经济的大循环之中。这意味着资源配置方式的根本性变化，也意味着中国人文社会科学事业发展大环境的变化。人文社科事业的发展要融入到这种新的环境和新的全球视野之中，坦然地接受由此所带来的一切变化。改革开放30多年，其实也是这个视野不断开拓的过程。《中共中央关于深化文化体制改革推动社会主义文化大发展大繁荣若干重大问题的决定》正是以这种视野来推动经济发展的大战略。在这种视野之内中国人文社科事业的发展就应突破旧做法，以更宽广的心态，协同和创新的意识来开展学术理论研究。对于学科的划分和发展，一方面是要求更加精深和细致，另一方面则不要以学科划分的桎梏而忽略对相关性问题的深入探讨。这给人文社会科学人才资源的配置也带来了新的课题。

第三，国际化是21世纪中国人文社会科学事业发展的重要特征。尽管经济全球化与经济多极化发展一样，会在文化上也呈现出多元化的样态，但是要看到的是，多元化是在一种全球意识中的多元化，而不是封闭和对抗意义上的多元化。所以，在交往导向下的学术发展需要有国际化的视野。作为人文社会科学研究主要载体的大学，不论是国外还是国内，对国际学术交流的重视都是前所未有的，而且这种交流不仅限于科研，——3+1或2+2的培养方式，在国内外的高水平大学都已经占到相当比例。我们有孔子学院，德国有歌德学院，美国有富布赖特项目。这就要求所有肩负有管理、协调人文社会科学工作的机关和单位，要求所有人文社会科学工作者，都要进一步树立国际化意识，以适当的方式在自己的研究工作中体现出来。

在上述客观背景下中国人文社会科学事业面临着自己的主观抉择。这条路怎么走？是否如下几个方面需要加以特别的注意？

——"中国意识"与"国际意识"的平衡。马克思说过，"理论在一个国家实现的程度，总是决定于理论满足这个国家需要的程度"[①]。中国人文社会科学的发展需要在理论与现实（国家）之间取得平衡。理论研究可以包括以下两个方面，一个是理论本身的发展，另一个是对现实的理论抽象。[②] 如果说纯粹的理论研究是一种国际意识的话，那么对现实的理论抽象就特别需要以本土意识或者国家意识为基础。尽管在经济全球化的今天，各种学术理论日益成为世界知识体系之内的一部分，但是不仅从理论研究的双重性上，而且从现代国家对社会研究的内在要求上来看，人文社会科学研究都负担着国家体系的正当性和国家发展的合理性的论证要求。这恰恰源于国家的实质："一切新的国家形式今后都不得不借助各种学术论说来论证社会制度的正确合理，并使其成员能够理解。不论专制的或是现代的国家形式都具有这一特点。"[③] 显然，要很好地说明国家形式的合理性和正当性，必然也需要在经济全球化的语境中进行。所以，中国意识与国家（全球）意识的平衡，必然需要在人文社会科学研究事业的发展中首先涉及。

——"问题意识"与"学科意识"的平衡。产生中国原生性的理论

① 《马克思恩格斯选集》第1卷，人民出版社1995年版，第11页。

② 林尚立：《中国政治学需要新发展》，《政治学研究》2000年第3期。

③ 比约恩·维特罗克：《社会科学与国家的发展：现代性问题论说的变化情况》，中国社会科学杂志社编：《社会科学与公共政策》，社会科学文献出版社2000年版，第2页。

构建，这不仅要面对理论问题本身而且要面对现实问题。如果说，研究工作中的问题意识其实是根源于我们的理论态度，即一种纯粹面对问题本身而不顾及现实利害关系的态度，那么这种问题意识从根本上还是忽略了学科之间的差异以及产生这种问题的现实性。要将中国意识与国家意识的平衡贯彻到具体的人文社科研究中，显然我们又必须平衡问题意识与学科意识。就后者而言，学科意识其实是导源于学科划分，这种划分归根到底是为了深化对问题的研究而设置的。所以，从根本上说，问题意识和学科意识的平衡就在于从深度上将问题打通，这种打通需要学科之间的协作创新，这也就要求（既在广度上更在深度上）综合素质突出的人才来实现。现代高等教育中的研究生培养模式和社科研究中学派、团体工作模式，究其实质就是几种“找平衡”的典型形态——它延伸了个人能力的极限和自然代际传递的局限，以协作的方式来扩大对问题的研究。这种方式在人文社会科学的发展中应该得到大力推广。

——“人文做精”与“社科做强”的平衡。人文各学科，属于基础学科，是传统文化的积淀和现实理论建构的表达。如果这方面做得不够精，显然无法为具体的社会科学提供充分合适的概念和更有解释力的理论基础。人文学科往往具有鲜明的民族特色、文化特色，在工作中则具有较为突出的个体化特点，宜求精，不一定要求有很大的人员规模。社科方面的“强”，则表现在能更充分地利用各种研究方法，最大限度地利用好各种材料，尽可能直接面对社会的实际需求，包括为此适当扩大研究队伍和鼓励采取团队工作方式，以期更好地服务国家急需，更好地推动国际合作。今天，中国的社会经济发展成就巨大，但我们自己反倒有时候显得“底气不足”，很重要的一个原因就是在人文社科理论层面仍缺乏对其合理性和正当性的系统说明。要实现这一任务，就需要人文做精和社科做强的动态平衡。当然这里也更加具体地涉及方法论建设的问题，这里还需要考虑方法论运用中移植、修正与自身建设之间的平衡。

作者朱光磊，南开大学副校长，周恩来政府管理学院“长江学者”特聘教授；宋林霖，黑龙江大学政府管理学院副教授，南开大学中国政府与政策研究联合中心兼职研究员；王转运，南开大学社会科学管理处干部。天津市南开区卫津路94号　300071

知识社会学视野下的学术“本土化”与“国际化”*

李　萍　林　滨

摘　要：从知识社会学的视野，对学术“本土化”与“国际化”关系问题进行剖析，可以得出如下结论：学术“本土化”与“国际化”问题的本质是“学术发达国”与“依附国”的权力关系。学术“伪本土化”的特点是夸大研究对象的本土性特质和西方理论效度的有限，拒绝学术“国际化”；学术“伪国际化”的错误则是无视社会科学知识的效度边界的存在，无视中国社会的特点，夸大西方理论的普遍性与运用范围。在“文化自觉”的基本态度和价值立场上克服中西方文化的二元对立，这是在现代知识社会语境下，促进文化融合与学术发展的当有之道。中国学界需要将国际化知识、本土理论与中国国情三者有机结合，力求“证伪”与“发现”；需要为世界学术提供新观点、新理论与新学派；需要培养一批学贯中西的学者，这是学术创新和掌握学术话语权的基础。

关键词：知识社会学　学术“本土化”　学术“国际化”　文化自觉

中国学术走向世界，其内涵是指中国学术能够在世界学术体系中享有话语权、平等地位与形成中国学派。在中国学术如何走向世界的探讨过程

---

* 本文部分内容已刊发于《中国社会科学报》2013年3月22日A06版。

中，学术“本土化”与“国际化”关系问题，虽不是新问题，却始终处于讨论的焦点，学界已有不同视角的研究。在此，我们尝试从知识社会学的视野，对学术“本土化”与“国际化”关系问题做进一步的思考，以明晰其本质。

一 学术“本土化”与“国际化”关系的本质

知识社会学从19世纪开始逐渐形成，主要奠基人是马克思主义和历史主义学派，发展至今，形成了三种方法论：（1）马克思、涂尔干、孔德等人开始的知识社会学是一种决定论的传统，认为所有知识都是由社会决定；（2）舍勒、斯达克等强调知识与社会的关联与双向互动关系；（3）伯格、拉克曼提出的知识社会建构论逐步成为知识社会学的主流方法论，强调社会是思想建构的，思想、知识也是一种社会建构的产物，二者是互相建构的。知识社会学研究的中心问题是知识与社会之间的关系、知识的社会整合功能等，[①] 即，要理解知识的本性就必须将知识与社会联系起来加以分析，知识是出于维护社会生活统一性的需要而产生出来的，通过对社会生活整体性的分析才能解释知识的本质和特征。[②] 从这个视角出发，我们可清晰地看到，中国学术“本土化”与“国际化”关系问题的产生和发展正是与中国近现代发展的不同历史阶段相联系的。

鸦片战争以降，19世纪的“知识引进阶段”，近代国内思想界由西学东渐现象引发的“西学”与“中学”之地位的激烈论战；改革开放之始，从1978年的打破封闭状态，到1990年代初开始的“复制”阶段和1990年代中后期开始的“与国际接轨”，学术“本土化”与“国际化”关系的讨论一直没有间断；[③] 直至当下，伴随着中国国力的强大与中华民族的

---

① 黄晓慧、黄甫全：《从决定论到建构论——知识社会学理论发展轨迹考略》，《学术研究》2008年第1期。

② 刘文旋：《社会、集体表征和人类认知——涂尔干的知识社会学》，《哲学研究》2003年第9期。参见涂尔干《宗教生活的基本形式》，上海人民出版社1999年版；E. 迪尔凯姆：《社会学方法的准则》，商务印书馆1995年版。

③ 古德芒德·赫尼斯、邓正来：《走向世界的中国社会科学——关于中国社会科学发展的学术对话》，《文汇报》2009年7月12日第8版。

伟大复兴，中国学界已经明确提出了打造“中国特色、中国风格与中国气派”的理念。可以说，中国学术走向世界之路是与中国现代化的客观进程相伴随，也与中国学界从封闭到与世界接轨的自觉诉求相关联。

我们必须清楚地看到，学术“本土化”与“国际化”问题的背后是“学术发达国”与“依附国”的权力关系。从客体角度看，知识并无国界之别，真理也无主体之异，但从主体角度看，却会产生知识与学术权力（或真理与权力）的问题。因为主体对客体的认识有时间先后之分，对真理的把握有程度之别，真理的效度也有范围之限，主体对话语体系的掌握也有主动建构与被动使用之分。

可见，或是基于认识的优位，或是基于话语建构的主动权，或者二者兼而有之，学术权力由此产生，即形成学术“发达国”与“依附国”的关系，学术话语掌控的强弱、学术资源富足与匮乏的差异。对“学术发达国”而言，一般不太容易产生“本土化”与“国际化”之惑，在一定意义上可以说其“本土化”研究就是“国际化”，这从西方“文化霸权”或“文化殖民”现象的长期存在可以佐证。对“学术依附国”来说，基于认识的后知后觉或话语建构的不足，其在学界处于学术输入的弱势地位是难以避免的。

而且，由于人们在从无限的“知识材料”中形成“知识对象”的“结晶化”过程中，是受到社会因素和价值层面的影响的，话语体系不仅是对事物的认识，也有价值观渗透其中。① 学术话语的生产与掌控是学术权力的体现，正如社会学家福柯所言：“我们应该承认，权力制造知识（而且，不仅仅是因为知识为权力服务，权力才能鼓励知识，也不仅仅是因为知识有用，权力才使用知识），权力和知识是直接相互连带的，不相应地建构一种知识能力就不可能有权力关系，不同时预设和建构权力关系就不会有任何知识。”② 学术“发达国”向学术“依附国”输出知识的同时，也力图价值同质化；在追求知识与真理的过程中，也自然交织学术话语的学术权力之争。

因此，中国学术在走向世界的过程中，一方面要自觉防止西方“学

① 郭强：《知识社会学范式的发展历程》，《江海学刊》1999 年第 5 期。

② 古德芒德·赫尼斯、邓正来：《走向世界的中国社会科学——关于中国社会科学发展的学术对话》，《文汇报》2009 年 7 月 12 日第 8 版。

术发达国”借用其拥有的学术权力进行“文化殖民”，身处后发现代化的当代中国特别要对西方现代化强国输入的以资本为权力逻辑的现代话语体系加以警觉，避免被其钳制与同化。另一方面，学界在争取学术话语与权力时，必须防止学术异化，即避免目的与手段的本末倒置，不能在学术权力的谋求中遗忘或后置了对知识与真理之追求的本真意义。

二　澄清学术“伪本土化”与“伪国际化”

当代中国学术“本土化”的诉求具有知识学的“合法性”。因为知识与真理具有普遍性，但其运用的对象却具特殊性，真理的正确性也有效度性的范围。“所谓效度，就是所形成的理论反映现实的正确程度，分内部效度和外部效度，前者指所形成的知识反映研究对象的正确程度，后者指所形成的知识可以适用于所研究对象之外的其他‘同类’对象的程度。”① 对象的特殊性与理论效度的范围性，是中国学术“本土化”的诉求具有正当性的合法依据，也是中国学界近现代以来学术“本土化”问题长期存在的学理原因。

不过，当代中国学术“本土化”的内置前提乃是学术“国际化”。因为“在全球化时代，中国社会科学的发展与世界社会科学的发展紧密勾连在一起。在很大程度上讲，世界社会科学、尤其是西方社会对中国构成了一种紧张关系：一方面，西方的理论进展构成了中国社会科学发展的一种外部资源；另一方面，它也可能产生一种‘合法的暴力’，即对中国社会科学的发展构成一种强制与支配。但无论怎么讲，世界社会科学的发展都是影响中国社会发展的重要变量。”②

那么，学术“本土化”的真义是什么？社会学家郑杭生对社会学“本土化”的界定，可以给我们启迪：“社会学本土化是一种使外来的社会学的合理成分与本土社会的实际相结合，增进社会学对本土社会的认识和在本土社会的应用，形成具有本土特色的社会学理论、方法的学术活动

① 王宁：《社会学的本土化：问题与出路》，《社会》2006 年第 6 期。

② 古德芒德·赫尼斯、邓正来：《走向世界的中国社会科学——关于中国社会科学发展的学术对话》，《文汇报》2009 年 7 月 12 日第 8 版。

和学术取向。”[1] 显然，这一定义已内含当代中国社会学的发展，需要借鉴西方社会学理论的“学术国际化”的前提条件。这一认识当对目前所有处于“学术输入”被动处境的社会学科研究皆具有普适性。

所谓学术“伪本土化”，即是夸大研究对象的本土性特质和西方理论效度的有限，拒绝学术“国际化”。学术“伪本土化”借口西方社会科学不能完全解释中国的本土实际，而在实际研究中全然无视西方社会科学已经取得的理论成就，漠视西方社会学科、乃至整个社会科学领域所形成的学术规范、研究准则和研究方法论，以一种专业程度极低的方式从事学术研究，其结果是导致大量低水平、重复性的研究，创新性理论成果甚少。[2] 这样的“伪本土化”不仅难以形成对中国问题的深刻认识，更难以达成国际学界的学术认同，既无法与国际接轨，更遑谈学术领先与学术影响。

所谓学术“伪国际化”，即是无视社会科学知识的效度边界的存在，无视中国社会的特点，夸大西方理论的普遍性与运用范围。学术研究的“伪国际化”的两种表现是：其一，“是在解释东方社会现实中，无视东方社会的特殊变量和常量的存在，生搬硬套西方的理论，乱贴标签，食洋不化”。[3] 其二，是“超越国内发展阶段，盲目追踪和照搬西方学术前沿，亦步亦趋，只会‘依样画葫芦’地提出西人提出过的问题，却没有能力从国内现实中提炼出更具有现实感和时代感的研究问题”。[4] 这样的学术“伪国际化”难免只有话语体系的新颖与通约，但却不明“橘生淮南则为橘，生于淮北则为枳”的道理，实际上这和真正的科学理性精神是相悖的，甚至在一定意义上颇具“自欺”的成分，貌似与国际接轨，实质毫无理论建树，对中国学术乃至世界学术的发展皆无多大裨益。

学术“伪本土化”的产生或是由于自身视野狭隘所限，因其不了解西方学界而难于对中国的学术水平做出恰当认知；或是出于民族主义情绪所造成的盲目的民族本位所致，因为中国现代学术发展是在近代“落后就要挨打”与“科学才能救国”的救亡意识中开启，这一开端的被动性

---

① 郑杭生、王万俊：《二十世纪中国的社会学本土化》，党建读物出版社 2000 年版，第 16 页。

② 王宁：《社会学的本土化：问题与出路》，《社会》2006 年第 6 期。

③ 同上。

④ 同上。

与危机感，极易形成中国学术在追赶西方学术强国过程中的民族主义情绪，导致陷入学术非理性的认知盲区，无视真理的普遍性而对西方学术成果粗暴拒斥；或是出于国内学界“本土派”与“海归派”在学术资源、学术话语与学术地位竞争中的利益使然，却借客观效度之由谋学术之私利。对于第一种情形，我们相信随着中国学术的不断开放与国际学界的交往扩大，会相应地自然减少；对于第三种情形，我们认为学术圈虽非净土，争名夺利难以杜绝，但相信学术竞争终以实力说话，明辨之后也无须过分关注；但对于第二种情形，我们则认为必须高度重视，因为“纵观民族主义兴起以来的人类历史，民族主义可能是影响世界进程最强烈、最富有情感号召力的一种意识形态，也是一种时效性最持久、成本小收益大的天然政治资源”。[①] 它具有强大的民众心理基础，极具鼓动性，在中国民族存亡的危急时刻、在中国日益“崛起”的今天，它广泛的影响性都不可低估。但极端的民族主义却有其致命的缺陷，“自大与愚蠢是病态的民族主义感觉的诱因与残渣。在意识形态繁荣的年代里，情感、冲动表现为各种思想理论。连最起码的道德观甚至礼仪普遍不能接受的做法也可以披上民族主义华丽的外衣，变得道貌岸然”。[②] 学术领域一旦被盲目的民族本位价值观占据主导，势必给当代中国学术走向世界带来严重的羁绊，对此中国学界理性的严肃警思与自觉纠偏乃不可缺少。

至于学术“伪国际化”的产生，在一定角度上可以说与学术“伪本土化”的问题如出一辙，只不过是向度相反而已，无须重复赘述。只需指出不同的一点，即在认为西方学界理论优位的判断中，其实内隐着中国现代化进程中不同时期不同程度上存在的对西方从器物—科学—话语的崇拜情结，自卑后面乃是独立之精神、自由之思想的学术传统的断裂，也是缘于文化自觉的缺位。

三　学术“本土化”与“国际化”关系中的文化自觉

中国学术“本土化”与“国际化”关系中的文化自觉是建立在对中

① 童世骏：《意识形态新论》，上海人民出版社 2006 年版，第 42 页。

② ［法］吉尔·德拉诺瓦：《民族与民族主义》，郑文彬、洪晖译，生活·读书·新知三联书店 2005 年版，第 123 页。

国社会现实及其发展道路把握的基础上。一方面，中国必须实现加速社会转型，真正进入到现代化强国之列；另一方面，中国传统文化的预制性使我们不能与民族传统相断裂，这就要求在学术道路上能够开拓出一个超越中西二元对立的新方向，使中国学者的学术志趣和旨归立足于解决中国问题、表达中国话语与推进世界学术的发展。就此而言，文化自觉的前提乃是中国现代化的发展真正进入世界历史的进程，置身于全球化的视野，对“全球化”与“本土化”关系中西方与中国、传统与现代的慎思与处理，因为“全球化（globalization）处于现代文化的中心地位；文化实践（culturalpractice）处于全球化的中心地位”。①

中国的现代化进程是一个独特的展开过程，如果没有鸦片战争作为横断切入、从根本上改变了中国的纵向历史进程，那么学术“本土化”与“国际化”之间的冲突便是一个无从谈起的假问题。正是由于独特的历史境遇，中国打破了自然的、社会历史演进模式，而被迫进入现代化。在这一过程中，随着国家存亡危机的产生，传统的华夏中心观念的失效，中国知识分子带着无可奈何花落去的凄凉重新认识以西方霸权为主的新世界，审视中国在这个新世界中相对于其他国家的位置；怀着深切的忧患意识对中国传统的文化进行反思，但又陷入到救国图强的两难选择之中，即一方面喊打倒帝国主义，另一方面又要读西方的书，学习西方的知识、科学与民主。因此，这种两难处境也就造成中国知识分子一种情绪上的扭曲，一种爱与恨、羡慕与愤怒交织的“情意结”。于是，在思想上主观坚持“中学为体，西学为用”的知识分子，却在中国社会现代化的客观历史进程中看到了传统中华文化发展的艰难处境。面对西方个体主体性所凸显的自由、自为、开放的现代性意识，中国知识分子在民族情感和文化心理上面临着中西文化的冲突：在为中国未来的出路进行文化的价值选择时，本土化抑或国际化？

20世纪中国曾先后发生过两次“人生观论战”，两次论战都成为中国社会重大变革转型的前奏。反思两次论战的实质，归根结底是关于如何引导中国现代化的价值之争、文化选择之争。中国知识分子向来有着强烈的入世情怀，对于社会现实的领会方式并非通过纯粹的理论研究，而是通过

---

① ［英］约翰·汤姆林森：《全球化与文化》，郭英剑译，南京大学出版社2002年版，第1页。

中国文化模式选择的现实争论而展现的。梁启超先生在1921年游历欧洲后作《欧游心影录》，看到了现代西方工业文明的没落，呼吁中国民族文化的自觉，然而在西方国家的坚船利炮之下，在科学之梦和强国之路的昭示之下，并非所有的中国人都能够以理性的态度而非民族化的情绪对待中西方文化道路的选择问题，西方文化殖民主义的态度和立场，在救亡图存的宏大背景下隐遁不彰，却为全盘西化、唯科学主义奠定了基础。可以说，由于尚未真正洞悉和把握以欧洲文明话语为基础建构起来的现代化模式和未来发展趋势，中国知识分子在相当长的时间尚未形成理性、自觉的文化意识与成熟、自信的民族心态。

时至改革发展30余年的当下，中国学术的"本土化"与"国际化"作为紧迫的现实问题被凸显，亦是建立在近百年来中国知识分子对于现代化的展开进程和本质以及中西方文化模式差异的深入研究和自觉领会基础之上，从而使"文化自觉"作为基本态度和价值立场成为可能。党的十八大报告中强调"树立高度的文化自觉和文化自信"，以单独篇章提出"扎实推进社会主义文化强国建设"、"努力建设美丽中国，实现中华民族永续发展"，这正是在经历了现代化的冲击和洗礼之后，面对和反思西方工业文明发展的弊端以及资本逻辑宰制的物化，进而形成的文化自觉这一基本态度和价值立场中所内蕴的发展理路，在根本上构成了中国学术真"本土化"与真"国际化"可能实现的前提。

正如费孝通先生所言："文化自觉只是指生活在一定文化中的人对其文化有'自知之明'，明白它的来历，形成过程，所具的特色和它发展的趋向，不带任何'文化回归'的意思，不是要'复归'，同时也不主张'全盘西化'或'全盘他化'。自知之明是为了加强对文化转型的自主能力，取得决定适应新环境、新时代文化选择的自主地位。文化自觉是一个艰巨的过程，只有在认识自己的文化，理解并接触到多种文化的基础上，才有条件在这个正在形成的多元文化的世界里确立自己的位置，然后经过自主的适应，和其他文化一起，取长补短，共同建立一个有共同认可的基本秩序和一套多种文化都能和平共处、各抒所长、联手发展的共处原则。"① 中国学界要以博大宽阔的视野胸怀、自信包容的文化心态，在立足于中国社会—历史的现实基础上，在"文化自觉"的基本态度和价值

① 费孝通：《对文化的历史性和社会性的思考》，《思想战线》2004年第2期。

立场上克服中西方文化的二元对立，这是在现代知识社会语境下，促进文化融合与学术发展的当有之道。

四 实现学术“真本土化”与“真国际化”

所谓学术“真本土化”与“真国际化”的诉求，既需要在文化自觉的基础上通过两者的辩证而实现，而非两个维度的简单叠加；也需要在马克思所开启的历史唯物主义新境遇下以学术方法论的创新为前提。列宁指出唯物主义历史观的科学性就体现在以下三个方面：“马克思主义的全部精神，它的整个体系要求人们对每一个原理只是（a）历史地；（b）只是同其他原理联系起来；（c）只是同具体的历史经验联系起来加以考察。”① 以理性主义为基础的西方知识话语的根本弊病在于，形而上学的知性思维传统以抽象的普遍性原则抹杀了特殊的、具体的社会—历史维度及其现实基础。知识作为一种推理能力，“它不停留于任何特定的内容之上，却知道如何将普遍原则运用于任何内容之上”。② 一般原则可以任意作用于任何给定的事物，然而这是以牺牲个别事物具体的、现实的内容为代价。这是一种现代知性科学无批判的、实证主义的态度：一方面把资本主义描绘为符合自身逻辑规律的自然、永恒的社会制度，从而无法说明社会现实的历史性特征；另一方面，科学理论本身就是特定社会历史阶段，即现代资本主义社会发展的产物，它以自身的直接材料作为科学概念之必然的出发点和逻辑起点时，自然地站在了资本主义的立场上，从而“不加批判地接受了作为既定客体的性质和作为‘科学’的、不可变的、基础的社会规律”。③

在对待学术“本土化”与“国际化”这一问题上的二元对立，正是产生于现代知性科学的形而上学态度。在这种态度下，中西方的文化模式与价值选择被视为“理一分殊”的具体表现，被西方中心主义话语权所湮灭；资本主义被视为人类永恒的社会制度，历史行将终结于议会民主的

① 《列宁全集》第 47 卷，人民出版社 1990 年版，第 464 页。

② 严平编选：《伽达默尔集》，上海远东出版社 1997 年版，第 298 页。

③ ［匈］卢卡奇：《历史与阶级意识：马克思主义辩证法研究》，张西平译，重庆出版社 1989 年版，第 9 页。

政治制度和自由主义的市场经济，因而，中国道路无从可能，中国学术、中国话语更无从发生。在“五四”运动之后，中国知识分子选择马克思主义的很大原因在于，马克思主义在基本精神上是超越以资本和形而上学为建制的现代西方文明的，而历史唯物主义的方法论原则在中国社会现实领域中的真正贯彻，能够具体地、历史地发现、把握并解决中国的社会现实问题。在马克思历史唯物主义的方法论原则之下，实现中国学术的“真本土化”和“真国际化”依循以下三条路径：

第一，中国学界必须在与国际学界进行对话的过程中建构中国本土化的理论，将国际化知识、本土理论与中国国情三者有机结合，力求“证伪”与“发现”。中国学术的“真本土化”与“真国际化”其实是同一过程的两个向度，“愈是民族的，愈是世界的”。中国学术从“真本土化”到“真国际化”的过程，是遵循科学发现的逻辑下的“证伪”与“发现”的过程，即“它不是简单地用中国的经验材料来‘图示’西方的社会理论，而应该是用中国的社会事实来证伪国外的理论，并从中总结和发现具有中国特色的社会理论。这种‘证伪’和‘发现’的过程，是立足于中国社会的本土实际来与西方社会科学进行对话的过程。是在与西方社会理论进行对话的过程中发展具有高度效度的本土化社会理论”。[①]

第二，中国学界需要为世界学术提供新观点、新理论与新学派。中国学术要真正走向世界，必须具有学术创新的能力与高品质的学术成果。置身于全球化的历史进程，我们不难发现“西方社会理论所难以解释的现象、变量或反例的存在，而这些特殊现象、变量或反例，恰恰提供了归纳出具有本土特色的社会理论的绝好机会，并同时限定了西方社会理论的适用边界（效度边界）”。[②] 换言之，当代中国社会的发展已经为社会理论的创新提供了现实的条件，“我们至少可以拿出三样东西走向世界：一是让中国的哲学文化传统走向世界；二是让当下中国的深度研究走向世界；三是拿出我们基于中国立场对世界未来秩序的性质、走向等问题的重构与理解走向世界”。[③] 不过，当务之急则在于对当下中国改革开放经验的深度

---

① 王宁：《社会学的本土化：问题与出路》，《社会》2006年第6期。

② 同上。

③ 古德芒德·赫尼斯、邓正来：《走向世界的中国社会科学——关于中国社会科学发展的学术对话》，《文汇报》2009年7月12日第8版。

研究。“发展中国特色社会主义是一项长期的艰巨的历史任务，必须准备进行具有许多新的历史特点的伟大斗争。我们一定要毫不动摇坚持、与时俱进发展中国特色社会主义，不断丰富中国特色社会主义的实践特色、理论特色、民族特色、时代特色。”[①] 在一定意义上，可以说，如何以高度的道路自信、理论自信、制度自信自觉深化中国特色社会主义理论探索，建构出契合、阐释中国社会现实的社会发展理论，可能既是当代中国学术创新的着力点，也是中国学术走向世界的突破口。

第三，中国学界必须培养一批学贯中西的学者，这是学术创新和掌握学术话语权的基础。学术话语在世界学术体系中具有重要地位，因为一个国家的学术是否可以融入世界学术体系，能够掌握学术交流的国际通用语言（如英语）和遵循某些已经在国际学术界达成共识的基本学术规范、准则和方法论逻辑就成为对话、交流与理解的基本要求，同时能够拥有学术话语权则是衡量学术认同与学术权力的一把标尺，也是建构学术国际话语权的基础。为此，注重国际通行的基本学术规范与通则和社会研究方法论的补课，以及理论创新能力的训练就显得尤为重要。

作者李萍，中山大学党委副书记，社会科学教育学院教授；林滨，中山大学社会科学教育学院教授。广州市海珠区新港西路135号 510275

① 胡锦涛：《坚定不移沿着中国特色社会主义道路前进 为全面建成小康社会而奋斗——在中国共产党第十八次全国代表大会上的报告》，人民出版社2012年版，第13页。

走向世界的中国伦理

郭广银

摘　要：伴随全球化的推进和中国的和平崛起，中国文化、中国学术走向世界的时刻与可能已经出现。在走向世界的学术进程中，中国伦理走向世界具有深刻的文化先锋意义。面对西方世界的全球化战略，中国伦理、中国学术到底如何“登场”世界？中国的知识精英需要再次筚路蓝缕，开拓出一条走向世界的“学术丝绸之路”或“伦理丝绸之路”。为此，三个问题的澄明便具有重要的学术意义：中国文化的伦理贡献及其世界性；现代文明危机的伦理本质；中国伦理的世界性机遇与世界走向。面对人类文明遭遇的深刻困境和中国崛起的历史机遇，承载五千年伦理文化气息的中国伦理，有责任也有可能向全世界严肃而豪迈地宣告：我来了！一个需要中国伦理智慧的世界文明史已经开始，是中国伦理走向世界并影响世界的时候了！

关键词：中国伦理　儒家文化　学术丝绸之路

前不久，一位中国哲人感言：该中国哲学登场了。我想进一步发挥，该中国伦理登场了！原因很简单也很直白：中国伦理是中国哲学的核心；伦理的精髓是人理。只有世界接纳和接受了中国伦理，才真正接受中国哲学、中国文化以及中国文明。因此，在走向世界的学术进程中，中国伦理走向世界具有深刻的文化先锋意义。

在这个多极化的时代，在这个西方文化、西方学术的中心意识和文化格局持存太久，并且西方世界在“全球化”的旗帜下整体地推进文化帝国主义战略的现代文化体系中，中国伦理、中国学术如何走向世界进而登场世界？我认为，中国的知识精英需要回眸祖先的足迹，再次筚路蓝缕，开拓出走向世界的“学术丝绸之路”。

一 儒家文化的伦理立场及其世界性问题

传统中国文化的核心是儒家文化，而儒家文化又是典型的伦理文化。因此，如果把儒家文化作为中华文化之标识的话，那么，伦理文化就是儒家文化的标识了。在此意义上，要了解中国文化就必须了解儒家文化，要了解儒家文化，就必须了解它的伦理立场。

作为一种独特的伦理文明，在其形成之初，儒家文明就既是伦理的民族文明，又是伦理的世界文明。历史地看，儒家文明的定型虽然主要是中华文明自身的沉淀和选择，但也不能排除其国际性背景。

首先，儒家文明的形成离不开当时的“夏夷之辨”，这一辩论同当时的“人禽之辨”虽不完全相同，但也有相似之处，并且是相辅相成的。孟子说：“人之异于禽兽者几希，庶民去之，君子存之。舜明于庶物，察于人伦，由仁义行，非仁义去也。”① 又说：“人之有道，饱食、暖衣、逸居而无教，则近于禽兽。圣人有忧之，使契为司徒，教以人伦；父子有亲，君臣有义，夫妇有别，长幼有序，朋友有信。”② 由此可知，儒家认为人区别于动物的不是别的，就在于他的伦理。同样，“夏”与“夷”的不同也在于文明程度的高低，儒家认为夏是更高级的文明，乃在于他更懂得伦理，夷是较低级的文明，乃在于他们的伦理水平要低些，或者不懂得伦理，所以，孔子说，“夷狄有君，不如诸夏无君”。③ 很显然，伦理立场乃是儒家文明的基本立场，而在“夏夷之辨”中，儒家代表夏的传统，夷则代表当时夏之外的世界。当时的世界之所以以夏为荣，以夷为耻，乃是因为夏比夷更文明，在儒家看来，乃在于夏更懂得伦理。当然，在冷兵器时代，文明不一定能打过野蛮，但是文明却能够融化野蛮，所以会出现

① 《孟子·离娄下》，转引自朱熹《四书章句集注》，中华书局 1983 年版，第 293—294 页。

② 《孟子·滕文公上》，转引自《四书章句集注》，第 259 页。

③ 《论语·八佾》，转引自《四书章句集注》，第 62 页。

野蛮人军事上的征服和文化上的被征服现象。这种所谓文化上的屈服，实际上说明儒家文化更高级，更具有世界性。因为，判断一种文明的高低，不在于它是否有更强的武力，而是在于它是否能吸纳、消化和同化来自其他文明的强力和野蛮。就以儒家文化为代表的中华文化能融服四夷来看，它显然是当时的高级文化和更具世界性特质的文化，因为世界性在于包容性。

其次，传统儒家文化的伦理性与世界性还表现在当时的“朝贡体系”上。儒家文明是一种伦理文明，它虽然不排除使用武力，但使用武力决不是它的第一选择，它的第一选择是伦理，即孔子所谓“远人不服，则修文德以来之”。[①] 用文明的方式让别人信服，而不是用武力让别人屈服。当然，如果受到外来武力的侵袭，儒家文明不排斥使用武力，但武力过后，还是使用伦理的手段，而不是简单的武力压制，这正是文明是否高级的一种标志：以伦理维持的政权是文明，以暴力维持的政权是野蛮。正由于当时的儒家伦理文明是当时世界上的最高文明，所以会出现四夷来朝的景况。并且，特别要提到的是，这种四夷来朝并不都是出于武力征服的结果，而更多是出于低级文明对高级文明的羡慕和向往，比如，当时的日本和东南亚等国，他们来朝乃是纯粹出于对中华文明的崇敬，也缘于儒家文化尚行的“以礼待人”。

当然，当时的儒家伦理文明也受到来自世界其他文明的挑战，比如，受到印度佛家文明、伊斯兰文明、甚至是基督教文明的挑战。在这些挑战中，儒家文明的确显示了自身当中的某些不足，比如，它对生死问题的思考不够充分，对彼岸世界缺少关注等，但是，人作为有限的存在，又不能完全排除这方面的困扰。因此，佛家文明一度对儒家文明造成了极大的冲击。但是，儒家文明最终还是以其更大的包容性融合了佛家，并将它整合到自己的体系之中，这就是宋明的新儒学。就宋明新儒学融合了佛家，而没有出现一个融合儒家的新佛学而言，当时的儒家文明还是优于佛家文明的，或者说，当时的儒家文明较佛家文明更具有世界性。如果就佛家文明最终在印度消失，只能以儒家文化为依托进行传播而言，那就更说明了儒家文化比佛家文化更具有世界性了。可以这么说，在当时的亚洲，特别是东亚、南亚、东南亚这个世界范围内，儒家文化是当时最具世界性的

① 《论语·季氏》，转引自《四书章句集注》，第170页。

文化。

但是，随着两希文明的融合，以希腊理性文明和以希伯来信仰文明结合而孕育出了现代西方文明。由于理性与信仰结合所构成的物质与精神互促机制的强劲力量，使得现代西方文明以不可抵挡之势冲出了它的文化母胎，冲向了更广阔的世界，这个世界不再是传统文明的亚非欧，而是以地球为整体、甚至是超出地球视野的世界，开拓出了一个前所未有的更广阔世界，把一切以各部分为世界的世界都变成了这个大世界的一部分。在这种现代西方文明的更大世界中，作为当时东亚、东南亚和南亚世界中的世界级文明的儒家文明，一下子就落入了一种地方性文明。从此开始，如何为自身争得世界性身份，就变成了中华文明不得不面对的问题和面临的挑战。

二　现代文明危机的伦理本质

现代西方文明是以物质文明的外貌出现在世人面前的，从而导致了很多人对它的极大误解。在很多人看来，现代西方文明仅仅是强大的物质文明。在物质文明落后的东方，这种观点更流行，甚至形成了一种约定俗成的偏见。其实，在任何文明中，物质文明都只是其表象，没有精神支撑的物质文明是无法到达很高程度的，即使达到了一定的程度，也会很快走向衰微。就现代西方形成强大的物质文明来看，他们的物质文明并不是空穴来风的，而是建立在特定的精神文明基础上的，用马克斯·韦伯的话说，就是他们的新教伦理。

在《新教伦理与资本主义精神》一书中，韦伯考察了现代西方经济文明背后的精神要素。韦伯发现，资本主义之所以能形成巨大的物质创造力，并不是一般人所谓的人之欲望的释放，反倒是具有禁欲意味的新教伦理。对新教徒来说，赚钱不是为了消费，而是为了表明自己的受到上帝的眷顾，证明自己的选民资格。在此意义上，金钱与信仰连接起来，赚钱便具有了一种来自信仰的力量，被提高到了信仰一样的高度。正是因为这种信仰精神，使得当时的清教徒一方面勤劳节俭，一方面又诚实守信，其实质乃是韦伯所说的新教伦理。如此而言，西方物质文明的兴起是有其精神原因的，其基本精神动力就是他们的新教信仰及其蕴含在其中的伦理精神。

但是，随着西方物质文明的日益强大，支撑其发展的精神文明日益被掏空，并越来越被忽视，以至于很多人都把他们的成功简单地归因于个人的奋斗，曾经坚忍虔诚的宗教精神遭到了抛弃，个人主义、消费主义等随之兴起，现代西方物质文明开始出现了巨大的危机。依照韦伯的理解，现代西方文明的危机，在其本质上乃是一种伦理危机，即新教伦理遭到抛弃所带来的危机。由于失去了新教伦理的精神支撑，强大的西方物质文明既失去了动力，又失去了方向，开始滑向个人主义、消费主义、历史主义和虚无主义的深渊。同韦伯英雄之见相同的是，诺贝尔和平奖获得者施韦泽也同样意识到现代西方文明的危机本质上是一种伦理信仰的危机，在他的《对生命的敬畏》和《文化哲学》等著作中，他多次论述到这一问题，并指出了文明的伦理本质。

在《文化哲学》中，施韦泽深刻地论述了现代西方文明衰落的伦理缘由。在施韦泽看来，过度的物质化追求减弱了现代人的自由和独立思考能力，让他们陷入了忙碌谋生的非自由境地，导致了精神上的退化，“所有范围的现代人，都习惯于过度忙碌，这导致了他们的精神退化。”[①] 对于这些精神上退化了的现代人来说，精神生活变成了一件困难的事情，他们无法安静下来，也不再追求教养，不能承担责任，而是越来越麻木、越来越野蛮，正如施韦泽所说，“与内心对话，或者与人们和书籍进行严肃的对话，以度过留给他的闲暇，这一切需要宁静，但这使他感到为难。绝对的无所事事、精神涣散和遗忘是他的生理需要。他不追求教养，而是追求消遣，并且是精神要求最低的消遣”。[②]

随着现代人在精神上的退化，随着他们越来越随波逐流，“现代人也放弃了自己的道德判断”。[③] 在重大的伦理抉择上犯下了不可饶恕的错误，比如，纳粹的奥斯维辛集中营、苏联的古拉格群岛等，归根结底，都是由于人们道德判断力削弱或丧失所导致的非精神化事件，也表明现代物质文明陷入了深深的危机。因为人类精神已经失去了控制物质的能力，物质之刀转向了人类自身，而究其缘由，根本原因乃在于人类精神的退化，特别是伦理精神的丧失。在精神之为物质之范导的意义上，精神即是伦理，失

① ［德］施韦泽：《文化哲学》，陈泽环译，上海世纪出版集团 2008 年版，第 53 页。

② 同上书，第 53—54 页。

③ 同上书，第 59 页。

去了伦理性的价值信仰，精神必定会涣散，掉入纯粹物质的陷阱，变得麻木野蛮。

在《文化哲学》中，施韦泽将现代物质文明的危机表述为文化的衰落，而其衰落的根本原因就在于它放弃了文化的伦理立场，也就是说，文化（文明）的本质就是伦理，失去了伦理的支撑，单纯性的物质文明是无法自立的，必然会走向野蛮和衰落。耸人听闻的奥斯维辛集中营和古拉格群岛，就是现代物质文明野蛮化和衰落的历史表征。在此意义上，重新思考人类文明的伦理本质就变得越来越重要，唯有人类重新进入伦理，走出精神上的退化，才可能有更为光明的前途。

三　中国伦理的世界性机遇与世界走向

世界观的伦理重建是现代文明面临的最为紧迫的任务。但是，在全球化正在变成世界性的事实面前，任何地域性的伦理文化都无法承担全球伦理世界观的重建任务。因此，如何采集各种地域性文化中的伦理资源，构建一种全球语境下的普世伦理，就成了全世界性的学术课题。在《世界伦理构想》一书中，汉斯·昆指出："一种适用于全人类的伦理是必不可少的……只有当世界上不再存在不同的、相互矛盾的、甚而相互斗争的伦理学地带，那么，我们生活的这个世界才有一个生存的机会，这样一个世界需要这样一种基础伦理；这样·个世界共同体无疑不需要一种统一的宗教或统一的意识形态，但是，它却需要一些相互有联系的、有约束力的准则、价值、理想与目标。"①

但是，何种伦理才能成为一种基础性的伦理呢？处在不同文明中的人有不同的看法，甚至处在相同文明中的人也有不同看法。尽管意见纷呈，倡导普世伦理的人还是认为，各种伦理的差异不能也不应该成为追求普世伦理的障碍，反倒成为各种伦理的机遇。因为伦理本质上反对暴力和对抗，强调对话和协作。如果各种文明都采取伦理立场的话，文明之间就不会表现为所谓的文明冲突，而是文明间的对话与合作。就此而言，孔子的

① ［瑞士］汉斯·昆：《世界伦理构想》，周艺译，生活·读书·新知三联书店 2002 年版，第 4 页。

名言“己所不欲，勿施于人”就成了伦理间对话的金规则，在世界伦理的构建中，各种伦理文明都面临着前所未有的机遇，中国的儒家文明也不例外。

普世伦理的创建过程就是各种伦理贡献自己智慧的过程，每种伦理都有其世界性因素，世界性因素越强的伦理就会对普世伦理的贡献越大，就会在世界性伦理的构建中处于更为基础性的地位。就此而言，如何挖掘本民族伦理中的世界性因素，乃是这个民族伦理走向世界的关键。就中国的儒家伦理而言，它具有其他伦理所不具有的特点，在西方现代性思维陷入二元对立的困境之后，中国思维中的非对象化特性可能成为克服这一困境的世界性特质，正如杜维明先生在《对话与创新》中所言：“中国传统的思维方式，虽然也是二分，但这种二分是整体与部分、内与外、本与末、上与下、先与后、深与浅等。这些二分不是排斥性的，没有部分就没有整体，没有内就没有外，没有本就没有末，没有后就没有先等等。”[①] 如果我们的学者能够充分挖掘这些中华文明特质，并以伦理的方式呈现给世界，那么，它将成为世界性的，而这既是中国学者的任务，也是他们走向世界的机遇。

当然，走向世界需要先知道世界，如果不了解世界，没有世界性的眼光，而是坐井观天式的顽固自守，那么，不仅不能回应世界性的问题，还会落后于世界、甚至被抛到世界之外。正因如此，如果中国学术要走向世界，就应该有一种博大的胸怀，有海纳百川的气概，要虚心向别的文明学习，不要狭隘地担心会出现“变夏为夷”的结果，因为一种能够学习和吸收的文明才是有活力的，才不可能被别的文明同化，否则，就会陷入僵化而自我衰败。在《对话与创新》中，杜维明先生提到，“现在全球化的力量带来四种不同的反应：一种就是被它吞没；一种就是共存，非现代、前现代和全球的、现代的共存；还有一种就是创建性的融合，这是最好的；此外还有一种反应就是强烈排斥”。[②] 就我们的现状而言，我们国家还处在杜先生所说的第二种情况，古今中外处在非融合性的共存之中，这是不错的，但不是最好的，最好的是杜先生所说的第三种情况：创建性的融合。如果不能做到创建性的融合，那么，长时间之后，就可能滑入第一

① 杜维明：《对话与创新》，广西师范大学出版社2005年版，第35页。

② 同上书，第40页。

或第三种情况，因为第二种状况是过渡性的、不稳定的。就此而言，我们中国学者面临着的既是一种机遇也是一种挑战：我们必须走向世界，吸纳世界，谋求世界的承认，否则，不仅不能得到世界的承认，自己也会陷入危机之中。

在全球化的语境和挑战中，世界在召唤各种具有世界性特质的伦理文明，各种文明也都在积极回应这种召唤。作为中国的学术界，特别是伦理学界，应该明确地意识到，走向世界是不能回避、也无法回避的，说得更严重些，在未来的学术走向中，我们面临着这样的挑战：能走向世界则生，不能走向世界则死。就此而言，世界在召唤我们，我们需要走向世界，我们不得不走向世界。

四 开创中国伦理走向世界的"学术丝绸之路"

中国不仅是世界四大文明古国之一，而且是世界历史上唯一没有发生文化中断的文明古国，五千年历史所积淀的文化遗产无论在其文化生命的绵延性还是文明的深度和厚度方面，对今天的人类文明都具有无法替代的独特价值。在与世界的关系方面，中华民族曾经沧海桑田。近代之前的文明图像，主轴是世界走向中国，四邻羡慕中国文明，遣使来华，即使是被各种原因阻隔的欧洲，也以同中国交往为荣，发端于大唐、诞生于日本的"留学生"话语，记载着国外学者对中国的"留"念和流连。当然，中国的文明也一直都在走向世界，除了走向东亚、南亚，形成所谓"儒家文化圈"之外，陆上的"丝绸之路"和海上的"丝绸之路"，也是中华文明走向世界的标志。只是到了明末清初之后，为了防止海患，中国主动走向世界的历程才被阻断了，中国逐渐变成闭关锁国的国家，也因此在文化上日益闭目塞听，逐渐疏离和落后于世界文明。

由于中国近代以来在物质文明方面落后，更由于西方列强的不断欺侮，"落后挨打"的沉痛体悟，在文化心态上逐渐由"技不如人"演变为"道不如人"，五千年的辉煌文明也由此蜕变为中国人的沉重精神负担，非但没有使之成为中国人走向世界的精神底气，反倒在物质文明的巨大反差下愈发自惭形秽。正是在这种心态之下，中国社会才会在激烈的自我批判中演绎出"唯西是举"和"唯新是举"的文化虚无心态，尤其在作为文化核心价值伦理的道德方面。金钟毁弃，瓦釜雷鸣。今日中国诸多乱象，与伦理道德方面的传统虚无主义及其价值上的自暴自弃，不无深刻的因果关联。同样，今日世界之诸多文明难题，期待着中国伦理的深度参与并为之作出贡献。早在20世纪70年代，数十位诺贝尔奖得主曾聚集西方，发布他们的文化发现和智慧预言：要解决今日世界之难题，必须到孔子那里寻找智慧。然而，世界等待了近四十年，中国至今却无动于衷，迟迟未作回应。文化上的过度自我否定和传统虚无主义，已经由自暴自弃，演化为对世界文明前途的渎职。为此，中国伦理登场世界的巨大历史意义，决不只是一种文化自觉，而是一种文化担当，一种文明使命和文化责任的觉醒和履行。经过三十多年的改革开放，我们在物质文明上逐渐赶上了世界，成为经济总量居全球第二的国家。随之而来的，是一个文化大国的崛起，及其与之伴随的必要的文化自觉和文明担当。就此而言，现在，真的到了中华文明走向世界的时候了。面对人类文明遭遇的种种困境，承载了五千年伦理文化气息的中国伦理，有责任也有可能向全世界严肃而豪迈地宣布：我来了！

在古代，我们的先人用自己坚韧的努力，走出了陆上“丝绸之路”和海上“丝绸之路”，成就了中西文明交流的创举，也铸造了中华文明走向世界的辉煌。今天中国的学术能否走向世界，能否得到世界的承认并影响世界，关键就在于我们能否开拓一条“学术丝绸之路”。

如何创建“学术的丝绸之路”？还是回到中国特色上来。古代的陆海两条丝绸之路之所以能够形成，除了中西方文明都有交流的冲动之外，很重要的就在于我们拥有自己的特色产品：丝绸。我们知道，当时的中国丝绸质料好，做工精细，华美舒适，是当时的西方工艺无法企及的，所以，成了西方上流社会的奢侈品，他们的王公贵族都以能拥有中国的丝绸制品为荣，因此，西方人才不顾路途遥远，不辞辛苦地来求购中国的丝绸。同理，要让中国的学术走向世界，我们的学术界也需要提供类似中国古代丝绸那样的学术产品，其中最为突出和典型的就是中国伦理。

可以说，中国伦理就是中国文化、中国学术中的“丝绸”。众所周知，中国文化是一种伦理型文化，伦理道德是中国文化的核心价值，也是中国民族为人类文明在历史上所作出的最为突出的贡献。国学大师梁漱溟先生曾将人类文化的对象分为三大关系，即人与自然的关系，人与人的关系，人与自身的关系。他认为，西方文化指向人与自然的关系，贡献了科学智慧；中国文化指向人与人的关系，贡献了伦理智慧；印度文化指向人与自身的关系，贡献了佛教。中国伦理所创造和提供的那种对待世界的特殊文化态度和人生智慧，成为人类文明史上最宝贵的精神财富，并且即使在几千年后对解决今天人类遭遇的文明难题仍具有警示和借鉴意义。择要举其一二，譬如：

其一，贡献了特殊的人与世界关系的文明理念。中华民族在《尚书》中，就提出了“人是万物之灵”[①] 的理念和觉悟，这种关于人与万物一体但又贵于禽兽的对待世界亲和而超越的文化态度与文化定位，与古希腊“人是万物的尺度”所体现的那种人为世界立法、与世界对立并进而征服世界的文化取向，在遥远历史的开端就创生和体现了不同的民族文化基因和文化气质。

其二，贡献了特殊的民族精神。《周易》“天行健，君子以自强不息；地势坤，君子以厚德载物”的哲学，被张岱年先生认定为是对中华民族精神的最精辟概括，这种以“厚德”而“载物”，并且以“厚德载物”引导“自强不息”的大智慧，揭示和体现了中国文化崇德不崇力的文化精髓和文化智慧，并以此与“宰物”以及奥林匹克运动所演绎的“更高、更快、更大、更强”的那种征服型的西方精神大相径庭。“载物”与“宰物”、“自强不息”是否需要“厚德载物”的价值互动，不仅体现对待世界的两种截然不同的态度，而且基因式地潜藏着当今世界格局中的不同文明密码和文化气息，“自强不息，厚德载物”的民族精神，至今依然是中国文化对当代文明乃至未来文明的可能贡献点。在人类文明史上，任何民族都需要也必须“自强不息”，但在“自强不息”的进程中是否应该、是否能够“厚德载物”，却是中华民族最重要的文化标志，也是伦理型的中国文化对人类作出的最具典范性贡献之一，在此基础上生成的“天通、地通、人通”的“天人合一”的哲学模式，对化解当今世界文明中普遍存在的人与自然、人与人、人与自身对立，具有不可忽视的资源意义。

其三，贡献了处理人与人之间关系的“金律”。孔子在《论语》中提出的“己欲立而立人，己欲达而达人”[②]、“己所不欲，勿施于人”[③] 的忠

① 《十三经注疏·尚书正义·泰誓》，北京大学出版社2000年版，第321页。

② 《论语·雍也》，转引自《四书章句集注》，第92页。

③ 《论语·卫灵公》，转引自《四书章句集注》，第166页。

恕之道，千百年来成为中国人处理人与人之间关系的道德金律，它已经在前些年关于普世伦理的讨论中被西方世界认为具有普遍的文化意义。

其四，贡献了建构人的安身立命根基的特殊文化构造。中国文化、中国伦理以儒家、道家、佛家为基本结构，融儒家的入世、道家的避世、佛家的出世于一体，建构了用世与用生、入世与出世互补相济的文化精神构造，使中国人——不仅是中国知识分子，而且包括浸染于中国文化之中的民众，无论在什么境遇下都不致丧失安身立命的基地。“得志，泽加于民；不得志，修身见于世。”“穷则独善其身，达则兼济天下”。[①] 这种极富弹性的精神构造，自给自足，虽有其保守性，但对处理人与世界、人与人、人与自身的关系，对冲突境遇中个体的安身立命，确实具有显而易见并且行之有效的重要的文化资源意义。

以上俯拾而来的诸多方面充分说明，作为中国文明的“文化丝绸”，中国伦理确实对当今世界文明具有不可或缺的文化资源意义，关键在于，如何通过我们的学术努力，对它进行文化开发，使之走向世界。早在一百多年前，歌德就已经向西方人发出警告：人类正变得越来越强，但并不是越来越好，总有一天，上帝会不喜欢自己的创造物，将它彻底毁灭。演绎开来，越来越强是“自强不息”，越来越好是“厚德载物”。歌德明白无误地告诫世人，失却厚德载物的自强不息，会让人类走向自我毁灭。20世纪40年代，英国哲学家罗素也向全世界宣告了他的文化发现：在文明历程中，人类第一次走到这样的重要关头，人类种族的绵延取决于学会伦理地思考的程度。面对“学会伦理地思考”这一关乎人类“种族绵延”的生死攸关的大课题，伦理型的中国文化可以也应当为世界做出最为宝贵的贡献。

由此，我们的结论是：随着中国的崛起，随着物质文明过度膨胀所产生的世界性难题的日益加深，一个需要中国伦理智慧的世界文明史已经开始，是中国伦理智慧走向世界并影响世界的时候了。

作者郭广银，东南大学党委书记，教授、博士生导师。江苏省南京市四牌楼2号　210096

① 《孟子·尽心上》，转引自《四书章句集注》，第351页。

走向“后中国特色”的中国化：中国道路与中国价值的出场意义*

任　平

摘　要：党的十七届六中全会倡导“文化自觉”的划时代意义，不仅在于宣告我们需要创造与“中国道路”相应的“中国价值”，而且在于宣告马克思主义中国化“后中国特色”时代的来临。“中国道路”和“中国价值”不仅是指导当代中国发展的中国化创新成果，更具有溢出国门、走向世界的普遍意义。立足“矛盾特殊性”和“中国语境”是“中国特色”时代中国化辩证法的理论旨趣；着重“矛盾普遍性”和“世界眼光”是“后中国特色”时代中国化辩证法的必然旨归。用“中国道路”和“中国价值”自立于世界发展之林、文化之林，不仅是中华民族伟大复兴的必然，更是世界期待中国贡献之所在。

关键词：后中国特色　中国道路　中国价值出场意义

党的十七届六中全会倡导文化“自觉、自信、自强”，在积极应对全球文化价值大挑战、大比拼、大竞争中主动创造与“中国道路”相应的“中国价值”与文化精神，全面布展文化大繁荣、大发展与走向世界的世纪战略，具有划时代意义。这不仅是为了回击西方政治家所谓“中国只生产物品、不生产思想和价值”的妖魔化言论，也不仅是为了

* 原文载于《江苏行政学院学报》2012 年第 3 期。

抗击西方文化霸权统治的需要，而且是开启马克思主义中国化的“后中国特色”伟大时代的开端、中华民族伟大复兴的文化表征。尽管任务的提出并不等于问题的即刻解决，但是，毋庸置疑，提出一个时代的最重大问题，就意味着掀开了新的时代序幕。深度思考、比较研究“后中国特色”时代与“中国特色”时代马克思主义中国化致思取向的重大哲学差异，探究“后中国特色”的中国化出场何以可能，是本文的主题。

一　中国化两个时代的变迁:中国现代化的三个阶段

任何理论都是问答逻辑。时代提出问题，理论解答问题。马克思主义中国化之所以分为“中国特色”与“后中国特色”两个时代，是因为中国现代化的时代变迁所致。

我一再指出：自1840年鸦片战争肇始，中国现代化将经历三个百年阶段。第一百年阶段，从1840—1949年，即从鸦片战争爆发到中华人民共和国成立，共经历了109年，为“被动输入型现代化阶段”。中华民族被西方列强侵略，没有民族独立自主权，沦为半殖民地、半封建社会，被西方强制灌输“欧洲中心论”版的现代化政治模式、经济模式、社会模式和文化模式。资本全球化造就了一个分裂的二元世界：欧美为世界发达的中心国家，而东方成为被中心地区支配、影响和统治的边缘国家或特殊地区。先进的资本和大工业生产方式由西方肇始，不仅在一切物质文明上占据优势统治地位，而且在文化上也占据优势统治地位。以西方为中心的资本全球化霸权体系，不仅造就了“工业资本——农业劳动”的全球分裂体系，也同时造就了文化的“文明——野蛮”的全球精神秩序。先进的思想，包括对资本全球化的彻底批判的马克思主义，都是在先进的工人解放运动主体实践中对欧洲最先进、也是最典型的资本结构做深度考察和批判基础上原初出场的。反之，中国成为世界积贫积弱、被边缘化、成为所有世界矛盾汇聚点和滥觞，既从属于西方霸权，又在边缘地区反抗统治、争取解放中存在着与中心国家截然不同的特殊问题和特殊矛盾，需要用特殊的理论去解答。凡是直接“以西为师”即用西方中心论模式解决中国问题的努力虽然有巨大的文化启蒙作用，但总是招致失败。“十月革命一声炮响”，给我们送来了“放之四海而皆准”的马列主义普遍真理，成立了中国共产党，从此中国反帝、反封建、反官僚主义的革命轰轰烈烈开展起来。但是，“以俄为师”的革命运动如果脱离中国国情，依然是屡遭挫折。究其原因，在革命指导思想方法上，就是因为只强调普遍性、共性而忘记了中国特殊国情、个性，从书本、理论出发而不从中国实际出发。因此，以“实事求是”为思想精髓的毛泽东思想应运而生。毛泽东思想作为马克思主义中国化原创形态，《实践论》、《矛盾论》等著作旨在强调“中国语境”、“中国特色”。在认识论上，反对本本主义，强调实践是认识的唯一基础。一切需要从中国实际出发。在辩证法上，反对脱离个性、中国特色的抽象空洞的共性主义、普遍主义，强调“中国特色”，着重研究矛盾的特殊性、个性。这就是“中国化”的“中国特色”时代产生的特殊语境和出场意义。在这一意义上，“中国特色”时代的“中国化”就是“有的放矢”，就是将马克思主义普遍真理之“矢”去射特殊的中国实际之“的”，解决中国革命、建设、发展中特殊实践、特殊矛盾问题的过程，就是从一般走向个别的过程。这一过程有以下两个鲜明特征：第一，对于马克思主义已经成为“放之四海而皆准”的普遍真理；积贫积弱的中国不具备欧洲那样先进资本主义的历史条件，以资马克思新世界观原创出场。中国不可能成为马克思主义的原创国家。第二，中国又是资本全球化造就的特殊边缘矛盾聚集地，特殊矛盾造就的特殊国情不能将马克思“仅限于西欧”的结论简单地做空间平移，照搬照抄。因此，中国应当成为在特殊语境中特殊运用马克思主义解决中国问题的创始国。以中国实践为基础，在马克思主义普遍真理、共性矛盾分析框架指导下，深度研究和考察中国特殊矛盾和个性特征，成为“中国特色”中国化的主要理论旨趣。正是在准确分析中国半封建、半殖民地社会结构的基础上，以毛泽东同志为代表的中国共产党人提出了新民主主义革命的总路线，在此指导下取得了革命胜利，从中产生出中国化的最重要成果——毛泽东思想。

概括地说，资本全球化造就的“西方—东方”全球分裂是“中国特色”中国化出场的历史语境；基于西方出场的马克思主义普遍真理对中国革命的思想指导是“中国特色”中国化道路的精神条件；基于“中国立场”和“中国视域”，聚焦“中国问题”之特殊矛盾和个性特征，成为“中国特色”中国化出场的主要路径；从马克思主义普遍真理之一般到中国特殊矛盾之个别，成为“中国特色”中国化出场的主要逻辑；一切从实际出发、实事求是，成为中国化认识论的基本出发点和理论归宿；研究和阐释中国特殊矛盾和个性特征，科学把握共性与个性关系，成为中国化辩证法的主要精髓。由此我们看到，毛泽东同志在外国本本与中国实践之间为什么选择后者作为认识出发点和检验真理的标准；在中国实践问题研究中，为什么一反哲学家特别醉心的一般普遍矛盾原理阐释而特别强调研究矛盾的种种特殊性，勾勒出一个以中国实践为场域的矛盾特殊性哲学形态。

横跨 1949—2050 年代的第二时期大约 101 年，是中国“自主输入型现代化”时期。所谓“自主”，就是指新民主主义革命取得了民族独立、人民解放和国家主权完整，再也没有“租界”治外法权和“领域外非地”。中国独立自主地发展自己的经济和文化，中华民族站了起来，成为掌握自己命运、走自己道路的发展主体。所谓“自主输入型”，是指这一阶段中国的政治独立和经济文化相对落后、甚至还处在低于资本全球化总水平的阶段。资本全球化依然在生产方式、市场、技术、资本等许多方面具有先进性和优越性，需要我们学习。我们不能采取极其狭隘的民族主义立场，对输入先进现代化要素作愚蠢的总拒绝。需要在自主的基础上对外开放，主动地、唯我所需地招商引资、引技、引智，选商、选技、选智，有选择地将国外先进的技术、资本、管理、知识和文化等现代化因素积极引入，消化吸收再创新，增强自主发展的能力。换言之，“自主输入型现代化”与“被动输入型现代化”阶段相比，尽管仍然需要开放和输入国外的现代化要素，但是其根本区别在于独立自主性，所有发展道路、发展方式、发展路径的选择都由自己作主；所有发展的最终目的在于提升自主发展的能力；所有发展成果为了自主发展的人民。在这一意义上，“自主输入型”与“被动输入型”虽然都是属于“输入型现代化”阶段，但却有本质的区别。遍布全国的招商引资的开发区绝不是昔日租界的再版；对外开放绝不是丧权辱国；开放型经济、开放型城市、开放型国家绝不是被殖民和侵略的再复活；主动对外学习和借鉴绝不是被动输入、被支配灌输。从参与国际经济循环到积极影响世界经济、政治格局再到参与制定国际游戏规则，主权在我，引进什么、学习什么，如何引进、如何学习，如何对话、合作，有充分自主的选择权、管理权和控制权。而且，这一阶段是向自主辐射型现代化转变、发展的过渡时期。正是在这一阶段，中国国力蒸蒸日上，自主创新能力迅速发展，打造创新型国家的战略才能布展，中国“自主辐射型现代化”阶段才能真正起步。

正是在这一阶段，“中国特色”的马克思主义中国化借助于中国特色社会主义的建设和发展而日益得到深化，在深化中开掘“中国道路”，形成“中国价值”。这一时期的中国化，具有承前启后、继往开来的性质。一方面，所谓中国化，是聚焦“中国问题”、坚守“中国立场”、创新“中国视域”、形成“中国话语”的过程。中国特色的中国化，必须依据个性特色辩证法的要求，科学选择和聚焦真正属于中国的问题，深度穿透和解答。中国特色的理论，正是真正的中国特色问题的解答逻辑。有的放矢，就是中国化的本质要求。应当看到这一阶段中国经历了新旧全球化时代的大转换。资本全球化的世界格局从以工业资本为主导地位的旧全球化时代向以后工业文明的资本化（金融资本、知识资本、社会资本、文化资本、人力资本、空间资本等等）为主导的新全球化时代转变。“工业资本—农业”旧世界二元格局被“知识资本—工业劳动”新二元世界格局所取代。中国正在“自主输入型现代化”中扮演着全球制造集聚中心的角色，然而又是在西方知识资本影响甚至控制下成为世界制造业大国的。全球金融危机和欧洲债务危机都通过新全球化脉络传导，形成危机传导路线图。中国发展、中国道路的所有问题，都源于或主要源于这一时代。然而，聚焦研究中国特色问题，还需要坚守中国立场。与许多国外研究中国问题的机构不同，中国化要求站在中国立场上，为了中国人民的根本利益而解答问题。科学解答的理论绝不是价值中立或价值无涉，更不是西方霸权立场的复制平移，而是由具有中国立场的价值中轴贯穿的。因此，“中国道路”的形成作为一种实践及其对实践经验的总结，都贯穿着“中国价值”。没有中国立场、没有中国价值、没有中国价值体系构成的中国文化，就没有中国化。中国化不仅是一个客观的实践过程，而且是一个人的价值化和文化过程。实践对于人的作用就是意义。有用的意义就是价值。价值的体系就是文化。在文化中，各种相关价值排列成为一种秩序和结构，有底线和最高价值，有核心和外围价值，有首位和序差价值，有基础和派生价值，等等，表现为价值体系。坚守中国价值的立场需要创新中国视域，因为没有中国独特的研究视域和方法论，照抄照搬西方理论视域，用“伪装的西方人”的眼光看待中国问题，就无法坚守中国立场。中国研究的视域、方法论和范式，是中国立场的方法论表达。正是在这一方面，学界的研究还很落后，还在初步创立形成之中。最后，中国化要用中国话语发出自己的理论声音，这就需要现代中国理论语言的创造。

另一方面，中国问题的症结在很大程度上正是资本全球化二元分裂的世界产物。因此，解答中国问题需要世界眼光。解答中国问题又在相当大的程度上就是在解答资本全球化的世界问题。因此，聚焦中国道路和中国价值问题、创造解答理论过程中，就日益具有了世界意义。中国问题不仅是世界问题的一部分，中国道路、中国价值也不仅是世界道路、世界价值的一部分，而且是具有后发现代化国家发展过程的普世意义的一部分。意义“脱域”理论原初语境，从中国特色、个性的辩证法走向世界普遍共性、后中国特色的辩证法。

第三阶段就是自主辐射型现代化阶段，将从2050—2150年。之所以需要这一阶段，是因为自主输入型现代化阶段的最高成就就是一个后发的新型工业化国家，不可能成为完全自主创造的现代化国家。模仿、学习、借鉴、输入，永远只能是一个现代化的复制品，而不是真正完整意义上的先进。现代化不仅是一个纵向比较的历史概念，而且是一个横向比较先进甚至先锋的概念。只有成为世界发展结构中的最先进、最具有创造力、受到其他国家和地区效仿的中心，成为一个时代的先锋代表，才是现代化的真正含义。因此，只有超越自主输入，进到自主辐射型现代化阶段，才能真正使中华民族完成伟大复兴，如古代中国一样成为世界文明发展的中心。之所以需要一百年，是因为2050年才达到基本实现现代化的目标，作为泱泱大国要完成此伟业需要更长的时间。为了将来能够实现自主辐射，我们需要注意两点：一是现在就要从输入为主转向培育自主创新能力，从理论、技术、制度到文化积累原创性。只有原创的大国才能成为辐射的大国。二是未来中国的自主辐射是和平的，和谐的，根本不同于西方当年现代化的武力出场方式。“和谐世界”是中国推动世界发展的民族理想。中国将以独特的科技、文化和管理，发展的核心价值和文化理念影响全球，成为和平、和谐、开放的强大力量。

正是在这一阶段，中国才能完成自己的发展道路，形成中国价值，也才能辐射全球，恢复成为引领世界的先进国家。在这一意义上，“后中国特色”的中国化才获得其完整的意义。

二 “中国特色”中国化的哲学意蕴：“实践论”与个性辩证法

在“世界潮流浩浩荡荡”的普世真理照耀下考察独特的中国进程，成为“中国特色”中国化赖以出场的基本前提。依据马克思主义普遍真理指导，从中国本土实践出发，发现、界定、解答独特的、个性化的中国问题，成为毛泽东同志《实践论》、《矛盾论》哲学视域的主旨。由此我们不难理解：中国本土实践而不是一切“间接认识”或本本认识，是一切中国化理论的发源地；特殊矛盾、矛盾的特殊性而不是跨越国界的矛盾共性，成为《矛盾论》阐释的中心话题；“实践论”成为中国化理解的第一个认识论形态；以特殊矛盾、矛盾特殊性、个性为中心的矛盾辩证法，成为中国化的第一个辩证法形态。

当中国本土实践与来自西方的本本理论发生矛盾冲突时，谁才是第一性的认识来源和检验真理标准？原初在西方出场的马克思主义并没有遭遇到在中国语境中的这一尴尬。中国并不是马克思主义出场的原初语境。十月革命一声炮响，给中国送来了马列主义，但是跨界平移的理论之所以能够进入中国，全在于理论具有真理的普遍性。然而，除了普遍性之外，中国在资本全球化结构造就下具有独特的边缘性矛盾集中的独特性。究竟能否从这一中国语境的独特性出发来认识和解决中国问题，成为马克思主义中国化能否成功的关键。一切教条主义之所以失败，就在于直接从本本出发而不从实际出发；直接从普遍性出发，而忘记了中国语境的独特性。因此，能否从中国实际出发，就决定了马克思主义“在中国的”和“中国化”的两种实际效果的原则差别。主张实践是一切认识的基础的马克思主义中国化理论，实际上就解决了一个根本原则问题：没有从中国语境出发，就没有中国的马克思主义。这就需要开辟实践第一的认识论。当然，当本本教条与实践相悖，应当抛弃的就不是实践，而是本本和教条。

辩证法也是如此。当马克思在《资本论》中揭示资本全球化世界结构的一般本质时，从中展示的是资本全球化的总体样态和共性结构，以及在历史场域中必然出场和必然退场的一般规律。马克思原初设计，《资本论》需要六卷，不仅要揭示资本全球化的共性结构，而且要揭示“世界市场”等资本全球化的空间结构。而后马克思发现，空间结构不过是资本全球化的空间投射，依然是资本一般结构的外在表现形态。关键的是揭示资本全球化的本质共性结构。与此相对应，作为分析方法，马克思强调“否定的辩证法”也是作为一般世界观而被阐释的。矛盾的普遍性和总体性成为“批判的、革命的”辩证法的基本特征。虽然晚年马克思倾心考察东方社会和东方道路时有“不同于西欧”的结论，从而开启了“东方道路”独特性研究的先河，然而，在中国革命的语境中，问题的关键已经不在于中国是否符合辩证法的总体性和普遍性，而在于如何准确界定马克思主义中国化出场的中国场域、中国问题、中国道路和中国模式所呈现的矛盾特殊性或个性。聚焦中国问题不等于说简单地用普世的“红星”之光照耀中国就万事大吉，而是要在资本全球化造就的二元结构中科学分析作为边缘化的人口大国、一个半封建、半殖民地的中华古国各种矛盾如何集聚成为一个焦点，因而使之具有独特的矛盾个性。“中国化思维方式”就是要从中国实际出发，在普遍性理论指导下，全力去发现矛盾的特殊性结构，建立矛盾特殊性学说。马克思主义中国化的创新之路就走上了“差异化”出场之路。发现特殊性就是发现差异。差异使中国语境不同于外国，中国问题不同于外国，中国道路不同于外国，中国辩证法也因此不同于外国。在中国出场的马克思主义辩证法理论结构和阐释结构都得到了差异性重写。一个以矛盾特殊性和个性为主线的矛盾辩证法因此被建构，其中充满着“中国特色”的思维逻辑。

“中国特色”中国化的出场形态当然不仅仅是实践逻辑的必然产物，也是文化逻辑的必然产物。中国化不仅包括马克思主义理论与中国实践的结合，也包括与中国文化的结合。在某种意义上说，文化逻辑远比实践逻辑复杂。马克思主义作为西方文化的一部分，进入中国文化语境过程，就是两种文化对话、冲突和融合的过程。强调所谓“中国国情”而拒斥马克思主义者，曾经是当年一切文化保守主义和反动派的论纲；而将“马克思主义中国化”等同于“新儒学”之一种，又成为另一种形式的文化保守主义。“全盘西化”和“打倒孔家店”的文化激进主义，也曾经在早期马克思主义者陈独秀、李大钊等人那里演化为用“先进”的马克思主义来全面拒斥“反动落后”的中国传统文化的激进主张。从两极走向中间，关键在于如何正确看待马克思主义与中国传统文化的存续关系。在众多的所谓“新儒学”、“新道学”、“新佛学”等传统文化新的众声喧哗中，马克思主义中国化如何成为中国优秀文化的真正继承者，成为问题的关键。然而，这绝不等于中国传统文化“永恒在场”、“绝对在场”的形而上学。马克思主义在中国的出场一定伴随着文化变革和决裂，但是绝不等于中国传统文化一切脉络的历史断灭和全面退场。从孔夫子到孙中山的文化因素，马克思主义都要继承。这一继承不仅是从“实事求是”到“和谐”等内在思想元素和精神的存续，更是一种新的中国当代文化价值形态的再造。马克思主义的文化自觉、自信，倡导中国价值，包括了对马克思主义中国化文化身份的再认寻和再塑造。这一时期的文化身份和文化形态的重新塑造，使中国化更加具有“中国特色”，更凸显空间差异的个性。

三 “后中国特色”的中国化:世界眼光与典范辩证法

如果说，“中国特色”中国化强调中国问题与世界其他国家的差异性和独特性，因而强调必须从中国独有问题和个性实际出发，研究专属于中国问题解答的个性辩证法；那么，“后中国特色”的中国化必然超越这一时代的限定性，强调对中国问题解答的世界意义和普遍价值，从而强调任何“个别就是一般”，将中国经验看作世界发展的某种典范。在这一意义上，辩证法研究将不脱离个别，但是不再偏限于差异和个性考察，不再将矛盾的特殊性作为辩证法研究和阐释的主线，而是更强调个别中可能包含的一般内容和共性价值，从而对世界共性问题做出真正的民族的解答。

因此，“后中国特色”与“中国特色”中国化相比，至少有以下四个差异。第一，对中国问题的理解和解答目标不同。“中国特色”中国化锁定目标主要聚焦解答与世界各国不同的中国独特的革命、建设、改革与发展问题。而“后中国特色”中国化则更进一步，要在解答中国问题过程中更加注重发现解答方式和解答经验中的世界意义和普遍价值。“中国知识的世界意义”将成为主要研究目标。因而，以主要解决中国问题或辐射世界，就构成了两个截然不同的目标导向。第二，中国立场和中国化的视域不同。“中国特色”中国化虽然也有“世界眼光”，如当年毛泽东同志研究中国革命时强调何以在世界新革命结构变化中成为“新民主主义革命”而不是“旧民主主义革命”。但是，这一研究视域主要着眼于新的世界结构如何造就了中国问题的特殊性。中国视域主要强调解答中国问题需要站在中国本土的立场上，为了中国人民的根本利益，形成独特的价值偏好与视域选择，构筑中国问题的地平线，来透射、观察和研究中国问题。“后中国特色”中国化则具有真正的世界眼光，着眼于中国人民根本利益与推动世界和平、开放、和谐、整体发展利益的一致性，构建普遍的问题视域。第三，中国化的研究范式不同。“中国特色”中国化旨在打开一个特殊矛盾体系，用本土实践出发的个性辩证法视域研究中国特有问题；而“后中国特色”中国化则以矛盾普遍性为纲领，研究中国问题的矛盾逻辑何以成为打开世界问题大门的枢纽。也许，当年马克思关于“工业较发达的国家向工业较不发达的国家所展现的，只是后者未来的景象”这一著名论断所包含的“从后思索”方法论视域，并不完全适合用来阐释中国与世界的关系。但是，用解剖中国“麻雀”来了解世界所有麻雀的一般结构却是可能的。第四，中国话语的效应不同。“中国特色”中国化主要着眼于本土思想和话语的“大众化”，为中国人民服务；“后中国特色”中国化的话语则不仅考虑中国大众的受众需要，而且要强调世界大众的受众需要。充满中国思想智慧、中国版的“普世价值”将通过文化的世界传播路径到达受众，使世界人民受益。中国作为一个世界级的负责任的大国，在世界舞台上不仅扮演着影响全球经济的大国角色，而且将越来越多地被要求扮演影响人类命运的文化创造者的角色。世界应当迎来中国发出自己声音的时代。

因此，“后中国特色”的中国化的世界眼光不仅要考察新全球化时代中国问题结构的特殊性和差异性，而且更要研究中国和平崛起后对世界结构可能的改变；不仅要研究向世界开放自主输入什么，而且要研究向世界辐射什么；不仅要研究迎接全球异质思潮的挑战、与世界各种文化思想的对话，更要研究“中国道路”、“中国价值”影响全球、世界化的可能路径。

“中国特色”中国化的认识论和辩证法告诉我们：虽然资本全球化的二元世界结构造就了特殊的中国，但是“这一个”的特殊国情却不能完全由世界结构推导出来，因此要从中国实际出发、将中国实践作为一切中国化认识的基础；虽然矛盾的共性支配着所有特殊矛盾，但是矛盾共性也不能完全解释矛盾的特殊性，因此必须要以共性为指导，着力研究个性、研究矛盾的特殊情形。同样，“后中国特色”中国化的认识论和辩证法告诉我们：虽然“任何个别就是一般”，但是一般并不直接等于个别的直接现实和全部复制。将个别不加分析地照搬到一般，依然是有问题的。基于两者的“差异性”，个别进入一般的过程同样充满着辩证法。“中国经验”向“世界经验”的转换、“中国知识”向“世界知识”的转换、“中国价值”向“普世价值”的转换、“民族心理”向“人类通感”的转变，不仅要透彻了解中国，更要深度研究世界；我们不能仅仅站在中国立场上一相情愿地输出，生产什么就吆喝什么，更要从文化的解释学或接受理论来看世界人民如何可能愉悦地接受。“靶子理论”在传播模式上不可能适合世界需要。全球多元文明的对话和融通应当是多元主体平等交往的结构。当一个主体价值要想在世界范围内成为全球价值，必然要接受从“中国实践”向“普世实践”转换的检验，即交往实践的检验；从“中国经验”向“世界经验”转换的检验，即常识化的检验；“中国知识”向“世界知识”转变的检验，即超越常识的科学检验；“民族心理”向“世界通感”转换的检验，即心理结构重塑的检验；同一性思想体系、同质性价值原则向全球多元、多层、多样、多变的差异性思想体系和价值原则转变的检验；从“中国话语”向“世界话语”转换的检验。每一个差异性的世界观察者如何乐于接受中国共识，将成为文化“走出去”战略的核心问题；“后中国特色”中国化哲学研究聚焦的中心，就是关于“个别如何转化为一般”、“中国道路”、“中国价值”如何成为世界共识的哲学问题。我们不仅需要从中国实际出发，更要从世界实际出发，成为“后中国特色”中国化的认识论；我们不仅要研究中国个别、特殊矛盾体系，更要研究这一个别、特殊矛盾解答如何转变为一般、转变为普遍解答的道路，这是“后中国特色”中国化的辩证法。我们不仅需要费孝通生前倡导的“各美其美、美人之美、美美与共，天下大同”的包容性发展道路，更要有“中国之美世界化”的发展路径。没有新的认识论和辩证法的转换，中国经验、中国道路、中国价值永远只能是中国之识，无可能为世界之“共”；传统的“中国特色”中国化认识论和辩证法已经不再适应新全球化时代“后中国特色”中国化的实践需要。在全球交往实践观基础上创造新的多元主体间精神交往关系（以认识、对话和理解为核心）的“广义认识论”，以及研究个别转化为一般可能性的交往实践辩证法，成为“后中国特色”马克思主义中国化哲学当前研究的主要任务。

四　广义认识论与交往辩证法:“后中国特色”中国化的哲学思维

研究“后中国特色”中国化需要原创性的哲学思维，即新的认识论和辩证法，这一工作由笔者早在20世纪80年代已经开始。①

在“中国特色”中国化的认识论构建中，虽然隐匿着多元主体间的交往关系，但是主线是“知与行”的关系，即认识与实践的关系。实践是客观活动，因而相对地说更偏向主体的客体化；认识则是主体的精神标识。因此，虽然认识可能是外来的（舶来品）和先天的间接认识，而实践是本土的亲身活动，但是认识论关注的主线是“客体—主体”两极关系。认识论争论的焦点是：中国化的马克思主义究竟应当是来源于客观的本土实践呢？还是来自先天的间接认识？或者说，检验真理的唯一标准是本土的亲身实践抑或是“放之四海而皆准”的理论认识？争论的结果当然是《实践论》思想的出场。实践，只有实践，才是一切认识的基础和检验真理的唯一标准。因此，从认识论框架和维度来看，“主体—客体”两极模式成为主轴。

“后中国特色”中国化的认识论即广义认识论不同，因为它的主题是研究民族个体认识如何转化为世界共识。因此，多元主体间认识交往关系，从一开始就必须要成为基本阐释框架。其中，在“主体（中华民族）—中介客体—主体（其他民族）”的实践交往关系基础上，建构同构的认识交往关系。其中，在全球场域中，每个民族都作为实践的和认识的主体，彼此发生着实践的和认识的交往关系。每个主体认识、解读、理解和解释另一级主体的思想、经验、价值，都是这一认识论要深度研究的课题。在多元主体精神交往、认识交往中如何实现“中国经验”、“中国价值”的世界共识化的基本逻辑，成为这一认识论研究的理论主旨。广义

① 任平：《广义认识论：基础、理论与模式》，《光明日报》1987年7月2日第3版，曾被钱学森先生称赞为“社会思维学”的重要成果。参见戴汝为《社会智能科学》，上海交通大学出版社2007年版，第201页，钱老致戴先生的信函。借此机会向钱学森先生和戴汝为先生表示敬意。

认识论基本原理有若干非常复杂的内容，因为笔者在《广义认识论原理》（江苏人民出版社 1992 年版）中有较详细的阐述，在此不赘述。

“中国特色”中国化的辩证法虽然也谈矛盾的普遍性和共性，但是显然着眼于矛盾的个性和特殊性。研究一般如何转化为个别、研究矛盾的特殊性成为这一辩证法的基本向度。反之，“后中国特色”中国化的辩证法则以“个别如何就是一般”、“个别如何转化为一般”为宗旨。“就是一般”探索个别何以包含一般的价值和规律；“个别转化为一般”则深度考察个别转化为一般过程中的种种矛盾的对立和统一，交往和融合，各个环节和条件，如何成为一个新范畴。这一研究，也以多元主体间的交往关系为框架，建构交往实践辩证法。历史上，辩证法曾经有过客体形态（自然辩证法，古希腊赫拉克利特之火流的辩证运动，逻格斯 λoyos，道），主体（观）辩证法（论辩逻辑，对话法，认识逻辑），主体—客体辩证法（德国古典哲学），交往辩证法（阿佩尔，哈贝马斯），交往实践辩证法（任平，1992）。这是一个历史连续出场的形态更迭。

交往实践辩证法还需要阐明：作为实践形态的“中国道路”何以可能生发“中国价值”。多元主体间的交往实践是一个围绕中介客体变革的客观物质活动过程，它具有多元主体性、交往性和客观性，存在着“主体—中介客体—主体”相关律。交往实践结果对于各相关主体产生客观作用，这些作用效果因为主体的不同而不同甚至相反，因而表现为意义结构。同一个交往实践对于不同主体产生的不同意义之间，形成的对立和统一的矛盾结构，就成为交往实践辩证法研究的核心内容之一。意义有正向或负面，因而分为价值和负价值。价值是交往实践对于主体的有用性。因为多元主体之间的差异，价值或负价值就有差异。价值结构是有用意义结构的转化形态。各种价值的组合化、秩序化形成的体系结构，就是文化。文化是基于交往实践的价值体系。因此，实践的交往产生意义的交往，价值的交往，文化的交往。各个层次交往的整合，就是价值全球化。

作者任平，江苏师范大学校长、教授。江苏省徐州市铜山新区上海路 101 号　221116

当代中国创新理论的世界意义*

——从中国学术走向世界说起

商志晓

摘　要：走向世界的中国学术，理应包括当代中国创新理论在内，不能因其与立场、价值相连并具有意识形态特征而无端排斥和妄加否定。无论是以走出国门进入世界的“走出”方式，还是以吸引外域目光关注的“引入”方式，当代中国创新理论都已呈现在世人面前，展示了其全球价值和世界意义。当代中国创新理论作为一种全球视野、一种创新思维、一种观念体系、一种价值标准、一种治国方略、一种发展模式，已经得到了国际社会的广泛认可，得到了全球众多政治家、思想家的热情称赞。

关键词：中国学术　创新理论　走向世界

一

中国学术走向世界，是必然的。在愈来愈多的中国人走向世界、愈来愈多的中国产品和“中国制造”走向世界、愈来愈广阔的中国市场和“中国机会”给予世界之后，伴随着中国道路、中国经验、“中国模式”

* 原文刊发于《当代世界与社会主义》2013 年第 3 期。

备受关注，中国影响、中国作用、中国态度愈加重要，中国文化必然会走出国门，中国声音必然会传播国外，中国学术必然会走向世界。

这里所说的中国学术，是一个泛泛而论的概念，既包括知识、学问、见解、观点，也涵盖思维、方法、治学态度等。除了这种通常理解的内涵外，需要特别指出的是，中国学术从外延上讲，应当包括也必须包括理论、思想以及蕴涵于理论、思想中的价值、立场。这意味着，当我们强调中国学术走向世界时，从学科角度看，中国学术不只有考古学、历史学、艺术学等客观知识性特征显著的内容，也有社会学、经济学、哲学这样一些带有主体价值倾向性的内容，还包括政治学、文化学、社会主义理论这些带有鲜明立场的内容。其中，当代中国的创新理论，亦即执政党在推动经济社会发展进程中提炼并凝结而成的、一系列具有普遍意义和借鉴作用的新思想、新观点、新论断，应在走向世界的中国学术之列，应在我们谈论中国学术走向世界话题之中。

所以把这样一个问题提出来，是因为在谈到走向世界的中国学术时，人们往往只关注作为客观性知识和方法的中国学术，而忽视了带有主体价值倾向和鲜明立场的学术内容，有的学者甚至借此把具有思想性、具有价值主张的理论排除在学术之外，把执政党的执政理念、创新理论从学术范畴中剥离出去。在他们看来，只有客观性知识和方法，才能够作为中国学术走向世界并被接受和认可，而以思想性、价值性特征见长的当代中国创新理论，是不宜纳入中国学术之中并讨论走向世界问题的。

这样一种看法的对错得失，我们暂且不论。显然，这里涉及两个非常重要的前提性问题需要搞清楚：一是学术与理论的关系；二是走向世界的标志与判定。

其一，学术与理论是一种什么关系，学术与理论能否分割开来。学术与理论，从概念内涵看，二者接近、近似，或一致、相同，理论中有学术，学术含着理论，人们往往以“学术理论”称之。笼统地讲，学术与理论在指向内容上无须作细致区分，在一般情况下的使用也不会产生歧义。只有在具体界定学术与理论的差异、在具体语境下进行辨析时，细细体味一下，二者确有些许不同。作为概念来看，学术与理论的差异或不同，主要有三点。一是学术偏于指称知识、学问，理论侧重强调理解、论述；二是学术“观点”一般被视为带有中性、客观、非意识形态特点，而理论“观点”往往被认为与立场、价值相连，具有意识形态特征；三是学术主要停留在思维、知识、观点界域，而理论则能够超越认识进入到操作领域，对实践的进程和现实的改变发生一定功效。这些不同，在一定程度上影响到人们对走向世界的中国学术是怎样的、或什么样的中国学术才能够走向世界的基本判定。

其二，中国学术怎样才是走向世界，走向世界的标志与判定是什么。这应该从两个角度来看。一是观点、认识或观点体系、认识体系走出了国门，进入到世界学术论坛上展示、呈现，参与到世界话语体系之中进行交流、碰撞，甚至成为一家之言、成为一种学派，为世界同行看重、认可，更有甚者成为热门话题，成为主流言论或主导主张。二是即便在本土本民族本国家区域内，观点、认识或观点体系、认识体系以其形成为共识、确立起优势、获得成功和产生影响，吸引外来目光关注，成为世界学术聚焦点，由此招引各国学者政要纷至沓来，探求其内在真谛和观念要义。这是两种完全不同的走向世界的方式，前者是“走出”，走出国门进入世界，是“我来了”，由内向外，带有主动融入特点；后者是“引入”，在国门之内引来世界目光，是“来看吧”，由外入内，附有被动等待特征。二者尽管表现形式有别，方向相反，却都是走向了世界，都是融入了世界，都是以开放的姿态进入到世界学术论坛、参与到世界话语体系之中。

二

在明晰了学术与理论的基本关系、走向世界的标志与判定这两个前提性问题之后，我们再来进一步分析走向世界的中国学术所包括的内容问题，进一步讨论当代中国创新理论能否走向世界的问题。

应当说，在论及中国学术走向世界问题时，明确把当代中国创新理论提出来，是非常必要的。因为人们在泛泛谈论中国学术走向世界时，很少关注到当代中国创新理论，甚至很可能将它遗忘、漏掉，虽然这并不一定是有意为之，却客观上会造成思想、理论被排除在学术之外的结局和印象。事实上，一些学者在潜意识里也是这样来看待思想和理论的。即便他们对学术与理论两个概念的异同并不清晰或比较模糊，或者他们也在使用“学术理论”这类表述，可能仍然自觉或不自觉地持有“以学术排斥理论”或“以舍弃理论来坚守学术”的态度。

进一步看，当我们厘清了学术与理论的概念异同之后，人们对当代中国创新理论走向世界的问题，是不是就不存在疑问或分歧呢？不是的。疑问或分歧不仅仍然存在，甚至有可能使疑问演变为否定，并且会使态度变得更坚定、更自觉、也更理性。原因就在于：一些学者尽管认同学术与理论的不可分割，但他们往往会过分注重二者的差异和不同。他们认为，走向世界的中国学术，必须关注全球共同话题，必须进入全球话语体系，必须使用规范标准方法，必须依赖实证数据支撑。在他们看来，既然理论是有立场的，甚至说理论是为特定集团和人群服务的，这种意识形态属性就使得理论不能成为共同话题，也就难以走向世界；既然当代中国创新理论作为执政党的指导思想，主体特征明显，价值倾向鲜明，其作用发挥和影响范围就不具有普适性，也就与走向世界的中国学术无涉、无关。

客观地说，对走向世界的中国学术，提出普适性问题意识、规范性研究方法、实证性数据支撑的要求，是合理的，也是可取的，不仅无可厚非，而且还非常必要。这种要求，因应世界学术的共性特征，遵循普遍一致的学术规范，有助于中国学术扩大影响，有益于中国学术赢得尊敬。但这只是问题的一个方面，从另一方面看，这样来理解和要求中国学术，无形之中会弱化中国学术的民族风格，失却中国学术的个性和优长，既有削足适履之嫌，又有自我菲薄之弊。特别是以带有立场、价值、具有意识形态特征为由，判定理论是不能走向世界的，判定走向世界的中国学术中不包括当代中国创新理论，既缺乏充足根据，也缺乏细致分析。这种结论先行的对待问题的武断态度，是不能令人信服的，不仅无助于问题的解决，反而会把事情搞成一团糟。可以说，这种思维方式是片面的、机械的，这样看待问题是肤浅的、偏颇的。

其一，理论是对事物的认识，是对事物本质和规律的系统化思考，理论本身是学术或学术的组成部分。即便某些领域的理论（如政治、文化等）带有价值倾向和特定立场，却不能因此就认定它缺乏客观属性，不能因此而否定其真理性内容，更不能一概排除在学术之外。这同时表明，企求学术完全客观的纯粹化是不现实的，寄希望于学术认识远离政治的纯洁性是不可取的。

其二，作为系统的知识和观点，学术也好，理论也罢，都是特定的人即认识主体对客观对象或思维客体的理解和把握。在认识主体以真诚的愿望去追求真知及所获得的认识结果中，不能不打上认识主体的生活、个性、兴趣等种种方面的深刻烙印，在认识主体以求知的精神去探索真理及所获得的观点和见解里，不能不受到认识主体的态度、方法、意志等诸多因素的影响。那种把对事物的思考和把握与认识主体的立场和价值倾向切割开来的意愿，尽管美好，却是不可能的。

其三，共同的世界话题可以是没有立场的，成熟的研究方法和思维范式或许是无涉价值取向的，但对共同话题的谈论及其结论却并非如此，对研究方法和思维范式的运用及其走向却并非一致。要不然，怎么会面对同一个问题，得出的答案和结论却多种多样，甚至大相径庭呢！更为有趣的是，有许多带有立场和价值取向的观点、认识，却能够成为世界性话题被关注、被思考。

其四，人为地放大学术与理论的差异，不仅会导致统一的认识体系的割裂，而且易于带来新的混乱；盲目地夸大理论立场和价值取向对获取真知的消极影响，试图过滤掉“多余因素”的干扰，既不现实，恐怕也徒劳无益。不能以提纯学术元素构成为由，贬低或否定理论的意义和价值；也不能以客观化、普适性作为根据，人为打压当代中国创新理论的地位和影响。

在中国学术走向世界问题上，有效合理的做法应当是：不要在“走向世界”问题上设定前提或划分阵营，而是着重在是否能够和已经产生了影响和发挥了作用上，去分析并判定中国学术是否走向了世界；在走向世界的中国学术构成中，既不拔高或拒斥带有普适性的世界话题和思维观念，亦无必要把是否“走向世界”与有无“立场、价值”相对立相割裂，甚至谈“立场”色变、论“价值”恐慌。谈论中国学术走向世界问题，必须摘除有色眼镜，去除片面观念，突破狭隘偏颇的思维局限，真正做到从实际出发，从已经发生了的现实状况出发。

三

具体到当代中国的创新理论，是否能够走向世界，是否已经走向了世界，是否被世界接纳和看重，是否产生了应有的影响，我们只要对照中国学术走向世界的两种方式，对照当代中国创新理论的现实状况和实际影响，就会得到比较清晰的答案，得出客观准确的结论。

一是以“引入”方式走向世界，即吸引外来目光关注，成为外域思维焦点。

当代中国的创新理论，从宽泛处说，包括了在改革开放进程中由中国学者和精英集团针对经济社会各领域、历史文化各学科而形成的思维创见、观点体系，而就其针对性指向看，主要是执政党及其领袖集团在提炼实践经验、集中民众智慧、概括学界共识的基础上形成的思想认识、理论体系。这方面的成果，集中于对中国特色社会主义本质和规律的探索和揭示，围绕着什么是中国特色社会主义、怎样建设中国特色社会主义，建设什么样的执政党、怎样建设执政党，实现什么样的发展和科学发展、怎样实现这样的发展和科学发展等重大课题，以邓小平理论、“三个代表”重要思想、科学发展观为代表，凝结为中国特色社会主义道路、理论体系和制度。这样一种创新理论，不仅以其新思想、新观点、新论断丰富发展了马克思主义，为世人瞩目，而且以中国视角科学回答和有效解决了当今世界面临的一系列共同性重大问题，让全球瞩目；不仅以认识成果、理论形态和探求问题的果敢精神和科学方式使人们刮目相看，而且更以将认识延伸至现实、把理论融会于实践并创造出“中国速度”、“中国奇迹”、“中国模式”而成为全球关注的焦点。

二是以“走出”方式走向世界，即呈现在国际论坛上，走出国门为人看重。

与“引入式”方式走向世界相伴随的，是当代中国的创新理论同时以“走出式”方式进入到了全球话语体系之中。当代中国的创新理论，作用于当下中国改革开放和现代化建设事业，但并不局限于国门之内；造福于十三亿华夏子孙，却并非止于国人之中，其思维模式和由此带来的物质成果同时也施惠于广泛的国家、地区甚至全球。当代中国创新理论的认识成果和制度体系，如我国改革开放的路径设计、现代化道路的自主构架、社会主义市场经济的独有特征等，既打上了深深的“中国”烙印，又为其他一些国家和地区提供了可资借鉴的标本和参照。即便是在许多具有明显价值选择和意识形态特征的问题上，如社会主义本质与初级阶段问题、共同富裕与小康生活目标问题、执政党建设与新的执政理念问题等，当代中国创新理论也早已漂洋过海，为国际社会所关注和借鉴，其中蕴含着的崭新思维和独到视域，也被全球众多学者政要所议论和思考。

如此来看，可以说，当代中国创新理论，不仅能够走向世界，而且已经走向世界；不仅没有影响和损害中国学术的声誉，恰恰相反，是壮大和提升了走向世界的中国学术的品质。当代中国创新理论所以能够走向世界，关键在于它没有外在于世界，没有把自身与世界隔绝，相反，是以开放的姿态面向世界；它自身具有的中华民族复兴、人民主体地位的鲜明立场、价值取向和意识形态特征，并非是其短板和局限，恰好是其立足之本，是其坚实基础，也正是它的意义和根据所在。而且，在当代中国创新理论主动融入世界、自觉寻求对话的追求中，在其不回避全球问题、积极寻求解决人类共同的难题和困难的过程中，它的大量普适性内容、对共同话语的科学态度以及致力于人类共同福祉的论点论述，已成为其合法性、有效性的充分根据，已构筑起其科学性、真理性的坚固基础。

四

当代中国的创新理论，无论是以“引入”方式还是“走出”方式成为世界话题，为外域所关注，都表明并且展示了它的世界意义。

第一，它提供了一种全球视野。全球视野是当代世界级政治家和思想家、大学者和大文豪必备的素质，是其思想、学术、作品、成果走向世界的基础和前提。当代中国的创新理论，基于世界联系愈加紧密、开放合作共赢成为主流的时代背景和基本共识之上，高举和平、发展、合作、共赢的旗帜，致力于维护世界和平、促进共同发展，不仅具有宽广的全球视野，而且揭示出“世界历史”的一系列新特征和新判断。当代中国创新理论的开拓者邓小平，就善于从世界大局来思考问题，强调“和平与发展”是当今世界的主题，是国际社会必须共同努力去解决好的重大课题，认为“世界发生大转折，就是个机遇”[①]。以全球视野看待中国的发展，他强调：“从世界的角度来看，中国的发展对世界和平和世界经济的发展

① 邓小平：《总结经验，使用人才》（1991年8月20日），《邓小平文选》第3卷，人民出版社1993年版，第369页。

有利"[①]、"中国发展得越强大，世界和平越靠得住"[②]。

第二，它提供了一种创新思维。创新思维不守旧不保守，敢于突破常规，以新颖独创的方法解决问题，开创出新的局面和新的发展路径。当代中国的创新思维，伴随着党和政府的改革自觉和开拓意识得以逐渐强化。在拨乱反正、倡导正确思想路线的同时，我们既实事求是，更注重解放思想；既求真务实，更强调开拓进取，走出了一条不断改革开放、不断完善发展、不断提升创造的中国特色社会主道路，开拓了对马克思主义、社会主义认识的新境界，实现了在改革、发展、文明、和谐等一系列问题上科学揭示本质、系统把握规律的思维创新。江泽民同志多次强调："创新是一个民族进步的灵魂，是一个国家兴旺发达的不竭动力，也是一个政党永葆生机的源泉"[③]，要求我们必须与时俱进，大力推进理论创新，并通过理论创新来推动制度创新、科技创新、文化创新以及其他各方面的创新。这种创新思维及取得的成就，为国际社会所推崇。

第三，它提供了一种观念体系。观念体系既是人类认识客观世界的成果，也是我们按照客观规律去改造世界的思维路径，是我们实践和行为的思想指导。当代中国创新理论所提供的观念体系，涉及各个方面，包括丰富内容，特别是在国情认识、发展阶段、方向目标、机制动力、协调统筹等诸多重大问题上，我们一边探索实践、一边总结经验、一边提炼升华，既促进了各项事业的快速发展，又创造丰富了一整套观念体系。比如我们在关于马克思主义、社会主义、执政党建设、科学发展等一系列重大问题上形成确立起的观念体系，既成为当代中国共产党人和中国人民的宝贵精神财富，又为全世界在当前条件下认识和思考这些问题提供了不可或缺并无可替代的参考与借鉴。

第四，它提供了一种价值标准。价值因人而异，价值标准因社会制度、政治立场而有所不同。即便是不同的价值判断和价值标准，也有相互借鉴、相互依赖、相互融通的一面。我要坚持的，于对方也并非一无是处；而对方固守并炫耀的，于我未必就是贻害无穷。在价值问题上的这样

① 邓小平：《我们的宏伟目标和根本政策》（1984 年 10 月 6 日），《邓小平文选》第 3 卷，人民出版社 1993 年版，第 79 页。

② 邓小平：《和平和发展是当今世界的两大主题》（1985 年 3 月 4 日），《邓小平文选》第 3 卷，人民出版社 1993 年版，第 104 页。

③ 《江泽民文选》第 3 卷，人民出版社 2006 年版，第 537 页。

一种关系，既要求我们理性看待其他价值观念，更在于我们对自己的价值判断敢于坚守并充满信心。比如，我们在所有制结构问题上，既不搞资本主义的私有化，也不搞纯粹的公有制，而是实行公有制为主体、多种所有制经济共同发展。这是我们经过长期实践探索甚至是付出了不小代价获得的，是宝贵经验，也是价值标准。当代中国的创新理论，立足于实现中华民族复兴，坚持人民利益的价值标准，本身就包含着一系列价值判断和价值观念。这种鲜明立场和价值取向，恰恰成为它在全球思想丛林中独树一帜的亮点。

第五，它提供了一种治国方略。治国方略是治理国家的大政方针、计谋策略，既包括治国的方法、计划和理论，也包括治国的实践、途径和运作。各国政要和思想家，无一不是在治国方略上博采众长、借鉴吸收，加快自身的发展与强盛。当代中国的创新理论，从一定意义上讲，就是一整套严密有序、科学有效的治国方略，而且它不仅在观念中架构起治国理政的思维逻辑，更在操作层面上有计划推进、按程序实施，赢得了巨大成功，创造了为世界关注的发展奇迹。我们执政党自身的执政理念及其一整套治国方略，像以经济建设为中心，走共同富裕道路，“三步走”发展路径，小康社会建设目标，依法治国与以德治国相结合以及科教兴国战略、可持续发展战略、人才强国战略等，无疑对世界上其他国家和地区在制定发展战略、治理管理国家事务方面有所助益。

第六，它提供了一种发展模式。发展是世界上各个国家和地区共同的目标和追求，由此也就形成了多种多样的发展模式。尽管各个国家和地区因情况不同，不能照搬照抄，但从各自发展的成效与结果中，也能够显示出不同发展模式的优劣。当代中国的创新理论，始终围绕着“发展”展开思维，从“发展是硬道理”到“经济社会统筹发展”再到“人的全面发展”，从“经济总量发展”到“人口资源环境协调发展”再到“科学发展”，在发展的不同层次和不同阶段上，呈现出强大的创造力和生命力。由此创造的“中国速度”、“中国奇迹”、“中国模式”，既为全球关注，又在一定层面上树立了样板。特别是“以人为本”的科学发展观，从世界观和方法论的思维高度，以超越以往发展观念的巨大优势，已然为当代中国的发展与当代世界的发展注入了智慧，提供了科学指南。

五

当代中国的创新理论，在显示出其思维优势的同时，也奠定了它走向世界的坚实基础，印证了它走向世界的全球影响。这一点，不是我们自弹自唱、自我标榜，而是已经发生了的现实，是一种不可否认的客观存在。对当代中国创新理论的积极意义和全球影响，国际社会给予广泛认可，众多政治家思想家予以热情称赞。

第一，对当代中国创新理论的充分认可。

思想先行，理论指导，观念推动，是社会历史发展的基本要求。当代中国之所以能够创造出令世界惊叹的发展奇迹，其中一个重要原因，是当代中国创新理论充分发挥的科学指导和行动指南的巨大作用。这既为实践所证明，也被世人所称道。俄罗斯科学院远东研究所所长、俄中友协主席季塔连科在接受记者采访时说，中共敢于突破多年理论模式的束缚，善于从新事实、新情况中概括出新的理论。对科学社会主义理论有很多突破，创造性地发展了马克思列宁主义，把马列主义中国化。越南驻华公使阮荣光曾说，中国共产党能够那么好地领导这个国家，一个重要原因是理论上的创新。中国共产党构建了比较完善的理论体系，很不简单。

以当代中国创新理论的最新成果——科学发展观而言，就备受国际社会关注。季塔连科在党的十八大召开不久，撰写了一篇题为《科学发展观是中共的指南针》的文章，刊发于《光明日报》，特别论述了科学发展观的意义和价值，认为科学发展观"广泛运用于建设新社会、完成文化任务和党建方面的经验"，十分引人注目，科学发展观等创新思想"引起了广泛的国际关注"[①]。老挝政府常务副总理宋沙瓦认为，科学发展观是马克思主义理论中国化的新成果，中国同志强调以人为本，不仅注重经济和科技发展，同时也注重环境和生态保护，体现了先进的发展理念。世界和平理事会主席索科罗·戈梅斯表示，中国坚持科学发展观、可持续发

① ［俄］米哈伊尔·季塔连科：《科学发展观是中共的指南针》，杨政译，《光明日报》2012年12月17日第8版。

展，是现代社会发展的正确方向[①]。

第二，对当代中国创新理论之实践成就的高度评价。

当代中国创新理论指导实践取得的巨大成功，已影响到并施惠于全世界。在改革开放30周年之际，一些国家的政府和政党领导人盛赞中国的改革开放政策，认为中国30年成就有目共睹。澳大利亚前总理、工党领袖陆克文在给中方的贺函中说："1978年邓小平决定让中国重新融入世界并开始进行经济改革，是20世纪最重大的事件之一。"在他看来："改革开放激发了中国人民的创业天赋，从而成就了今天中国的强大经济实力。"[②] 埃塞俄比亚总理梅莱斯用"非常及时"、"非常正确"和"具有世界历史意义"来形容中国1978年作出的改革开放抉择。他说："中国是世界上人口最多的国家，但其消除贫困的速度是世界历史上最快的，这是中国改革开放取得的巨大成就之一。"[③]

近年来中国特色社会主义以其迅速崛起的姿态，以对世界历史进程发挥的重大影响，成为国外学术界关注的焦点。特别是2008年美国次贷危机爆发以来，资本主义世界的发展颓势与社会主义中国的旺盛活力，形成了强烈的反差与对比。中国成功应对国际金融危机和全球经济衰退的做法与经验，激发了全球学者对中国发展的好奇心与探求欲。罗马尼亚资深外交官、著名汉学家扬·布扎图在接受《参考消息》记者采访时指出，中国经济高速发展的意义远不止中国本身繁荣这一点，对全世界的经济增长也具有重大的意义。在困扰着世界许多国家的这场经济危机中，中国因为本国经济的稳定和发展，已经成为拉动世界经济走出危机的火车头。韩国国家安保战略研究院研究员朴炳光说，在国际金融危机中，中国成功应对并走出危机，为世界经济的复苏作出了重要贡献[④]。

2013年中国"两会"召开之际，国外专家、友好人士纷纷表示，中国近年来坚持改革开放，经济社会发展取得了举世瞩目的成就，未来前景

---

① 《外国政党、政要、政治组织领导人积极评价科学发展观和学习实践活动》，《人民日报》2010年4月9日第2版。

② 《中国实行改革开放政策是"二十世纪最重大的事件之一"——外国政要看中国改革开放三十年》，《人民日报》2009年1月8日第3版。

③ 同上。

④ 《成就非凡，前景光明——外国人士高度评价中国经济社会发展成就》，《人民日报》2013年3月4日第3版。

光明。英国威斯敏斯特大学教授、中国问题专家戴雨果在题为《“中国梦”一定会变为现实》的专访中说：“中国在改革开放进程中取得了非凡的成就，得到全世界的认可，其发展模式也成为一些国家效仿的典范。”[①]美国乔治·华盛顿大学教授沈大伟在其新著《中国走向全球》一书中，尽管他把中国定义为“不完全大国”，但又不得不承认中国崛起是“我们这个时代的大故事”[②]。

第三，对当代中国创新理论之世界影响的热情称赞。

当代中国的创新理论，不仅作用于中国，而且已经影响到了全世界。乌克兰共产党第一书记西蒙年科称，中国共产党提出的马克思主义中国化、理论创新、实践创新、科学发展观等理念很值得乌共研究[③]。巴西共产党中央委员马丽亚·科埃略表示，中国共产党是一个实事求是、重视理论创新、理论与实践相结合的政党，在深刻认识中国社会多样性和复杂性的基础上，注重“马克思主义中国化”，近些年提出了科学发展观这个创新理论，同时又通过开展学习实践活动来贯彻，这些经验对世界各国共产党具有积极的借鉴意义[④]。美中合作发展委员会联合主席、马萨诸塞州共和党前执行主席哈金说，中国的成功，理应受到世界的尊敬。日本共产党中央委员会前主席不破哲三说，中国在经济、社会、外交等各领域取得了惊人的成功。同时，中国的发展对世界未来的发展来说也是重要的推动力[⑤]。美中政策基金会会长王冀博士自1972年起便致力于中美交流。他认为中国现在又站在了一个新的历史起点上。他说，“一个十几亿人口的国家解决温饱问题，并且实现经济快速发展，这本身就是伟大成就”。[⑥]中共十八大的召开，受到全世界高度关注，英国《金融时报》撰文认为，

---

① 骆珺：《“中国梦”一定会变为现实——访英国威斯敏斯特大学教授、中国问题专家戴雨果》，《参考消息》2013年3月19日第11版。

② 《英报文章质疑美中国问题专家观点：定义中国为“不完全大国”难以服人》，《参考消息》2013年3月18日第14版。

③ 《外国政党、政要、政治组织领导人积极评价科学发展观和学习实践活动》，《人民日报》2010年4月9日第2版。

④ 同上。

⑤ 《中国实行改革开放政策是“二十世纪最重大的事件之一”——外国政要看中国改革开放三十年》，《人民日报》2009年1月8日第3版。

⑥ 《成就非凡，前景光明——外国人士高度评价中国经济社会发展成就》，《人民日报》2013年3月4日第3版。

新一届中国领导人肩负的职责不仅关系中国的命运，也关系世界的命运[①]。

六

有了以上论述之后，可以获得以下两点结论性认识。

一是理论并不外在于学术，学术亦非纯粹、纯洁。理论本身就是学术，是学术中有思想、有立场的那一部分；而学术自身就以表达见解为责任，要以理论的形态呈现出来。理论的思想性与学术的知识性并不矛盾。

二是当代中国创新理论不仅能够走向世界，而且已经走向了世界。能够走向世界，源于其合理性和科学性，源于其创造力和影响力；已经走向了世界，并不限于本文使用的论证材料，而是已经发生和还在发生的活生生的现实。

当代中国创新理论能够走向世界、赢得尊重、产生影响、备受瞩目，关键在于其创立者——我们党的领袖集体，自始至终立足中国而又面向全球，发展自己而又造福人类，把解决中国的发展问题纳入到整个世界大势中思考与把握。当年，面对苏联解体、东欧剧变的严峻形势，邓小平斩钉截铁地指出："社会主义经历一个长过程发展后必然代替资本主义。这是社会历史发展不可逆转的总趋势，但道路是曲折的。不要惊惶失措，不要认为马克思主义就消失了，没用了，失败了。哪有这回事！"[②] 今天，习近平在接受金砖国家媒体联合采访时强调："中国人是讲爱国主义的，同时我们也是具有国际视野和国际胸怀的。随着国力不断增强，中国将在力所能及的范围内承担更多国际责任和义务，为人类和平与发展的崇高事业作出更大贡献。"[③] 我们无论身处逆境还是顺境，始终怀有宽阔胸怀，始终能够放眼世界，始终坚信美好未来。

当一个占有全世界五分之一人口的国家，凭借自身努力和积极作为，

---

① 彭剑：《十八大为中国未来发展奠定了坚实基础——欧洲各主要国家媒体热议十八大综述》，《光明日报》2012 年 11 月 21 日第 8 版。

② 邓小平：《在武昌、深圳、珠海、上海等地的谈话要点》（1992 年 1 月 18 日—2 月 21 日），《邓小平文选》第 3 卷，人民出版社 1993 年版，第 382—383 页。

③ 《习近平接受金砖国家媒体联合采访》，《人民日报》2013 年 3 月 20 日第 1 版。

已经并正在继续为世界发展与和平事业不断作出贡献时，包括当代中国创新理论在内的中国学术，一定能够在世界学术舞台上大放异彩，一定能够为人类文明进步增添无穷的智慧与动力！

作者商志晓，山东师范大学党委书记，教授、博士生导师。
山东省济南市文化东路88号 250014

建构当代中国社会科学的实践与理论基础

林北平

摘　要：建构当代中国社会科学，是当今时代的重要课题。当代中国的社会科学，应该以中国特色为其基础和核心。当代中国的社会科学，应该是立足于中国的社会现实，表征中国特色的中国精神；同时，它也应该实现对中国传统文化的现代转型；再者，它必须有鲜明的价值立场，始终坚持马克思主义的批判精神，把理论与实践创新作为其生命线。

关键词：社会现实　社会科学　中国特色

改革开放30多年，中国特色社会主义伟大实践取得了令人瞩目的重要成就。中国特色社会主义理论是改革开放伟大实践的理论表征。中国特色社会主义蕴含着丰富的学术内涵。马克思说："一切划时代的体系的真正的内容都是由于产生这些体系的那个时期的需要而形成起来的。所有这些体系都是以本国过去的整个发展为基础的，是以阶级关系的历史形式及其政治的、道德的、哲学的以及其他的后果为基础的。"① 这就意味着，中国的社会科学理论工作者应该站在历史和时代的制高点上，创造性地从事理论研究，生成具有"时代精神"和"文明的活的灵魂"的、具有原创思想的、富有中国特色的当代中国社会科学。从最本质的意义上讲，能否真正切入当代中国的社会现实，是考量当代中国社会科学学术性的重要标尺。中国特色的当代中国社会科学，应该是深刻地表征当代中国的时代

① 《马克思恩格斯全集》第3卷，人民出版社1960年版，第544页。

精神，也就是说，中国特色社会主义的本质内涵是当代中国社会现实的深刻揭示。换言之，中国特色，是当代中国社会科学建构的根基，也是当代中国学术走向世界的关键所在，还是中华民族伟大复兴的思想根基。建构当代中国的社会科学是时代的重大课题和学者的重大历史使命。

一

应该说，任何真正的学术都是扎根于社会现实之中，是从思想的高度切入社会现实。马克思指出："在历史上出现的一切社会关系和国家关系，一切宗教制度和法律制度，一切理论观点，只有理解了每一个与之相应的时代的物质生活条件，并且从这些物质条件中被引申出来的时候，才能理解。"[①] 物质优先于理论，任何理论创造都是根源于社会现实生活。唯心史观之所以不能真正揭示社会现实，是因为它不是从社会的物质条件出发，而是从观念出发，因而，唯心史观视阈中的学术，只能在观念的王国中自娱自乐，根本不可能推动社会的重大变革。历史唯物主义具有丰富的学术内涵，它从时代的物质条件出发，引申出时代的重大问题，从而推动时代前进。从最本质的意义上说，历史唯物主义的学术内涵就是把解决社会重大现实问题作为自己的理论旨趣。兼具思想家与革命家为一体的马克思，以敏锐的学术眼光和深刻的理论洞察力，表征时代精神。马克思指出："资产阶级历史时期负有为新世界创造物质基础的使命；一方面要造成以全人类互相依赖为基础的普遍交往，以及进行这种交往的工具，另一方面要发展人的生产力，把物质生产变成对自然力的科学统治。资产阶级的工业和商业正为新世界创造这些物质条件，正像地质变革创造了地球表层一样。只有在伟大的社会革命支配了资产阶级时代的成果，支配了世界市场和现代生产力，并且使这一切都服从于最先进的民族的共同监督的时候，人类的进步才会不再像可怕的异教神怪那样，只有用被杀害者的头颅做酒杯才能喝下甜美的酒浆。"[②]

无疑，马克思的现代性批判理论是马克思历史唯物主义的重要组成部

① 《马克思恩格斯选集》第2卷，人民出版社1995年版，第38页。

② 《马克思恩格斯选集》第1卷，人民出版社1995年版，第773页。

分，它真切地切入了我们这个时代的社会现实，在今天，对我们中国特色的社会主义现代化建设具有重要的指导意义。马克思精辟地指出："资本主义生产是在矛盾中运动的，这些矛盾不断地被克服，但又不断地产生出来。不仅如此，资本不可遏制地追求普遍性，在资本本身的性质上遇到了界限，这些界限在资本发展到哪一个阶段时，会使人们认识到资本本身就是这种趋势的最大限制，因而驱使人们利用资本本身来消灭资本。"① 在马克思看来，现代性的本质是资本及其他的哲学架构，资本既有文明的一面，同时又有不文明的一面，所以，我们既要利用资本，又要驾驭资本，也就是说，在经济领域必须发展资本，让资本的涌流激发；在社会领域，必须限制资本，防止生活世界殖民化。也就是说，在整个政治领域、社会领域，如果以资本为本，就会造成整个社会的异化，换言之，在政治领域、社会领域，必须坚持以人为本。因此，在当代中国，西方的现代化之路，可以给我们借鉴，但我们不能照抄照搬，我们既要借鉴它们的成功之处，又要克服它们的负面作用。做到这点，必须坚持马克思的历史唯物主义，走中国特色社会主义创新之路。显而易见，当代中国的社会科学，应该真实地反映中国独特的现代化道路，是中国特色社会主义现代化的理论表征，也就是说，它的理论特质、表现形态、价值指向、丰富内涵，都是对当代中国社会现实的深刻揭示。

改革开放30多年，中国已经成为一个仅次于美国的经济大国。相对于经济发展，我们的理论研究还落后于我们的时代，我们的学术还未能取得与经济发展相对应的成就，远远落后于经济发展。尽管，从表面上看，我们每年出版的著作和发表的论文的数量在世界上名列前茅，但真正有创造、有思想，切入我们时代脉搏的传世之作并不多见。我们缺乏从思想上把握我们这个时代的理论原创，社会充满浮躁，功利性成为人们追求的目标，正如黑格尔所说，人们过于繁忙，无暇于哲学思考；我们缺乏责任和激情，缺乏为学术而献身的自我超越精神。在社会现实生活中，实用理性是社会主导的价值坐标，缺乏为学术而学术的献身精神。客观地说，中华民族的伟大复兴，不仅表现在经济上的强大，而且表现在哲学社会科学的强大，物质上强大，思想上强大，才是真正的强国。从这个意义上说，当代中国的哲学社会科学工作者肩负着重要的历史责任。

① 《马克思恩格斯全集》第46卷（上），人民出版社1979年版，第393—394页。

把握当代中国的社会现实，我们应该真正读懂中国特色社会主义实践与理论这部“经典”，这是因为，当今中国社会科学的根由在于，中国特色社会主义的伟大实践以及由此而形成的理论体系。在党的十七大报告中，“中国特色社会主义”出现50多次。胡锦涛总书记在省部级干部理论研讨班上，反复强调坚持中国特色社会主义的重要性。党的十八大提出中国特色社会主义理论自觉、道路自觉和制度自觉，中国特色社会主义是中华民族伟大复兴的根本保证。这再次强调了中国特色社会主义理论与实践的重要性。习近平总书记指出，中国特色社会主义，是科学社会主义的理论逻辑和中国社会发展历史逻辑的辩证统一，是根植于中国大地、反映中国人民意愿、适应中国和时代发展进步要求的科学社会主义，是全面建成小康社会、加快推进社会主义现代化、实现中华民族伟大复兴的必由之路。无疑，中国特色社会主义是实现中国梦的坚实基础，是中华民族伟大复兴的重要支撑。

具有中国特色的当代中国社会科学，应该是以学术的维度深刻诠释中国特色社会主义实践与理论，深刻阐释中国特色社会主义的内在逻辑，深刻地论证中国特色社会主义制度与社会主义的内在逻辑关系，深刻揭示中国特色社会主义博大精深的思想内涵，深刻佐证中国特色社会主义的重大创新，深刻地蕴含马克思主义的本质精神，深刻地体悟中华民族的时代精神。一言以蔽之，具有中国特色的当代中国社会科学，应该深刻地揭示中国特色社会主义的学术内涵。学术的本质在于坚持真理，真理的探讨应该合乎真理本身，合乎真理本身是拓展真理的内涵，拓展真理的内涵是真理发展的内在规律，真理发展的内在规律是以思想的深刻性把握时代的重大问题。因此，立足于中国特色社会主义的理论与实践，就是立足于当代中国的社会现实，就是真正把握了时代的主题，同时，这也是中国学术走向世界的前提。事实上，从根本上讲，当代中国社会科学，越是学术的，就越具有中国特色，也就越具有世界性；反之亦然，它们之间是紧密地联系在一起的，任何割裂都是对中国特色的错误理解。

总之，理论工作者把握当代中国的社会现实，不能仅仅在书斋中把握，也不能仅仅在社会的经验层面把握，而是不断地深入社会实践之中，又从社会实践中走向书斋，也就是说，既要投身于中国特色社会主义的伟大实践，又要进行艰辛的、扎实的理论创造，并且把二者有机地统一起来，这是理论工作者把握社会现实的重要方法论。

二

我们知道，中国的传统文化，源远流长，博大精深，是我们中华民族宝贵的精神财富。鲁迅先生说，历史上写着中国的灵魂，指示着将来的命运。国学大师陈寅恪说，历史不可断，只有不断地书写自己的历史，民族的文化才能绵延不断。文化是民族的血液，是一个民族生生不息的根。从这个意义上说，当代中国社会科学离不开中国传统文化的思想基因。建构当代中国社会科学，离不开中国传统文化的滋养。

众所周知，改革开放30多年来，我们花费了很大气力引进和学习西方的学术，西学东渐呈现规模大、势头强、范围广、程度深的特点。应该说，这是完全必要的，吸收其他民族的优秀思想，从而为自己的文化发展不断地吸收新鲜血液，是一个民族文化保持鲜活生命力的源泉。同时，学习其他民族的优秀文化思想，也是观照自己问题的一面镜子。与此同时，中国的学术建构，乃至中国学术走向世界，不是按照西方的学术理念来规制中国的学术建制，也不是依照西方的学术规范和话语体系整合中国的学术，更不是用西方的学术范畴来建构中国的学术形态。中国的学术应是对中国问题的解决，它的思维方式、价值取向、理论特质乃至话语体系是中国具有的，它深深根植于中国特有的生活方式，也就是中国特色。我们的学术只有栽在我们民族历程的“土壤”中，才能生长出解决我们自己问题的学术。如果中国的学术完全变成了与西方的学术没有任何差别，或者完全变成西方的学术附庸，那么，就没有必要强调中国学术走向世界了。中国学术走向世界，不是消解中国特色，恰恰相反，中国学术只有保持中国特色，创造性地实现中国传统文化的现代转型，才能面向世界。正如费孝通所说，“各美其美，美人之美，美美与共，天下大同”。马克思说，哲学越是民族的，就越是世界的；反之，越是世界的，就越是民族的。民族性与世界性是密切地联系在一起的，二者不可分割。

必须强调的是，中国社会科学的中国特色并不是孤芳自赏，孤立于世界之外。中国问题不只是在中国的问题，而是具有世界性的问题。也就是说，世界问题也是中国问题的一个重要维度。在今天经济全球化、信息化、网络化时代，中国问题与世界问题是紧密地结合在一起的。比如，恐怖主义问题、生态问题、核威慑问题、粮食问题、气候问题，等等，这是人类面临的共同问题，也是中国问题的重要方面。中国特色的社会科学，应该给这些问题提供解决的思路和方案，这也是马克思主义中国化的重要理论任务。马克思主义中国化不仅仅是解决中国的问题，同时，也要把世界问题作为其关注的对象。从这个意义上说，中国特色的社会科学，不仅具有中国意义，而且具有世界意义。应该说，任何具有特殊性的东西，都具有普遍性，反之，任何具有普遍性的东西，也具有特殊性，它们之间始终存在内在的张力，这是马克思辩证法的本质内涵之一。从最根本的意义上说，在马克思主义中国化和中国马克思主义国际化的过程中，在中国特色社会主义建设中，我们必须从当代中国社会的具体国情出发，从我们正在做的事情出发，努力处理好特殊性与普遍性之间的关系，创造性地应用马克思主义的普遍真理，从而使中国经济社会和思想文化沿着健康的轨道向前发展。[①]

三

自然科学是以“事实”为其生命力，社会科学是以“价值”为其方向。应该说，任何社会科学理论背后都蕴含着价值指向。“为天地立心，为生民立命，为往圣继绝学，为万世开太平。”先哲的追求，成为激励我们的动力。今天，我们要坚持马克思主义为指导，始终站在人民的立场上，从事我们的理论研究。从根本的意义上说，是否从人民的根本利益出发，把广大人民的切身利益升华为重大的理论问题，是考量理论研究学术内涵的试金石。马克思主义是关于人民利益的理论，是从学术的维度把握人民所关心的根本问题，又把人民的根本问题上升为学术中的重大问题，二者始终保持内在的张力。直言之，只有把人民的根本利益作为根本的价值指向，才能真正把握马克思主义的本质精神。马克思主义的学术性，不仅是一个理论问题，更是一个实践问题，马克思主义以人民的根本利益作

① 参见俞吾金《被遮蔽的马克思》，人民出版社 2012 年版，第 486 页。

为自己的学术内涵。[①] 捍卫人民的根本利益，是马克思主义的本质内涵，也是马克思主义的学术精神，如果把人民的利益抽象掉，那就不是马克思主义了。

历史与实践证明，任何打着学术的名义，为个别特权利益服务，为特殊利益集团辩护，为权势集团纳言，都是虚假的学术，不可能对人类社会的发展产生促进作用。“为了真理和知识而热爱真理和知识的公众，是善于同那些不学无术、卑躬屈节、毫无节操和卖身求荣的文丐来较量智力和德行的。”[②] 打着人民的旗号，为少数特殊利益集团服务的学术，最终会被人民所唾弃。无数事实启发我们，只有把人民的利益作为理论的源泉，才能真正激发和保持理论的活力，它的学术思想才能在人类历史上经久不衰。恩格斯说，德国人的理论兴趣，只是在工人阶级中还没有衰退，继续存在着。在这里，它是根除不了的。在这里，对职位、牟利，对上司的恩典，没有任何考虑。科学越是毫无顾忌和大公无私，它就越符合工人的利益和愿望。德国的工人运动是德国古典哲学的继承者。中国特色的社会科学，只有深深地扎根于人民的沃土之中，为人民立言，把人民的利益作为其理论逻辑的主线，才能永葆生机和活力。无数事实表明，无论标榜自己是真理的化身，还是时代的救世主，离开了广大人民的实践，都是自欺欺人的；只有立足于人民的沃土之中，深刻地表征中华民族伟大复兴的理论逻辑内涵，才能真正实现学术的价值，这也是中国学术走向世界的前提之一。

四

揭示社会的矛盾，捍卫真理，在批判旧世界中建构新世界，从而真实地发挥理论对实践的指导作用，是考量我们社会科学研究学术水平的重要标尺。列宁指出：“马克思认为他的理论的全部价值在于这个理论‘按其

① 参见孙民《政治哲学视阈中的“意识形态领导权”——从葛兰西到拉克劳、墨菲》，人民出版社 2012 年版，第 260 页。

② 《马克思恩格斯全集》第 1 卷，人民出版社 1956 年版，第 123 页。

本质来说，它是批判的和革命的’。”① 历史与实践一再启示我们，只有坚持马克思的批判精神，才能纠正错误的或教条的认识，从而推动社会实践的重大变革。德国哲学家康德说，批判是澄清前提，划清界限。马克思继承了康德的批判精神，马克思的批判不仅是理论批判，而且是实践批判和自我批判，并且三者的批判是有机地统一的。甚至马克思大部分著作的标题都直接用“批判”二字。无疑，马克思批判的观念拜物教在当代中国还根深蒂固，彻底地根除旧的落后观念，仍是一项艰巨的任务。显而易见，真正地坚持马克思的批判精神，并用于分析和解决当代中国的根本问题，这不仅需要坚实的马克思主义理论基础，而且更为重要的是，要具有理论勇气，也就是说，敢于揭示当代中国存在的问题，并站在马克思历史唯物主义立场上指出问题迟迟得不到解决的原因，这是需要巨大的理论勇气的。

应该说，准确把握当代中国的真问题，无疑是建构当代中国社会科学的出发点。因为，“世界史本身，除了用新问题来回答和解决老问题之外，没有别的方法”。“问题是时代的格言，是表现时代自己内心状态的最实际的呼声。”“一个时代的迫切问题，有着和任何在内容上有根据的因而也是合理的问题的共同命运：主要的困难不是答案，而是问题。因此，真正的批判要分析的不是答案，而是问题。”“因此，每个时代的谜语是容易找到的。这些谜语都是该时代的迫切问题。”②

无疑，建构当代中国的社会科学，应该从根基上摧毁落后的、腐朽的观念，真正完成这一重大的使命，就要真实地坚持马克思的“在批判旧世界中，建构新世界”。比如，辛亥革命推翻了两千多年的封建制度，但封建制度的“毒瘤”等级观念至今还在纠缠我们。现实生活中，等级意识、特权意识、保守意识，等等，这些旧的观念在支配我们。摧毁等级和特权观念这个“毒瘤”，仍是一项艰巨的任务。“意识改革不是教条，而是靠分析那种神秘的连自己都不清楚的意识，不管这种意识是以宗教的形式或是以政治的形式出现。”③ 这就需要我们坚持马克思的实践批判，摧毁等级观念所产生的社会现实基础。所以，当代中国社会科学

① 《列宁选集》第1卷，人民出版社1995年版，第82页。

② 《马克思恩格斯全集》第1卷，第203页。

③ 同上书，第418页。

的建构，应该在马克思的批判精神指导下，以捍卫真理为自己的使命，不唯上、不唯书、不唯权威、只唯真理，真实地表征具有中国特色的学术品格。这不仅需要我们具有扎实的理论功力，更需要我们做出实践上的巨大努力。

五

创新是我们社会科学研究的重要学术原则。问题的关键是，需要澄清理论创新的真实内涵及其前提。阿伦特说，极权主义与人类历史上的任何一种独裁专制相比，都是创新的。创新本身需要对其前提批判。中国特色的社会科学创新，应该立足于：第一，中国传统文化的现代转型，使之成为真正中国问题的理论表征；第二，从中国特色社会主义伟大实践及其所蕴含的理论体系中，提炼具有解决“中国问题”的普适性的学术思想；第三，站在世界历史的高度上，以宽广的理论视野，立足于中华民族的伟大复兴，形成具有世界影响和世界话语的理论成果。

从最本质的意义上说，当代中国社会科学的创新在坚持马克思本质精神的前提下，立足于中国的具体情况，充分吸收当今世界的一切理论成果，创造性地生发出面向中国问题的理论。前些年，张岱年推出的综合创新，费孝通提出的文化自觉，邓正来提出的中国社会科学的自主性建构，都是强调当代中国社会科学创新的重要性。马克思指出：“人类的理性最不纯洁，它只具有不完备的见解，每走一步都要遇到新的待解决的问题。”[①] 这就需要我们不断地创新，解决人类面临的各种问题。

总而言之，实现中华民族的伟大复兴，是几代中华儿女为之奋斗的理想。创造属于我们自己的“中国精神”，表征中国特色社会主义本质内涵的学术，不仅是时代赋予我们的重大历史使命，而且也是对人类做出的重要贡献，我们任重而道远，这是真正的希望工程！也是当代中国学术走向世界的前提。换言之，当代中国的社会科学，它必须以民族性的语言表征时代的本质内涵，深刻地揭示当代中国的社会现实，而且，它也必将拥有

① 《马克思恩格斯选集》第1卷，第149页。

世界的话语权，从这个意义上说，当代中国社会科学也是对人类社会的重要贡献。

作者林北平，海南师范大学党委书记、教授。海南省海口市龙昆南路99号　571158

中国学术走向世界面临的难题及其实现路径

赵麟斌

摘　要：走向世界是当代中国学术的新使命。话语权的争夺、自身的发展创新、文化安全的保护、对“中国经验”的理论阐释以及提高自身国际地位，需要中国学术走出国门、走向世界。但当下面临着“西化”倾向、创新能力不足、独立性和自主性有待提高、缺乏宽广的世界眼光和学术批判精神等难题。因此，要以中华民族精神和核心价值为依托，以交流平台建设为中心，加强学术创新和理论创新、构建中国特有的学术话语体系，促进渠道途径和方法方式创新，形成合力，造就一大批高素质研究人才队伍，共同推动中国学术走向世界。

关键词：中国学术　话语体系　世界眼光　创新

党的十七届六中全会《决定》明确提出：要推动中华文化走向世界。哲学社会科学走向世界，是中华文化“走出去”的重要组成部分。改革开放30多年来，我国在哲学社会科学领域取得了丰硕的成果，在推动社会发展、促进思想解放、解决重大现实问题、提高国家文化软实力上发挥了重要的积极作用。但我们必须清醒地看到：我国学术在世界的影响力和话语权还不够大，国际地位还不高，世界对中国学术的发展还不甚了解。因此，如何推动中国学术更快更好地走向世界，构建具有中国特色的学术话语体系，已成为中国学术界当前所面临的一项重大任务和课题。在多元化的今天，“未能一日寡过，恨不十年读书”，我们要以宽广的胸怀主动融入世界，吸收国外优秀学术成果，同时保持自身的民族精神和特色，展示自身的真实面貌和魅力，与时俱进，推陈出新，不断提高我国学术的国际影响力和国际地位，为我国成为世界强国、中华民族和平崛起贡献应有的智慧和力量。

一　走向世界：当代中国学术的新使命

（一）中国学术走向世界的必然性

1. 这是关系到国际话语权的争夺，是我国成为世界强国、中华民族和平崛起的重要组成部分。“国际话语权，实际上是国家软实力的重要体现，根本上就是国家意识形态特别是价值观的国际吸引力和影响力。掌握了国际话语权，在国际竞争中就更多地占据主动地位，更有利于实现其国家意志。”[①] 当今世界明显存在“西强我弱”的国际话语权格局，话语权的缺失给我国和平发展带来了诸多的困扰，也对我国的国际形象造成了负面影响。西方国家某些势力利用手中掌握的国际话语权，丑化我国家形象，妄图干扰、阻滞我和平发展。要改变我国在国际话语权格局中的弱势地位，一方面必须提高“向世界阐释中国”的能力，另一方面要迅速构建起我国应有的话语体系，这些都迫切需要我们的理论创新和学术创新，提高中国学术在全球的知名度和影响力，使中国学术走向世界。当前，全球化已成为世界不可阻挡的趋势，这对发展中国家来说，既是一种机遇，也是一种挑战。由于西方文化在整个世界文化体系中长期占据主导地位，使得各国文化在不同程度上呈现出“西化”的倾向。避免中国学术“西化”，需要中国学术必须走向世界，以中国话语、中国立场、中国视角来阐述中国、研究和解释世界。我们有了强大的经济基础，文化的实力和发展也应做到并驾齐驱。应该看到，文化软实力是一个国家综合实力的重要组成部分，“世界各国间的竞争范式正在悄然从以硬实力（军事、经济、科技）为主的显性竞争向以软实力（政治、文化、教育）为主的隐性竞争转型，文化软实力日益成为国家竞争力的重要标志和强大引擎”。[②] 文化软实力水平的高低直接影响着一个国家的兴衰成败、生死存亡，这就要

① 严昭柱：《怎样才能拥有国际话语权》，《人民论坛》2012年第12期。

② 同上。

求作为中国文化的重要组成部分——中国学术必须走出去，发出自己洪亮的声音。

2. 这是中国学术不断发展创新的必然选择。学术要发展、要进步，离不开互相交流、交融和交锋，取长补短。历史和实践表明，不同国家、民族间的学术交流、碰撞和融合是学术不断向前发展和创新的重要契机。学术的一味故步自封、保守自傲，必然最终导致其落后、僵化和停滞。对于中国学术来说，要想不断发展创新，必须大胆地走出去，主动与他国学术进行交流，汲取包括西方资本主义国家在内的人类一切优秀学术成果，结合自己的国情，为我所用，促进本国学术的不断创新，只有这样，中国学术才能在世界上占有一席之地。

3. 这是国家文化安全的必然选择。"文化是一个国家重要的精神支柱，一个民族只有维护自身文化的独特性，它才能产生世界性的影响。"①在全球化的浪潮下，国与国之间的文化交流日益密切，但也给发展中国家的文化安全带来了挑战，西方发达国家凭借经济实力、科技优势、营销手段以及强大的政治力量，对其他国家进行文化渗透和"侵略"，直接威胁到这些国家的文化安全，为推行霸权主义、强权政治和干预他国内政披上合法的外衣。有学者提出，"美国的政治和经济联系由于美国文化对世界的吸引力而得到补充，这是一种新的我们可以利用的'软力量'，在国外促进民主和人权不仅是一种道义上的迫切必行的义务，而且是一种支持美国……使走向民主的国家得到鼓励，使拒绝民主的国家付出代价"。② 强美国的超霸政治带给全球性的价值观念和文化印痕，充分说明了这一点。强大的文化实力是国家文化安全的基础，只有主动走出去，与世界文化接轨、交融、碰撞，增强自身的竞争力和影响力，才能构筑坚不可摧的防线，既维护国家的经济利益和文化发展，亦维护国家的民族传统和文化安全。作为中华文化的重要组成部分，中国学术要站在国家文化安全的高度上厘清思路，认识问题，坚持走向开放，走向世界，这具有重大的时代意义和历史意义。

---

① 丹曾：《中华文化走向世界的思考》，《云南师范大学学报》2006 年第 3 期。

② 王晓德：《试论冷战后美国对外"输出民主"战略》，《世界经济与政治》1995 年第 12 期。

（二）中国学术走向世界的可能性

1. “中国经验”的巨大成功要求中国学术对其进行理论阐释，并影响至世界。改革开放30多年来，我们走了一条不同于西方资本主义国家的发展道路。我国在政治、经济、文化、社会、军事、科技等各方面均取得了世人瞩目的伟大成就，综合国力不断增强，国际地位不断提高，这些都充分证明了中国特色社会主义道路的合理性和科学性。与此同时，西方资本主义国家在发展过程中面临着一些瓶颈和难题，其他发展中国家在探索本国发展道路时也遭遇了一些挫折，甚至付出沉重的代价。因此，将“中国经验”向世界做出阐释成为当前一个紧迫任务，“不仅存在着中国人特有的希望结构和运作模式，而且也存在着中国人的哲学、中国人对制度的认识”,[①] 这些是外国学术无法做出理论阐释的，需要中国人自己来研究，以阐述“中国经验”的合理性和科学性，形成本国特有的学科体系和研究成果，将“中国经验”中的研究视角、解决途径、问题意识、文化价值等用理论和学术的方式推向世界，带入世界的思想和理论交流及对话中，增强在世界学术领域和文明体系中的话语权，为他国在解决面临的共同或类似问题时提供我们的经验和理论指导，共同促进人类的进步和发展。

2. 中国学术自身取得的巨大成就为走向世界提供了可能性。新中国成立特别是改革开放以来，中国学术获得了长足的发展，一方面积极吸收国外学术界的前沿理论和学术成果，为我所用，形成适合中国实际的学术体系；另一方面，中国学术植根于本国实际，在反映、分析、阐释中国社会的现实问题和提出的可能性方案中，获得了长足的进步。我们的一些学科如经济学、政治学、哲学、法学、社会学等在这方面做了大量的尝试和努力，取得了丰硕的成绩。但从国际上看，我国并不是学术强国，在世界学术中地位不高，话语权不强，对西方乃至世界的影响力不大，“我们的研究在世界未来发展的问题上、甚至在发展中国家如何发展的问题上几乎从来不为国际学术界所引证……但是西方学术界对中国哲学社会科学的发展和成果却是完全陌生的”。[②] 这就要求中国学术应积极主动地走出去，

① 邓正来、黄琳：《走向世界的中国哲学社会科学》，《对外传播》2009年第1期。

② 同上。

展示自我，增强自信心，提高在世界的影响力和竞争力，这也是时代赋予我们的神圣使命。

二　当前中国学术走向世界面临的难题

1. 呈现一定的“西化”倾向。学术走出国门、加强交流，是为了汲取他国优秀的学术和理论成果，提高自身国家学术研究的水平，但这并不意味全盘接受他国的学术观点和理论学说。长期以来，由于西方的理论学说、话语体系在世界范围内占据主导地位，我国学术界以学习西方为自豪，大量输入和简单照搬西方的各学科话语及其概念、范畴、表述，许多主流学科深深打上西方的烙印和标记，使得各学科缺乏中国原创的学术概念和元素。“外来成果的权威性已经绝对树立，如一篇哈佛大学的博士论文，就可以是中国学界百谈不倦的经典。西文新出现的词汇立即在中国使用，于是中文就不够用，出现许多新造术语；西文的某个新概念，更不用说‘新体系’，一经出现，用不了多久就在中国刊物上被‘复制’。”① 在全球化的今天，越是民族有特殊的印记，才是世界所推崇和予以认可的。学习和交流并不意味着不从实际出发、毫无原则地简单照搬照抄照传。须知，缺乏原创性和民族化的学术话语，只能是对西方学术的顺从和盲从，必然缺乏科学性和竞争力，“更为严重的后果是，以西方经验为基础、以西方思维方式为导向、以解决西方所遇到的问题为指向的西方学术话语，难以准确地解释中国特色社会主义的实践”。② 这种“西化”倾向不仅达不到走出国门、提升国际地位和竞争力的目的，而且“单向度”地用西方话语来解释和解决中国问题只能是东施效颦，隔靴搔痒，最终丧失本民族的内在精神和核心价值。

2. 创新能力不强。学术的魅力即在于创新，“创新是一切学术研究的本质和生命力之所在，也是创造学术精品的基本途径”。③ 对于学术而言，创新是学术繁荣和发展的本质和根本要求。学术的发展，从根本上说是对

① 钱乘旦：《中国学术不能再唯“外”是从了》，《北京日报》2013 年 3 月 11 日。

② 张志洲：《提升学术话语权与中国的话语体系构建》，《红旗文稿》2012 年第 13 期。

③ 邱兆祥：《学术创新与人才培养》，《人民日报》2011 年 10 月 27 日。

未知世界的探索和发现，如果一味地墨守成规、人云亦云、故步自封，那学术就没有了生命力和活力。当前，我国高等教育规模跃居世界第一，博士规模也位居世界首位，[①] 但从总体上看我国学术创新能力不强，水平不高，一些学科虽然研究队伍庞大，发表的著作和论文众多，但真正在国际上有影响、具有独创性的学术理论和成果却少见。一些研究者要么墨守成规，人云亦云；要么全盘照搬他人学术观点、理论成果，进行二次解释，充当"翻译官"，囫囵吞枣；要么为了哗众取宠、追求一己之私，打着"创新"的旗号，用肤浅的、浮躁的目光和态度去对待学术创新，提出一些令人匪夷所思、没有任何客观事实为依据的观点。创新能力和创新意识的缺乏，造成了我国学术研究水平不高、缺乏生命力和活力，这既不能为现实社会提供服务和帮助，也终使自身在国际中缺乏竞争力。

3. 独立性和自主性有待提高。学术的独立自由是学术繁荣和发展的重要基础，只有有了独立而自由的思考空间、包容宽松和多元化的氛围，才会使更有深度、更有说服力的理论和观点不断涌现。当前随着改革开放的前进步伐，解放思想的观念不断深入人心，我国学术的独立性和自主性得到一定增强，但学术受到权力、政治、体制等各种因素的直接或间接影响仍然存在，研究者仍然不敢触碰所谓的学术"禁区"，人们的思想仍然有所顾虑。这些极大地限制了我国一些学科领域的深度发展，无法产生高水平的理论成果。从西方国家来看，他们学术的繁荣和强大很大程度上是建立在自身的独立和自主之上的，研究人员、学术研究机构、出版机构与政治保持一定的距离，政治对其直接干预较少，学术氛围浓厚。因此，只有打破思想禁忌，卸下思想包袱，使学术回归到自身的轨道上，为学术创造浓厚的自由和独立空间，才会使学术在探知未知世界中走得更远。

4. 缺乏宽广的世界眼光。宽广的世界眼光能够"勇敢地面对国际话语权西强我弱的严峻挑战，以清醒的头脑、高度的历史责任感和理论自觉，努力加强中国特色社会主义话语体系建设……以理论自强的信念和行动为我国的和平发展争取更多的国际话语权"。[②] 当前在我国学术界，部分研究者和学术成果缺乏宽广的世界胸怀和全球视野，缺乏站在世界的高

① 《我国博士生规模全球第一"放养"难挡高校申博热》，《中国青年报》2010 年 8 月 27 日。

② 严昭柱：《怎样才能拥有国际话语权》，《人民论坛》2012 年第 12 期。

度上去分析中国和世界问题，将世界和中国割裂起来，使学术理论仅具有中国价值和意义。中国学术坚持民族特色和原创性，坚守民族的精神实质和核心价值，将“中国视角”当做研究的出发点和归宿点，这一点是毋庸置疑的，但这并不代表把自身变成“自言自语”的话语体系。忽视从世界的角度探索问题，无疑会降低中国学术不断推进的广度、深度和创新程度，缺失了世界意义。中国学术所面对的现实、所探讨的问题既是个性的，又是各个国家所共有、具有广泛性和普遍性，只有将中国学术置于宏大的世界和时代背景下加以考察，坚持世界眼光，体现“世界向度”，才能使中国学术既深深根植于中华民族传统文化的肥沃土壤中，又能吸收世界各国优秀的学术成果，赋予中国学术深厚的历史内涵和世界价值，在世界学术发展的过程中找到自身的目标和前进方向。我们要把“中国红”高高地挂到世界的窗口上。

5. 缺乏学术批判精神。独立的思考和理性的批判，是学术繁荣和富有生命力的基础。批判是学术内部的一种监督和制约，批判意味着对话，对话意味着思想的火花，思想的火花意味着真理的发现。“对话便是真理的敞亮和思想本身的实现”，[①] 学术的根本目的是真理的发现，离开了学术批评，就无法同“真理”照面。西方学术的繁荣和强大很大程度上是与他们的独立思考和批判精神分不开的，他们通过批判前人，构建新的理论体系，同时批判自己，不断完善自身的理论学说。当前我国的学术批判，出现了一些不容乐观、不尽如人意的现象。如对学术批判的积极性不高，怕得罪人，大家和和气气，相互吹捧与赞扬；讲究哥们义气，不遵守学术规范；学术批判掺杂着个人恩怨，指名道姓，上纲上线，感情用事，相互诋毁，以势压人；缺乏应有的学术批判制度化建设，“学术批评的制度化努力，应该成为今后发展的方向。只有把学术规范变成一种制度安排，它才能够超出有良知的学者的个人偏好和个人行为的有限范围，变成一种涵盖学术共同体的契约性力量。仅仅诉诸学者的学术良心发现，往往是靠不住的”。[②] 这些现象的存在和蔓延，无疑严重影响了我国学术的繁荣和进步，而学术的繁荣和进步是走向世界的重要前提之一。

---

① ［德］雅斯贝尔斯：《什么是教育》，三联书店 1991 年版，第 12 页。

② 何中华：《当前学术批评亟待解决的几个问题》，《北京日报》2012 年 7 月 16 日。

三　中国学术走向世界的实现路径

1. 以中华民族精神和核心价值为依托。一个国家的学术没有其民族精神和核心价值的支撑，就如同无源之水，无本之木，在国际学术上必将处于弱势地位，难以形成强势的话语和声音。中华民族文化历史悠久，博大精深，在灿烂的五千年文明史中，中华民族形成了以爱国主义为核心的团结统一、爱好和平、勤劳勇敢、自强不息的伟大民族精神，这是中华民族生生不息、发展壮大的强大的精神动力。同时，中华文化中还包含着许多中国人的智慧，如“天人合一”的人与自然和谐的思想、孔子提出的“己所不欲，勿施于人”的思想等，这些思想和理论在解决当今世界各国所面临的共同问题时仍具有鲜明的时代意义和价值。我们还形成了以马克思主义指导思想、中国特色社会主义共同理想、以爱国主义为核心的民族精神和以改革创新为核心的时代精神、以“八荣八耻”为主要内容的社会主义荣辱观四个方面构成的社会主义核心价值体系。在走向世界的过程中，中国学术需以中华民族精神和核心价值为依托，引领自身发展，抵御外来文化冲击，展示核心竞争力。

2. 推进理论创新和学术创新，推出一大批具有国际影响力和竞争力的理论成果，构建中国特有的学术话语体系。理论创新和学术创新对于构建中国特有的学术话语体系具有基础性意义，只有不断创新，打破旧观念、旧思想的束缚，才能不断提高我国学术的研究水平。具体而言，一是要营造浓厚的氛围，提倡正确的学术批判精神，为理论创新和学术创新创造良好的生长环境。二是要建立科学的学术评价体系。改革当前学术评价中的制度性障碍，摒弃当前以论文和专著数量为标准的学术评价体系，使学术远离浮躁功利，扎根实际，发挥评价体系在推动学术创新中的推动和导向作用。三是要处理好继承与创新、保留与吸收的关系。创新并不意味着要摒弃我国的传统文化，而是要对其优秀的、对现代仍然具有重大意义和价值的部分继承，在此基础上发挥人的主观能动性，进行学术和理论创新，使传统文化重新焕发出生机和活力。同时，在学习和借鉴外国优秀学术理论和成果时，不能简单地照搬、照抄，而应注重吸取其合理内核和有益部分，注重对其“中国化”，使之真正融入中国，成为中国学术的一部分。总之，要通过学术创新和理论创新，形成具有中国特色、中国风格和中国气派的学术话语体系，这种体系“既重视中国文化传统的价值基底，又开放吸收西方现代话语的合理成分；既具有科学的严谨性和逻辑的说服力，又具有道义上的国际感召力；既能使理论话语解释现实的国际问题，又能够为人类社会的持久和平和共同繁荣指明方向”。①

3. 以交流平台建设为中心，推进渠道途径和方法方式创新。一是从推动的主体上看，既要发挥政府在中国学术走向世界的重要作用，同时也要重视科研院所，高等学校，民间团体，社会组织，孔子学院和孔子课堂，报纸、期刊、出版社在促进中外学术交流合作、提升我国学术竞争力的积极作用，形成更大范围、更多层次、更广空间的交流和合作，“坚持以政府为主导、民间为主体、政府推动与民间实施相结合的方式，有利于避开意识形态壁垒，增强中华文化走出去的亲和力、吸引力和竞争力”。②二是从传播渠道和途径上看，既要重视传统传播途径，如加大对纸质出版物的扶持力度，鼓励出版发行、翻译我国优秀的学术成果并向世界推广，同时也要充分发挥新兴媒体在传播文化学术、促进交流方面的作用，以外国人喜闻乐见、容易接受的方式进行普及和推广，在提高中国学术的理论价值和意义的同时，提高它在世界的知名度和普及度。三是从交流平台上看，要多方合力共同打造学术精品，从国家层面建立自己的学术品牌，如牵头或参与创办有影响力的国际学术文化组织，举办国际性的学术论坛、学术会议，创办高水平的外文学术期刊和学术网站，出版有影响力的系列出版物，建设好一批国际问题研究机构；大力实施走出去战略，多了解外部世界的变化，扩大学术交流力度，鼓励研究人员和研究机构多走出去，让世界了解中国学术，倾听到古老东方的时代强音。

4. 加强体制与机制创新，形成推进合力。要调动各方面力量的主动性和积极性，统筹协调，形成多方合力，共同推动。要对现行的管理、激励、保障等各方面体制和机制进行改革，形成良好的制度环境和政策保障，为推动中国学术走向世界提供坚实的体制基础，发挥更大的激励和导向作用。具体而言，一是完善政策保障机制。加大对哲学社会科学学科的重视，加大资金投入，保障和提高研究人员的待遇，为他们的学术研究创

---

① 张志洲：《提升学术话语权与中国的话语体系构建》，《红旗文稿》2012 年第 13 期。

② 胡振民：《加大对外文化交流推动中华文化走向世界》，《求是》2010 年第 1 期。

造良好的环境。二是创新管理体制。转变政府职能，深化政府对科研院所、高等学校等机构的管理体制改革，理顺二者关系，明确政府职责，尊重研究机构和研究人员的主体地位，充分调动他们在学术研究和创新上的积极性、主动性。三是完善激励机制。加大对学术创新和理论创新的激励力度，保护学术原创成果，杜绝学术造假、剽窃、抄袭等行为，追究相关人员的责任。

5. 造就一大批高素质学术研究队伍，为中国学术走向世界提供有力的人才支撑。中国学术的繁荣和进步，需要一大批哲学社会科学人才队伍的不断壮大，“推动社会主义文化大发展大繁荣，队伍是基础，人才是关键。要坚持尊重劳动、尊重知识、尊重人才、尊重创造，深入实施人才强国战略，牢固树立人才是第一资源思想”。[①] 要通过各种措施和努力，培养和造就一批在国际学术界有影响的名家大师和学术代表人物，加大对一些研究人员尤其是中青年人才的扶持力度，创新人才培养模式，资助优秀人才主持重大课题、领衔重点项目、广为赴外交流，为优秀人才脱颖而出、多出成果创造有利条件，对在学术上造诣深厚的专家学者给予精神和物质的鼓励。

“识广胸怀阔，静观气自平，纷繁元历历，化育赞生生。”“纵目重峦似海潮，黄河一线夕阳娇。风雷万里撼山动，始觉危峰脚底高。”这里引用“雄才博学百年身”的山西大学著名学者姚奠中教授的这两首诗作为结尾，我以为中国学术走向世界不仅可为，而且有为，一定会获得成功。

作者赵麟斌，闽江学院副校长、教授。福建省福州市闽侯大学城文贤路 1 号　350108

① 《中共中央关于深化文化体制改革　推动社会主义文化大发展大繁荣若干重大问题的决定》，人民出版社 2011 年 2 月。

战略谋求哲学社会科学国际话语权

仲伟合

摘　要： 战略谋划哲学社会科学国际话语权和话语体系，是时代赋予广大哲学社会科学工作者的历史使命，具有重要的时代意义和战略意义。这篇论文介绍了中国学术国际话语权的现状，并从着眼解决时代问题、立足实践发展、加强学术研究的普世观、建立国际性的话语平台、增强学术国际影响力的转换话语体系建设等方面介绍了对战略谋求哲学社会科学国际话语权和话语体系的思考。论文也介绍了高等外语院校在战略谋求哲学社会科学国际话语权过程中的三重使命，即，培养具备国际对话能力的学术精英、传播代表中国思想的学术精品、参与和促进国际间的跨文化交流，并提出了外语院校完成三重使命的三点思考。

关键词： 国际学术话语权　话语体系　话语平台

一　引言

学术话语是对学术问题的言说与表达，是民族精神与文化的载体，是一个民族、一个国家文明进步程度的体现，其对国家的发展具有重要表征。在现代传媒社会中，争取国际学术话语权，标志着一个国家拥有主导学术发展的力量与能力。实施中国哲学社会科学“走出去”战略，战略谋划具有中国特色、中国风格、中国气派的哲学社会科学学术话语体系，① 具有重要的时代意义和战略意义。战略谋求我国哲学社会科学国际学术话语权就是为了在开放环境中能使中国学术发展走自我创新与自主建构之路，目的就是把体现中国特色、中国风格、中国气派的话语以国外受众易于理解和接受的形式和手段展示出来，② 从而增强中国哲学社会科学在国际上的亲和力、感染力和影响力，为中国特色社会主义伟大事业提供理论支撑和智力支持，提升中国文化软实力。

战略谋求哲学社会科学国际学术话语权是时代赋予我国高等院校的神圣使命，是高等院校产生世界影响并与世界文明对话的必要途径，更是在新形势下增强文化自觉和文化自信的重要基础。高等外语院校具有独特优势，特别是与非通用语种国家政治、经济、文化交流等方面，在增强我国软实力、推进先进文化的建设进程中有着独特魅力。因此，高等外语院校在谋求哲学社会科学国际学术话语进程中应发挥积极作用。

二　中国学术国际话语权的现状

客观评价当前中国的学术水平，对战略谋求我国的学术话语权非常必要。我们虽然是经济大国，但还不是学术大国，我们对世界的影响还是局限在一般的政治层面、经济层面和大众层面。不久前在网络上流传的中国科技论文的年发表量超过美国位居世界第一的消息，人民日报记者在调查后发现，2010 年美国发表 SCI（科学引文索引）论文居世界第一（39.01 万篇），中国发表 SCI 论文居世界第二位（14.84 万篇，含港澳地区），美国论文发表数是中国的 2.63 倍。就引用情况而言，2011 年我国论文被引用总量排在世界第七位，我国平均每篇论文被引用次数（6.21 次）与世界平均值（10.71 次）还有不小的差距。我国被 SCI《期刊引证报告》（JCR）收录的期刊只有 138 种，居第九位，仅占总数的 1.7%，远远落后于美国（2697 种）。我国期刊的平均影响因子和平均总被引用次数分别为 0.904 和 898 次，远低于国际总体平均值 2.014 和 4294。上面的数据比较表明，我国想在国际学术舞台占一席之地还有不少努力和提升的空间。

---

① 严书翰：《打造中国特色中国风格中国气派的话语体系》，《红旗文稿》2012 年第 15 期。

② 崔唯航：《打造哲学社会科学的中国话语体系》，《人民日报》2012 年 9 月 4 日第 19 版。

学术界目前普遍认为中国哲学社会科学的国际学术地位不高，中国还不是世界学术的生产中心。但是我们是世界上少数拥有初步独立的社会科学体系的国家之一。而在进入21世纪以来，中国哲学社会科学界出现了一股强劲的学术自觉和学术复兴运动。[①] 此外，随着全球社会经济的深入发展，全球化治理、经济危机等跨学科重大命题要求进一步跨越中西社会文化背景和学科视野的鸿沟，提出截然不同的破题思路。这些都使得我们建构中国哲学社会科学体系成为可能。

三　战略谋求学术话语权和话语体系的思考

在全球化进程中，推动中国哲学社会科学"走出去"，建立既面向世界又独立自主的具有中国特色、中国风格、中国气派的哲学社会科学学术话语体系，具有重要的时代意义和战略意义。这既是党和国家对哲学社会科学界提出的重大而紧迫的时代课题，也是我国哲学社会科学自身发展的内在要求和中国学术走向世界并在世界舞台上发出中国声音的有效途径。下面就如何战略谋划中国学术话语体系，[②] 增强国际学术话语权，推动走向世界的中国学术繁荣发展，谈几点思考。

（一）着眼解决时代问题

问题是时代的声音，每一个时代都有自己的问题。只有解决了时代问题，才能把社会向前推进。战略谋划中国学术话语体系，必须基于对时代问题的深刻回答、对时代特征的深刻认识、对时代发展趋势的深刻把握。当前，我国虽然在经济发展上取得了举世瞩目的成就，但对于时代提出的问题还没有形成自己系统的回答，还没有形成完整的中国学术话语体系，在文化软实力上还没有形成与大国地位和经济实力相称的国际影响力。不可否认，我国拥有丰富的文化资源，但这还仅仅是一种潜力，是否能真正形成具有国际影响力的"中国话语"，还有待我们对传统文化进行创造性

① 张志洲：《中国国际话语权的困局与出路》，《绿叶》2009年第5期。

② 张志洲：《提升学术话语权与中国的话语体系构建》，《红旗文稿》2012年第13期。

的现代转化。[①] 中国学术话语体系的形成不是对传统文化的固守，而是以开放的姿态吸纳世界文明的优秀成果之后对人类面临的共同问题做出回答。从这个意义上说，战略谋划中国学术话语体系的过程，就是立足于中华文化的特殊性，对我国现代化过程中面临的突出问题进行应对的理论创造过程，就是推动中华文化走向世界、传播中国的思想和价值观念的过程，就是实现中华传统文化现代化的过程。

（二）立足实践发展

战略谋划中国学术话语体系，不是简单的逻辑推理和单纯的理论构建，必须使思想牢牢植根于实践沃土，反思现实，切中时弊，引领现实发展；既承接历史、熔铸传统，又包容世界、指向未来，最终让“中国话语”走向世界，让世界倾听中国的声音，让中华文明强健地屹立于世界文明之林。理论来源于实践又引领实践发展。一个民族、一个国家的繁荣强大，离不开深厚的思想根基，正是这种思想根基不断拓展着民族国家的发展视域，开辟着民族国家新的发展空间，昭示着民族国家未来的发展方向。中国学术话语体系的生成，是对我国现代化实践的理论总结和理论提升。理论既是解释世界、认识现实的知识体系，也是改造世界、引领未来的思想体系。源于实践的理论并不仅仅是对经验的概括和总结，更重要的是对实践的深刻反思和理性引导。因此，我们在坚持和拓展中国特色社会主义道路的探索中，不仅应从实践发展的需要出发，对最鲜活的实践经验做出理论总结和理论概括；而且应结合新的实践，在回答和解决实际问题中推进理论创新，并用理论创新的成果引领新的实践。真正的理论创造不是用词语束缚理论的生命力，而是依据新的实践为它注入源头活水。

（三）拓展学术研究的视野

要提倡全方位的理论创新，大力鼓励学者建立普遍的理论，开启大思维、大理论的学术新风。积极支持并奖励那些占据视野高度，具有全球和宏观主导力与影响力的研究项目及成果，并及时将这些思想和理论成果广泛宣传，纳入中国的话语体系，从而影响世界。

---

① 王义桅：《中国外交如何争取国际话语权》，《人民论坛·学术前沿》2012 年第 12 期。

（四）建立国际性的话语平台

在战略谋划中国学术话语体系的过程中，如何寻求包括西方国家在内的世界理解和认同是一个巨大的现实挑战，如何在多种不同的话语、不同的声音、不同的秩序规则之间，寻求相互倾听、相互交流、相互理解并通过多极平等对话最终达成国际共识，是一个亟待解答的重大课题。[①] 建立国际性的话语平台应该是一个有效途径。[②]

1. 建立具有国际影响力的媒体

中国的话语体系必须有国际性、合理性和客观科学性，必须符合国际惯例和话语规范，也就是俗话说的“借他人之瓶装自己之酒”。西方文明凭借过去几百年的优势，已经建立了一套话语发布体系和规则，可以借鉴。纵观世界各强权国家话语体系的建立，无不以“客观科学正确合理”自居，大多是由非政府的民间智库、学界和非政府主导的媒体提出。不管是学术话语还是政治话语，它们都必须通过有力的媒体来传播，包括书本的和电子的，平面媒体和立体媒体。要扩大国际影响，更要建立具有国际影响力的媒体。

2. 加强国际教育

建立话语体系的工作也与国际教育紧密相关。中国的高校要大力扩大国际教育的范围，在全世界范围内招收优秀的本科生和研究生，包括在世界主要地区建立联络，提高外国学生在中国大学生和研究生中的比例，把中国的大学建成世界性的学习和研究中心，加速中国大学国际化的进程。

3. 建立中国国际学术交流基金会

鉴于中国目前的经济实力和在国际事务中的影响力，可建立一个中国国际学术交流基金会，资助西方学界在哲学社会科学领域的科研项目。几百年来，西方在世界范围内资助学术研究的基金会种类繁多，几乎全是以民间和私人出资的方式成立的。相比之下，至今还没有看到一个具有国际影响力的中国基金会。建立中国国际学术交流基金会也必须尊重西方学界的运作规则，以民间资金为主，淡化政府行政干预色彩，以中立而无政治

---

① 张志洲：《和平崛起与中国的国际话语权战略》，《当代世界》2012 年第 7 期。

② 周欣平：《占据国际视野：提升中国学术话语权新思维》，《人民论坛·学术前沿》2012 年第 12 期。

色彩的独立法人的形式，引领国际上重大的研究议题，并促进中西学界的交流。

（五）增强学术国际影响力的转换话语体系建设

战略谋划话语体系能够形成具有中国特色、中国风格、中国气派的科学理论，转换话语体系能够把体现中国特色、中国风格、中国气派的话语体系以国外受众易于理解接受的形式和手段展示出来，从而增强中国哲学社会科学在国际上的亲和力、感染力和影响力，提升中国文化软实力。构建话语体系是基础，转换话语体系是中间环节，二者相互联结、共同作用，铸成赢得国际学术话语权、提升中国文化软实力的坚实链条。因此，要在战略谋划中国学术话语体系的基础上，不断探索“中国声音”的国际表达方式，坚持“中国立场、国际表达”，讲好讲活讲深中国故事，努力扩大“中国奇迹”、“中国震撼”、“中国道路”的国际影响力。

四　外语院校提升中国学术国际话语权的三重使命

有国际关系学者曾形象地指出，中国通过30年的革命和30年的建设解决了“挨打”（近代以来受人欺凌、任人宰割、割地赔款）问题，通过30年的改革和发展解决了“挨饿”（摆脱了贫困、走出了温饱、进入了初步小康）问题，下一步是要通过确立文化自觉来解决“挨骂”（文化自觉性和正当性）问题。

在国际格局向多元化发展的历史转折时期，作为繁荣哲学社会科学研究主力军之一的外语院校，必须高度重视高端学术精英培养、学术精品传播和跨文化沟通这三重使命，为中国学术的国际话语能力建设做出新贡献。

（一）培养具备国际对话能力的学术精英

学术精英是一个国家话语生产的思想库、知识生产的主力军及构建社会核心价值观的基石，也是国际话语权、特别是国际领域的理论和学术话语权的重要来源。在国际学术传播中，学术精英往往因为身份的多样性与学术立场的中立性而具有更高的权威性和可信度，由学术精英参与的话语传播所产生的影响更客观、深入、持久。

从冷战后中国所遭遇的“话语困扰”来看，不管是国际舆论结构下的“挨骂”还是西方学术霸权对照下的“理亏”，都直接与中国学者自身的研究方法和学术对话能力不足相关。而外语院校的学术人才由于话语接近的缘故，其在国际学术交往中往往能更容易发现和跟进最新的研究方法和前沿信息，加之长期研习外语和外国文化，在交流中容易赢得较有效的认同与沟通，有利于推动学术交流与合作的开展。外语高校应该积极创造条件和环境，鼓励有学术潜力的外语人才拓宽自己的研究对象和知识体系，从单纯的外语型人才成长为跨学科的学术精英。

（二）传播代表中国思想的学术精品

学术精品是一个国家理论生产的场所和主流价值观构建的典范，也是政府决策的智库和大众教育的重要知识来源。它对于提高一个国家的学术声誉、维护一个国家的理论话语的自给自足，都具有不可替代的功能。可以说，一个国家拥有的学术精品的程度标志着其是否构建、形成并发展了自己的学术知识体系和学术传统。诚然，学术精品的产出有赖于创新型人才的创造性思维和创造性活动，但如果缺乏有效的传播和推广，在海量信息的今天很容易遭遇“酒香也怕巷子深”的困境。

据统计，2003 年以前我国图书版权贸易输出大约仅占引进的 6%，2006 年上升到 18%，当年输出的图书版权也只有 2050 种，因为有部分是原版输出，实际的对外翻译出版还更少。在国家实施“走出去”战略，鼓励对外传播中国文化后，又先后启动“中国图书对外推广计划”、《大中华文库》外文本翻译工程、国家社科基金“中华学术外译项目”等，增进了国外对当代中国和中国哲学社会科学以及中国文化的了解，推动中外学术交流与对话，提高中国哲学社会科学的国际影响力。

然而，学术作品的翻译与其他文学类型的翻译不同，除语言能力外，还要求译者掌握关键概念、专业知识、学术话语及其修辞法，并对译入语的文化情境、学术氛围、各思想流派的对立互动、话语势力的消长有起码的认识，有此修养，才能选择恰当的翻译策略。对于外语院校来说，如何培养优秀的翻译人才、如何遴选和组织学术精品的外译工程，应该成为我们制订人才培养和科学研究发展计划时的重要目标之一。

（三）参与和促进国际间的跨文化交流

时下对语言最简单、最流行的说法是“语言是一种交际工具”。国外学者把交际定义为一种社会交往的方式，具有不可预测性和创造性，发生在社会文化的情景里，带有目的性，是一种共享信息的过程。由此看来，共享、合作性是人类交际的核心，也是语言使用的核心之一。

作为外语院校，我们所培养出来的学生、我们送到国外研修的教师，当他们作为单个个体、作为一个联合的学术流派或者作为一个网络中的学术观点去参与各类国际组织活动的时候，无时无刻都在发生着不同文化之间的跨文化交际行为。跨文化交际不仅有利于消除认知障碍和心理隔阂，还能透过不同文化的碰撞、冲突和融合产生和创造新的学术概念和学术流派，进而有利于改进西方固有的一些“误解”和“曲解”中国的议题设置、事实说明、规则制定，从而最终实现价值观和意识形态的被认同以及话语引导。

五　瞄准学术话语能力建设，外语院校的思考

上述使命构成了一个非常宏大和值得研究的体系，但针对外语院校来说，离不开以下三个方面的自由探索、大胆改革和抢占先机。

（一）催生具有国际学术话语权的领军人物，注入发展原动力

继续完善学术领军人物和创新人才的培育机制。以学术领军人物为核心，围绕重点方向和重大项目凝聚学术队伍，利用我们在外语方面整合传播优势，培养具有重大学科研究价值、“中西合璧”的国际学术团队，通过联合研究课题或者研究学科，找准当前具有重大理论价值和实施路径价值的前沿问题进行探索和研究，抢先培育具有战略地位和可持续发展的前瞻性研究领域进行探索和深入研究。与此同时，利用国际学术团队的影响力，开拓与国际学术组织的合作研究领域。

加大国际学术大师的交流引入机制。通过重点选择和引进海外学术大师，对存量教师的国际化水平和综合素质形成带动和提升作用。建立与国际学术规范相接轨的评价机制。倡导同行评议制度、“原创奖”等国际学

术通行的学术评价机制，推动哲学社会科学的良性发展。

（二）创新学术精品“走出去”模式，增强学术话语权引导能力

改变以往单兵作战的方式，鼓励团队协同合作，深化机制创新。构建创新团队—重大项目—高端学术精品的良性循环。遴选经典名著和近现代力作进入国家级学术精品文库，组织优秀翻译力量进行译介，战略谋划外译品牌。以我校为例，目前我们就正在承担一项省岭南文化精品的翻译和研究的项目。

此外，还可以通过实施精品孕育和激励计划，加大对具有重大学术价值的基础研究成果和解决重大现实问题的应用研究成果的奖励力度，加大对在各学科领域国际顶尖学术期刊发表论文的奖励力度。对做出重大学术贡献的集体和个人予以重点奖励和表彰。

（三）加强建立外语院校之间、国际学术组织之间的信息协同机制，夯实跨文化交流的沟通能力

有效调动国际、国内两个渠道的研究资源和要素，建立起人、财、物都相对独立的协同创新机构及其分中心。例如，可以按区域联合相关外语院校，形成区域联盟，展开区域内中国文化研究与传播。该类联盟中心作为国家智库和思想库，承担三大使命：一是成为中国高校哲学社会科学“走出去”的信息中心；二是利用其外语优势和网站资源，定期为高校哲学社会科学“走出去”提供战略研究报告和学术规划，使其成为中国学术“走出去”的学术研究中心，为高校哲学社会科学“走出去”计划提供学术服务；三是充分发挥外语院校的语言优势，使其成为培养海外各国最重要汉学家和相关重要人员的培养基地。

其次，可以利用外语高校多语言优势，在全国建立2—3个固定的国际学术论坛，通过举办大型国际学术论坛，加深与主要国际学术组织的联系（特别是注意发展与国际科学院联盟、国际哲学人文理事会、国际社会科学理事会、联合国教科文组织的联系），追踪与了解主要国际学术组织的性质和操作特点，根据各个组织不同的优势和特点为我所用，提出中国高校与国际学术组织的合作发展方针。譬如在广州可以重点设立一个“广州开放论坛”，这个论坛的话题设置要具备相当高度的国际视野以及学术自由度，这样将有利于我们和世界一流的学术大师对话和交流。

六 结束语

十七届六中全会绘制了建设社会主义文化强国的蓝图，对推动中华文化走向世界、发挥更大作用指明了方向，提出了新的更高要求。战略谋划具有中国特色、中国风格、中国气派的哲学社会科学学术话语体系，是理论界和学术界面临的重大而紧迫的时代课题，也是时代赋予我们广大哲学社会科学工作者的神圣使命。进一步探索创新文化“走出去”模式，努力提升中国哲学社会科学的国际学术话语权，也是外语高校义不容辞的责任和使命，我们要努力为推动社会主义文化大发展大繁荣贡献更多的智慧和力量。让我们共同努力，为这一光荣而又艰巨的使命做出新的贡献！

作者仲伟合，广东外语外贸大学校长、教授、博士生导师，广州市白云大道北2号 510420

走向世界的中国高等教育研究

甘　晖

摘　要：高等教育研究国际化是我国哲学社会科学“走出去”战略的重要组成部分，是提升我国高等教育研究水平的重要举措，对实现高等教育强国目标具有重要意义。虽然改革开放以来我国高等教育研究的国际化水平在不断提升，但客观地讲，高等教育研究依然缺乏国际视野、移植倾向明显、规范性不够、国际交流与合作的程度和水平还比较低。因此，我们必须确立高等教育研究国际化战略，通过造就具有国际视野的高等教育研究队伍、强化学术研究的规范性、积极创办国际性学术期刊等措施来推进我国高等教育研究走向世界。

关键词：高等教育研究　国际化　规范性

世纪之交以来，我国高等教育经历了“大改革、大发展、大提高”的历史性跨越，迈入大众化的发展阶段，我国已成为名副其实的高等教育大国。面向未来实现由高等教育大国向高等教育强国的转变、走以提高质量为核心的高等教育内涵式发展道路，已然成为当前我国高等教育改革发展过程中的重大理论与实践课题。《国家中长期教育改革和发展规划纲要（2010—2020年）》明确指出：“提高质量是高等教育发展的核心任务，是建设高等教育强国的基本要求。”“到2020年……高等教育国际竞争力显著增强。”面对经济全球化深入发展、国际竞争日趋激烈的形势，要增强高等教育国际竞争力，我们需要加速由高等教育研究大国向高等教育研究强国的转变。正如潘懋元教授所言：“中国现在已是世界高等教育的第一大国，也是高等教育研究的大国。未来的中国，不仅要力争成为高等教育强国，而且也要成为高等教育研究的强国。”[①] 而要成为高等教育研究强国，我们的出路在于不断提高中国高等教育研究的国际化水平，推动中国高等教育的学术研究走向世界。

一　走向世界是中国高等教育研究的当代使命

虽然“近30年的繁荣发展历史证明，中国高等教育研究必须坚持独立自主的发展道路。各国社会科学发展的历史也证明，没有哪个国家是通过依附发展成为社科研究强国的”。[②] 但独立自主并不是否定人文社科研究的国际化，“在中国的一批著名高校创建世界一流大学的过程中如何让中国的学术走向世界是一个不能回避的问题。因为世界一流大学是和世界比，不是和自己比。在世界一流大学必须满足的一系列条件中，科学研究是一项十分重要的指标。世界一流大学，你的学术水平和学术成果必须得到世界学术界的认同，这就是中国学术走向世界的基本涵义”。[③] 也就是说，“我们已经无法把自己封闭于一隅，而应更加频繁地加强与国际学术界的交流和对话，通过这种交流和互动式的对话使中国的人文社会科学研究走出国门，发挥更广泛的国际影响”。[④] 要“更多地参与国际学术交流，从而促进我国社会科学研究和管理水平的整体提高，真正实现社会科学研究和管理走向世界”[⑤]，让中国的学术走向世界。作为人文社科研究重要组成部分的高等教育研究，理应走向世界，建立既面向世界又独立自主的中国高等教育研究的学术话语体系，具有重要的时代意义和战略意义。

一是中国高等教育研究走向世界是我国哲学社会科学实施“走出去”

---

① 李均：《中国高等教育研究史》，广东高等教育出版社2005年版，第399页。

② 潘懋元：《高等教育研究60年：后来居上，异军突起》，《中国高等教育》2009年第18期。

③ 蔡曙山：《遵循国际学术规范是中国学术走向世界的重要前提》，《科学中国人》2004年第8期。

④ 王宁：《对人文社会科学现行学术评价系统的确认与辩护》，《学术研究》2006年第3期。

⑤ 任元彪，陆云峰：《SSCI和A&HCI标准在中国的应用探讨》，《自然辩证法研究》2003年第8期。

战略的基本组成部分，对实现我国哲学社会科学“走出去”战略具有重要意义。科学研究的国际化是当今世界人文社会科学研究的重要发展趋势。2004 年中共中央在颁布的《关于进一步繁荣发展哲学社会科学的意见》中明确指出，“要扩大哲学社会科学领域的国际交流，注意引进国外哲学社会科学优秀成果、研究方法、管理经验。把我国优秀的哲学社会科学成果推向世界是哲学社会科学对外开放的重要组成部分”。并进一步指出要“大力实施哲学社会科学‘走出去’战略，采取各种有效措施扩大我国哲学社会科学在世界上的影响”。经过几年的实践，中国哲学社会科学成果的国际化程度不断提升，中国学者走出国门开展学术研究的实力日益增强，有力地推动了中国学术与国际学术展开平等对话，逐步缔造世界学术生产关系中的“中国影响力”。而在缔造中国学术影响力的过程中，中国的高等教育研究必须为我国哲学社会科学的“走出去”战略贡献智慧，走向世界的中国高等教育研究不仅要走在教育科学研究国际化的前列，为中国教育科学研究的国际化提供具有中国风格、中国气派的研究范式，使中国的高等教育研究被世界所接受和认可，而且要通过中国高等教育研究的国际化加快中国哲学社会科学国际化的发展速度。

二是中国高等教育研究走向世界是国际高等教育研究国际化程度高低的重要方面，反映着我国高等教育研究对国际高等教育研究的贡献和影响。不可否认，中国高等教育研究的国际化水平和程度还处于起步阶段，“从世界高教研究的整体格局来看，中国高教研究仍游离于‘中心’之外。……在国际高教研究的大平台上，中国学者发出的声音还很微弱”[①]。但在全球国际化、一体化的大熔炉中，没有中国高等教育研究声音的国际化是伪国际化，没有中国高等教育学者参与的国际化也不能真正称得上是国际化。因此，在全球共同体内，中国能为世界高等教育研究贡献什么是国际高等教育研究的重要方面，中国高等教育研究者有责任向世界全方位展示中国高等教育理论与实践方面的成就。

三是中国高等教育研究走向世界是提高我国高等教育研究学术水平的重要途径，对实现我国高等教育研究强国的目标具有奠基性作用。经过改革开放 30 多年的发展，中国高等教育研究取得了很大的成绩，但我国高

---

① 潘懋元：《中国高等教育研究的历史与未来》，《中国地质大学学报》（社会科学版）2006 年第 9 期。

等教育研究不能仅仅停留在中国内部，我国作为高等教育研究的大国，应当致力于构建具有中国特色的高等教育研究学术体系，从而影响世界高等教育研究的发展与研究范式，不断增加在国际高等教育研究中的话语权。要实现影响国际高等教育研究格局的既定目标，其首要前提就是使我们的高等教育研究走向世界，走向世界的高等教育研究不仅仅是提高我国高等教育研究学术水平的重要途径，而且对实现我国高等教育研究强国的目标具有奠基性作用。

二　走向世界的中国高等教育研究的现实困境

改革开放以来，中国的高等教育研究的国际化水平在不断地提升，一方面，通过“引进来”战略，译介了大量的国外高等教育研究成果，为我国高等教育研究者了解国外高等教育研究的前沿问题和最新成果提供了平台，另一方面，实施“走出去”战略，通过积极参加国际学术会议、开展国际合作研究等多种形式，在国际舞台上展示中国高等教育研究的学术水平，为国际高等教育研究者了解中国高等教育研究提供了重要渠道。但总体来看，中国高等教育研究水平与世界先进水平还有很大差距，中国高等教育研究的国际化水平还比较低，能够得到国际认可的高等教育研究者或有影响的高等教育理论微乎其微，甚至于对高等教育研究国际化的理解存在着诸多误区。走向世界的中国高等教育研究面临着现实困境。

一是研究缺乏国际视野。在中国高等教育研究者群体内，往往会出现一种声音：即以中国特色自居，以解决中国高等教育实际问题为理由，排除高等教育研究的国际化。事实上，从研究的角度来说，问题意识是研究的前提要素，高等教育发展过程中的问题是具有相通性的，国际视野的高等教育研究有利于我们借助于外脑或别国的经验解决我们的实际问题，只不过在借鉴和学习中需要加以改造使其符合中国国情。从中国作为后发外生型的发展中国家角度来讲，我们正在努力建设具有中国特色现代大学制度之际，国外尤其是西方国家已经具有成熟的经验，我国高等教育发展过程中正在遭遇的问题也曾是西方国家在教育近代化、现代化、国际化进程中遇到过的问题，洋为中用，何尝不可？因此，走向世界的中国高等教育研究首要前提就是要树立国际意识，从国际化的角度来审视中国高等教育研究，把中国高等教育研究中的问题置于国际化大背景下，把中国特色放置于国际化中，从而彰显中国高等教育研究的特色。因此，中国高等教育研究走向世界是必然选择，我们既不能“以中国特色为由反对教育研究成果的国际化”，也不能“以 SSCI 是西方制定为由反对教育研究成果走向国际”。[①]

二是研究移植倾向明显。毋庸置疑，我国高等教育研究是一个自主创新的过程，中国高等教育研究也必须基于中国问题、创造并依靠中国理论，国外的任何理论并不具有普适的价值，以供我们来依附和套用。而近代以来，受“西学东渐”思潮的影响，我国学术界基本上处于学习和追赶西方的阶段，以至于在学习的过程中，存在着明显的拿来主义，将向西方学习异化为盲目崇拜和照搬西方，患上了国外依赖症。部分人陷入了依附理论的迷信之中，出现“洋化”倾向，盲目崇拜欧美标准，动辄引用西方的理论，而不管所引用的是否适合中国土壤，是否二、三流甚至末流的东西，同时对中国自己的经典作品和理论建树却不屑一顾[②]。这种依附、西化的思想容易使我们对国外有价值的高等教育研究理论缺乏批判性吸收与改造的本土化过程，放松对本土高等教育研究理论的传承、挖掘和创新，忽视对具有中国特色的高等教育研究优秀成果输送出去的意识，从而导致主体意识的迷失和民族文化的边缘化，造成中国高等教育研究缺失独立性和创造性，永远处于追赶者的地位。

三是研究的规范性不够。研究是人类理性追求真理的过程，任何研究都是站在巨人肩膀上向前一点一滴地积累和迈进，既需要尊重学术自由，也需要尊重前人研究成果。因此，国外学者非常重视学术研究的规范性，尤其是学术研究中的研究现状、研究方法与参考文献等关键部分都要花费很大笔墨精雕细琢、字斟句酌、精益求精。近年来，虽然中国高等教育研究者也开始注重学术的规范性，但还远远不够。“在一项对我国 300 多种社会科学和人文研究核心期刊进行的调查发现，有引文的论文数只占论文总数的 36.64%，这就是说在我国社会科学和人文研究领域中的高水平刊

① 姚云，康瑜：《中国教育科研成果如何走向世界——基于对 SSCI 数据库分析的启示》，《比较教育研究》2007 年第 1 期。

② 潘懋元：《中国高等教育研究的历史与未来》，《中国地质大学学报》（社会科学版）2006 年第 9 期。

物中大多数（63.36%）论文都没有一篇引文！它们要么只是个人感想，要么就是来源于道听途说，或者是不要任何基础的绝创。"① 显然，在国际标准视野下，反映学术水平高低的关键部分才真正决定着论文的质量，对关键部分内容的交代，不仅可以扩大学术研究的信息量和研究视野，也将增强学术研究的可信度。

四是国际交流与合作的程度和水平还比较低。近年来，虽然我国高等教育研究中的国际间交流与合作程度与水平有很大提高，但总体来看依然处于起步阶段，我们更多地是处于追赶和学习的层次，看重的是在国际期刊上发表几篇学术论文、参加了怎样的国际学术会议或在会议上宣读论文。但真正意义上的深层次的基于学术共同体的话语权还没有形成气候。曾有学者基于定量和定性分析的方法，对五份主要的国际高等教育研究刊物*从1980—2010年30年间发表的我国大陆、香港、台湾地区和海外华人研究者的论文进行了统计，统计结果表明："身处不同地区的华人学者在国际高等教育刊物发表论文的数量呈逐年递增的趋势。其中，大陆学者的文章从无到有，也同样呈现出递增的趋势。然而若以拥有数百倍于台湾和香港的研究队伍而言，大陆高等教育研究者在国际期刊上的论文发表情况却不尽如人意。论文发表数量少，所占比例低，且刊物分布不均衡、论文主题过于单一。"② 显然，受语言障碍、学术研究经费不足、学科自身发展水平较低、相关政策导向价值偏离等诸多主客观因素的影响，我国高等教育研究的国际交流与合作程度和水平仍处于起步阶段。

---

① Social Sciences Citation Index Search Results, Search Terms: CHINESE, http: //scientific. thom son. com/cgi-bin/jrnlst/jlresults. cgi? PC = J& Word = chinese, 2006 - 7 - 8.

* 这五份高等教育学术期刊包括《高等教育》（*Higher Education*）（施普林格荷兰分公司主办，1972）、《高等教育杂志》（*The Journal of Higher Education*）（俄亥俄州立大学主办，美国，1930）、《高等教育政策》（*Higher Education Policy*）（国际大学学会主办，法国，1988）、《高等教育研究》（*Studies in Higher Education*）（高等教育研究协会主办，英国，1976）和《国际高等教育》（*International Higher Education*）（波士顿学院国际高等教育中心主办，美国，1995）这些刊物多为高等教育研究综合性刊物，分布于荷兰、英国、法国和美国，但发表语言均为英语，面向世界所有国家的高等教育研究者。

② 吴玫、李盛兵：《我国高等教育研究国际化的现状分析——基于五份国外学术期刊发表论文的统计》，《广东工业大学学报》（社会科学版）2011年第4期。

三 走向世界的中国高等教育研究的路径选择

高等教育的开放、交流与合作，既是社会主义现代化的客观要求，也是现代高等教育不断回应社会历史发展的必然选择，更是实现高等教育现代化、国际化的必由之路。中国实现高等教育开放、交流与合作的基本措施就是实现中国高等教育研究走向世界，通过大力实施高等教育研究国际化战略、造就具有国际视野的中国高等教育研究的研究队伍、强化研究的规范性、积极创办国际性学术期刊等措施来推进中国高等教育研究走向世界。

一是培养和造就一大批具有国际视野与意识的中国高等教育研究的学者队伍。2010 年的《教育规划纲要》第 48 条明确指出，我国要“适应国家经济社会对外开放的要求，培养大批具有国际视野、通晓国际规则、能够参与国际事务和国际竞争的国际化人才”。走向世界的中国高等教育研究的基础是培养和造就一大批具有国际视野的中国高等教育研究者的学者队伍。一方面，要积极支持和鼓励高等教育研究者在国际学术组织中任职，通过将重要研究成果、学术观点在国际上推介，充分展现中国高等教育研究者的学术水平和风范。另一方面，要高度重视对中青年高等教育研究者的国际化视野的培养。无论是国家层面的国际交流项目还是学校自主的国际交流项目，都要积极地通过政策引领，以中青年高等教育研究者学术骨干为主要依托，紧密追踪海外高等教育研究的最新动态和趋向，选取具有国际学术眼光和海外学术背景的高等教育研究者，持续实施国际交流与合作方面的计划和工程。同时，还可以通过项目牵引，加大引进海外取得博士学位的中青年高等教育研究方面的优秀学术人才力度。

二是通过多种渠道积极拓展中国高等教育研究的国际交流与合作。《教育规划纲要》第 48 条规定：我们要“开展多层次、宽领域的教育交流与合作，提高我国教育国际化水平。借鉴国际上先进的教育理念和教育经验，促进我国教育改革发展，提升我国教育的国际地位、影响力和竞争力”。走向世界的中国高等教育研究也不例外，提高其国际化程度的重要手段就是通过多种渠道积极拓展中国高等教育研究的国际交流与合作。所谓的国际交流与合作应该是多方面的，不仅要走出去、走进去，也要请进来、走进来，即我们“不仅要引进世界先进的高等教育理论，还必须把我们的高等教育理论推向国际学术舞台，这样才能使中国的高教研究成果为国际更多的同行熟知和认可，才能确立中国高教研究在世界学术界的地位”。[①] 一方面，积极举办各类高层次高等教育研究方面的国际学术会议，尤其是要创办高层次的高等教育研究学术论坛，通过搭建与世界学术对话的平台，不断增强中国高等教育研究的国际学术影响力和话语权。另一方面，积极实施“走出去”战略，参与国际性的学术会议并在学术会议上发表学术演讲，加大对在 SSCI、A&HCI 等收录期刊上发表学术论文、在国际知名出版机构出版学术著作的支持力度。同时，走向世界的中国高等教育研究需要积极地走进去，加强实体性高等教育研究国际化平台的建设，深化与海内外高水平大学、科研机构的全面合作，提高中国高等教育研究的国际影响力，“积极参与和推动国际组织教育政策、规则、标准的研究和制定，搭建高层次国际教育交流合作与政策对话平台，加强教育研究领域和教育创新实践活动的国际交流与合作”，使中国高等教育研究的特色得到世界承认。

三是积极创办或推荐中国高等教育研究方面的国际交流刊物。学术期刊是科学研究论文的主要载体，加强中国本土国际学术期刊的创办，有助于将我国高等教育研究的优秀学术成果集中推向国际，有助于中国高等教育研究者走上世界舞台，同时为国际高等教育研究增添中国元素。一方面，我们应该积极主动地加强与优秀国际高等教育期刊的联系，在世界优秀高等教育国际刊物上发表具有原创性的中国高等教育研究成果；另一方面，我们应该积极推荐中国国内优秀高等教育研究期刊参与国际公认的数据库的评选与竞争。同时，我们也应该积极努力地创办中国高等教育研究方面的英文刊物，面向全球发布。“在当代学术成果的传播方面，英语占据了非常突出的地位。因此，用英语传播中国的学术成果迫在眉睫。中国有必要集合政府、社会和民间的力量，通过连续出版物的方式用英文表达教育研究成果，促进教育研究成果走向世界，让中国教育研究成果更好地为世界所了解。”[①]

四是持续不断地提高走向世界的中国高等教育研究的规范性程度。长

① 赖铮，高晓杰：《让中国的高等教育研究走向世界——〈潘懋元——一位中国高等教育研究的创始人〉》（英文版）评介，《教育研究》2006 年第 1 期。

期以来，由于受历史原因和思想意识的约束，中国高等教育研究成果的学术规范长期游离于国际学术规范之外，遵守国际共同的高等教育研究学术规范是中国高等教育研究成果走向国际的基础工作。具体来讲，中国高等教育研究的学术成果表达在研究现状的描述、前人研究成果的尊重、摘要的科学表达、研究假设与方法的合理性、研究结论的说明等方面都存在着诸多缺陷，离国际化水平与程度还有一定差距。因此，在高等教育研究国际化的必然趋势推动下，走向世界的中国高等教育研究必须有意识地加强规范性训练，从基础性的写作技术与手段入手，从而为走向世界的中国高等教育研究贡献力量与智慧。

作者甘晖，陕西师范大学党委书记，研究员。陕西省西安市长安南路199号　710062

练好“内功”，走向世界，推动高校哲学社会科学新发展

——以华南师范大学为例

郭　杰

摘　要：当前，高校哲学社会科学发展进入新的阶段，如何把握时代脉搏，掀起哲学社会科学发展的新一轮高潮，为社会主义文化大发展大繁荣作出应有的贡献，这是一个机遇，也是一个挑战。习近平总书记在最近对中国梦的阐释中称：让人民共享人生出彩的机会，这无疑也为高校哲学社会科学走出校门、走进大众、走向世界诠释了新的意义，高校哲学社会科学在满足人民物质和精神文化需求，促进中华优秀文化传播和创新上，将大有所为。华南师范大学是一所毗邻改革开放前沿，具有得天独厚地缘和学缘优势的师范类国家重点大学，其在苦练内功的同时，放眼世界，谋划未来，在哲学社会科学走向世界的过程中扮演更加重要的角色。

关键词：哲学社会科学　走出去　文化　交流

当前，高等学校哲学社会科学进入了新的发展阶段，面临新的机遇和挑战。党的十七届六中全会指出，必须大力发展哲学社会科学，推动中华文化走向世界。教育部《关于深入推进高等学校哲学社会科学繁荣发展的意见》明确提出，高等学校要实施哲学社会科学“走出去”战略，增

强中国学术的国际影响力和话语权。华南师范大学根据国家和省的部署，充分发挥自身学科优势，找准定位，以创新交流平台模式为切入点，不断提高国际化水平，坚持“走出去”战略，较好地发挥了高校作为哲学社会科学文化发展思想库和智囊团的作用，产生了良好的社会影响和学术影响。

一 高校哲学社会科学的历史新使命

党的十六大以来，我国各项事业取得了显著成效，改革开放和全面建设小康社会取得重大进展，经济实力大幅提升，文化建设开创了新局面，各级各类教育迅速发展，全方位外交取得重大进展。高校哲学社会科学顺应时势，以开放促改革，以开放促发展，高校哲学社会科学“走出去”形成了良好的态势。党的十七届六中全会做出《中共中央关于深化文化体制改革 推动社会主义文化大发展大繁荣若干重大问题的决定》，明确提出了“增强国家文化软实力，弘扬中华文化，努力建设社会主义文化强国”的战略任务，这对高校哲学社会科学在新的历史时期的文化传承功能提出了新的要求。这要求高校作为文化战线的重要阵地，要以创新为灵魂，以扎实的研究为基础，以百花齐放为方式，以弘扬传播为途径，为文化大发展大繁荣作出新的贡献。

在此背景下，高校哲学社会科学面临着两个机遇和挑战：一是如何提升自有的文化底蕴；二是如何将优秀的文化更快更好地介绍给世界。这个新的历史使命，不仅仅是停留在固有的中国传统文化的继承、发扬和创新上，而是要在苦练内功的同时，让中国文化在世界各地开枝散叶，提升中国文化的认同度。这二者之间，是相辅相成的。中国文化博大精深，既有优秀传统的文化精髓，也有适用今时的先进理念，只有消化好、吸收好、整理好我们的优秀文化，将中国优秀的传统文化和新时代的社会精神提升到一个新的高度，创造出新的文化成果，才能更好地被世界接受、认同和学习。这将是高校哲学社会科学今后很长一段时间所面临的机遇和挑战，也是时代发展和社会进步以及世界融合所赋予的新的历史使命。

二 高校哲学社会科学走向世界的契机

党中央做出文化发展战略部署后，教育部先后出台相关配套政策，明确提出高等学校要实施哲学社会科学“走出去”战略，增强中国学术的国际影响力和话语权。各省教育厅和各高校也紧跟步伐，制定了一系列推进文化发展的措施，这些都为高校哲学社会科学走向世界提供了现实土壤。这些接地气的政策措施给高校哲学社会科学“走出去”提供了动力，注入了生机。

长久以来，高校哲学社会科学的研究和推介工作，形式单一，范围不广，层次不高，成效有限，未形成一个统一的长效机制。尤其在哲学社会科学优秀成果的推介上，比较被动。这里面，既有机制的原因，也有自身底蕴的原因。以往的方式，多是通过合作研究，交流访学等传统形式，力度小，效果差。往往只能将一些实用型的，简单易懂的，切合国际文化需求的东西推介出去。而优秀文化的最核心部分，却因为时间和力度的问题，未得到充分的发扬，未让世界真正了解和接受。而高校哲学社会科学“走出去”战略的实施，将会为高校哲学社会科学研究带来新的机遇和挑战，途径将会更广泛，方式将会更灵活，文化交流将会更频繁，哲学社会科学的研究和发展，也将会越来越繁荣。

三 抓住机遇，突出特色，开创学校哲学社会科学发展新局面

华南师范大学作为一所省属国家重点师范类大学，地处改革开放的前沿，历来注重科学研究和人才培养，学校文化氛围浓郁，底蕴深厚，为国家和社会各项事业发展作出了应有的贡献。尤其是在文化交流传播上，具有得天独厚的优势。华南师范大学作为毗邻港澳的师范类大学，长期以来，担负了为港澳培养师范教育人才的重要任务，为中国大陆和港澳地区的文化交流和发展作出了卓越的贡献，在文化认同上，具有一直沿袭下来的统一性。同时，在与东南亚各国的交流合作上，也具有相当重要的地

位。可以说，华南师范大学，是高校哲学社会科学走向世界的一个示范窗口，不论是地理优势，还是自身实力，都将为高校哲学社会科学的繁荣发展和交流合作贡献新的力量。

对这种机遇的把握，体现在学校哲学社会科学建设的一系列举措上。2012 年，学校制定《华南师范大学关于进一步繁荣发展哲学社会科学的实施意见》，为学校哲学社会科学的理论研究和创新、成果培育和推介、文化繁荣和交流提供了政策导向。

（一）苦练内功，提升哲学社会科学研究综合实力

俗话说，给人一碗水，自己要有一桶水。只有自身的深厚，才能产生深远的影响。华南师范大学在学校“十二五”发展规划中，就将加强科学研究，培养高新人才，涵养学术精品，加强社会服务，推进学术交流，提升品牌影响作为学校未来发展的方向。学校以加强自身建设和扩大国际影响为两个基本点，努力开创哲学社会科学繁荣发展的新局面。

1. 加强科研素养，提升科研意识

一个具有深厚学术造诣，拥有崇高学术声望的学者，也应以个人的学术正能量来推动学术有序发展。营造学校风清气正的学术研究氛围，一直以来是华南师范大学不断努力的方向。为此，华南师范大学制定了相关的激励和防范措施，出台了《华南师范大学规范学术道德行为的规定》、《华南师范大学学风建设条例》等规范性文件。学校还对各级管理机构进行了改革，杜绝了行政权力干涉学术权力的可能性，学校学术委员会、各级各类审核评审组织，都做到了去行政化，提升了学术地位，防范了学术腐败行为的发生。从入职培训、纪律教育、项目成果审核、学风建设等环节，不断加强教师和科研人员的学术道德建设，努力打造出一支学品高、学术强、学风正的教师队伍。华南师范大学从制度到思想，从教师到职工，都树立起了良好的学风教风意识，学校呈现出一派风清气正的良好氛围。

有了良好科研素质，还需要有不断攀登科研高峰的科研干劲。华南师范大学在鼓励和提升教师和科研人员的科研攻关上，下了一番工夫。学校在坚持“四个重要”的基础上，进一步理顺了哲学社会科学的发展思路，很好地处理了文理二科的均衡，充分发挥学术民主和自由，促进学科交叉融合，学校教师科研意识强，科研价值观正确积极，科研创新合作意识得

到了极大的提升，在学校营造自由宽松的科研环境的同时，教师科研和积极性明显提高，也为学校哲学社会科学的发展打下了基础。

2. 强化科研队伍，培育创新性人才

一支素质高、实力强的科研队伍，是哲学社会科学研究乘风破浪的保证。现今社会的竞争，归根到底是人才资源的竞争，谁拥有了具有创新原动力的人才主体，谁就掌握了主动权，哲学社会科学领域亦如此。华南师范大学历来重视师资队伍建设，坚持培养与引进相结合，建立起了一套适应哲学社会科学发展的人才培养和引进机制，努力打造出了一支视野开阔、能力突出、专兼结合、善于合作、梯队合理的哲学社会科学人才队伍。

学校现拥有专业教师 1500 多人。其中，职称方面，教授 328 人，副教授 418 人；学位方面，具有博士学位的教师有 517 人，达全校科研人员的 33.7%。

目前，学校已拥有一批国内具有较大影响力的学术带头人。其中：国务院学位委员会学科评议组成员 3 人；中宣部“四个一批”入选者 1 人；国家社科基金项目评审专家 2 人；教育部社会科学委员会委员 1 人；全国一级学会会长 1 人；教育部新世纪优秀人才 9 人；人事部新世纪百千万人才 1 人；广东省高等学校“千百十工程”国家级培养对象 1 人；广东省首届优秀社会科学家 2 人；珠江学者 2 人，等等。

这些部分在国内外哲学社会科学领域具有重大影响力的领军人物，充分发挥了其引领示范作用和学术影响力，有效带动了学校学术团队和青年骨干的成长，完善了科研梯队建设，实现了学术队伍的代际成长和可持续发展。

3. 加强平台建设，形成科研集聚效应

科研平台和机构是科研力量形成合力的母体，以学科为龙头，以机构为依托，从国家和社会重大现实需要出发，从学校整体实力和未来发展出发，不断打造高新尖的科研生产力转化平台，是华南师范大学一直以来努力的方向。

经过长期不懈的努力，我校学科建设取得突破性进展，形成了以国家级重点学科为龙头，以省级重点学科为主体，以博士学位和硕士学位授权点为支撑的多层次学科发展体系。现拥有 3 个国家级重点学科：发展与教育心理学、教育技术学、体育人文社会学（培育学科）；两个省一级重点学科（涵盖7个二级重点学科）：心理学、体育学，14个省二级重点学科（发展与教育心理学、基础心理学、应用心理学、体育人文社会学、运动人体科学、体育教育训练学、民族传统体育学、教育技术学、科学技术哲学、政治经济学、马克思主义基本原理、教育学原理、中国古代文学、中国现当代文学）；8个博士后流动站：心理学、教育学、马克思主义理论、理论经济学、体育学、历史学、哲学、中国语言文学；8个一级学科博士学位授权点：哲学、马克思主义理论、教育学、心理学、体育学、中国语言文学、世界史、中国史；13个一级学科硕士学位授权点：哲学、应用经济学、理论经济学、法学、政治学、马克思主义理论、教育学、心理学、体育学、中国语言文学、外国语言文学、世界史、中国史。

在研究平台方面，学校现拥有省部共建人文社科重点研究基地1个：心理应用研究中心；广东省高校人文社科重点研究基地7个：现代教育研究与开发中心，心理应用研究中心，华南市场经济研究中心，岭南文化研究中心，系统科学与系统管理研究中心，民族体质与健康研究中心，信息传播与文化创意产业重点研究基地；广州市哲学社会科学重点研究基地两个：幸福广州心理服务与辅导基地，新媒体与文化创意重点研究基地。其中，心理应用研究中心在汶川地震救灾中，发挥了重要的作用，得到了教育部和省领导的表扬。在2010年教育部组织的评估中，在同类基地中排名第二，其中成果指标排名第一。

4. 拓宽项目渠道，提升科研信度

科研实力的具体生发点，是落在对各级各类科研项目的承接上的。华南师范大学历来高度重视科研项目的申报，充分发挥学校人才和学科的优势，争取到了各级各类的科研项目。“十一五”以来，学校科研项目的数量，层次和经费都有了显著提升，共承担各级各类项目1000多项，其中，国家级项目达121项，国家社科基金重大项目1项，实现了零的突破。项目经费，连续6年突破千万。在重大横向项目上，有6个课题，突破了百万元。各级各类的委托项目也逐年递增。根据每年教育部的高校社科年报统计数据，我校哲学社会科学各项数据都保持在同类高校的前五名。

5. 培育学术精品，提升学术影响力

我校历来注重学术质量，强调精品意识，学校在政策方面，制定了成果资助出版制度，科研成果与业绩考评制度等。“十一五”以来，我校教师在CSSCI来源期刊上发表论文4000多篇，每年700篇以上，其中，在

《中国社会科学》发表7篇，在《体育科学》、《心理学报》、《哲学研究》、《马克思主义研究》等学科顶级刊物上发表论文数量，居全国同类院校前列。

在成果获奖方面，“十一五”期间，我校共获教育部中国高校人文社科优秀成果奖14项，其中一等奖1项；获广东省第一至第四届社会科学优秀成果奖87项。

6. 加强社会服务，转化科研生产力

高校科学研究不仅仅要获得学术上的认可，更要将科研转化为现实生产力，服务于经济发展，获得社会和公众的认可。华南师范大学一直秉承打造精品，服务社会的宗旨，建设产、学、研、用一体化模式，为学校走出校门，走进社会，走向世界奠定基础。学校通过校企合作、联合办学、公益讲堂等形式，促进了哲学社会科学的普及工作，咨政育人，开创了学校服务国家社会的新局面。特别是学校在汶川灾后心理辅导服务，广东产业转型升级，珠三角教育规划等重大决策和咨询方面，作出了重大的贡献。

2008年“五·一二”汶川大地震之后，我校省部重点基地心理应用研究中心派出专业队伍，到汶川进行抗震救灾心理援助工作，共派出21批300多人次，坚持至今，产生重大社会影响。该基地代表华南师大作为广东省高校唯一抗震救灾先进集体，在全省表彰大会报告了事迹；4人获得教育部、广东省表彰。

此外，我校经管学院教授吴超林、刘志铭团队撰写的研究报告《以“双转移”破解科学发展难题——广东“南雄模式”的经验与理论思考》，全面总结“南雄模式”，受到了中央政治局委员、原省委书记汪洋，原省长黄华华等领导同志的充分肯定，并做出了重要批示。同时，该团队稍后撰写的《“双转移”：转变经济发展方式的创新实践——东莞（韶关）产业转移工业园调研报告》，进一步分析和总结韶关“双转移”的成功经验，再次受到了汪洋同志的充分肯定，并做出重要批示。

7. 推进学术交流，拓宽学术视野

哲学社会科学研究，必须要改变以往“一支笔，一支烟，一辈子”的单打独斗模式，闭门造车和墨守成规是出不了大家的。没有宽阔的学术视野，就没有深厚的学术积累；没有思想的交流与碰撞，就没有学术的升华。华南师范大学历来重视学术交流，采取“请进来”和“走出去”的办法，极大提升了哲学社会科学研究的覆盖面和研究水平。“十一五”以来，学校共主办30多次国际学术会议，40多次全国性学术会议。我校教师出席国际会议达700多人次，参加国内学术会议的有1300多人次。我校教师被派出境外进修、访问、讲学与合作研究达417人次，邀请前来我校讲学、合作、交流的学者达313人次。2001年开始，我校设立“新世纪论坛”，邀请海内外著名学者前来我校讲学。我校还与世界各国和港澳台地区的高校，在科研上开展了全方位、多层次的广泛合作。在合作交流中，我们不仅向世界同行展现了我校科研人员的素养和水平，更进一步催生了新的学术生发点，促进了学术发展良性循环。

（二）放眼世界，推动哲学社会科学发展创新

我们知道，在人类漫长的发展过程中，对科学技术的认同，几乎是和人类的文明进程同步的，而以民族文化、价值观为核心的哲学社会科学，则呈现出绚丽多彩的多元格局，认同难度大，认同周期长。因此，在全球化的带动下，世界各国的文化交流也日益频繁，各个文化载体间的相互了解、学习的机会也越来越多。高校之间的学术交流，也不再单纯地显现出技术性、短暂性，而是越来越倾向于文化性和深远性。

华南师范大学的发展目标，不仅是要建成一所综合性的教学科研型大学，更是要建设成为一所开放性的一流大学，一所进入国际学术视野、既有着中国优秀传统研究底蕴，又散发现代研究文明气息的特色鲜明的大学。我们不断做大做强、苦练内功的根本目的，不是局限于在某一个领域做出成绩，而是着眼于世界，放眼未来，要在世界这个舞台上扮演更重要的角色，这也是我国高校哲学社会科学所面临的一个新的课题。

1. 完善学术交流制度，促进文化传播软着陆

高校哲学社会科学“走出去”要走得顺，走得远，学术交流就必须要制度化和常态化。华南师范大学历来高度重视繁荣哲学社会科学工作，特别是学术研究国际化和文化传播世界化，学校在制订“十二五”发展规划时，就将学术研究国际化、文化传播世界化作为学校发展的一个重要抓手。在2011年召开的全校科研和产学工作会议上，学校专门研究部署了学校“十二五”期间的学术国际化工作，强调要突出特色，树立品牌。2012年，学校召开全校繁荣哲学社会科学工作会议，印发《华南师范大学关于进一步繁荣发展哲学社会科学的实施意见》，明确提出我校哲学社

会科学走出去实施“三步走”的方针战略：

一是走出校门。要进一步深化境内合作。以学术交流、科研合作、双赢互补、共同发展为原则，积极推进与境内政府部门、教育机构、科研机构、企业组织、社会组织和其他社会力量的有效互动和学术合作。通过组织机构交流互动、合作建立研究机构等形式，努力打造校地、校企之间的交流与合作平台，建立一种打破壁垒、协同创新、优势整合、交叉互补的科研合作新平台和新模式。鼓励和支持与校外组织或学者开展多维度、灵活性的项目合作，通过合办学术活动、共同申报重大科研项目等多种形式，拓宽科研项目渠道和资源聚集途径。加大人才交流力度，通过互派访问学者、共同培养学术人才，实现学术人才的自由流动、优势互补、共同发展。最终形成机构平台、课题项目和人才培养上的长效合作机制。

二是走向亚洲。进一步推进港澳台合作和东南亚交流。充分利用毗邻港澳的区位优势和同种同文同源的文化优势，加强与港澳台地区高校和科研机构的合作与交流。建立长期稳定的合作交流机制，合办学术活动，搭建学术交流平台，学习借鉴港澳台地区的先进科研体系、学术理念和研究方法，作为我校繁荣发展哲学社会科学的有益参考。构建粤港澳台教育研究合作体系，探索建立粤港澳台教育研究合作机制，建设优质资源共享平台，积极在教育教学研究、教学管理研究、教育技术研究等方面开展合作。

三是走向世界。依托我校的办学优势和学科优势，大力拓展国际交流合作。瞄准国内外高端学术机构，制订切实可行的学习和追赶计划，逐步建立健全与国际接轨的哲学社会科学管理体制，实现管理国际化。进一步推进学术开放与战略合作，鼓励校内教师到国外进行学术考察和参与学术活动，增加国际科研经历，扩大学术视野，实现科研国际化。采取有力措施，鼓励富有中国特色和国际竞争力的科研成果“走出去”，提高我校教师在国际高质量刊物发表学术论文的数量，鼓励更多学术成果在海外出版，大力促进学术交流，支持举办高层次、有影响的国际性学术会议，不断提高我校哲学社会科学的国际对话能力和影响力，实现成果国际化。

2. 加强学术精品推广，争取国际学术话语权

高校哲学社会科学的主要显现方式就是学术成果，无论是著作，还是论文，都是哲学社会科学宣扬文化的重要载体。我校历来注重学术质量，强调精品意识，学校出台了一系列的措施，加大投入力度，设立著作出版

资助基金，鼓励教师加强高层次学术成果的海外发表和出版，形成成果宣传推介的“绿色通道”。主要有以下几点：

一是积极营造有利于科研精品培育的思想、制度和物质环境，形成高端成果持续产出的有效机制，推行学术休假制度。学校为此专门设立“华南师范大学重大项目培育基金”，支持鼓励有研究潜力和原创能力的教师“慢工出细活”，扶持他们从事需要深厚积累和潜心思考的长期研究，加强统筹规划，有计划有步骤地进行前期培育，力争推出一批具有较高学术价值和较大社会影响力，具有自身流派特色和学术风格的理论创新型标志性成果。

二是做好成果外译工作。学校一直采取多种方法，通过多个渠道，做好学校哲学社会科学优秀成果译介工作。同时，也组织人力翻译一批影响力较大的外国学术精品，互采所长。

三是鼓励教师将学术精品放在国外出版社出版，到国外著名杂志发表。这样，不仅缩短了成果宣传的环节，更是直观有效地将我校的学术精品原生态地呈现在世界同行面前。“十一五”以来，学校教师在 SSCI 和 AHCI 来源期刊上发表论文 60 多篇，特别是我校心理学团队，在国际顶尖杂志 *PANS* 上，发表了 3 篇高水平论文。

另外，学校在参展获奖、高层论坛等方面，也推出了一批学术精品，较好地树立了我校国际学术形象，提高了国际学术话语权。

3. 搭建学术交流平台，共同推进学术“走出去”

有了良好的交流机制，有了高水平的成果，还需要搭建一个宽广的平台，来全方位、多视角地展现哲学社会科学的多彩多姿。学校通过“筑巢”和“布点”的方式，双管齐下，点面结合，不断拓宽学术交流的深度和广度。

一是通过师资培训、科研合作等方式，积极构建学术交流平台。学校发挥历来港澳师资输出重要基地的优势，积极打造粤港澳教师教育综合改革试验区，成立港澳教师教育培训基地，构建开放灵活的粤港澳教师教育合作体系。此外，学校教师与海外高等学校和研究机构开展的合作研究也非常广泛，如强海燕老师与美国福特基金会合作研究的“农村小学英语教师速成培养的推广模式建构与研究”项目，以及高凌飙老师与美国可持续发展社区协会合作研究的“中—美—日‘基于社区的可持续发展教育’”项目，研究周期长，经费投入达百万元，有效增强了我校学术研究

“走出去”的高度和深度。

二是通过开班办学等形式，发挥汉语教育特色，积极传扬中华优秀文化。我校成立了国际文化学院，专门从事留学生教育和中华文化国际推广、国际交流工作，是广东省人民政府侨务办公室、广东省教育厅第一批授予的“中华文化传承基地”和国家汉办孔子学院奖学金单位。我校开创了独具特色的“3+1”汉语教育推广模式，即3个孔子学院+1个印尼汉语教育实习基地。在国家汉办的大力支持下，我校于海外设立了三所孔子学院：2009年2月成立加拿大高贵林孔子课堂，2010年4月成立法国留尼汪大学孔子学院，2011年春季成立拉脱维亚大学孔子学院，并于2010年5月27日在印尼北苏门答腊省棉兰市亚洲国际友好学院设立汉语国际教育专业硕士实习基地。通过形式多样的海外教育合作，我校不断扩大国际文化交流合作范围，提高文化交流水平，积极向世界传播中华优秀文化。

高校哲学社会科学只有真正走出校门，才能实现与人民共享文明发展成果；只有走出国门，才能让世界人民见证中国文化的魅力；只有走向世界，中国文化才能汲取世界各文明的营养，不断与时俱进，永葆活力。这既是中国高校哲学社会科学之梦，也是世界文化之福。

作者郭杰，华南师范大学副校长，教授。广东省广州市中山大道西55号 510631

地方社科院智库建设与研究的国际化道路探索*

——以湖南省社会科学院为例

朱有志　肖　卫

摘　要：本文基于社科院作为“思想库”、“智囊团”的发展定位，从全球化进程中经济社会发展对现代智库的需求来阐述国际化视野是地方社科院智库建设和研究的必然要求，进而对现代西方智库研究主题演变、发展模式变化以及地方社科院智库建设和研究的国际化道路进行梳理，并以湖南社科院为例，从开设智库培训班、出版智库研究专著、举办国际论坛和人才培养等方面探索地方社科院的智库建设国际化道路。

关键词：地方社科院　智库建设与研究　国际化道路

一　国际化视野是地方社科院智库建设与研究的必然要求

20世纪50年代，中央和地方的社会科学研究机构的建立，是国家领导的有组织、有计划的行为，使社会科学理论直接与人们生活和各种实践

* 原文刊发于《社会科学管理与评论》2013年第1期。

活动相关，与党和国家政策相关[①]。经过近 60 年的发展，关于地方社科院的发展定位问题，一直是一个不断探索的问题。一直到 2004 年中共中央颁布 3 号文件，明确指出，要“使社会科学界成为党和政府的工作的‘思想库’、‘智囊团’”，这给地方社科院指明了科学发展的方向和目标。中央 3 号文件还明文规定，“地方社会科学研究机构主要围绕本地区经济社会发展的实际开展应用对策研究，有条件的可开展地方特色和区域优势的基础理论研究”。这实际上体现了地方社科院作为“思想库”、“智囊团”的发展要求和工作任务，也提出了地方社科院应当成为地方党委和政府的“思想库”、“智囊团”的本质要求[②]。因此，地方社科院进行智库建设和开展智库研究既是我国经济社会发展的现实需要，也是自身发展的客观需要。

全球化浪潮推动了人类的技术进步，为世界各国家地区的发展带来新的机遇，同时也将国际垄断资本及其固有的矛盾，以及资本主义价值观念推向全球，让 21 世纪人类的生存与发展面临新的挑战。在全球化境遇中，如何处理和解决现代化中的危机，建立公正合理的政治经济新秩序，不仅是当今政治家们殚精竭虑思考的问题，更是需要从事智库研究的机构和个人潜心探索、深度回应的重大课题。尤其是国际金融危机爆发之后，后危机时期的全球治理问题引起了社会各界的高度关注。国内外学术界开创了不少与全球治理概念相关的富有价值的研究，试图探讨如何把一个全球化的世界当作一个集体的存在来共同治理。例如全球安全、生态环境、国际经济、跨国犯罪、基本人权等关于全球治理的议题已经或即将成为影响人类社会发展和进步的跨国问题，难以依靠单个的国家和地区加以解决[③]。全球化过程中，任何国家和地区必须要有开放的心态和视野，才能谋求新发展、新进步。同样，随着经济全球化的进一步发展，某一地区的发展所面临的问题不仅具有本土化的意义，也具有全球化和一般化的趋势特征。所以某一区域性发展问题的解决，也将在一定程度上具有全球共同治理的重要意义和示范效应。因此，全球化的治理需要全球共同参与，更需要全

① 朱有志、贺培育、刘助仁等：《思想库、智囊团——社会科学院初论》，社会科学文献出版社 2011 年版，第 11 页。

② 朱有志：《为思想而行动，为行动而思想》下卷，湖南人民出版社 2011 年版，第 3 页。

③ 冯叔君等：《智库谋略——重大事件与智库贡献》，上海三联书店 2012 年版，第 1 页。

球智库的共同努力，在全面合作中化解所面临的难题。地方社科院作为中国最重要的地方区域性智库，在智库建设和研究中必须要有国际化视野，在全球化中进行积极探索和实践。

二 国际智库研究的主题演变与地方社科院智库建设与研究的国际化道路

智库（Think Tank），一般指独立于政府和企业之外，从事公共政策的非营利性学术机构。在国际上，现代意义的智库历史可追溯到100年前的20世纪初，但智库的真正繁荣只是发生在近30多年间。20世纪70年代以来，伴随着经济社会高度发展所带来的经济问题、社会问题、政治问题日益专业化和复杂化，智库在各国决策和咨询过程中的地位与影响更加重要。世界范围内，不仅智库的数量大幅增加，智库研究涵盖的范围从战略、军事、国际关系研究延伸到当代政治、经济和社会问题研究[①]。

1. 现代国际智库研究的主题演变与主要类型

国际上，智库的发展是专家参与公共政策过程的必然结果。不同的时代，社会发展所面临的主题或遇到的问题不同，智库研究的主题也因之发生演变。加拿大著名智库研究专家埃布鲁森（Donald E，Abelson）认为，20世纪初期以来，在不同的历史时期产生了四代具有显著特征的智库[②]。第一代智库成立于20世纪最初十年到第二次世界大战，主要包括美国的卡内基和平基金会、胡佛研究所、对外关系委员会等政策研究机构，致力于把科学知识应用于研究和解决广泛的公共决策问题，并从事长期的政策研究。第二代智库是政府合同型智库，产生于第二次世界大战结束到20世纪60年代，美国政策制定者对独立的外交政策建议的要求日益增强，广泛寻求政府机构之外的独立思想及科学观点。在此背景下，通过与政府签订合同开展研究的智库异军突起，最具代表性的是成立于1948年的兰

① 王荣华主编，金芳等著：《西方学者论智库》，上海社会科学院出版社2010年版，第1—5页。

② Donald E，Abelson，“Think Tanks and U. S. Foreign Policy：an Historical Perspective”，*U. S. Foreign Policy Agenda*，Vol. 7，No. 3，pp. 9－12.

德公司。第三代智库属于倡导型智库，产生于20世纪70—80年代，包括美国传统基金会、卡托研究所和威尔逊研究中心等。这一时期国际形势的发展使得智库具有浓厚的意识形态色彩，当时的智库一般都有鲜明的政策、党派和意识形态倾向，力求影响政治和政策。第四代智库是最新一代的名流型智库，产生于20世纪90年代至今。一般由具有政治野心的人物或其支持者，以及离任后着力进一步推进其政治和思想主张的重要政治人物创办，最具影响的是卡特中心和尼克松和平与自由中心等。名流型智库关注的是推广其创始人对国内外政策的政治主张。

詹姆斯·迈克甘以经费来源为标准，区分智库的独立性程度，将现代全球智库分为六大类：第一类是政党附属型智库，即隶属于某一政党；第二类是政府附属型智库，属于政府首脑或政府部门，由国家拨款的官方智库，如美国的总统科学咨询委员会、国会研究部等；第三类是自治和独立智库，这类智库独立于任何利益集团或捐助者，其经营运作和资金来源独立于政府；第四类为半官方智库，这类智库接受官方或企业集团的委托合作研究，如兰德公司、斯坦福国际咨询研究所等；第五类是半独立智库，这类智库独立于政府，但受制于为其提供大部分资金的某些利益集团、捐助者或合约机构，如卡内基国际和平基金会、布鲁金斯学会和企业研究所等；第六类是大学附属的智库，由大学在其他机构、团体的协作下创建，其经费来源于校方的拨款和其他资助①。

约瑟夫·布雷姆整合了各种论述智库类型的观点，以政治派别和意识形态作为标准，采用四分法将现代智库分为两大类四小类。第一大类是不能确认其政治派别和意识形态的智库，包括学术研究性智库和合同型智库两小类；第二大类是可以辨别其政治派别和意识形态的智库，包括倡导型和党派型智库。依照这一分类，目前德国60%以上的智库属于第一大类，而美国只有46%的智库属于这一类，其余54%的智库属于第二大类，拥有鲜明的政治立场和意识形态，如既有鲜明的共和党色彩的保守派智库，如传统基金会、美国企业研究所，也有鲜明民主党色彩的激进派智库，如经济政策研究所。特别是20世纪80年代以来，具有意识形态和政治倾

---

① 王荣华主编，金芳等著：《西方学者论智库》，第10—18页。

向，带有保守派、自由派、民主党、共和党标记的智库明显增多①。

西方的现代智库正在快速发展，已经形成比较成熟的发展经验和行业规范。在欧洲，智库的发展起步较早，而美国后来居上，欧美的咨询业成果斐然，声名显赫，对我国智库建设和研究的国际化道路探索具有重要的启示和借鉴价值。

2. 地方社科院智库建设与研究及其国际化道路

在建设具有中国特色的新型智库的过程中，地方社科院作为介于大学和政府之间的独立科研力量，进行智库建设和研究势在必行。地方社科院系统自 2006 年开始，以上海社科院向智库转型发展为引领，积极探索建立地方政府智库的路径，努力提升智库服务功能和水平，特别是在地方经济、社会发展和转型过程中，通过各种途径和办法为政府提供政策建议，积累不少成功的案例和做法②。

地方社科院只有通过转型为具有时代特征、中国特色和地方特点的新型智库，才能在区域层面、全国范围乃至国际平台上发挥自身的应有作用，才能在全国直至世界范围拥有自己的话语权。正是在这种情势下，全国地方社科院纷纷探索智库转型之路，目前至少有 3/4 的地方社科院提出了明确的智库建设目标。长三角地区的江苏社科院和浙江社科院直接提出了智库建设的目标。江苏社科院提出建立新型智库，树立“理论率先”的奋斗目标，强调思想库重在提出新观点、新见解与新思路。浙江社科院提出创新智库建设，要求社科院为党委政府提供决策咨询服务，成为地方政府的智囊团。湖北社科院提出传统社科院要转变成新型智库，争取智囊地位，真正起到“思想库”、“智囊团”、“理论参谋”的作用。湖南社科院自 2007 年提出建设成为“省委省政府合格智库”的智库建设目标以来，充分认识智库建设的必要性，通过开设智库建设培训班，切实拿出建设省委省政府合格智库的具体措施，积极为地方发展献计献策。广东社科院提出建设一流智库目标，深圳社科院提出发挥智库作用。全国不少社科院尽管没有提出明确的智库建设目标，但都是以“思

① Josef Braml, “U. S. and German Think Tank in Comparative Perspective”, *German Policy Studies*, 2008, Vol. 3, No. 2, pp. 222 - 267.

② 上海社科院智库研究中心：《地方社科院在经济社会转型中的智库作用》，王健主编：《智库转型——理论创新与实践探索》，上海三联书店 2012 年版，第 1、8 页。

想库”、“智囊团”作为社科院的重要发展目标。如北京社科院、辽宁社科院、黑龙江社科院、广西社科院、西藏社科院和沈阳社科院等地方社科院。

地方社科院在提出智库建设目标后，如何进行智库建设，尤其是在全球化进程中，如何探索智库建设与研究的国际化道路，是地方社科院转型发展的重要任务。在2008年全国社科院院长联席会议上就设立了国际智库院长论坛，探讨如何借鉴国际经验，交流地方社科院智库转型和建设。上海社科院等沿海发达地区地方社科院，已经开始全面探索地方社科院智库建设与研究的国际化道路。一些中西部地区的地方社科院也开始通过举办国际学术论坛，加强与国外研究机构合作交流，翻译出版相关著作等方式，逐步走向地方社科院智库建设的国际化道路。

然而，由于地方社科院系统仍然存在体制机制、人才队伍、服务手段、合作交流等方面的问题和障碍，同时一些中西部地区的社科院还受到当地经济发展水平和对外开放程度的限制，地方社科院智库建设与研究的国家化道路还任重道远。

三　湖南社科院智库建设与研究的国际化道路探索

湖南社科院前身为1956年成立的中国科学院湖南历史考古研究所和1959年成立的湖南省哲学社会科学研究所。1969年，两所合并，成立湖南省历史哲学研究所。1980年6月，正式更名为湖南省社会科学院。湖南省社会科学院过去几十年的发展中，在为省委省政府决策服务和为湖南经济社会发展服务方面，取得了一系列成果。尤其是在近年来明确提出“建设成为省委省政府合格智库”的发展目标后，逐步实现转型发展，进行了智库建设与研究的富有价值的尝试，努力实现让自己的想法变为别人的说法、让自己的说法变为别人的做法、让自己的言论变为社会的舆论、让自己的思考变为领导的思想、让自己的文章变为政府的文件、让自己的发言促进社会的发展①。

① 朱有志:《为思想而行动，为行动而思想》下卷，第37页。

1. *湖南社科院智库建设与研究的显著成效*

在经济社会转型和中部地区加速发展的新阶段，省委省政府迫切需要哲学社会科学工作者的新理论、新思路、新观点、新理念，为发展和转型过程中遇到的问题和矛盾提供智力支持。湖南社科院在高校、党校、党政部门的政策研究室和信息研究中心快速发展和激烈竞争的形势下，准确寻找自己的发展定位，发挥自身的资源优势，把研究重心放到党和政府、人民群众关心的经济社会发展重大问题和切身利益问题上来，在改革开放和现代化建设中寻找研究课题，为政府科学决策提供咨询服务，为地方经济社会发展提供智力支持，更加重视省市县中长期发展战略研究、转型发展中的疑难问题研究、生活中的现实矛盾解决、改革中的运作方案探寻。

正是在这样的发展目标和指导思想下，湖南社科院的智库建设和研究取得了显著成效：率先提出并进行长株潭经济一体化研究，早在1982年湖南社科院提出并进行长株潭经济一体化研究，通过理论探讨、实地调查研究，提出《关于建立长、株、潭经济区的初步方案》等6项建议；率先提出并进行湘粤经济关系研究，其中关于建立湖南改革开放过渡试验区、建立湘粤共同市场等建议均被省委省政府采纳，并经国务院批准实施；率先开展湖南西线开发战略布局研究，被认为“在老少边穷区域战略研究中，处于国内领先水平”，其建议方案被省委省政府所采纳，湘西自治州进入享受国家西部大开发政策的区域；率先提出“一点一线”地区优先发展战略（一点：即长株潭城市群；一线：即沿京广铁路、107国道和湘江流域这条主轴线），通过优势地区的率先发展，带动全省的发展。该建议被湖南省第七次党代会报告采纳；率先开展区域社会经济系统工程研究，推出了《区域规划系统工程》、《区域综合发展规范化研究》等成果，有多项成果获国家和湖南省科技进步奖；率先开展“三个基础”（基础工作、基础产业、基础设施）研究，为湖南省第九次党代会做了充分的理论准备；率先提出“3+5”城市群建设构想，为湖南省委省政府采纳，并被社会各界认同，进一步优化湖南区域发展格局；率先提出湖南人要充满经济自信，为湖南在中部地区率先发展和崛起树立信心；率先进行湖南经济实现“弯道超车”研究，为湖南作为中部省份如何应对国际金融危机，实现后发赶超进行了理论论证；等等①。这

① 朱有志：《为思想而行动，为行动而思想》下卷，第3—4页。

些研究成果进入了湖南省委省政府的决策，成为引导性的舆论，对湖南经济社会发展起到了重要作用，得到了湖南省委省政府主要领导的充分肯定和高度评价。

2. 湖南社科院智库建设与研究的国际化道路探索

湖南社科院作为一个中部地区的地方社科院，尽管在思想观念、人才队伍、学科建设、运行机制和工作保障方面，与“省委省政府合格智库”这一发展目标还存在差距。然而，湖南社科院从发展的战略高度深刻认识智库建设和研究的重要性，积极吸取现代西方智库发展的先进经验和运作机制，进行了智库建设和研究的国际化道路探索。

一是通过开设智库培训班，强化智库建设与研究的意识和观念。自2007年提出智库建设目标以来，湖南社科院每年年初根据该年智库建设的具体目标，开设智库建设研讨班，增强智库建设信心，强化智库建设和研究的意识，总结智库建设经验。比如，2007年提出“事事都要组织力，人人都有组织力”，强调智库建设必须提高组织力；2008年从院工作的五个转变提出“智库建设任重道远”；2009年提出“睁大眼睛看世界，跳起来摘桃子”，强调如何激发全院干部职工的创造力、想象力和组织力；2010年提出，深化智库建设改革，社科院的发展呼唤改革，唯有改革才能增动力，唯有改革才能生活力，唯有改革才能出实力，成为省委省政府合格智库，既要重视基础理论研究，又要突出应用对策研究等智库建设思路；2011年提出“为思想而行动，为行动而思想”，要坚定智库目标，激励干部群众，提升管理文化①；2012年提出“围绕科研抓管理，抓好管理促科研”的工作目标，把这一年的中心任务放在科研工作与管理工作上，协同推进，相互促进，致力于形成富有地方社科院特色的管理文化；2013年提出“发挥正能量，着力创品牌”，这是湖南社科院近年来智库建设目标的一个重要转变，从以往的强调智库建设，开始转向如何致力于形成富有地方特色和自身优势的智库研究品牌。

二是通过出版智库研究著作，深化对现代智库发展的认识。自从提出智库建设目标以来，湖南社科院不仅在如何加快智库建设和研究上深入探索、稳步推进，并及时总结智库建设经验，学习现代西方智库的发展模式和运作机制，并发表和出版相关论著。比如2007年出版了《社会科学方

① 朱有志：《为思想而行动，为行动而思想》下卷，第10—45页。

法论》，2011 年出版了《思想库、智囊团——社会科学院初论》，正在编写中的《智库学概论》等著作，都是基于社会科学院社科研究和智库建设的实践，充分借鉴现代西方社会科学研究方法和智库发展经验的基础上所进行的地方社科院如何开展社科研究和智库建设的思想理论总结。

三是通过举办国际学术论坛，加强智库研究的国际交流与合作。为了加强国内国际交流，湖南社科院积极举办承办各种全国性和国际性学术论坛。近年来，分别承担了全国的史学年会、社会学年会、哲学年会、社科前沿论坛，以及国际都市圈论坛等重要学术论坛，聚集了国内外著名专家学者围绕相关论题进行研究和交流。尤其是 2008 年国际都市圈论坛，包括诺贝尔经济学奖获得者在内的国内外学术界众多著名专家学者出席并就都市圈发展与两型社会建设的若干重大问题作报告，对建立年度国际都市圈发展论坛平台，跟踪国际都市圈发展与管理研究的进展，加强国际都市圈发展与管理领域的学术交流与合作，促进中国都市圈的发展与国家竞争力的提高进行了充分交流。与此同时，湖南社科院一直充分利用自身条件和优势，加强与周边国家和地区的合作研究。如，与俄罗斯国家研究院合作研究，翻译重要著作；与老挝社科院联合设立经济研究所。

四是通过输送人才出国学习，加快智库建设的人才队伍培养。智库建设，人才是根本。建设省委省政府的合格智库需要一支富有创新精神、拥有创新能力和创新成果的优秀团队。湖南社科院近 10 年来，通过访问学者、合作研究、学术论坛等各种方式，加强青年人才培养，发挥老领导、老专家、科研骨干对青年科研人员的“传、帮、带”作用，组织青年人员到国内外高等院校和科研机构进行访学交流和合作研究。组织和激励青年科研人员到县、乡、企业挂职锻炼，选评青年科研标兵，树立青年科研典型。

总之，地方社科院智库建设和研究过程中在注重自身发展、发挥区域特色的同时，应该善于形成能够展示自我形象、增强凝聚力和创造力的管理文化，加强与各方面的合作和交流，尤其是要加强与国际上的现代一流智库及相关机构交流，学习其先进经验，探索智库建设的国家化道路，以逐渐融入全球化的潮流中，并在国际上争夺话语权，努力树立自己的良好形象和公信力。中国在硬实力方面日益受到重视，也应该在软实力方面有更好的表现。大国的崛起同样需要体现国家软实力的现代智库提供强大的智力支持，地方社科院作为地方政府的“思想库”、“智囊团”，加强智库建设与研究已义不容辞。地方社科院的智库建设同样要具有国际视野，具有全球眼光，着力于影响世界。不但要对本地区和全国有影响或者有潜在影响的重要课题展开研究，而且要研究未来可能会对世界格局产生影响的重点课题，为我国未来更好地立足于国际社会拓展空间。

作者朱有志，湖南省社会科学院院长，研究员；肖卫，湖南省社会科学院经济研究所副所长，副研究员。湖南省长沙市开福区德雅村浏河村巷7号　410003

西学映照下的宋明哲学与思想史研究*

——20世纪中国学术史的几帧剪影

何　俊

摘　要：中国哲学与思想史的学术传统不仅是一种知识谱系，而且是一种价值系统。沿着梁启超所开辟的以新史学为旗帜的现代学术道路，无论是冯友兰、牟宗三以哲学的名义，或者侯外庐的思想史进路，以及钱穆对传统经史之学的继承与开新，他们都不仅对宋明哲学与思想给予了丰富而深刻的揭示与阐明，而且还以显著的风格树立了不同的学术典范，从内容到形式有力地建构起了现代中国学术。

关键词：20世纪　中国学术史　宋明哲学　思想史　西学

20世纪的中国现代学术整体上毫无疑问是西学化的建构。在这个历史过程中，许多学术领域，如自然科学与技术、大部分的社会科学，也许不存在太多的源自传统的复杂挑战，但在人文学科领域，这种挑战却是始终未断。其中，中国哲学与思想史的研究由于自身学术传统——无论这种学术传统能否被冠于“哲学”的名称——的悠久与深厚，以及这一学术传统不仅是一种知识谱系，而且是一种价值系统，因此在它转入现代西学化的学术世界时始终存在着一种自我的坚持，不管这种坚持呈以自觉或不自觉、清晰或不清晰的状态。正是在这个意义上，笔者更倾向于把现代中

* 原文刊发于《杭州师范大学学报》2012年第5期。

国学术史建构中的中国哲学与思想史研究总体上理解成西学映照下的传统演进，而不纯粹是西学化的建构。由于这一演进的变化巨大，足以令人不断回头去体会与借鉴。本文即想就晚唐至清初，亦称近世中国或习称宋明理学这一时段的哲学与思想史研究窥其一斑。只是这仍然是一幅内容丰富的长卷，我所呈现的只不过是几帧剪影，梁启超（1873—1929）、冯友兰（1895—1990）、钱穆（1895—1990）、侯外庐（1903—1987）和牟宗三（1909—1995），唯愿它们虽然简略却仍足以写真传神，与剪影名实相符。

一　新史学的观念与实践：梁启超

梁启超在1902年发表《新史学》，揭开了现代中国史学的建构历程。梁启超思想超迈，史学理论繁富多变，笔力雄健，著有大量史学著述，皆影响深远。[①] 其中，《清代学术概论》（1920）与《中国近三百年学术史》（1923—1925）至今仍是中国近世思想史研究领域必读的重要著作。这里围绕这两部论清学专著进行讨论，以观梁启超的新史学观念与实践对于中国近世思想史的现代研究的开启。

新史学之新，千言万语，尽在“西学”二字。此下直迄于今的中国现代学术的全部建构，基本上也没有脱离这一轨辙，区别仅在新知与旧学的衡定与取舍，因时因人不同而已。就梁启超而言，无论在历史研究的观念与方法，还是在历史事实的解释与分析，借助或映照于西学是非常自觉的。论清学史二种也是如此。《清代学术概论》原是为蒋方震《欧洲文艺复兴史》所作序言，脱稿后因文太长而成一专论。为什么给一本专述欧洲文艺复兴的著作写序会牵出清代学术呢？因为梁启超以为，清代学术的“二百余年间总可命为中国之‘文艺复兴时代’”；清学的性质与特征是“以实事求是为学鹄，饶有科学的精神，而更辅以分业的组织”[②]，正与西方文艺复兴以来的近代科学精神与方法相通。梁启超对于清代学术的整个

---

① 精简的阐述可参见许冠三《新史学九十年》卷1之专述梁启超的第一章，岳麓书社2003年版。

② 梁启超：《清代学术概论·自序》，载朱维铮校注《梁启超论清学史二种》，复旦大学出版社1985年版，第1页。

解释，正基于这样的认识之上。至于清代为什么会呈现出与欧洲文艺复兴相似的学术，梁启超指出是“社会周遭种种因缘造之”。在《清代学术概论》中，他直接引用“时代思潮”这样的新观念，以及蕴涵其背后的历史规律作为思想史的分析框架。后来的《中国近三百年学术史》虽由讲义而成，没有《清代学术概论》那样的针对性，而且“材料和组织很有些不同”[①]，但在总的精神上与《清代学术概论》保持着一贯。可以说，梁启超的论清学史二种对于以西学的观念来指导中国思想史的研究，无疑是树立起了新形态的样板。[②]

除了在“自序”中交代了上述缘起与宗旨外，《清代学术概论》的正文共分为无标题的33节，分别以乾嘉“考证学”与近代“今文学”为核心。其中，涉及“考证学”部分的前20节属于近世中国思想的领域。与《清代学术概论》相比较，《中国近三百年学术史》其实是一部未完成的著作，虽然在综论中言及近代“今文学”，但全书具体的论述却止于乾嘉“考证学”。如果从近世中国思想的研究讲，可以将《中国近三百年学术史》与《清代学术概论》的前20节合而观之。

在《清代学术概论》中，梁启超以“时代思潮”来纵论整个清代学术，以为可分为启蒙、全盛、蜕分、衰落四个时期，其中考证学处在前两个时期。具体而言，梁启超以明末清初为清学的启蒙时期，其代表人物是顾炎武、胡渭、阎若璩，同时另有颜（元）李（塨）学派、黄宗羲的浙东史学，以及王锡阐、梅文鼎的天文历算之学，他们的总精神就是对明代儒学的反动，进而脱离整个宋明儒学的羁勒，在思想上表现出“厌倦主观的冥想而倾向于客观的考察”、“排斥理论，提倡实践”。[③]在这样的精神与思想导引下，清学逐渐进入了以考证学为标志的全盛期，其代表分别是由惠栋和戴震所开创的吴、皖两派，他们将考证学推

① 梁启超：《中国近三百年学术史》，载朱维铮校注《梁启超论清学史二种》，第91页。

② 从广义的思想领域来讲，当然胡适的《中国哲学史大纲》（1918年）更早，但就思想史，特别是宋明哲学与思想史而言，仍以梁启超的论清学史二种为重。关于胡适此书对于中国现代学术建立的贡献，参见余英时先生《〈中国哲学史大纲〉与史学革命》（收入他的《中国近代思想史上的胡适》，台北联经出版公司1983年版）和《学术思想史的创建与流变——从胡适与傅斯年说起》（收入“中研院”历史语言研究所编《学术史与方法学的省思——中研院史语所七十周年研讨会论文集》，台北“中研院”历史语言研究所2000年）。

③ 参见《清代学术概论》第2节，语见《中国近三百年学术史》，第91页。

进到传统知识的各个领域，不仅在传统的经学、史学上取得了巨大的成绩，而且使得地理、天算、金石、校勘、辑佚等分别发展成专业的学术门类。《中国近三百年学术史》共分十六章，除增加了“清代学术变迁与政治的影响”（第二、三、四章）与第十二章“清初学海波澜余录”，以及全书的论述更深入以外，其余部分在内容上并没有超出《清代学术概论》。

梁启超对以考证学为代表的清代前中期思想史的把握，从史法上讲，表现出了现代史学非常重要的分析与综合相结合的特征，这点不仅体现在对各个具体思想者的讨论上，而且也见之于他的整个著述框架。以《清代学术概论》前20节而论。第1节论时代思潮、第2节以思潮通论清学的四个分期，两节合而相当于全书绪论；第3—9节论启蒙期，首先分析清学对宋明儒学的反动，然后分论启蒙期的各位思想者，最后对于启蒙期的思想作出总结；第10—18节论全盛期，首先分别论述吴、皖两派，继而总结，接着又分述各专门领域的推进并总结其方法，最后分析考证学得以全盛的原因。尤为难得的是，梁启超虽然以几近全部的笔墨来梳理作为主流的考证学，但仍能注意到自外于主流的异见者，在考证学梳理之后，以专节（第19节）予以介绍。最后第20节讲考证学的蜕分，承上而启下，转入近代今文学的论述。在这样的论述中，梁启超清楚地勾勒出了清代前中期思想的来龙去脉与基本内容。一方面他对视域所及的每位思想家都进行了具体的讨论，凸显他们的宗旨；另一方面他在每一部分都不忘始于综述，终于总结，牢牢将具体的思想家纳入整体的脉络中，从而不失清代考证学精神的彰显。总之，综合基于分析，而分析归于综合。这正是梁启超论清学史二种所树立起来的新的思想史研究方法，也是它与传统学案的根本区别。

除了分析与综合的基本方法以外，梁启超在论清学史二种里也涉及思想史研究中的逻辑与历史的结合。梁启超以“时代思潮”总论清代学术，显然意味着他视思想史的演化具有自身的逻辑。但是正如他指出的，清代学术的形成是“社会周遭种种因缘造之”。他在《清代学术概论》中始终注意分析学术演化的历史原因，比如他关于考证学最终蜕分为今古学的分析；后来在《中国近三百年学术史》中更是专辟上、中、下三部分来综论“清代学术变迁与政治的影响”，目的同样是在表证思想的展开是逻辑与历史的统一。虽然梁启超在他的思想史研究中，与逻辑相统一的历史仅限于政治，没有拓展到经济、社会等，这固然是一种不足，但比之后来为贯彻逻辑与历史的统一而给思想套上相去甚远的经济、政治与社会背景，强为之说，则梁启超的历史分析未尝不是更为贴切。

导入西学的观念，注重分析与综合的并重、逻辑与历史的统一，在著述风格上就很自然地重在研究者的讨论，而不再是思想者的资料选编。因此，梁启超以崭新的著述形态实现了思想史研究的突破，传统的学案体被彻底超越。但是，既是超越，就不是简单的抛弃。学案的精神与方法[①]在梁启超的清代前中期思想史研究中仍然得到了自觉的继承，这在《中国近三百年学术史》中表现得尤为明显。其一，在研究对象上仍以儒学为主。虽然梁启超极具慧眼地点出了明末清初耶稣会传教士输入的西学、晚明佛教的变革等等，但他关注的思想主线终究是儒家思想。其二，在研究进路上仍以学术史（intellectual history）为主。梁启超纵横捭阖，无论是具体的思想者，还是一个学派、一个时段的思想，他都力求在思想与环境的互动中去加以讨论，但核心仍在学术。其三，在研究分析上仍以人物为主。梁启超关于清代前中期学术的讨论，一个很大的贡献是对于清代学者整理旧学的总成绩做了清楚的梳理[②]，但思想者的具体讨论仍然是他的重点。其四，在研究人物上仍贯彻学案之法。梁启超虽然以自己的阐释取代了学案的资料选编，但他高度认同并贯彻了《明儒学案》在选择人物、分析人物时所建立起来的四个必须条件[③]。事实上，梁启超一直心仪于《明儒学案》而望赓续之。他在《中国近三百年学术史》中讲：

① 关于两部学案的讨论，参见拙稿《宋元儒学的重建与清初思想史观：以〈宋元学案〉全氏补本为中心的考察》，《中国史研究》2006 年第 2 期；《思想史的界定与门径：以两部学案为例》，《浙江社会科学》2010 年第 1 期。

② 朱维铮对这部分内容评价不高，以为“属于清代学林掠影，丛举枝叶，一语带过，令人如读‘录鬼簿’或‘书目表’”（《梁启超论清学史二种·校注引言》）；陈祖武却持相反评论，认为这部分研究“更是搜讨极勤，备见功力”（《中国学案史》，东方出版中心 2008 年版，第 241 页）。俊按梁启超对于清代学者整理旧学的总成绩加以分门别类的梳理，旨在彰显清代学术已具“科学的精神”，尤其是“分业的组织”，精粗或在其余。

③ 四个必要条件是：“叙一个时代的学术，须把那时代重要各学派全数网罗，不可以爱憎为去取；第二，叙某家学说，须将其特点提挈出来，令读者有很明晰的观念；第三，要忠实传写各家真相，勿以主观上下其手；第四，要把各人的时代和他一生经历大概叙述，看出那人的全人格。”（《中国近三百年学术史》，载《梁启超论清学史二种》，第 148 页）

> 吾发心著《清儒学案》有年，常自以时地所处窃比梨洲之故明，深觉责无旁贷；所业既多，荏苒岁月，未知何时始践夙愿也。[①]

因此，在梁启超的清代前中期思想史的研究中，以新史学的观念与实践为主，同时又辅以传统精神与方法的继承。这似乎与梁启超史学观念的变化相吻合。在《清代学术概论》后一二年，梁启超完成了《中国历史研究法》（1921—1922），旨在引入西学改造中国传统史学，以求中国的史学成为科学的史学；同样是在《中国近三百年学术史》后一二年，梁启超完成了《中国历史研究法补编》（1926—1927），在这本他史学思想的晚年定论中，梁启超已由背离传统转向对传统的选优发扬[②]。虽然思想史的研究只是梁启超史学实践的一个部分，但印证于他的史学观念的变化，不仅能够有助于认识他的论清学史二种，而且更重要的是足以意识到，在中国思想史的现代研究中，从一开始，新的西学与旧的传统就表现出了彼此涵化的关系。这也许是思想史的性质所致，因为人是思想的动物，人的现实境遇与思想实相表里，20世纪的中国人正处在现代与传统的纠结中。

这里既已言及人的现实境遇，便就此对思想史研究的影响略作申述。思想史的研究对象虽然是过往的历史，但研究者却是当下的存在者，其生活的境遇在思想上的感发往往会反映在对过往历史的认识上。上引梁启超"常自以时地所处窃比梨洲之故明"，仅此一语即足以证之。梁启超在《清代学术概论》的最后一节专门谈了三个问题：一是由清代学术的研究而应起的感想，二是清代学术的研究所呈现出来的未来中国学术的发展方向，三是对于具体研究的启示，无不表现出非常浓厚的时代关怀。秉承这种关怀，加之梁启超的才学，使得他的思想史研究具有浓重的情感。笔者在讨论《明儒学案》与《宋元学案》时，已指出了理性重建与历史重建在思想史研究中的冲突，这里则由梁启超思想史研究中的时代关怀与情感，将之冲突具体化了。毫无疑问，一个研究者的时代关怀与情感对于思想史研究有着双向的作用，一方面唯有时代关怀与感情，思想史的研究才足以拨动人的精神，引起共鸣；另一方面则因此会影响到研究的客观性。

---

① 《中国近三百年学术史》，载《梁启超论清学史二种》，第438页。

② 参见许冠三《新史学九十年》，第14页。

在梁启超的论清学史二种中，再一次呈现出思想史研究中的这一特点。

二　以哲学的名义：冯友兰与牟宗三

梁启超1929年的去世，代表着一个时代的结束。袭用梁启超的清代学术四期划分，这个结束了的时代就是中国现代学术的启蒙期。相应的，从1930年代开始，中国的现代学术进入了全盛期。这个全盛期虽然中间受到战争与革命的影响而颇多周折，但却延续了60年，直到1990年代起，现代的中国学术才进入了蜕分期。在这个60年中，近世中国思想的研究中涌现出许多杰出而重要的学者。其中，既是中国思想史的通家，又尤对近世中国思想极富研究者，冯友兰、钱穆、侯外庐和牟宗三堪称代表。此先述冯友兰与牟宗三，他们的研究虽然不同，但在上述四家中却有极大的相同处，那便是非常自觉地在哲学的范畴中来研究宋明思想，足资比较。

哲学作为西学的固有知识门类，有它特定的范式。冯友兰与牟宗三从事的是中国哲学史的研究，对此他们都有高度的自觉，因此他们的研究在思想和方法上与思想史的研究有着自觉的区分。只是哲学作为外来的学科，其范式虽规定了研究的进路与形态，但实际面对的仍然是中国固有的思想，冯友兰即指出，“西洋所谓哲学，与中国魏晋人所谓玄学，宋明人所谓道学，及清人所谓义理之学，其所研究之对象，颇可谓约略相当”①。而且，《宋元学案》与《明儒学案》所勾勒出的宋元明儒家思想，其核心部分在现代的中国学术架构中，就归属在哲学的名下，冯友兰即讲得很干脆，“《宋元学案》、《明儒学案》，即黄梨洲所著之宋、元、明哲学史”②。因此，中国哲学史的研究固然有别于中国思想史，但是从中国学术自身的脉络来看，却仍可以或很容易视之为中国思想史研究的一种形态。事实上，当时学术界也是这样看的。陈寅恪在冯著《中国哲学史》下册的审查报告中，开篇即讲，“自刊布以来，评论赞许，以为实近年吾国思想史之有数著作”③。

---

① 冯友兰：《中国哲学史》上册，中华书局1961年版，第7页。

② 同上书，第22页。

③ 同上书，附录《审查报告三》，第1页。

1930 年，冯友兰出版了他的《中国哲学史》上册，三年后，出版了下册。此书不仅对于中国哲学这一学科的建设起到了根本性的贡献，而且对于中国思想的研究也具有重大的示范作用。作者后来虽然不断重新撰写哲学史，但就其影响而言，似仍以 1930 年代的上下册为重。此书共 16 章，其中 6 章（从第十章到第十五章）属于宋明哲学的范围，约占全书五分之一篇幅。这里先讨论研究方法的问题，然后围绕着宋明哲学的部分观其脉络。

冯友兰开宗明义，指出“哲学本一西洋名词。今欲讲中国哲学史，其主要工作之一，即就中国历史上各种学问中，将其可以西洋所谓哲学名之者，选出而叙述之”[①]。因此，此书在方法上最显著的就是以西方哲学来择取中国的思想加以重构。在讨论梁启超时曾指出，以西学来论中学，这是新史学所谓新之所在。具体到中国哲学，胡适早在十多年以前就已经运用西方哲学来建构中国哲学了。但是，冯友兰以西方哲学重构中国思想，仍具有非常重要的推进。与梁启超相比，胡适与冯友兰具有某种共同性。梁启超清学研究中对于西学的运用，主要是一种总的历史观念与历史事实的参照，尚没有完全按照西方思想的某一知识形态（哲学便是一种知识形态）从“中国历史上各种学问中……选出而叙述之”，而胡适与冯友兰都采用了这样的方式来重构中国的思想。产生这种差别，也许是由于在知识的形态上思想比较模糊，而哲学更为明确，但无论如何，中国的思想由此得到更深入的研究，却是显而易见的。与胡适相比，冯友兰在共同的方法中又彰显出巨大的分歧。冯友兰讲他的中国哲学史研究，沿袭的是重义理的“宋学”，有别于胡适重考订的“汉学”[②]。

同样是以西方哲学来处理中国的思想，但标举“宋学”与“汉学”的分歧，其方法论上的重大意义至少有两点：

其一，在自觉引入西学的同时，力图建立与既有的学术传统的联系。新史学提出以来，西学已是难以回避的参照，甚至已成为指导。在哲学这个纯外来的知识领域中，中国哲学更是依傍于西学来进行建构。但是，冯友兰提出“宋学”与“汉学”，固然是有方法本身的考虑，但同时还在于追求与传统学术的联结。这点在整个著作中实有巨细的呈现。比如，冯著

① 冯友兰：《中国哲学史》上册，中华书局 1961 年版，第 1 页。

② 冯友兰：《三松堂自序》，人民出版社 1998 年版，第 212 页。

虽以西方哲学为依据来择取中国的思想加以叙述，但全书却很少使用西方哲学的概念，而是基本沿用中国思想自有的名词，将它们提升为哲学的概念，给予清楚的说明，然后建立起思想的结构；即便是人所共知的冯友兰以新实在论讲理学，其实也并没落入西学的名相。此外，在大的框架上，他将整个中国哲学史划分为“子学时代”与“经学时代”，显然是力图置中国哲学于传统的学术中加以理解；而在具体的叙述风格上，他又以“叙述式的哲学史与选录式的哲学史”来说明西方哲学与中国学案的不同，指出各自的利弊，从而兼取两种方式来建构中国哲学。冯友兰的这些努力后来成为中国哲学史研究的典范，比如兼取叙述与选录两种方式的风格早已成为学界的习惯；近年来中国哲学史与思想史的研究都注意到经学的视角，也证明了冯友兰的先见。可以说，冯友兰力求汇通西学与中学的努力非常显著，以至于陈寅恪在《审查报告三》中于肯定冯著为“美备之著作”后，要借新儒学与佛道两教的因缘，抒发后来广为学者征引并悬为目标的这一感想：

> 真能于思想上自成系统，有所创获者，必须一方面吸收输入外来之学说，一方面不忘本来民族之地位。此二种相反而适相成之态度，乃道教之真精神，新儒家之旧途径，而二千年吾民族与他民族思想接触史之所诏示者也。

其二，思想史的研究固然须以历史的事实为依据，但终须以思想的阐释为归趣。这是研究方法本身的重大问题。新史学在引入西学时，科学是最重要的。科学的精神与方法在新史学中的贯彻，就是考据学的重视，而这恰好与乾嘉学派的“汉学”传统相吻合。梁启超论清学，就着意于此一传统的抉发，并指出它是对注重思想阐释的“宋学”的反动。胡适撰写《中国哲学史大纲》，则将“汉学”的精神与方法贯彻于其中。但是，史实的考证并不等于史学的全部，更非思想研究的重点。冯著上册的“自序”写得颇有意味。他起笔直言，“吾非历史家，此哲学史对于‘哲学’方面，较为注重”，一语彰显了哲学之于史学的独立性。但是，哲学史终究也是一种史，不能没有说明，故冯友兰接着讲，“其在‘史’之方面，则似有一点可值提及”，此下整篇序文都是论史。冯友兰指出：

前人对于古代事物之传统的说法，亦不能尽谓为完全错误。官僚查案报告中常有“事出有因，查无实据”之语。前人对于古代事物之传统的说法，近人皆知其多为“查无实据”者。然其同时亦多为“事出有因”，则吾人所须注意者也。

史学固然要弄清楚“查无实据”的说法，但“事出有因”尤须注意。前者自然是考据的任务，后者显然是阐释的工作。在冯友兰看来，两者同属史学的应有之义，而他的哲学史重在阐释，也就是所谓的“宋学”路径。

重阐释而尊重考据，这是冯友兰研究中国哲学史的重要方法，陈寅恪在冯著上册的《审查报告》对他的成就给予了高度评价。在考据一面，陈寅恪称赞冯著能对史料“别具特识”；而尤为精彩的是他对于阐释一面的表彰，以及引发的申论。陈寅恪的表彰与申论不仅有助于理解冯著的价值，而且更是非常清楚地指出了思想史的研究目标、方法、困难，以及容易陷入的误区，故照录于此。他讲：

凡著中国古代哲学史者，其对于古人之学说，应具了解之同情，方可下笔。盖古人著书立说，皆有所为而发；故其所处之环境，所受之背景，非完全明了，则其学说不易评论。而古代哲学家去今数千年，其时代之真相，极难推知。吾人今日可依据之材料，仅为当时所遗存最小之一部；欲藉此残余断片，以窥测其全部结构，必须备艺术家欣赏古代绘画雕刻之眼光及精神，然后古人立说之用意与对象，始可以真了解。所谓真了解者，必神游冥想，与立说之古人，处于同一境界，而对于其持论所以不得不如是之苦心孤诣，表一种之同情，始能批评其学说之是非得失，而无隔阂肤廓之论。否则数千年前之陈言旧说，与今日之情势迥殊，何一不可以可笑可怪目之乎？但此种同情之态度，最易流于穿凿傅会之恶习；因今日所得见之古代材料，或散佚而仅存，或晦涩而难解，非经过解释及排比之程序，绝无哲学史之可言。然若加以联贯综合之搜集，及统系条理之整理，则著者有意无意之间，往往依其自身所遭际之时代，所居处之环境，所熏染之学说，以推测解释古人之意志。由此之故，今日之谈中国古代哲学者，大抵即谈其今日自身之哲学者也；所著之中国哲学史者，即其今日自身之哲学史者也。其言论愈有条理统系，则去古人学说之真相愈

> 远……今欲求一中国古代哲学史，能矫傅会之恶习，而具了解之同情者，则冯君此作庶几近之。

与研究方法一样，冯著对于宋明哲学的勾勒对后来的影响也很大。它从道学初兴及道学与佛老的关系讲起，继述北宋周敦颐、邵雍、张载、程颢、程颐五子，再述南宋朱熹、陆九渊，以及明代王阳明及心学，最后以颜元、李塨、戴震为代表叙述道学在清代的延续。在整个宋明哲学脉络的梳理上，冯友兰虽以朝代为大的背景，但并没有丧失思想的主体性，而是根据思想的自身逻辑来加以叙述。因此，新儒学即道学，虽冠以宋明，但冯友兰却追溯其源于中晚唐之韩愈、李翱，并讨论与佛老二教的关系，下探其流于清代前中期，从而完整地勾勒出近世中国哲学与思想的基本架构，沿至今日。在这个架构中，将清代前中期的学术思想视为宋明道学的延续，实是冯友兰迥然不同于时见的认识，因为前文介绍梁启超已讲到，梁启超是将清代考据学的兴起视为宋明道学的反动，两者之间存在着思想的断裂。另外，在具体哲学家与哲学流派的论述上，冯友兰也能突破朝代的局限，如朱、陆同属南宋，但冯著以朱子为专章，而将陆九渊与王阳明及明代心学归为一章。除了大的框架以外，冯著在许多具体分析上对后来的研究也深具影响，譬如他对二程哲学的区分，认为二程思想分启朱、陆。更进一步讲，冯友兰所受训练的新实在论哲学，帮助他极好地将各家哲学在概念的层面上进行了重构，这不仅有助于整个宋明哲学的理解，而且极大地提高了宋明思想的哲学化表达。

当然，冯友兰关于宋明哲学的叙述也有明显问题。最大的局限莫过于他在下册“自序”中所申辩的“正统”。“正统”是胡适在上册出版后的评价，而冯友兰自觉到下册“之主要观点尤为正统派的”。冯友兰论宋儒，全根据传统的道统；讲明儒，主要就是阳明心学。冯友兰为此的申辩是：

> 历史上能为一时之大儒自成派别者，其思想学说大多卓然有所树立，即以现在之眼光观之，亦有不可磨灭者。其不能自成派别者，则大多并无新见，其书仍在，读之可知。于是乃知，至少在此方面言，历史中之“是”与“应该”，颇多相合之处。人类所有之真、善、美，历史多与以相当的地位。其未得相当的地位者，则多其不真真、

> 不真善、不真美者也。吾虽未敢谓此言无例外，然就历史之势言，则固如此也。

冯友兰的申辩，仿佛是思想史上的成则王侯败为寇。事实上，冯著在宋明思想家的取舍上完全没有超出两部学案的视域，而在思想史观上似乎又不如两部学案宏大。道统与心学确实也是两部学案的主线，但两部学案都有突破的高度自觉与努力，而冯著似乎没有。

与此相关，冯著关于宋明思想的哲学化叙述仅限于重要的思想家，这或许是因为哲学史有明确的知识形态要求，或许是通史宜取重点，但以专门领域的思想史而言，便显得非常粗略，留下了大片的空白。譬如二程以后便接着朱子，这中间不知略去了多少历史中的思想事实。

此外，与两部学案一样，冯著将宋明哲学限定在儒家思想，佛教与道教只属于一种助缘而被论及。这个问题我在讨论两部学案时已有涉及，不必赘言。这里需要略加申述的是，一个学术领域的确定，往往是事出有因。在两部学案的编纂者那里，儒家思想为主体是当然应然之事，佛老固然是助缘，但更是要辟斥的对象。今人已时过境迁，要处理的已是中学与西学的关系，理解过往的思想史似能跳出前人的局限，能在客观的史实上来梳理思想，但其实并不容易。这不仅有观念的惯性，而且现代研究日趋专家之学，事实上还有研究的困难。不过，学术史的回顾意义，正在于意识到这些问题的发生，从而在沿着前辈的研究路径前行时，能自觉地发现新的路径，确立起新的立场与视角。

与冯友兰相比，牟宗三关于宋明思想的研究完全取哲学的方法，而无历史的意味。所谓完全取哲学的方法，是指牟宗三首先确立起他的论说依据，然后据此而对所要涉及的思想家进行分析评判。由此，他的论述对象虽然存于历史之中，但他的分析并不受制于历史的外在陈迹，从而没有历史的意味。不过，尽管在表面上看，历史意味的淡薄会影响到思想史研究的客观性，但是，深刻的哲学分析往往又能使历史中的思想真实获得彰显。因此，这样的思想研究在研究者那里仍然自信是一种历史的认识。牟宗三的研究正是如此。在《心体与性体·序》中，牟宗三开篇明示：

> 王龙溪有言：悟道有解悟，有证悟，有澈悟。今且未及言悟道，姑就宋明六百年彼体道诸大儒所留之语言文字视作一期学术先客观了

解之，亦是欲窥此学者之一助。

了解有感性之了解，有知性之了解，有理性之了解。仿佛一二，望文生义，曰感性之了解。义义厘清而确定之，曰知性之了解。会而通之，得其系统之原委，曰理性之了解。

荀子曰："伦类不通，仁义不一，不足谓善学。学也者固学一之也。"又曰："全之尽之，然后学者也。君子知夫不全不粹之不足以为美也，故诵数以贯之，思索以通之，为其人以处之。""全之尽之"即通过知性之了解而至理性之了解也。[①]

首段指出此书是一历史的认识，而非哲学的创建；次段划定这一认识的标准；末段说明认识的方法。

立足于哲学的立场，牟宗三与前辈一样，引入西方哲学成为认识中国思想的具体路径。但是，这里的区别却也是至关重要的。比较起来，冯友兰以新实在论来解读新儒学，主要是将新实在论作为一种解读的工具，从而使得不具有形式化的中国思想在哲学这一知识形态下获得重构，获得理解。牟宗三引入康德哲学，却主要不是在工具的意义上，而是在思想比较的意义上来阐释新儒学。牟宗三通过对西方重要哲学家的点示，认为唯有康德哲学与新儒学有相近的旨趣，而新儒学尤有特出之精神，为西方哲学传统所未及。[②] 牟宗三与冯友兰在引入西学解释新儒学上的这一区别，究其原因，虽或因为他们各自引入的西方哲学有所不同，新实在论具有知识论的特性，而康德哲学则有形而上学的关怀，但毋庸置疑，更大的原因应该是引入者所处时代的关怀不同。在冯友兰的 1930 年代，关注的重点还在从中国的思想中勾勒出知识形态的哲学，而在牟宗三的 1960 年代，中国哲学的认识已上升为其独特性的彰显。因此，这种不同，实质上意味着中国思想的认识水准的根本性提高，亦即陈寅恪所讲的"一方面吸收输入外来之学说，一方面不忘本来民族之地位"，"真能于思想上自成系统，有所创获者"的推进，新儒学或宋明思想的研究则成为一个显著的领域，故也因此而有现代新儒学的崛起。

由于完全取哲学的方法，牟宗三处理宋明理学，或新儒学，就没有考

---

① 牟宗三：《心体与性体》第 1 册，台湾正中书局 1968 年版，第 1 页。

② 同上书，第 37—39 页。

虑思想的表象化的历史脉络，而是倾力于思想的衡定，进而通过这种衡定希望使得思想的实质性的历史脉络获得凸显。在他 1968 年出版的三大册代表作《心体与性体》，以及 1979 年的《从陆象山到刘蕺山》（实为前书之续）中，牟宗三以一百五六十万字的篇幅集中于宋明十位思想家的思想，进行了细密的分析与阐释，从而判明在宋明新儒学的整个思想建构中，周敦颐、张载、程颢确立了新儒学的基础，此后程颐与朱熹、胡宏与刘宗周、陆九渊与王阳明分别衍为三系，形成横摄与纵贯两个系统，而叶适成为"真正轻忽孔子而与孔子传统为敌者"①。

牟宗三于 50 岁后专力于宋明儒学的研究，穷八年心血而成《心体与性体》，其哲学分析诚为深刻而富创见，从他的预设出发，整个宋明理学的脉络与评定也可以成立，但纯粹的哲学分析终究仍有它独断的风险。杜维明是牟宗三的学生，他对三系说有过一个中肯的评述：

> 牟先生的清理给了我们一个脉络，而这个脉络的好处就是使我们能够了解牟先生对于整个宋明儒学的解读，以及他的思想的创发性，这一点非常好，也并非所有的人都能做得到的。但是人们如果把它看成是客观了解宋明儒学的一种模式、一种定说，或者把它看作是宋明的大思想家一种自我认识，比如说宗周他们的自我认识，这里面问题就太多，纠缠也太多，而且我觉得也不必要纠缠在这里。我们应当了解牟先生的解说力，他的解释模式和思想的创发性并不是从历史传承的角度，而是从理论形态的相似性和义理的内在逻辑性中表现出来的，但是如果我们用那个模式来套宋明儒学，那问题就会变得非常复杂，思想史上熟悉宋明一段的人都觉得这种划分问题比较多。②

至于牟宗三对于叶适思想的衡定，同样存在着类似的问题。③

一方面是哲学史的深刻洞见与富有创发，另一方面是思想史的述论独断与历史失真，这种哲学史研究中价值与知识尤为纠缠的独特性质，在牟

① 牟宗三：《心体与性体》第 1 册，第 225 页。关于新儒学的正名与分系，详见第 1 册第 1 章；对于叶适思想的衡定，详见第 1 册第 5 章。

② 杜维明、东方朔：《杜维明学术专题访谈录——宗周哲学之精神与儒家文化之未来》，复旦大学出版社 2001 年版，第 186 页。

③ 参见拙稿《叶适论道学与道统》，《中山大学学报》2009 年第 1 期。

宗三的宋明儒学研究中可以说得到了充分彰显。这个问题前文已多次论及，总的态度仍是不能够也不应该简单地取此舍彼。认识到哲学与思想史研究的这种特性，并意识到各种进路的优长与风险，才是明智而正确的。

三 思想史的进路:侯外庐

相对于冯友兰与牟宗三自觉的哲学进路，钱穆与侯外庐更倾向于在史学的视野内开展他们的研究。但钱穆与侯外庐实在太不同，这里先看侯外庐。

侯外庐倾向于在史学的视野内开展研究，主要是他选择思想史的进路。但他并不排斥哲学史的研究，相反，他曾先后主编《中国哲学史略》(1958)、《中国哲学简史》上册（1963）和《中国近代哲学史》（1978）等；而且，他的思想史研究完全以理论为先导与归结，因此在内容与形式上也与哲学史研究很相似。然而，侯外庐终究被认为是一位思想史家，而非哲学史家，一是因为在研究对象上他认为中国的思想不只是哲学，还包括了“社会思想”。[①] 即便是“宋明理学”，他也强调，“宋明理学是封建社会后期的统治思想，‘性与天道’是理学讨论的中心内容，这是哲学问题，同时也涉及政治、道德、教育、宗教等许多领域”[②]。而对哲学以外的内容的关注成为他的研究最重要的特色之一。二是因为在研究立场与方法上他要贯彻他所依据的理论，即马克思主义，具体的就是要将思想置于经济社会的环境中加以解释，从而使得他的研究具有强烈的思想史与社会史相结合的特征。

在治学的立场与方法上，侯外庐完全与整个时代的思想主流相合，非常自觉地引入西学来研究中国思想史。与前述冯、牟的引入西学有别，侯外庐对马克思主义的引入是皈依性质的，即不只是将马克思主义作为认识中国传统思想的工具，或引为参照以资比较，而是基本上视为信仰，以马克思主义为唯一的科学，力将中国传统思想纳入到马克思主义的理论架构中，从而使之得以解读。因此，侯外庐的思想史研究除了与哲学史研究相

① 侯外庐：《中国思想通史》第4卷上册，人民出版社1959年版，第1页。

② 侯外庐：《宋明理学史》“序”，人民出版社1984年版，第1页。

近以外，又有社会科学的研究性质。

按照马克思主义的理论——具体地讲就是经济基础决定上层建筑及其意识形态——来研究中国思想史，侯外庐最重要也是最富有意义的贡献是，他强调在思想史研究中要导入社会史的研究。在侯外庐的研究中，思想史与社会史也确实成为并重的两个部分。中国社会科学院科研局曾组织编选《中国社会科学院学者文选》丛书（1999），旨在反映所选学者的代表性成就，其中《侯外庐集》即由“社会史篇”与“思想史篇”两部分构成。可以说，思想史与社会史相结合是侯外庐的思想史研究最努力贯彻的具体方法，这使得侯外庐的思想史研究既有广阔的论域，又有理论的深度。

毫无疑问，这一努力至今在中国思想史的研究中仍然是非常重要的，而且事实上也是目前的中国思想史研究中的重要路径。当然，在今天看来，侯外庐的研究不可避免地带有局限。一是有硬套之弊，把思想与其时代的经济、政治（主要是阶级分析）勉强地塞入马克思主义的理论架构中；二是有粗阔之弊，把各不相同的思想家纳入同一个社会环境中进行解释。但不管怎么说，思想与时代的互动，思想家与其环境的关系，始终是思想史的主题之一，究竟如何通过具体的研究来揭示这种互动关系，仍然是今天思想史研究中的难点。就此而言，侯外庐的研究既有他的探索之功，也有他的典范意义。

侯外庐以马克思主义为指导的立场是贯彻始终的，但他对近世中国思想的研究呈现出来的具体面貌，却仍然有相当的变化。这种变化大致分三个阶段，一是《中国近世思想学说史》上、下卷（1944、1945），那时的论述尚没有完全程序化；二是《中国思想通史》第四卷上、下册（1959、1960）与第五卷（1956），此时的论述几乎已完全是唯物—唯心、阶级分析的模式，尽管在许多具体研究上是相当好的；三是《宋明理学史》上、下卷（1984、1987），已极大程度跳出了模式化的窠臼。《宋明理学史》长达130万字，集中国社会科学院中国思想史研究室老、中、青三代学者的共同心血，它不仅代表了侯外庐关于宋明思想的最终认识，而且也是此一时期重要的学术创获。因此，这里主要讨论它。

侯外庐在《宋明理学史·序》中回忆，“1959年我们编著《中国思想通史》第四卷的时候，即开始进行宋明理学的研究。因为限于全书的体例和篇幅，这一部分不可能展开分析，只是写了几位有代表性的理学家。当时我就开始酝酿编著《宋明理学史》，以阐明理学的产生和演变及其在中国思想史上的地位，使它成为一部与思想史有联系而又有区别的专门研究”。换言之，宋明理学史不等于中国近世思想史。在这个意义上，《中国思想通史》第四、五卷更为完整。但是，侯外庐指出，“宋明理学吸收了大量的传统文化和外来文化，在思想史上是继先秦诸子、两汉经学、魏晋玄学、隋唐佛学之后的又一新的发展阶段”，并申明，“总之，理学史不是一部理学家的评传，也不是思想通史中的某几个章节，而是一部在宋明这一特定历史条件下产生的具有自己时代特色的思想演变的历史”。因此，宋明理学史无疑又是近世中国思想的核心与基本内容。

侯外庐晚年主编《宋明理学史》时，“国内陆续出版了不少关于宋明理学的论著。我们也读到海外关于这方面的研究成果”。但是侯外庐在回顾理学史的研究时，颇有意味地只点到了黄宗羲、全祖望的“以理学写理学”和梁启超的“采用资产阶级史学观点和方法”。实际上，在侯外庐心里，宋明思想的研究大概也只看重这两家。1944 年他出版《船山学案》，至少表明对学案体的认同；1956 年他出版《中国早期启蒙思想史》（后编为《中国思想通史》第五卷），“启蒙”一说实也源自梁启超。因此，侯外庐虽忠诚于他的立场，强调“我们的研究必须严格地置于马克思主义理论的指导之下”，但就《宋明理学史》看，实表现出了对两部学案的极大回归。这集中在两点，其一，虽然唯物—唯心的理论架构与叙述风格仍在，并习惯性地以此而评断，但全书已弃用唯物—唯心的僵硬模式，自觉不自觉地“以理学写理学”了；其二，无论是整个理学脉络的梳理，还是具体思想人物的选择，都可以说是从两部学案脱胎而来的。正因为如此，就其对宋明理学六百年的呈现而言，此书要比前述冯、牟的著作充实丰满很多。尤其是侯外庐在“序”中提到的编纂者对于“不太知名”的理学家与元代理学的关注，这点实有必要特别申述。尽管重视这些内容正是全祖望的思想史观，他增补《宋元学案》时正贯彻了这一观念，从而使得宋元时代的思想世界得到充分展现，但我们在冯、牟那样的哲学进路的研究中，实在看不到这样的内容。冯、牟讲哲学，在其自身这样处理或无可厚非，但冯、牟的研究影响极大，客观上限制了后来学者关于宋明理学的视域。《宋明理学史》适时地彰显了这部分内容，不仅客观上使得全祖望的思想史观得到了现代学术上的重现，而且这样的关注无论对于理学史还是对于近世中国思想的认识，都有非常重要的意义。

当然，指出《宋明理学史》在史法与史事两方面对于两部学案的回归，并非抹杀它的自身贡献。这完全是两码事。《宋明理学史》固然脱胎于两部学案，但终究是现代知识形态下的研究，全书材料翔实、考证仔细，分析论述也非常平实，直到今日也仍然是一部比较全面的重要著作。实际上，材料的丰富与翔实也是《中国思想通史》第四、五卷的特点。指出它对两部学案的回归，除了这本身是一事实以外，更重要的还在于想说明，自从新史学以来，引入西学来理解中国传统的思想，虽然有着不可否认的必要性与有效性，但终究也存在着巨大的隔阂，即如前引陈寅恪所言"同情的了解"存在着巨大的困难，而两部学案"以理学写理学"无疑为今人进入传统的思想世界提供了重要的中介，这是非常值得重视的。事实上，不仅是《宋明理学史》，冯、牟著作无不有对两部学案的凭借，只是没有像钱穆那样坦言①。

《宋明理学史》在内容上一方面比冯著来得丰满，但另一方面却又不如冯著来得完整。这就是在中唐与清前中期的处理上。冯著是把这两个部分划入"道学"之中，以为道学之来龙去脉。《宋明理学史》剔除中唐韩愈等，但又延及清初理学，说明编纂者在认识上并非受到朝代意识的影响，而是受到"理学"这一名称的影响。不从理学的思想实质来取舍，这显然不如冯著妥当，而且似乎还不如《中国思想通史》第四、五卷处理得好。总体上看，《宋明理学史》对整个理学脉络似缺乏认真的思考。比如全书将宋明理学划分为两个时期六个阶段，其中第一个时期分北宋、南宋与元，断以朝代；第二个时期却又分明初朱学、明中期阳明心学，以及明后期与清前期理学，断以思想，既缺乏统一的根据，又使所分的各阶段内存在问题。

此外，唯物—唯心、阶级分析所滋生的斗争意识在《宋明理学史》也得到了某种遗传，譬如编纂者们着意强调的理学与反理学的斗争②。虽然这个问题可以进一步研究，但斗争意识的遗传终是不足为取。至于"从政治作用来说，理学是思想史上的浊流"这样的反复确认③，更是阻

---

① 见钱穆《宋明理学概述》例言，台湾学生书局1977年版。

② 侯外庐:《宋明理学史》上卷，第14页。

③ 这是侯外庐在《宋明理学史·序》中提出的论断，虽然上卷出版后，学界有所非议，但邱汉生在全书"后记"中仍然强调这一论断。

碍了对理学作“同情的了解”。这自然是时代的病，但也是学者的病。人各有其病，时代亦然。学者能够有见于此，又能对时流与自己保持足够的批判意识，这是学术史回顾的重要作用之一。

四 在传统与现代之间:钱穆

最后来看钱穆。钱穆的宋明思想研究虽然与侯外庐一样取思想史的进路，但最根本的区别，同时也是他与冯友兰、牟宗三的根本区别，是钱穆坚持传统学术的进路，不取西学的方法，尽管在视野上他保持着对西学的开放。这种差别与钱穆完全是自学成长有根本的关系。为了说明钱穆的研究，有必要对此略加说明，而且由中也足以窥见研究宋明思想的重要门径。

1953 年，钱穆在《宋明理学概述·序》中，曾对他的自学过程有过一个亲切的回忆，大抵是由文集入手，经桐城派古文而读唐宋八家，始知辞章与义理有别；进而求义理，由朱熹与王阳明转及两部学案；又因此上溯，治五经与诸子，转而下涉清儒之考据；最终读书益多，遂知治史学。[①] 钱穆虽然对史学的各方面都有涉及与成就，但以学术思想史为重。而由他的自学过程，结合他的一生著作，可知他对学术思想史的研究，在方法上有着几个特征：一是经史子集四部之学的贯通，二是通史与专题的结合，三是义理、考据、辞章的并重，四是完全由中国传统的自文史而经子的门径而入，未曾袭用西学以解读中国思想。在这四个特征中，前三点总括为史学的进路，而第四点为根本。因为在传统的学术世界中，前三点实际上是治学的共同之路，区别仅在个人的或全或偏，功力有别。但是，在传统的学术世界已被西学所重构的现代中国学术世界里，就钱穆自己而言，前三点实与第四点相为表里；而就此处所讨论的四家而言，第四点更是钱与冯、牟、侯根本差别的由来。此外，由于钱穆的思想史研究，完全是由中国自身的知识系谱中转出，因此他对思想的诠释与中国传统的学术有着天然的密切关系，思想往往见之于学术，而学术又表征着思想。换言之，钱穆的思想史研究在形式上的一个重要特征，就是学术与思想的高度

① 参见钱穆《宋明理学概述·序》。

互涵。

不过，前述钱穆在学术思想的视野上保持着对西学的开放，这种开放使得他对传统学术的继承涵生于新意。钱穆的中国思想史研究没有依傍于西学，但他对新潮的西学决非弃而不见，或有抵触，相反，他的研究同样映照于西学。事实上，钱穆中小学起即受其老师影响，对西学与西方历史乃至当时的新思想家，如梁启超等，都有认真的研读并欣喜之，深受影响；后来抗战时期还潜心研读过黑格尔。[①] 只是钱穆对西学的研读，又绝不像冯友兰之于新实在论、牟宗三之于康德、侯外庐之于马克思那样，精于一家，而主要是借助译介得到比较广泛的了解。因此在研究上，钱穆也决不像其余三家那样引西学来治中学，尽管三家的研究方法各有不同。钱穆是循着中国传统的治学道路，以西学与西方历史为一种大致的比较背景，转出现代的研究。具体地说，钱穆对中国思想的解读不像另外三家那样，重视概念分析，引入西学的理论来重构中国思想，而是依据中国学术的自身系谱与理论架构，特别是宋明儒学义理解经的方法来解读中国思想；而所谓转出现代的研究，则指他虽不重概念分析，但又有着明确的思想体系的观念，这是非常有别于古人的思想风格的，至少在自觉程度与叙述风格上是明显不同的。像两部学案对钱穆影响巨大，他撰《宋明理学概述》，坦言“十之八九根据两部学案”，但区别在于，“虽多援据两学案，而取舍详略，排比条贯，别有会心。大抵两学案以材料为主，而本书则以各家思想之体系为重”。两部学案的材料，当然决不是随便选的，见识自在其中，但“体系”的意识与实际的呈现，显然不如钱穆那样明确和清楚。因此，读钱穆的书，一方面能够较好地进入传统的学术系谱，体会到传统的治学方法，从而得以进入古人的精神世界，获得同情的了解，可以说是非常亲切的；另一方面，又不失现代的建构性特征，能够与现代的学术诉求与叙述风格相连结。

当然，钱穆的治学路径与方法，对于现代的学者并非没有困难。由于现代的学科分类与西式教育，我们的思维惯性是分门别类的，研究则要求是专业分割的，因而背后往往预设着特定的知识形态，以及特定的理论与方法；而钱穆的传统治学是纵贯横通的，实际上要求学者破除现代知识的

---

① 见《中国学术思想史论丛》第 4 册《黑格尔辩证法与中国禅宗》一文的编者按，九州出版社 2011 年版，第 386 页。

分割边界，进入古人的知识世界来阅读与体会，在路径与方法上旨在会通，而后于有所心得处进行专题性的研究。因此，两者实有大的区别。理想的讲，传统与现代的方法自然是兼收并蓄为好，但结果也许是两方面都不行。不过，这又是研究中国思想史所无法摆脱与回避的挑战。不仅于此，中国思想史研究要真正有所成就，就必须自觉地注意两种路径与方法的学习与尝试，直至自己找到一种恰当的安顿。

钱穆专论近世思想的研究著作，主要有《中国近三百年学术史》（1937）、《宋明理学概述》（1953年初版、1977年版对于明代王学部分有所修订）、《朱子新学案》（1971）、《阳明学述要》（1979年再版），此外，《中国学术思想史论丛》第四至八册所收论文，主要也属于这一领域的研究。当然，《国史大纲》（1940）与《中国思想史》（1952）等都有相关论述。在这些著作中，《宋明理学概述》与《中国近三百年学术史》合起来，正好与近世中国思想的跨度相吻合。钱穆在《宋明理学概述·例言》之八讲：

> 旧著近三百年学术史，适与本书年代相衔接。读者治此书竟，再阅近三百年学术史，于中国近代一千年之学术思想，大体已具，可资识途。

因此，下文主要根据这两部书来说明钱穆的近世中国思想研究。当然，像《朱子新学案》这样的专题研究，研究的对象虽然只是朱熹一人，但启发几乎是很广泛的，无论对于理解钱穆的研究，还是他对整个近世思想的揭示，都非常重要，宜认真细读①。

上引“例言”之八，已反映出在钱穆的中国思想史观念中，近世这个部分是自成一个单元的，只是他用的是“近代”一词。在《宋明理学概述》中，他开篇就从整个中国历史的角度来说明这一单元的性质。钱穆讲：

---

① 关于《朱子新学案》的评介，请参见陈来《〈朱子新学案〉述评》（收入他的《中国近世思想史研究》，商务印书馆2003年版）。我曾将《朱子新学案》与余英时先生的《朱熹的历史世界》比较，进行过一些讨论，参见拙稿《推陈出新与守先待后：从朱熹研究看余英时的儒学观》，《学术月刊》2006年第7期。

> 中国历史，应该以战国至秦为一大变，战国结束了古代，秦汉开创了中世。应该以唐末五代至宋为又一大变，唐末五代结束了中世，宋开创了近代。晚清末年至今又为一大变，这一大变的历史意义，无疑是结束了近代，而开创了中国以后之新生。

值得重视的是，在钱穆的历史观中，思想文化是了解一个时代的“一至要之项目与关键”[①]。这也是钱穆的史学研究尤重思想史的原因。

按照钱穆的梳理，中国近世思想史可以划分为（一）前宋学时期。即从中唐到宋初八十年，这是中国思想开始摆脱中世的阶段。这在钱穆的《中国学术思想史论丛》中有一些单篇论文述及，其中尤有发覆之见的是他的关注不仅在儒家，而且在释门对于儒家典籍的重视阐扬。[②]（二）初期宋学。钱穆对于思想史的分期，虽以年代为序，但却又以思想的性质为重。他所谓的初期宋学与中期宋学，在年代上其实有所交叉。初期宋学重在教育、师道、政治、文学、史学等全方位的展开，中期宋学则由此更进一层，以思想为诉求。（三）中期宋学。即以北宋五子以及程、张传人为主。（四）南渡宋学。钱穆以为南宋儒学是宋学的第三期，既有朱熹对整个宋学的集大成，又有陆九渊开出新的思想方向，以及其他诸儒的创辟。（五）金元儒学。钱穆以为在宋学第三期时，思想一方面达到了顶峰，另一方面也暴露出了问题，但随之而来的异族统治使得这一时期的思想发生了延异。（六）初期明学。钱穆以为这只是继金元异族统治以后的一个思想修复期。（七）中期明学。即以王阳明心学为代表的思想。（八）晚期明学。大致起以明万历以后对心学的反动，以东林为代表。以上诸段见之于《宋明理学概述》。（九）明末清初。一方面承袭晚明学术思想对心学的反动，另一方面受激于明清易代，思想发生了重大变化。（十）清代中期。沿着前一阶段的变化而转出以考据学为标志的思想新形态。这两段见之于《中国近三百年学术史》的前十章。

上述分期虽然始终置于朝代之中，但在钱穆的论述中，整个中国近世思想史却是在“宋学”的观念下展开的。所谓宋学，并非专指两宋之学术，它是清儒为了确立自己的学术定位及其正当性而提出的一个学术史概

① 《宋明理学概述》，第1页。

② 见《中国学术思想史论丛》第5册《读智圆闲居编》、《读契嵩镡津集》。

念。依照这个概念，宋学是一种学术范式，它滥觞于中晚唐，完形于两宋，横肆于元明。钱穆据此而论近世中国的千年思想，虽仍置以朝代的背景中，但却使得近世思想呈现出一个完整的图景。前述冯友兰曾强调自己的方法是宋学的，但他并没有将近世各时期各家思想置于宋学的整体观念中进行溯源竞流的分析，加之冯友兰只讲重要的哲学家，因此思想史的脉络并不细致。钱穆以宋学的观念来贯穿近世思想，犹如两部学案以理学写理学，不是外在的讨论，而是内在的梳理，不仅使得整个近世思想的脉络获得通贯而细致的梳理，而且彰显了宋学的精神。①

兹举一个环节的论述以见之。在整个近世思想中，金元时期易忽视而难定位，而钱穆从整个宋学的变化给予了诠释。他讲：

> 两宋诸儒所讲，尽管派别纷歧，但有两点共同的精神。一、他们都想重新阐明以往中国学术的大传统，来树立一个指导政治和教育的大原则，好凭此来达成他们所理想的新社会与新人生。二、他们无不深切地注意到一切学问和行事之最后关键都在人的心，所以他们对于人类心理方面的研究与探索，尤特别赋以深厚的兴趣，而在此方面的贡献也甚大。第一种精神比较开展而阔大，第二种精神比较凝敛而谨密。在北宋初期，大家兴趣比较偏在第一点，但经范仲淹王安石两次政治改革失败，大家兴趣便转向到第二点。他们认为若果在社会下层学术心术基础没有打稳固，急遽要在上层政治图速效，那是无把握的危险事。这是中期宋学的态度。南渡以后，这一方面几乎已发展到尽头处，露出了内部的破绽与裂痕。又兼以政治颓败，国势阽危，逼得他们转移目光，重新注意到第一点，尤其是历史与制度方面之讨究。这一种学风，若上面临制以一种异族政权之统治，无疑的决不能发皇畅遂，而必然会曲折改变其面目，转移其方向，而循致忘失其精神。我们将继此一述金元两代之学术，便可看出此意味。②

我之所以详引此一大段，不仅是因为由此可知钱穆对金元儒学的定位，而且更在于呈现钱穆的贯通之学。他在这里言简意赅地将他对宋学精神的理

---

① 参见抽稿《宋学：认知的对象与维度》，《历史研究》2009 年第 6 期。

② 钱穆：《宋明理学概述》，第 244 页。

解完整地贯彻在整个宋元儒家思想的脉络梳理中，宏大而不失具体。譬如其中对于晚宋时期“重新注意到第一点，尤其是历史与制度方面之讨究”，对于认识后朱熹时代的儒学实是一个很具体的启示。可以说，钱穆以宋学这一整体性的观念来诠释整个近世中国思想，反映出他力求通贯的思想史研究方法，他的理解也是最具历史意味而极富识见的。在钱穆那里，思想成为历史场域内的一种生命，她与政治、社会等具有密切的互动，每转益进，其视野与识见非常值得体会。

贯通思想，首在凸显主流，这是毫无疑问的。但是，钱穆的思想史研究在凸显主流的同时，又非常注意或支流、或伏流的标示，以见思想的丰富性与历史感。这其实也是他治思想史力避门户党伐、入主出奴的一贯立场。钱穆对朱熹最为推尊，认为“朱熹在中国下半部学术思想史上的地位，殆可与前半部的孔子相比”[①]；他晚年费极大心血，撰成超百万言的《朱子新学案》，自然更在阐扬朱学。但是，在论述南宋儒学，即第三期宋学时，他对于朱熹前后与同时诸儒，无不有细微的体会与抉发。譬如他对吕祖谦的学风与学术，就置于唐宋转型中的社会变动与家族变迁，给予了良好的解释，以见宋学风格与论旨的多样性。又如他在《中国近三百年学术史》中详尽地叙述了作为清学主流的汉学从宋学中延异而来的各家学术，但他仍然强调，“其实有清一代，承接宋明理学的，还成一伏流，虽不能与经学考据相抗衡，依然有其相当的流量与流力，始终没有断”[②]。他曾经为此伏流而撰《清儒学案》，只是全稿在抗战中被出版社遗失，仅其序目被钱穆自己保存了下来。

此外，钱穆治思想史，虽力求脉络的把握，但对于思想的具体解读同样高度重视，此由他以超百万言而述朱熹一人之学，即可领会。钱穆论学的专通并重，实可以视为他对朱熹理一分殊的思想与学术的认同与实践。他的研究往往以通驭专，以专见通，既不使专论丢失了贯通之绪，又不因通论遮蔽了独特之处。钱穆常将学术风格与论学宗旨相近者放在一起叙述，但却又每每指出其中的分歧，极为精彩。兹随举一例。钱穆在戴震之后，附述程瑶田。他从程氏的书体、论学要旨以及交游等，备述程瑶田与戴震的相类，但随后又细述程与戴论学的细微不同，而正是这种不同，才

① 钱穆：《宋明理学概述》，第 121 页。

② 同上书，第 436 页。

使得钱穆要专门叙述程瑶田[1]。钱穆的著作粗看或觉无奇，但认真细读，却颇多启发，个中原因很多，其专通并重的风格实为关键之一。

最后，不能不对钱穆的思想史观略加申述。我已反复说明思想史观上的知识与价值的不同诉求，会影响到思想史的叙述。上述钱穆近世思想史研究中的史法与史事，重在知识，但钱穆对于思想史研究中融入研究者的价值诉求乃至情怀，实可谓高度肯定，高度自觉。他在《国史大纲》中主张对本国的历史须当抱一种温情与敬意，正寄托着他的价值诉求与情怀。而在思想史研究中，这种价值与情怀则呈现得更浓重，钱穆讲：

> 讲思想史，即无异于是讲现代思想，因其已埋藏蕴蓄在现代思想之心坎底里，而有其深厚生命，故为吾人所不得不注意探究与发挥，以求其适应于现时代之需要，而成为一番新思想。[2]

因此，他的笔触常带感情。许多论断，特别涉及到中西比较时，未尝不可质疑。但是，正因为他对历史的温情与敬意，加之他的治学方法，使得他能很好地进入古人的思想与生活世界，故而在上述四家中，钱穆的思想史研究又最显亲切而少偏见。总之，在钱穆看来，思想史研究中的知识与价值虽然诉求上有所不同，但归趣上实为相通。

五 结语

毫无疑问，上述五位在现代中国学术史上的贡献是巨大的。沿着梁启超所开辟的以新史学为旗帜的现代学术道路，无论是冯友兰、牟宗三以哲学的名义，抑或侯外庐的思想史进路，还是钱穆对传统经史之学的继承与开新，他们都不仅对宋明哲学与思想给予了丰富而深刻的揭示与阐明，而且还以显著的风格树立了不同的学术典范，从内容到形式有力地建构起了现代中国学术。虽然这样的建构无一例外地映照于西学——不管取何种形态——而展开，但传统的知识与价值——不管取怎样的评判——终究在新

① 钱穆：《中国近三百年学术史》第8章之“戴学与程瑶田”，商务印书馆1997年版。

② 钱穆：《中国思想通俗讲话》，台北东大图书公司1990年版，第3页。

的理解下获得了新的生命。

当然，学术史回顾的根本目的是在充分欣赏并体会前贤用心的基础上，发现他们的视野中可能存在的遮蔽，或者干脆是他们的视野所未及的世界，从而有益于后来的认识与关怀。这一方面，就上述前贤的具体分析，前已随文述及，这里只就他们共同的方面试作申说。如果将上述前贤所建构的思想世界对比于宋儒自己所勾勒的思想世界，如《近思录》所示，我们不难发现在上述前贤的视野中，似乎有意地将目光聚焦于宋明思想世界的抽象部分，并且以其对这一部分的深刻认识遮蔽或舍弃了思想世界中有关政治与生活的那些部分。之所以说“似乎有意地”，是因为对于这些前贤而言，宋明士人完整的思想世界是他们完全意识到的，对梁启超而言甚至是经验过的生活。这种有意的遮蔽从根本上看，无疑是为了适应现代学术的知识系谱而进行的选择与重构；而其结果固然使得宋明思想在现代学术论域中呈现出系统的理论性，或者说获得了某种哲学性，但另一方面却让人觉得这种系统化、哲学化了的思想与宋明士人的思想世界产生了某种显见的疏离。这种疏离对于上述前贤而言，并不足以构成他们阐明宋明思想的障碍，因为他们拥有足够的理解，甚至直接经验，尽管没有陈述出来。但是，对于生活在现代世界而日渐远离前现代生活的后人来说，这种疏离已固化成巨大的障碍，将人完全挡在了古人的思想世界外面。更为不幸的是，后人不仅无法进入古人的思想世界，而且还日益将筛选重构了的似是而非的思想世界强加于古人，言之愈精致，而失真愈甚。思想世界的这种遮蔽，又进一步导致了思想世界与生活世界的分离，而在传统士人的世界中，这恰恰又是难以分离的。

发现这样的问题，到解决这样的问题，仍然是一个复杂而长时段的任务。事实上，20世纪最后十多年以来的学术潮流已折向这样的问题的自觉与解决，只是面对的困难远比取得的成绩大得多。这种学术推进的艰难正反衬出上述前贤在中国学术从传统走向现代的努力中所取得的成就，并提醒我们不断地回顾他们工作的必要。

作者何俊，杭州师范大学副校长、教授。浙江省杭州市下沙高教园区学林街16号　310036

中国近代史研究中的西方话语体系及误区

张艳国　刘劲松

摘　要：改革开放后，西方话语体系开始进入中国近现代史研究领域，冲击—反应论、传统—现代论、中国中心论等先后在中国史学界形成一时时髦，产生过广泛而深远的影响。西方话语体系在我国得到广泛传播的因素很多，既有对改革开放以前三十年教条主义历史观支配史学研究的一种否定，也有为丰富史学研究而予以大力引介西方史学的一种尝试；既适应了我国改革开放后学术民主的实际需要，也有矫枉过正，过犹不及的偏差；既有纯粹的学术研究需要，也有意识形态的作用。不可否认，改革开放以来中国史学同西方史学构建了一种激荡共生、交流互动的学术生态和良性关系，其积极和主流的一面是促进了我国近代史学科乃至中国史学的发展；但在另一方面也体现为消极性，即中国近代史研究的西方话语及其语境误区。这些误区对构建具有中国特色的中国近代史学科体系与话语体系乃至中国特色的史学学科体系与话语体系，影响很大。正确认识中国近代史研究的道路，廓清西方话语体系误区，坚持马克思主义史学理论与方法指导，坚持中国传统史学优良传统，科学吸收当代西方史学积极成果，形成当代中国近代史研究范式与风格，不仅对于促进中国近代史研究有益，而且对于形成中国史学的当代形态、当代理论与方法、中国风格和标识、史学发展的中国道路都大有裨益。

关键词：中国近代史　中国史学　西方史学　西方话语体系

改革开放以来，中国与西方的学术交流全方位地展开，西方学者运用自然科学理论与方法以及交叉学科的理论与方法研究和解释历史的成果大量引入国内，起初是“老三论”即系统论、信息论、控制论和“新三论”即突变论、协同论和耗散结构论等现代自然科学方法，继之有历史人口学、历史心理学、文化人类学、灾荒史、生态史等新兴学科，接着结构功能主义、后现代主义、历史计量法、历史比较研究法等流行开来，中国历史研究呈现出百花齐放、百家争鸣的活跃景象。外来的西方话语体系，开阔了我们的研究视野，拓宽了我们的研究思路，丰富了我们的研究内容，深化了我们的学术认识，对推动中国近代史研究，功不可没。然而，凡事有利即有弊，有正就有反。对待西方话语体系对中国近代史的影响应作如是观。

一　中国近现代史研究中的西方话语体系

改革开放后，西方话语体系开始进入中国近现代史研究领域，冲击—反应论、传统—现代论、中国中心论等先后产生过广泛而深远的影响。

冲击—反应论。由美国哈佛大学教授费正清提出，得到当时众多学者赞同和支持。该论经典表述体现在费正清和邓嗣禹合著的《中国对西方的反应》（*China's Reponse to the West*: *A Documentary Survey*, 1839—1923）。在序言中，他们强调：“既然中国是人口最多的大一统国家，又有着最悠久的绵延不断的历史，她在过去百年中遭受西方蹂躏就必然产生连续不断、汹涌澎湃的思想革命，对这场革命我们至今看不到尽头。在充满‘不平等条约’的整整一个世纪中，中国这一古代社会和当时居于统治地位的、不断扩张的西欧与美国社会接触日益频繁。在工业革命的推动下，这种接触对古老的中国社会产生了灾难深重的影响。在社会活动的各个领域，一系列复杂的历史进程——包括政治的、经济的、社会的、意识形态的和文化的进程——对古老的秩序进行挑战，展开进攻，削弱它的基础，乃至把它制服。中国国内的这些进程，是由一个更加强大的外来社会的入侵所推动的。她的庞大的传统结构被砸得粉碎”，经过三代人的更替，旧秩序已经改变模样①。

费正清在其著作《美国与中国》（*The United States and China*）中，持相同观点："传统中国不是不变的，也不是静态的或停滞的。相反，它曾经持续的变化，而且变化多端，但变化总是在特定的文化和约定俗成的范式内进行。这种无所不包的范式在中国地理范围内长久存在，原因在于中国的制度——经济的、政治的、社会的、文化的——经过数世纪发展已经达到了自给自足、平衡和稳定的状态。"② 简言之，中国已经形成惰性，积重难返，但还没有达到一成不变的地步。不过，这种变化是在一定范围内进行的，没有西方的冲击，不可能冲出这个范围。

冲击—反应论是"费正清时代"的灵魂，因此其影响盛极一时。费正清的众多著作被不同出版社翻译成中文，广泛传播，如费正清与赖肖尔合著的《中国：传统与变革》，费正清主编的《剑桥晚清史》、《剑桥中华民国史》，等等。这些著作都程度不同地体现了冲击—反应论的基本观点。这一观点在中国学者中也有大量拥趸，在不同场合得到宣传、阐发。客观地说，冲击—反应论是美国一个世代对中国近代史研究的基本成果，被传播到中国后，对长期以来在中国近代史研究领域占主导地位的"以阶级斗争为纲"教条主义历史观产生了强烈冲击，对回到马克思主义唯物史观和重建中国近代史体系具有积极意义。

在冲击—反应论受到中国学者追捧的同时，其内在缺陷也暴露无遗。一是"冲击"的前提具有不确定性。冲击—反应论的潜在前提是西方，是西方对处于世界东方的中国的冲击，西方只是中国的参照系。问题在于，西方这个参照系是确定无疑的吗？不是！西方是个宽泛的概念，本身就处于剧烈的变化之中，存在着诸多分歧。正如美国学者所言："当我们回过头来观察近代西方本身时，这种虚假的一目了然的现象迅速消失。我们认识到 19、20 世纪的大师们殚精竭虑地探索近代西方事变的内在含义时，往往众说纷纭，相持不下……当然我们对西方所'知道'的［比对任何特定的非西方社会所'知道'的］要多得多，但是对于我们，西方

① Fairbank and Deng, *China's Response to the West: A Documentary Survey*, 1839 – 1923, Cambridge: Harvard University Press, 1963, p. 1.

② John King, Fairbank, *The United States and China* (Fourth Edition Enlarged), Harvard University Press, 1983, p. 79.

和过去一样，依然是迷惑难解的。”西方的不确定性如何能够作为衡量中国的参照系呢？

二是“反应”的对象具有不确定性。冲击—反应论的对象是中国。那么，这里的“反应”究竟是什么样的中国人？是中国普通的目不识丁的民众吗？是长期居于深山老林不知世事变迁的原住民吗？都不是！“中国回应”中的“中国”是个高度抽象化的概念，中国地域广阔，人数众多，民族、语言等方面差异很大，尽管他们都处于一个文化体系中，但对西方的认识却是千差万别的。所以，所谓“中国回应”，也只是指少数精英人物对西方某些方面的回应。如果简单地把少数人对西方的回应作为整体中国人来看，显然有失偏颇，有可能导致差之毫厘，谬以千里。

除了“冲击”的前提和“反应”的对象不确定外，冲击—反应论还存在诸多具体问题，如该论只适用于晚清时期某些问题，而不是整个中国历史的发展方向；该论多涉及政治内容，对社会、文化等方面缺乏足够的论述，等等。也正因为有着这样或那样的缺陷，冲击—反应论的经典作家费正清本人也在不断地修正着自己的观点，使其更切合中国历史发展的本来面目。在其遗著《中国新史》中，他开宗明义地指出：“中国最清楚中国历史，正如美国和欧洲最清楚西方世界的历史，这种事实会促使中国和中国以外世界的视角不一致。”[①] 在该书中，他强调，理解中国，第一件必须做的事是，避免用欧洲的尺度来判断中国。中国历史有自己独特的发展轨迹，不能把西方历史作为衡量中国历史的标准。中国的发展模式与西方不同。由此可知，冲击—反应论的浮夸之风逐渐消退，历史定位趋于平实，渐渐符合历史的本来面目。

传统—近代论。该论形成于20世纪五六十年代。美国费正清、赖肖尔等人认为中国在19世纪以前的变化是“在传统范围内的变化”，即“［在每个东亚国家］里，思想与行动的主要传统形式一旦确立，就具有一种惰性，一种按照常规惯例持续下去的倾向。只要未和西方直接接触，它们就只发生过‘传统范围内的变化，而未曾发生过根本变化’”[②]。美国当时几乎所有史学家都采用“传统”与“近代”来划分中国的历史。其

① ［美］费正清：《中国新史》，薛绚译，正中书局1994年版，第2页。

② ［美］柯文：《在中国发现历史——中国中心观在美国的兴起》，林同奇译，中华书局2002年版，第61页。

中列文森对传统—近代论的阐述最为深刻，尤其体现在《儒教中国及其近代命运》中。在该书中，他表示，中国的过去，从纪元前三世纪建立皇权——官僚国家开始直到19世纪，基本上是一派和谐景象，每件事物，都和其他事物默契吻合，文化上的各种选择，交织成一幅完整的图式，形成特定的社会秩序，各得其所，相得益彰。这个社会秩序如此稳定、和谐、平衡，它不仅无力凭借自身内部因素产生重要变化，而且还能抵抗来自外界的大规模改革。外国的影响可能使其传统文化更加丰富，但在近代之前，这些影响绝不可能导致根本转变。根本转变只能来自西方的强烈冲击。传统—近代论的基本逻辑是：中国只有通过外部力量的强烈冲击才能发生根本改变，只有近代西方才能发出这种冲击，冲击的结局是按照西方形象改变中国。当然，这种理论依据的祖师爷最早来自于德国近代哲学家黑格尔，他在其名著《历史哲学》中对中国历史所做的“哲学思辨”认为：只有当先进的欧洲介入中国历史发展时，中国历史的“终古如此的固定性”才能被打破，中国历史发展才能被纳入“世界历史”①。只不过，黑格尔的哲学观点在他身后八十年之后变成了一种大行其道的历史观点罢了。

传统—近代论还是当时西方流行的现代化理论的一个重要分支理论。根据美国学者的看法，近代化理论作为研究社会发展的一整套学说，是在第二次世界大战后几年中开始定型起来的。“当时冷战爆发，这种理论应运而生。它适应了西方的，主要是美国的社会科学家意识形态上的需要，被用以对付马克思列宁主义对‘落后’和‘未发达’现象的解释。同时它也提供了一套完整的说法来解释‘传统’社会如何演变为‘近代’社会——或者如一套‘传统社会近代化’丛书的编者们所称，‘一些宁静地区如何会变得生气勃勃’。”② 从这个角度讲，传统—近代论还是带有西方意识形态色彩的，尽管西方学者对此羞羞答答或者刻意回避，甚至是矢口否认，但是，在明眼人眼里，这一点是无论如何也否认不了的。

传统—近代论所依据的方法是，从时间维度研究中国近代史的变化发展。其前提是：近代化是各国历史发展的必由之路，近代化的实质是西方

① 张艳国：《史学理论：唯物史观的视域和尺度》，华中科技大学出版社2009年版，第159页。

② ［美］柯文：《在中国发现历史——中国中心观在美国的兴起》，第55页。

化；中国近代化的过程，也就是西方化的过程；西方既是中国近代化的参照系，也是中国学习的榜样。这一理论的缺陷同样是明显的，西方学者中也有人对此不乏清醒认识。比如费正清先生的学生柯文就对此批评道："这一取向的错误在于把一种来自外界的——同时也是狭隘的——西方观点，即关于什么是变化，哪种变化才是重要的界说，强加在中国历史上。这种取向如果不是明显地，也是隐含地侧重于从西方近代史角度就中国历史提出问题——例如，中国能否独立产生近代的科学传统和工业革命呢？如果不能，为什么？——而较少探讨中国历史自身提出的问题。隐藏在这种作法背后的假设是，西方近代史是规范（norm），从此又引起另一假设，即认为中国社会有些稀奇古怪，不太正常，必需加以特殊解释。"①换言之，这是基于西方中心观强加在中国历史上的一种解释或者演绎，它具有明显的西方歧视东方（中国）的意味。

当然，西方的发展模式未必不能作为中国发展的参考，但有两点值得注意：一是中国借以参考或引进的西方概念，还是不是西方概念本身所包含的内容或本质含义。如清末引进代议制概念时，大多数引进者强调的是代议制可以富国强兵。而戴雪的《英宪精义》、汉密尔顿等的《联邦党人文集》、孟德斯鸠的《论法的精神》，都没有提及代议制可以富国强兵。考察代议制从西方到中国的传播过程，不难发现，富国强兵的附加值是国人的独创，而不是代议制与生俱来的。西方学者的"代议制"与中国学者所说的"代议制"并不相同，这就是文化传播中存在的"变意"或"变异"现象的一个真实写照。二是西方学者所谓的西方概念，中国之前有没有。同样以代议制为例。一般认为这个制度起源于英国，逐渐扩展到欧美其他国家。但章太炎在《代议然否论》一文中指出，这个制度中国早已有之，只是没有被发扬光大，后来逐渐废弃。这样的事例还有很多。

冲击—反应论和传统—近代论其实是一个问题的两个不同方面，一个从空间维度研究中国近代史，一个从时间维度解读中国近代史，各自在不同方向产生影响。它们都忽略了中国历史是中国人的历史这样一个最基本的事实。只有从中国人的角度、用中国人的视角、用中国人的话语研究和解释中国历史，才能做到史论一致，得出符合中国历史发展本来面目的结论。上述两个观点实质上是西方中心论的一种具体体现，是西方优越论的

① ［美］柯文：《在中国发现历史——中国中心观在美国的兴起》，序言，第4页。

历史表述和话语，当然也是一种典型的西方文化歧视东方（中国）的观点。

中国中心论。该论是在反思冲击—反应论和传统—近代论等观点的基础上形成的，柯文是该观点的代表人物。美国汉学家柯文教授于20世纪70年代撰写了一部在汉学学术界颇有影响、具有标志性意义的论著《在中国发现历史——中国中心观在美国的兴起》。本书的发表结束了“费正清时代”，向西方汉学界指出了一条研究中国问题的新思路，即从中国发展的内在理路，而不是外力、外因来看待中国的历史与现状。柯文在书中提出，中国中心论的内容包括：1. 从中国而不是西方着手来研究中国历史，并尽量采取内部的（即中国的）而不是外部的（即西方的）准绳来决定中国历史中哪些现象具有历史重要性；2. 把中国按“横向”分解为区域、省、州、县与城市，以展开区域性与地方历史的研究；3. 把中国再按“纵向”分解为若干不同阶层，推动下层社会历史（包括民间与非民间历史）的撰写；4. 热情欢迎历史学以外诸学科（主要是社会学科，但也不限于此）中已形成的理论、方法与技巧，并力求把它们和历史结合起来。①

中国中心论的出现有其深刻的历史背景。根据柯文先生的说法，越南战争“揭露了美国在政治、道德、文化全面领先的神话，越南解放了美国史家，使他们也许是第一次，放弃了西方的准绳与西方衡量历史重要性的标尺，转向一种更加真正以对方为中心的史学，一种根植在中国的而不是西方的历史经验之中的史学”。译者林同奇先生解释中国中心论的兴起根源时表示：20世纪70年代之后，受越南战争、水门事件等事件的影响，部分美国学者“对美国与西方文明的精神价值发生根本动摇，对西方‘近代’历史发展的整个道路与方向产生怀疑，从而对上述美国研究中国近代史中以西方为出发点之模式提出挑战，倡导以中国为出发点，深入精密地探索中国社会内部的变化动力和形态结构”。无论是作者或是译者，他们的说法都是一致的，即西方文明的信仰动摇后，美国学者开始反思、怀疑之前的传统—近代论，进而反向提出中国中心论。

从方法论层面来看，研究中国历史，回归中国，是一种较为合理的思维方式。然而柯文的中国中心论并不是如此。从其产生来说，中国中心论

---

① ［美］柯文：《在中国发现历史——中国中心观在美国的兴起》，第201页。

是在对冲击—反应论、传统—近代论等被质疑后，逐渐形成的，而不是在仔细研读中国历史材料的基础上，经过缜密思考与研究而产生的。这种方法论，实际上是“史从论出”，理论高于史料；而不是中国传统史学所强调的“论从史出”，即观点立足于史料。这就完全颠倒了历史研究的基本原则，陷入了形而上学的困境。

从认识论层面来看，中国中心论过于忽略西方因素，过分强调中国中心，大有取消西方侵略的意味。近代中国的历史发展，中国内部的矛盾固然是主要动力，但在一定历史阶段，帝国主义与中国的矛盾会不断激化，也是成为推动中国历史发展的主要动力之一。这是不容否认的。中国中心论对中国中心地位的高度强调，实际上忽略了帝国主义与中国矛盾，或者说淡化了帝国主义对中国侵略的色彩，而把一切问题都归结于中国。这种认识取向，显然违背了历史发展的本来面目，这就是西方学者在“没有意识形态”的大肆渲染下所兜售的具有浓厚意识形态的历史观，这是值得高度警惕的。

当然，西方话语体系在中国近代史研究领域的影响，并不限于上述三个观点，还包括传统—反传统论[①]、大分流论[②]等等，内容从政治史，到思想史、经济史、社会史等，分析方法也多种多样，令人眼花缭乱。不过，从理论体系上，大体不超出上面几种基本思路，或是对上述理论的精细化阐述，或是对那些理论的部分修正完善。

二　西方话语体系深入中国史学的原因

西方话语体系在我国得到广泛传播的因素很多，既有对改革开放以前三十年教条主义历史观支配史学研究的一种否定，也有为丰富史学研究而予以大力引介西方史学的一种尝试；既适应了我国改革开放后学术民主的实际需要，也有矫枉过正、过犹不及的偏差；既有纯粹的学术研究需要，

---

① 代表作是［美］林毓生：《中国意识的危机——“五四”时期激烈的反传统主义》（增订再版本），穆善培译，贵州人民出版社 1988 年版。

② 代表作是［美］彭慕兰：《欧洲、中国及现代世界经济的发展》，史建云译，江苏人民出版社 2004 年版。

也有意识形态的作用。林林总总，不一而足。具体说来：

一是改革开放的必然结果，也是改革开放的必要条件。改革开放国策确立后，国门大开，西方史学研究成果大量涌入。此前，我国对西方学术深闭固拒，西方学者及其学术成果无法进入中国。国际上有影响的史学研究成果，只要同我国主流观点不一致，一般被斥之为异端邪说，不予接纳，甚至批判否定。改革开放以后，形势发生了根本改变，西方学术研究成果可以通过比较选择进入我国的学术研究领域，出现在中国同行眼前。如果没有改革开放，也就不会有大量的西方学术成果进入中国。改革开放国策确立后，中国的现代化运动随之启动。任何改革都需要借鉴历史上的成果，也需要借鉴国外的成果，以此不断完善改革过程。我国当代改革也不例外。他山之石，可以攻玉。为了能加快中国现代化建设，我国也需要借鉴西方现代化发展的研究成果，把西方经验转化成中国智慧，使中国改革开放具有世界性。在这种大背景下，对西方的了解成为一种时代的必然和文化自觉的实践。这种时代要求和内在需要，是西方史学话语体系进入中国的重要原因之一。

二是在世界视野下促进中国史学研究大发展的必然。伴随着改革开放推进，我国史学研究在当代得到全面发展。史学工作者为了促进学术发展，大量引进、吸收西方的研究成果，以丰富我国的史学研究内容。史学发展如同整个学术发展一样，需要进行世界性的交流，在世界视野下谋发展、促进步，并运用世界水平和高度来衡量中国史学。然而在此过程中，也出现了盲目引进或跟风的苗头，有的甚至在还没有消化的情况下，就进行积极介绍，可以说，当时西方任何一个有影响的史学流派，在中国都可以找到他的追随者。这种不经甄别或肤浅甄别的大规模引进，使得西方学术在中国一时炙手可热，广泛传播。这就在一定程度上，削弱了马克思主义唯物史观对于史学研究的指导。有的学者惊呼，在西方史学话语进入中国史学界的同时，其强劲之势以及很多年轻学人对西方史学观的追捧，造成了“马克思主义唯物史观的危机”，这是有一定道理的。

三是崇洋观念作祟的结果。西方话语在中国近代史领域盛行，也与部分学者崇洋观念有关。国门大开后，西方各种不同的学术观点进入了人们视野。有些学术理论与方法与我国传统史学或当代史学因研究方法不同或因结论不同而显得新颖独特。有学者因心理准备不足，或因品鉴能力不够，或因其他一些个性化原因，不满意于马克思主义唯物史观，也对中国传统史学不屑一顾，把西方史学理论与方法当成绝对真理，走到了崇洋自轻的一面。总之，由于在西方史学理论与方法面前，部分学者“表现失常，学术失范”，盲目接受，丢失了文化自觉的底线，跟着西方走，甚至以此为时髦，助长了中国史学西方话语与西方语境的滥觞。

三　中国近代史学视域下的西方话语体系误区

不可否认，改革开放以来中国史学同西方史学构建了一种激荡共生、交流互动的学术生态和良性关系，其积极和主流的一面是促进了我国近代史学科乃至中国史学的发展，但在另一方面也体现为消极性，即中国近代史研究的西方话语及其语境误区。这些误区对构建具有中国特色的中国近代史学科体系与话语体系乃至中国特色的史学学科体系与话语体系，影响很大。

一是造成了对马克思主义史学认识的误区。不用质疑，马克思主义唯物史观为我们认识和研究历史提供了理论指导。马克思主义经典作家是西方人，据此有人认为马克思主义也是西方话语体系的一个组成部分，运用马克思主义也是西方话语体系在史学研究领域的表现。从表面上看，这种看法似乎颇有道理。然而，这种把马克思主义和西方话语体系等量齐观的看法存在着巨大偏差。诚然，马克思主义起源于西方，如同毛泽东在他的名著《矛盾论》中所指出的，相对于中国本土文化而言，马克思主义也是外来文化，不过，马克思主义是科学的理论，可以在中国化过程中不断发展并指导中国实践。马克思主义还是一个开放的理论体系，在各国革命和建设过程中不断得到丰富和发展。列宁主义就是马克思主义与俄国基本国情相结合的产物，创造性地发展了马克思主义；我国的马克思主义也是在坚持马克思主义基本原理的前提下，创造性地与我国国情相结合，是具有中国元素和特性的马克思主义，是中国化的马克思主义，或者说在马克思主义理论体系中贯注了更多的中国革命和建设的经验，是同中国历史以及长期以来中国革命和建设实践融为一体的理论体系。因此，中国的马克思主义已经完全不同于西方的马克思主义，我们说的运用马克思主义理论，就是对马克思主义理论体系的进一步丰富和发展。

史学研究中的西方话语体系与马克思主义相比，只是西方学者对历史的一种个案性思考和具体的学术研究，这种思考和研究具有很大的局限性。以中国近代史研究为例。无论是冲击—反应论、传统—现代论，还是中国中心论，都是从某个具体问题出发，围绕具体问题展开，提出具有针对性的见解，缺乏整体性思考，因而虽然史学研究中的西方话语体系看起来新颖，也不排斥它具有一定具体的适用性、合理性，并在具体的研究领域具有真理性成分，但在历史观与方法论上，它们都有一个共同局限，即只见树木，不见森林，以偏概全，立足于西方立场，脱离中国实际。也正由于附着在这些话语体系下的问题意识与研究展开比较具体，而没有深入到中国历史发展的内在因素与客观规律、历史条件与文化背景，因此这些话语体系的学术适用性就相当窄，如果把它当成一种在历史观和史学方法上具有明确实用性的范式，不仅其话语体系的内在缺陷会暴露无遗，而且会将中国史学研究导入死胡同。从另一个方面讲，追随西方史学的必然结果，就是淡化了中国史学的民族特性、民族特点。众所周知，西方话语体系的背后是西方文化思维与语言表达，其特点和方式是西方的，与中国要素与风格具有明显差异。马克思主义史学理论与方法指导下的中国史学研究，具有中国特性、中国智慧、中国风格，对世界史学研究是一种贡献，对人类文明是一种贡献。对此，我们要有一种珍视和敬畏的态度。

二是造成了中国传统的史学研究方法与现代西方的史学研究方法优劣比较的误区。史学研究中有这样一种现象，一些学者一旦谈及研究方法，言必提西方，且如数家珍，娓娓道来，而提到中国传统的史学研究方法时，往往张口结舌，不知所云，甚或鄙夷不屑，斥之为糟粕。不可否认，西方学者在研究历史时，有的研究方法看起来较为严谨，较为科学，得出的结论似乎也较为稳健，这是一种好的现象。只要对历史研究有促进作用的科学方法，当然值得借鉴，从中吸取精华，以丰富史学研究方法。但任何一种史学研究方法都有其适用对象和适用时段，受一定时空观的限制。现代西方史学的研究方法也都受到时空观的制约，其话语体系与语境具有明确的规定性，如果把它不分青红皂白地放大，就会把这样或那样的不足带来，从而使真理走向谬误。那种只看到西方史学研究方法优点而无视其不足、夸大西方史学研究方法万能而贬低中国固有学术方法（“祖宗家法”）以及其他有益的研究方法的倾向和做法，显然是不恰当的，甚至是错误的。严肃地讲，这不是一个专业学者所应该具备的学养和素养；作为一个专业史学工作者，应该秉持科学的、开放的和实事求是的研究态度。

中国史学研究源远流长，具有优良的文化传统和优秀的学术传承，史学研究方法经历了世世代代学者的检验、实践和提炼，也相对成熟，被誉为中国传统特色的史学及其史学方法。如“史德论”、“史才论”、“史学论”、“史识论”、二重证据法、以诗证史法等。这些方法是对史学研究实践的经验总结，又在实践检验中传承发展，逐渐成形，具有科学性和实用性。中国传统史学研究理论与方法也许没有西方史学理论与方法那样看起来具有哲学思辨和鸿篇大论的华丽外表，但简明扼要，内容充实，行之有效。可谓简单中孕育深刻，扼要中蕴涵隽永。西方的史学研究方法和中国传统的研究方法，究其实质，都是史学研究方法，都在各自的学术研究中发挥了积极作用，推动了史学发展和进步。在文化互动上，两者是相辅相成，缺一不可。由此看来，任何夸大西方话语体系、贬低中国传统史学方法的倾向都是片面的、不可取的。学术有特色之分，地域之别，没有天生的排他性和唯一性。中国传统的史学方法经过千年传承，自然有其可取之处。那种认为西方史学研究方法优于中国史学研究方法的观点，是一种民族文化虚无主义倾向，实质上在抹灭中国传统史学研究方法成就，并不利用学术活动的展开。因此，我们不能简单在中国传统史学理论与方法同西方史学理论与方法中争长论短，看到西方史学之长，就贬中国史学之短；那种把西方史学凌驾于中国史学之上的做法，更是错误的和短视的。学术的发展，应该是包容式发展，互动式发展。以自己所追捧的一家之言或者是一家之法轻视、贬低或排斥其他学术方法，是不可取的。所以，在对待中国传统的史学研究方法和现代西方史学研究方法时，应该互相兼顾，不可偏废。

三是造成了对当代史学发展认识的误区。构建当代中国史学体系和话语系统，究竟是应该沿着“中国传统”走下去？还是要“跟进西方”？这在中国史学界是有重大分歧的。具体地说，在史学理论与方法构建中存在，在中国史学中存在，在中国世界史学科中存在，在断代史和专门史研究中也存在。走中国的路，就是构建有中国特色、中国风格、中国样式和世界水平的中国史学。走西方的路，就是抛弃中国传统，照搬西方史学理论与方法，追求西方史学意识与风格，与西方史学“接轨”和“同化”。

最近 20 年来，西方话语体系在史学研究中极为盛行，无论世界通史、中国通史，抑或政治史、经济史、思想文化史等若干专门史方面，西方话语体系都大行其道。更有甚者，中国传统史学的内容，以中国的话语体系出现时，几乎无人问津，一旦改头换面，穿上了西方话语的外套，立刻身价倍增，洛阳纸贵。个中缘由十分值得玩味。这是一种什么现象呢？简单地说，就是崇洋，恃洋为贵。重视西方话语体系当然未尝不可，学术本来就需要交流。但过犹不及，有人对西方学术高度重视，甚至迷信，进而排斥中国学术，到了只知西方学术而不知中国学术的地步，那就不正常了。这种认识和态度，显然无法在新的历史时期下推动中国学术健康正常发展。

正确认识中国近代史研究的道路，廓清西方话语体系误区，坚持马克思主义史学理论与方法指导，坚持中国传统史学优良传统，科学吸收当代西方史学积极成果，形成当代中国近代史研究范式与风格，不仅对于促进中国近代史研究有益，而且对于形成中国史学的当代形态、当代理论与方法、中国风格和标识、史学发展的中国道路都大有裨益。

作者张艳国，博士后，江西师范大学副校长、教授、博士生导师；刘劲松，博士，江西师范大学历史与旅游学院副教授、硕士研究生导师。江西省南昌市紫阳大道99号江西师范大学瑶湖校区 330022

从徽文化发展看中国学术走向

陆勤毅　计永超　孔令刚

摘　要： 徽文化是在原徽州地区所出现的既有普遍性又有典型性的各种文化现象的整合，是伴随着中华民族文明进程而形成的区域文化体系。本文从学术传统、经济基础、回应现实问题、学术氛围和学术流派等五个方面回顾和总结徽文化发展历程，辨识学术繁荣的基础和路径，并展望中国学术走向。

关键词： 徽文化　徽学　中国学术

当今中国之学术，是世界学术的重要组成部分，也是中华文化走向世界的重要根基。繁荣中国学术，需要坚持国内与国际的互动互助、时代与学术互动互助、历史与逻辑互动互助、现实与理论互动互助，在实践变革与理论创新的互动中发展中国学术，提升中国学术在世界的话语权，增强中国文化软实力。[①]

中国传统文化以儒、道、佛为三大支柱。儒、道、佛三家虽各有所重，然能融合会通、和而不同，架构了中国具有强大生命力、博深严密的学术体系，长期以来支配和影响着中华民族的发展，尤以儒学影响最大最深。[②] 徽文化是对中华民族宋以后民间社会生活实态的生动体现和真实反映，是中华儒学文化在徽州的厚实积淀，是中华传统文化中的一朵极具典

① 王伟光：《一部视角独特、全面系统的当代中国学术史——在中国社会科学院科研成果发布会暨〈中国哲学社会科学30年丛书〉出版座谈会上的讲话》，《文汇读书周报》2008年11月28日。

② 方立天：《中华文化的三大传统》，《光明日报》2006年6月24日。

型性、丰富性的璀璨奇葩。[①] 回顾和总结徽文化的发展历程，对于我们筑牢学术繁荣的基础、把握中国学术走向具有重要的启迪价值。

一　经济繁荣是学术繁荣的保障，繁荣中国学术必须抓住和用好前所未有的有利条件

经济以文化为魂，文化以经济为根。没有徽商就没有徽学。经济基础是从事学术研究的基本保障。地域文化是中国文化的组成部分，是中国文化的具体体现。徽州地区是历史上躲避战乱的好地方，三次中原人口大迁徙使得中原文化在此积淀。徽文化在保存和继承传统儒家文化方面作出了巨大的贡献。徽州涌现出了大批著名人物，如朱升、胡宗宪、许国、父子宰相曹文植和曹振镛、马克思《资本论》中提到的唯一一名中国人王茂荫、清朝的考据家戴震、大文豪汪道昆、发明珠算口诀的陈大位等，或驰骋于政坛，或对中国文化作出了贡献。

徽商是一段历史，一种经济现象，也是一个文化现象。徽商为徽州社会文化的发展、繁荣提供了厚实的经济基础，同时徽州教育为徽州社会文化的繁荣、发展提供了丰富的智力资源和连绵不绝的文化传承。宋代以来，徽州传统教育为徽州社会培养出二千多名进士和数不清的各类人才，使徽州的学术、绘画、书法、篆刻、医学、戏剧、建筑等都极为繁盛，从而形成了新安理学、徽派朴学、新安医学、新安画派、新安篆刻、徽州版画、徽剧、徽州建筑等斑斓璀璨的“徽文化”。徽文化的内涵主要有三个方面：第一是宗族观念，第二是理学思想，第三是商业精神。徽文化这些内在的、精神层面的东西有其自己的特点。

经济发展一方面为学术繁荣奠定经济基础，同时经济社会的发展又为学术研究提出了更为广大的课题。学术文化的发展是精神层面的运动，是文明进步的深层推动力，也是一个民族崛起的重要标志。当下，我们的经济发展成就为世人瞩目。但我们的学术文化和经济相比是失衡的。展示一个民族的个性、保存一个民族精神风貌特征的，则主要在精神生产、精神生活领域。学术文化是一个民族精神风貌的展现和生存发展的根本，是维

---

① 菲元：《徽州文化在海内外的影响》，《安徽日报》2007 年 7 月 5 日。

系一个国家、一个民族保持稳定的精神凝合剂和精神纽带，是引导国民前进的精神灯火。

2011年，以美国为首的发达资本主义国家遭遇多重危机，标志着资本主义制度正在遭遇历史性的反思与重构。这也为中国学术走向世界、发出声音提供了世界性历史机遇。中国的学术创新可谓正当其时。在中华传统前所未有的伟大转型过程中，中国思想应当有所呈现，并事实上正在形成一些受到西方学术界关注和重视的表达。在日益鲜明的国际学术交流氛围中，中国学界越来越具有讲述和表达的资质与条件，有利于提升我国在国际学术领域的话语权。随着中国政府对哲学社会科学发展的日益重视，已走过百余年发展历程的当代中国学术，正面临着形成中国特色话语体系，与世界学术展开平等的、有尊严的对话的关键抉择。当前，中国学者的学术自觉、学术自信日渐凸显，在中国学术的历史维度和实践维度充分展开的过程中，它将砥砺中国思想锐度，臻达世界学术高度，发出中国学者声音，推进世界学术进程，并与悠久的文明传统、辉煌的发展成就形成庄严的对称。

中国经济建设取得了惊人的业绩，但离建成富强、民主、文明、和谐国家的目标还有很长的路要走。特别是近年来由于一些重要经济和政治领域的改革迟滞，一些社会矛盾变得尖锐起来。人们由于社会背景和价值观上的差异，往往对于这些矛盾的由来给出不同的解读，提出不同的解救之策。在这种社会矛盾凸显、不同政治诉求之间争辩趋于激化的时刻，学术界需要建立公正平台，为防止各种极端派思潮撕裂社会，推进市场化的经济改革和法治化、民主化的政治改革，推动中国社会实现平稳转型，提供理性思维。也就是说，在经济获得发展、基本上解决了温饱问题的今天，我们有必要抬高眼光，看到学术文化的重要性，从而使发展战略更加符合历史进步的逻辑和时代的要求。中国崛起最终不仅仅是要在经济上崛起，要获得世界各国的尊敬，更重要的是要在文化上崛起，这才是真正的崛起。

二　深厚的文化传统是学术繁荣的土壤，繁荣中国学术必须做到文化自觉和文化自信

在漫长的岁月中，我们的祖先在神州大地创造了我们民族的悠久历

史，也创造了我们民族的传统文化。徽文化是在原徽州府下属六县所出现的既有普遍性又有典型性的各种文化现象的整合，是伴随着中华民族文明进程而形成的区域文化体系。

学术思想是人类理性认知的系统化，是民族精神的理性之光，学术思想发达与否是一个民族文化是否发达的标志。当我们习惯地称某些国家有悠久的历史文化传统的时候，其实就是说这个国家的学术思想发达。世界上四大文化圈，古希腊罗马文化、阿拉伯文化、印度文化和中华文化，都有悠久丰富的学术传统为之奠基。其中尤以中国的学术思想最具特色。中国历史上不同的阶段都有作为阶段性标志的学术思想。徽文化的繁荣也是植根于徽州深厚的学术传统。

文化自觉是一个国家、一个民族、一个政党在文化上的觉悟和觉醒，包括对文化在历史进程中地位作用的深刻认识，对文化发展规律的正确把握，对发展文化历史责任的主动担当。文化自信是一个国家、一个民族、一个政党对自身文化价值的充分肯定，对自身文化生命力的坚定信念。文化自觉、文化自信，最终目的还是要实现文化自强。在国际社会中，像中国这样一个发展中大国，要掌握自己的前途命运，就必须有自己的文化设计，有自己的文化力量。现在，我国的经济实力、综合国力有了显著提高，更应当深入思考“经济发展以后要干什么”的问题，把文化改革发展纳入经济社会发展总体规划，纳入科学发展考核评价体系，牢牢把握文化发展主动权，真正做到与经济建设、政治建设、社会建设协同推进，尽快形成自己的文化优势，建设文化强国。

学术传统是学术繁荣的土壤，而繁荣中国当代学术需要立足现代，通变古今。中华民族在连绵不断的发展过程中，像滚滚东流的长江那样，以磅礴之势，冲破险阻，奔腾向前，现在更雄姿英发，屹立于世界民族之林。我们国家正处在一个新的继往开来的关键时刻。继往就是继民族优秀传统之往，开来就是开现代化建设之来。对中国传统思想文化从广度和深度上进行系统研究，以原创性的工作对其进行新发现、新阐释，正是继往开来的首要环节。一个民族如果没有创新的能力，也就不可能保护自己的传统文化。中华民族素有文化自信的气度，正是有了对民族文化的自信心和自豪感，才在漫长的历史长河中保持自己、吸纳外来，形成了独具特色的中华文化。要礼敬自豪地对待中华优秀传统文化，深入挖掘和提炼有益思想价值，大力繁荣发展具有中国特色、中国气派、中国风格的优秀文化。要倍加珍惜我们党领导人民在艰辛革命历程中形成的光荣革命传统，使之深深融入人们的精神世界，不断汇集新的精神力量。要大力弘扬改革开放以来形成的新思想新观念新风尚，不断赋予中华文化以鲜明的时代特色。要以积极的态度对待外来文化，广泛参与世界文化的对话和交流，大胆吸收一切有利于我国文化建设的有益经验和优秀成果，在中华民族伟大复兴的道路上实现中华文化的繁荣兴盛。一个民族的传统文化如果不加以创新和变革，也就没有生命力，无法与高速发展的社会相适应。要勇于创新，善于从传统中寻找智慧，自觉实现中国学术的时代化、现代化和国际化。

三 现实的需要是学术繁荣的引擎，繁荣中国学术必须以回答重大理论和实践问题为根本任务

中国社会的经济、文化发展的中心随着南宋王朝的“靖康之渡”而彻底移向江南，江南从此成为中国经济、文化和社会发展的最为活跃、最具代表性的地区。徽文化正是在南宋以后，在经历了长达一千多年的新安文化的积累之后全面崛起，明清时达到鼎盛，成为中国文化的重要组成部分。

历史上，中国学术在社会激荡中磨砺和前行。发达的经济水平、先进的社会制度和思想文化对中华民族不断提高凝聚力和向心力发挥着重要作用。鸦片战争开启了中国“三千年未有之变局”。随着琳琅满目的商品进入国门的，是西方的器物、制度和文化，西方的价值观念和生活方式。这一切，使中国内部发生了深刻的变革：自然经济逐步解体、商品经济快速发展、新的生产方式出现、新的阶级产生；学术上，旧的学科脱胎换骨、新的学科生根发芽。于是就有了一场场政治运动、一次次思想启蒙、一场场文化论战、一批批学术成果。由此开启了中国根本不同于传统的近代化历程，形成了波澜壮阔的中国近现代史。这样的时代对于思想学术界来说，最易催生学术繁荣，最易造就思想巨擘。

学与术连用，学的内涵在于能够揭示出研究对象的因果联系，形成建立在累积知识基础上的理性认知，在学理上有所发明；术则是这种理性认

知的具体运用。[①] 学术之道，不可能不回答从何处来到何处去的问题。自觉把握并从学理层面自主回应当代中国与世界发展面临的各种重大的“真”问题，对当代中国与世界发展面临的重大问题作出中国学者自己的回应，是中国学术界的使命。当下的中国社会处于巨大的转型期，进入全球化的中国文化，也必将影响着世界的文化。随着中国的崛起，中国经济总量在全球所占份额的增大，中国经济影响力在全球的增强，相应的中国学术必须“走出去”，向全世界传播中国学术的优秀成果，学术界必须提升激发中国学人自信的理论的原创力，站在历史的制高点和时代的制高点上做学问，为人类文明作出应有的贡献。

环顾当今世界，社会环境急剧变革，学术思潮不断翻新，中学与西学互动，传统与现代并存。中国学术既面临着严峻的挑战，也面临着宝贵的发展机遇。当代中国的发展是独一无二的，当代中国学术的发展也是独一无二的。要深刻评价学术研究，就需要立足于历史的制高点，将评价的指针拨向社会历史发展提出的重要理论和实践问题。

中国学术要在世界真正占有重要的一席之地，必须有建设性的反思批判精神，要处理好科学性与价值性的关系、理论性与经验性的关系、传统性与现代性的关系、反思性和建设性的关系，以及国际性和本土性的关系，理解国际学术前沿问题、最新理论、方法以及趋向。我们以自己的文化传统为主体来吸收消化外来文化，同时以自己文化传统为主体来参与世界多元文明的融合也是必然的。贯五千年传统之大道，采五大洲文明之精华，只有这样的集大成，才是中国文化未来的正途。[②] 世界经济发展的大势，中国经济社会发展对学术的需求，学术本身发展繁荣的需求，都是学术研究所要面对和回答的，从而成为学术繁荣的引擎。

在历史新时期，有责任的学术研究，需要站在时代前沿，努力研究前瞻性、战略性、全局性重大战略问题。唯其如此，才能真正深入现实，把握社会变迁，把握世界趋势，为中国学术薪火相传、为中华文明走向世界提供思想动力和智力支持。

---

① 刘梦溪：《中国现代学术要略》，生活·读书·新知三联书店2008年版，第9—12页。

② 韩星：《全球化背景下的儒学与中国文化整合》，《东方论坛》2006年第1期。

四　思想自由是学术繁荣的核心，繁荣中国学术必须坚持"以人为本"的理念

人们往往强调技术进步对于西方国家兴起的推动，而忽视文化、思想变革和认知进步所起的作用。对此，我们应当追问，如果没有文艺复兴和启蒙运动打破中世纪宗教迫害和思想禁锢，吹响思想解放的号角，提倡用理性去批判地观察世界，人们的科学精神和创造欲望能否得以发扬，作为18世纪以降经济革命源泉的制度和技术创新是否有可能发生？近年来大量经济史、技术史的研究成果清楚地告诉我们，西欧先行工业化国家从早期增长模式到现代经济增长的最重要的途径，在于与基础科学进展密切联系的技术的广泛运用，而科学和教育之所以能够在17—18世纪以后获得长足的进步，首先是由于文艺复兴和启蒙运动为科学和文化的繁荣准备了良好的社会条件。历史经验证明，文艺复兴和启蒙运动所倡导的思想自由和学术独立，乃是繁荣科学和文化的必由之路。

回顾中国学术发展史，同样可以发现，学术繁荣大多发生在人的个性能够相对发展和张扬的社会里。儒家思想以"人"为本，侧重从"人"的角度来观照人生、社会和自然，重视人的生命意义与价值。徽州浸润着浓厚的儒家文化传统，儒家思想是积淀于徽商文化心理结构中的因子。

朱熹理学中的积极人生追求，人与自然和谐的价值取向，形成了五大共同价值观：（1）国家至上，社会为先；（2）家庭为根，社会为本；（3）关怀扶持，同舟共济；（4）求同存异，协商共识；（5）种族和谐，宗教宽容。在朱熹思想熏陶下形成的徽州文化对于当代社会也有着积极的意义。其一是崇尚和谐。和睦宗族、和睦乡邻、扶贫携弱等内容都刻在徽州祠堂的族规上；而一座座如诗如画的乡村，正是人与自然和谐的明证；其二是崇尚艰苦奋斗、自强不息的创业精神。虽说"前世不修，生在徽州，十三四岁，往外一丢"，虽说"七山一水一分田，半分道路与庄园"，徽州人没有太多可以利用的资源，但靠着艰苦奋斗、自强不息的精神，不论是读书、经商还是学艺，都是人才辈出，成就斐然；此外，徽州文化是平民文化，反映的是平民生活，在崇尚"以人为本"的今天，更具借鉴意义。

古徽州人总是把塑造子孙的品格修养放在首位，要求他们勤学苦读，行善立德。这样的家庭氛围对子孙日后待人接物的处世哲学、立身原则都会产生积极影响。而这种氛围的扩展进一步孕育了徽文化的“学术氛围”。

从大处讲，“学术氛围”指一个民族探讨学问、尊重学问的精神气质和气氛，从小处看，“学术氛围”包括学者的独立思考问题和热衷探讨学问的精神。以人为本理念是一种充分肯定人的社会主体地位和作用的价值取向，人的个性能够充分张扬是以人为本社会的基本特征之一。人本主义心理学家马斯洛将人的需求分为五种：生理需求、安全需求、社交需求、尊重需求、自我实现需求，五种需求从低到高，按层递升。尽管后来学者认为该理论带有局限性，但也不得不承认这是一项无法取代的、对人性分析较为精辟的理论。以人为本理念强调尊重人、解放人、依靠人、为了人，恰恰契合了马斯洛的需求理论，符合人的自然属性和社会属性。

真正的学者应该充满人文的情怀，从过去与未来、理想与现实的结合处，努力为文明的升华提供智慧的支持，这是真理的价值所在，学术因之得以长存。以人为本的本质是解放人，解放人的关键是要解放人的思想，而思想自由正是造就学术繁荣的必要条件。以人为本，社会无疑能够充分保护、激活和调动人的创造性和创新力，由此也必然带来人类社会的高级精神文化产品——学术研究的繁荣。

五　学派纷呈是学术繁荣的标志，繁荣中国学术必须形成百家争鸣的生动局面

“学术群体”，或可称“学派”和“流派”。一个流派往往有相似的理念，在学术上独树一帜，有其代表性人物，是学术创新的体现。自宋以来，徽州“儒风独茂”，文化繁荣，教育普及，科举昌隆，因而人文荟萃，形成了许多具有影响力的学术流派。当时纷呈的学派、流派作为中国封建后期文化在这些领域的典型代表，都具有标本性的意义。

学派在中国这样一个重视人文传统的国度，历来有自己的独特传统。从春秋战国的百家争鸣始，学派学术蔚然成风，虽后也经废黜百家、独尊儒术的时代，但儒释道长久并存的历史，传承的依然是学派之风。儒分几

家，道各有宗，释存大小。及至明清，陆王学派、桐城派、浙东学派、吴学、皖学、扬学等乾嘉之学等等，是中国学人的传统，也是中国文化的特色。中国的学派文化，一方面体现了文化的地域性，往往一地一学派，一地一风格，一地一学术，一种地域文化就催生出一种地域学派；一方面体现为同一地域还有群学并出、流派纷呈的景观，同派不同学，同源不同流，同宗不同法；再一方面表现为一位宗师有无数门徒、学生、弟子追随，学问不断传承翻新，或者一门学问、一种学术成群体性研究、研习，出现一批代表人物、代表作品，名家大师广为传颂；还有一种情况，即学派表现为学术论战，强大的学派无不具有论战、辩论的强大能力和战胜论敌的经历、成就。①

从历史上可以看出，凡是思想自由、不同学说竞行的时代，都是学术繁荣的时代。学术需要互相砥砺，切磋琢磨，流派纷呈，枝繁叶茂；万马齐喑，唯我独尊，只能窒息学术。孔子盛赞“和而不同”。学术需要的不是“同”，而是“和”，是尊重差异、包容多样。真正的“和”是五音和谐，五味调和，五色纷呈，是不同的声音彼此尊重、互相唱答式的和鸣。“学术者，天下之公器。”既然是公器，它就应当为学者所共同关注，而关注的前提条件就是平等的对话和交流，学术争鸣推动学术繁荣。学术高度成熟与发达的唯一标志是百家争鸣、流派纷呈。

何谓“学术”，梁启超在《学与术》中写道：“学也者，观察事物而以发明其真理者也；术也者，取所发明之真理而致诸用者也。”严复在《原富》中也认为：“盖学与术异，学者考自然之理，立必然之例。术者据已知之理，求可成之功。学主知，术主行。”“独立之精神、自由之思想”，学术之精要也。

学术之繁荣，并不一定以社会平稳划一为前提，反之，自由之环境、多元之思想，也是学界大家辈出、精品频现的重要原因。学术高潮期的出现以大师辈出、思想攻错、学派纷呈为主要标志。20世纪二三十年代是人才辈出的年代，波澜壮阔的社会变革、汹涌澎湃的文化交融、前无古人的思想启蒙构成了一幅纷纭复杂的图景，为那些通古今、融中西的学者们创造了一个可以充分施展才情的学术舞台。在这个舞台上挥舞着的是“民主”与“科学”的旗帜，洋溢着的是“自由”与“独立”的氛围，

① 毕兹：《学派是文化走向深刻的标志》，《中国艺术报》2013年1月24日。

闪烁着的是思想与智慧的光芒，活跃着的是康有为、梁启超、章太炎、王国维、蔡元培、鲁迅、胡适、陈寅恪、梁漱溟、熊十力、钱穆、金岳霖、汤用彤等学术大家。诚如陈平原所讲，当时的中国学界“新的学术范式已经确立，基本学科及重要命题已经勘定，本世纪影响深远的众多大学者也已登场”；但好景不长，“随着舆论一律的推行，晚清开创的众多喧哗、思想多元的局面也不复存在，取而代之的是立场坚定、旗帜鲜明的党派与主义之争，20世纪中国学术从此进入了一个新的年代”。

一个民族的灿烂文化，必然要有一批泰斗和巨匠来代表。中外历史上，每一个文化大发展大繁荣的时代，又总是伴随着大量杰出人才的涌现。这些伟人、大师、巨匠，既是推动那个时代文化发展繁荣的领军人物，也代表了那个时代的精神文化高度，成为那个时代文化发展繁荣的标志。在中国历史上，春秋战国时期，社会结构急剧变化，社会矛盾异常尖锐，兼并战争接连不断，思想文化空前活跃，出现了诸子百家相互争鸣的盛况空前的学术局面。这一时期是中国古代思想和文化最为辉煌灿烂、群星闪烁的时代，在中国思想发展史上占有重要的地位。

学术思想是人类理性认知的系统化，是民族精神的理性之光，学术思想发达与否是一个民族文化是否发达的标志。“仰望星空，脚踏实地。”在新形势下，学术繁荣更需要提倡经世致用的学术价值取向和扎实严谨的学风文风。繁荣不是热闹，创新不是猎奇，力戒浮躁，潜心治学，打造精品，才是真正的学术繁荣之道。中国是一个大国，大国应该有大国的追求、大国的灵魂、大国的气派。中国要努力成为气象万千的“学术大国”。

作者陆勤毅，安徽省社会科学院院长，教授、博士生导师；计永超，安徽省社会科学院党组成员，《江淮论坛》杂志主编；孔令刚，安徽省社会科学院哲学与文化研究所副所长。安徽省合肥市卫岗美菱大道131号　230053

质性研究与社会学的中国化*

石　英

摘　要： 社会学中国化是时代的命题。我国恢复重建以来的社会学追随西方社会学科学主义传统亦步亦趋，崇尚精确量化研究的“统计社会学”成为主流。质性研究传入中国形成一种新的社会学范式，与量化研究形成鲜明对比。中国社会学早期本土化探索的成功之路给我们以深刻启示，必须立足中国实际，植根中国文化。质性社会学的基本理念契合了中华民族传统文化和思维方式。社会学中国化的途径：取道质性研究，回归人文传统。

关键词： 社会学　质性研究　中国化

一　中国社会学呼唤本土化

（一）学科建设的呼唤

社会学在中国的恢复重建，是与改革开放完全同步的。短短三十余年，社会学教学、研究机构从无到有，人才队伍迅速壮大，学科体系逐步成型，期刊、著作和学术成果在世界学术之林占有一席之地。尤其随国家和谐社会、社会建设、社会管理的提出，社会学的学科地位也正在由过去相对次要的“潜学”变为越来越热的“显学”。

---

* 原文刊发于《人文杂志》2013 年第 4 期。

尽管中国社会学取得了长足的发展，但总体看，可以说我们尚没有建立起真正意义上的“中国社会学”。有学者指出：“中国社会学虽然阶段性地完成了学科重建的任务，但距真正意义上的学科复兴尚有不短的距离。因为学科重建之精髓不仅在于学系之建立，学刊之举办，学会之成立，著作之出版等那些有形要件，还在于一种学科知识传统之再建。在这一意义上，社会学重建的实质是‘学理’的重建。”[①] 的确，从学理层面看，我们的社会学无论是话语体系还是方法理论，很大程度上都只是“西方社会学”。社会学教材的主要概念、范畴、理论都照搬西方，研究方法直至成果表述都是套用、模仿西方体例结构，语言表述流行的是西方话语体系、符号系统，而在研究成果的评价上更是以西方标准为标准，称之为“学术规范”。经济学在次级学科分类及教材建设中，明确提出了“西方经济学”概念。但社会学界却极少有“西方社会学”的提法。恰好表明大家默认的社会学只有一种，那就是西方的主流社会学。难怪有社会学家在总结改革开放以来中国社会学的成就与问题时，指出中国社会学存在三种“令人忧虑的倾向”，第一种便是“西方尤其美国社会学概念和方法的简单移植”。[②]

社会科学研究、人文研究与自然科学研究不同，具有明显的地域性。这是因为，自然世界与人类社会是不能等同的，自然现象虽然变化无常，但是现象背后的规律，则是古今如一。因此，自然科学“它是科学的普适的，是无民族无国界的”[③]。物质世界服从宇宙统一的规律，所以不可能有“国别物理学”的产生，不存在自然科学的“本土化”问题。人类社会的发展当然也有许多共性和普遍规律，但国家、民族、历史、文化的不同，使得大千社会表现明显的差异性。企图把西方的理论、方法及所研究的主题全盘移植到中国是不现实的、不科学的。社会学以解释社会现象、探求社会发展规律、维护社会和谐、推动社会进步为己任，其理论和方法的本土化是学科建设的必然要求。

---

① 田毅鹏：《社会学学科知识基础的重建》，《中国社会科学报》2009年9月22日第8版。

② 应星：《中国社会学的转型与中国社会学的复兴》，《光明日报》2008年10月21日第11版。

③ 张宇：《关于构建中国经济学体系和学术话语体系的思考》，《光明日报》2012年8月20日第1版。

（二）社会转型实践的呼唤

当今中国正处在“社会转型期”。这一转型包括了由计划经济体制向市场经济体制的转型，由农业社会向工业社会的转型，由传统社会向现代社会的转型。转型期社会结构剧变，社会矛盾高发，为社会学提出了许多急需解释、解决的社会问题。应当说，当代中国社会学者还是普遍具有这种“问题意识”的。然而，目前我们极少看到社会学重大成果在解决现实社会问题中发挥理论指导、实践先导的作用。关于中国特色社会主义社会建设、加强和创新社会管理等重大决策及相关理论往往是由政治家们提出，社会学的功用则是跟在后面亦步亦趋地诠释和总结。

毫无疑问，社会学是一门应用性极强的学科。“社会”对该专业及毕业生理应有强烈的需求，然而现实是相关专业境遇极其尴尬。譬如，伴随社会建设的需要，民政部发文要求建设一支宏大的社会工作者队伍，教育部则短期内就在全国高校部署、设置、“培育”了一大批招收本科生和研究生的“社会工作”专业（作为“社会学”一级学科下的应用型专业方向）。然而，这些毕业生大多加入“就业难”队伍。普遍反映社会工作专业所学内容“用不上”。这种际遇固然与“体制”有关，但更多的却是学科自身的“先天不足”和“水土不服”。社会工作专业照搬西方的基本框架、话语体系，与国内社区实际格格不入。

早在“五四”时期，中国知识界就有“中”、“西”之学的“体”、“用”之争，体现出学界一种强烈的自我意识。十月革命一声炮响，给我们送来了马克思、列宁主义。百年中国革命史是马克思主义不断中国化的历史。对于来自西方的马克思主义，是教条主义地照搬照套还是结合中国实际吸收消化创新，不同的态度导致截然相反的结果。在社会转型的关键期，立足中国实践，解决中国问题，迫切需要社会学的本土化。

（三）大国地位的呼唤

目前中国还是世界第一人口大国，历史悠久民族众多，国内生产总值也已成为世界“第二大经济体”。可以说中国拥有世界最大且最复杂的“社会”，理应产生与之相应的“社会之学”。“但是，在当今世界社会学界，没有中国社会学流派，没有中国社会学思想，没有中国社会学大师。"[①] 显然，这种状况与一个大国的地位是极其不相称的。

可以看到，中国社会学界不少权威专家"言必称西方"，评价标准也基本都是西方的，学界完全是一种弱国心态。一门学科整体上跟在别人后面亦步亦趋，不可能达到学术前沿，更谈不上超越。而社会学不同于其他学科，社会学的落后将很难孕育出先进的社会思想，也很大程度影响着国家软实力的发挥。

郑杭生教授认为，中国社会学的"理论自觉"是当今时代的要求，是当前形势提出的紧迫问题。"既不能看轻自己，抬高他人，也不能反过来，看高自己，看轻别人。"[②] 中国共产党十八大报告提出要坚定中国特色社会主义的"道路自信、理论自信、制度自信"，这里的"理论自信"包括了中国特色的社会学理论。但如果没有本土化的成功，就不可能建立起社会学的理论自信。

本土化就是结合当时、当地实际，结合本民族、本地区实际。从一个国家范围，社会学的本土化即社会学的中国化。本土化需要一定的理论准备，需要建立在对世界主流社会学的全面了解和反思基础之上。

二　西方社会学的科学传统及量化倾向

作为一门独立学科的社会学，是基于欧洲国家社会大转型时期的需求应运而生，是工业化、城市化、现代化的产物。与此同时，社会学也是伴随着近代自然科学的诞生而诞生，这种渊源也使得社会学学科体系、思想方法打上了浓厚的自然科学烙印。公认的社会学鼻祖、创始者法国人孔德（1792—1857）就把社会学看作像自然科学一样，并认为是人类认识史上"科学序列"最高级也是最后一门学科。他对科学的排序依次为：数学、天文学、物理学、化学、生物学、社会学。社会学创立早期，被称为"社会物理学"。之后，同样是法国社会学家涂尔干（1858—1917）以《社会学方法的准则》和《自杀论》等著作，奠定了社会学实证、定量研

① 李毅：《中国应创建世界一流社会学》，《中国社会科学报》2011 年 8 月 9 日第 4 版。

② 李潇潇：《理论自觉与中国的学术话语权——访著名社会学家郑杭生教授》，《中国社会科学报》2010 年 9 月 9 日第 5 版。

究的一般原则，并树立了示范样板。步入 20 世纪，统计科学的发展、抽样理论的创立，尤其盖洛普（1901—1984）建立的美国舆论研究所及其民意调查的成功，使得抽样问卷调查、多变量统计分析及检验技术逐渐成为社会学研究方法的标准。一代代西方社会学大师不断丰富发展着这门学科的理论和方法体系，但贯穿始终的是逻辑实证主义传统。尽量向自然科学靠拢看齐的方法论仍然是西方社会学的主流。

“科学的”社会学必须符合科学的特性。其一曰客观。就是强调研究者独立于研究对象之外，保持价值中立。只做客观描述，不做价值判断。反对先入为主，“人为”干预。其二曰实证。强调其“经验科学”特性，注重社会调查、社会实验，研究结果要求可重复、可检验。其三曰逻辑。倡导精确定量，注重数据分析、数学语言表达、数学模型统计方法。“只有当社会能够用数学语言来表示时，他的各部分之间的确切关系才能得到证实。只有当资料可以通过可信的计量工具用数量加以表示时，不同研究者的研究结果才能直接地加以比较。没有量化，社会学就只能停留在印象主义的臆想和未经证实的见解，因而也就无法进行重复研究，确立因果关系和提供证实的通则。”①

我国自社会学恢复重建以来，一直十分明确地定位为“经验科学”。“中国社会学在恢复之初，主要是请美国社会学家来华讲学，受到美国社会学的研究风格影响较多一些。因此，30 年来的中国社会学在研究风格上更具有实证研究的特点。”② 以自然科学为模本，在研究应用中已经形成一整套“规范”严密的研究方法，包括抽样技术、量化资料收集技术、以数理统计为基础的资料分析技术等等，确立了量化研究在中国社会学研究中的主导地位。社会学的学术规范被概括为“洋八股”：问题—文献—假设—测量—数据—方法—分析—结论。“一项研究要从问题出发，然后综述相关文献和理论、讨论各种不同观点和可能的答案，进而从中抽出假设命题；之后测量概念，收集数据，设计分析方案；最后分析数据以检验假设，并作出总结。八个部分各行其职，环环相扣。”③ 随着计算机统计

① ［英］哈拉兰博斯：《社会学基础》，载陈雯《社会科学研究中质与量的方法选择》，《重庆社会科学》2009 年第 3 期。

② 李强：《理论研究对于社会调查及实证研究的重要性》，《中国社会科学报》2009 年 10 月 29 日第 7 版。

③ 彭玉生：《“洋八股”与社会科学规范》，《社会学研究》2010 年第 2 期。

和信息技术的发展，“数字化时代”“数字生活”和“数字地球”更激发把一切纳入“数字表达”的愿望。

社会学领域这种“定量分析”的方法取得一定成功的同时，更表现出极大的局限性。其解释力、预测力很大程度上不如许多非定量的研究成果。“过度数量化”逐渐与现实脱节，使其“经世致用”功能演变为一场数字游戏。以致有人认为，与其说是“社会学”，不如说是“统计学”。我们以国外通行的五分制量表进行满意度测量；我们制定“幸福指数”、“和谐指标”；我们计算现代化的实现程度，发布“中华民族伟大复兴完成62%”的论断；我们的研究论文越来越精确，成果越来越与国际接轨。但，我们至今还没看到产生费孝通早期提出“差序结构”相类似的具有解释力的本土理论，未能出现达到或超过费老的国际公认大师。

不少学者开始对追求精确定量的社会学进行反思。譬如对定量研究最常用的问卷调查方法加以“解构”，指出问卷的元假设、基本概念中存在诸多问题，问卷调查获取的数据都是被调查者面对调查员时“主体建构”的结果，而非“客观存在”的数据被发掘出来了。[①] 还有学者指出，社会学研究对象是微观个体，是有血有肉有思想的人，不可能把人像物一样分析测量。即使是“物”的微观粒子，其运动遵循海森堡测不准原理（不确定性原理）也不可能准确测量。任何社会也几乎不存在“理想化”状态，研究者无法做到完全的“价值中立”。但另一种观点认为，当前中国社会学界的研究不是过于强调量化，相反是大量研究者的浅陋，量化研究的不规范，大规模调查的不足，抽样技术问题等等。

三 质性研究方法的产生与特点

伴随“后现代”思潮兴起，西方社会科学的发展产生了“质性研究方法”（qualitative research method）。实际上质性研究方法并非仅限于社会学领域，而是自一开始就广泛应用于教育学、心理学等不同学科。探究其起源，可以认为质性研究主要发端于三个领域：早期人类学的人种志方

① 潘绥铭：《“主体建构”视角更应用于问卷调查》，《中国社会科学报》2010年6月29日第11版。

法；20世纪初“社会工作”兴起的个案工作小组工作实务；20世纪60年代以来对“量化”研究的“反抗”思潮。[①]

质性研究在20世纪80年代末90年代初被介绍到中国。又被翻译为定性研究，质的研究，质化研究等。其应用较早集中在社会性别研究领域，凸显女性主义方法论视角。已经形成了包括参与观察、个案研究、深度访谈、焦点（主题）小组法、民族志（人种志）方法、扎根理论、叙事研究（内容分析、口述史、音像资料）、行动研究等一整套方法体系。

正如在名称上还存在分歧，关于什么是质性研究的定义也五花八门。较多共识的是陈向明的界定：“质性研究是以研究者本人作为研究工具，在自然情境下采用多种资料收集方法对社会现象进行整体性探究，使用归纳法分析资料和形成理论，通过与被研究者的互动对其行为和意义建构获得解释性理解的一种活动。”[②]

上述定义中包含了质性研究的几个主要特点：一曰“参与性”；二曰“情境主义和整体主义”；三曰“理解原则”。

“参与性”不是简单的参加，而是打破研究者与研究对象的主客体界限，研究者本人是主要的研究工具，其个人背景以及和被研究者之间的关系对研究过程和结果的影响必须加以考虑。质性研究特别强调参与、体验、“相处式”调查，进入中国后开始阶段的许多课题都是以“参与式”、“行动研究”为关键词的。这就摒弃和否定了所谓的“客观性”、“价值中立”的科学性要求。

“整体主义和情境主义”表现在注重个案、强调“过程”。主张把社会现象放在具体的历史场景和社会网络中去考察，进行深入和长期的研究。尽量不干扰“自然情境”，跟踪事物的动态发展历程而不是只关注结果。更加注重语言、文本而不是数据。以深度访谈取代一定规模的问卷调查。认为研究过程是研究结果中的一个必不可少的部分，必须详细记载和报道。

“理解原则”提倡“地方性知识”。研究的目的不仅仅是描述现象、探求规律，而是要解释、理解其意义。透过文本语言语义分析、反思、多面反复归纳，挖掘“话语背后的话语”，“从当事人的视角理解他们行为

① 文军、蒋逸民：《质性研究概论》，北京大学出版社2010年版，第5页。

② 陈向明：《质的研究方法与社会科学研究》，教育科学出版社2002年版，第12页。

的意义和他们对事物的看法”。

四 质性研究与量化研究的关系及地位

关于质性研究与量化研究的关系，主要有两种认识：对立统一关系，不同范式关系。

（一）对立统一说

又可区分为强调区别对应和强调渗透互补的两种观点。前一观点认为，质性研究作为一种与“定量研究”、“量化研究”相对应并相区别的研究方法，各自的应用范围和侧重点不同。应当根据不同的问题，不同的研究对象和研究条件，选择采用质性方法还是量化方法。后一观点则认为，任何事物都是质和量的统一，社会研究必然同时包括定性和定量两个方面，不可偏废。质性研究和量化研究是相互渗透、相互补充的。

两种观点都不否定质性研究，但更推崇量化研究。认为量化研究以质性研究为先导，量化研究是质性研究的高级阶段。甚至于，质性研究是不懂量化方法、没有数学基础的研究者才会采用的初级的、简单的“定性”研究方法。

（二）不同范式说

科学哲学家库恩 1962 年在《科学革命的结构》一书中提出了“范式”概念，按照库恩的定义，范式指被学术共同体奉为标准的一系列普遍性规则、方法、概念及理论。可以理解为某一科学群体在一定时期基本认同并遵循的学术基础和原则体系。

我们看到，质性研究不是一种方法，而是一个“方法群”；不只是一个简单的方法群而已，而是有着自身完备的理论体系。且这一体系在方法论、认识论、本体论基础上都迥异于传统实证主义社会学。质性研究的分析方式以归纳为主；而量化分析、数学模型遵循的是演绎为主的逻辑。质性研究强调的“参与性”、“情境主义和整体主义”、“理解原则”与自然科学传统量化研究要求的客观性、实证性、逻辑性形成鲜明对比。量化研究突出的是“工具理性”，质性研究彰显的是“价值理性”。因此，质性研究和量化研究的区别绝不仅仅是方法层面的不同或研究侧重点的不同，而是根本的研究理念即世界观、价值观层面的不同，因而是范式的不同。

质性研究的地位始终只是作为“方法”，很少从“范式”视角加以探讨。有研究者干脆指“质性研究又称定性研究”。① 其实，质性研究即使只作为一种社会学研究方法，也是区别于一般意义上的“定性研究”的。因为质性方法从来不排斥定量数据分析，只不过不以此为主。但是，“定性”与“定量”，“质化研究”与“量化研究”，“质的研究”与“量的研究”，这种名称上的对偶关系表明“对立统一说”在中国社会学界占据主导地位。按中国的语法习惯听起来，“质性”的翻译名称有点别扭、不习惯，没有相对应的“量性”研究，但这一名称最终还是为中国社会学界所接受并达成共识。其实这恰好意味着质性研究与量化研究不是对应、互补的关系，而是两种不同的研究范式。

如果把质性研究仅看作方法或方法体系，显然是低估了其价值和意义。因此，笔者及研究团队主张并致力于将“质性研究方法”上升为“质性社会学”，并从 2009 年起连续 4 次每年在全国社会学年会举办“质性社会学论坛”，创办《质性社会学研究》学术期刊。

五　中国社会学早期本土化的成功探索

我们把 1979 年以来中国社会学学科体系的建设称之为“恢复重建”，是因为 50 年代社会学教学与研究被作为“资产阶级伪科学”而中断。实际上早在 20 世纪伊始社会学就已传入中国。翻译家严复 1903 年（一说为 1898 年）最早翻译介绍斯宾塞的社会学著作《群学肄言》，是社会学进入中国的标志性事件。他将“社会学”译为“群学”，体现强烈的中国文化色彩，表现自觉的本土化意识。1930 年 2 月中国社会学社成立，孙本文明确提出“把建设一种中国化的社会学”作为目标。② 商务印书馆 2010 年出版的已故社会学家吴文藻的文集，书名定为《论社会学的中国化》。可以认为，老一辈社会学家在 20 世纪初对于社会学中国化的自觉性要远

① 陈雯：《社会科学研究中质与量的方法选择》，《重庆社会科学》2009 年第 3 期。

② 周晓虹：《孙本文与 20 世纪上半叶的中国社会学》，《社会学研究》2012 年第 3 期。

高于80年代以来的恢复重建时期。其成就也是如此。

20世纪二三十年代，一批也是留学欧美的中国社会学家们致力于本土社会学的探索。虽然当时的规模与现在不可同日而语，但可以认为，当时中国社会学家在社会学本土化、中国化方面取得的成就和影响并未超越，甚至还远未达到。“当时中国社会学在世界上的地位，比今天要高得多。可以断言，在第二次世界大战前，除了北美和西欧，至少就其思想质量而言，中国是世界上最繁荣的社会学所在地。”[①]

一般认为，20世纪初社会学传入中国后，到新中国成立之前中国社会学已经形成了三大流派[②]：以孙本文、潘光旦、吴文藻、费孝通等为代表的学院派，以梁漱溟、晏阳初等为代表的乡村建设派，以毛泽东、瞿秋白等为代表的革命派。

学院派社会学家其实还可进一步细分为孙本文为代表的综合学派和吴文藻、费孝通等为代表的“燕京人类学派”。这些学术大家全部具有留学欧美或东洋的学术背景，然而他们却深具中国本土文化自觉。孙本文著作《社会学原理》《社会心理学》等代表了中国社会学的理论高度，被日本用作社会学教材。他还著有《现代中国社会问题》。潘光旦的中国家庭问题研究产生广泛的世界影响。到40年代，吴文藻、费孝通等一批中国社会学家已创造出自己的社会学概念、主题、方法和学派。如费孝通的“超稳定结构”、“差序格局”等。学院派社会学还表现出一个特征是早期“民族学、人类学、社会学不分家”现象。不仅仅当时社会学家大都有人类学或民族学留学研究背景，还表现在往往将社会学、人类学、民族学设在同一教学研究机构，社会学教学中通常会开设人类学民族学课程。[③]

乡村建设派社会学是大知识分子到农村去，到社会最底层，脚踏实地艰苦奋斗，兴办平民教育，普及传播科学文化，试图通过改造“人”而改造农村进而改造中国社会。有点类似于今天的“社会实验”、“行动研究”。《定县调查》在社会学调查研究方面也作出了里程碑式的成果，其影响和效果也是世界性的。

---

① 李毅：《中国应创建世界一流社会学》，《中国社会科学报》2011年8月9日第4版。

② 同上。

③ 王建民：《与社会学结缘的中国人类学——基于20世纪前半期的学科史讨论》，《中南民族大学学报》2012年第6期。

革命派社会学是迄今仍未得到社会学“学术共同体”承认的学派，然而却是实践社会学解决中国问题最成功的学派。其代表毛泽东、瞿秋白等共产党人是革命家、政治家，还被冠以文学家等头衔，却从未被称为社会学家，在中国社会学的发展史上没有一席之地。毛泽东《寻乌调查》、《湖南农民运动考察报告》、《中国社会各阶层分析》等文章按今天学术论文的科学性要求并非规范，甚至“不入流”。然而其对中国社会调查剖析之深入，表述判断之准确，却是今天大多数社会学成果所难以企及的。《新民主主义论》等著作所展现的社会思想、社会理论高屋建瓴、大气磅礴。

早期中国社会学成为“中国社会科学诸学科中最早提出本土化主张并卓有成效的学科”①。中国社会学这些不同学派的一个共同特点是：知与行的统一。立足中国实际，植根中国文化，解决中国问题。社会学本土化的成功，当时中国社会学在世界的地位和影响，反复证明了“越是民族的、越是世界的”这个真理。

六　早期中国社会学、恢复重建社会学与质性社会学的比较

为什么早期社会学在中国取得巨大成功，而今天却仍处于一种落后状态？或者说，为什么老一辈社会学家在社会学传入中国的初期能够成功地本土化，而新时期恢复重建社会学反倒渐行渐远？

对比相距半个多世纪与当今这两个时期的中国社会学道路，“早期”社会学是从深切的人文关怀切入。20世纪上半叶，中国社会面临内忧外患、国破家亡的深重灾难，许多学者怀着强烈的责任心使命感，投身于学术救国的大潮，力求准确理解变迁中的中国社会，探索民族振兴与发展之道。“作为处于社会侵蚀、国势日衰时代的中国社会学家，寻求富国强兵之道，谋划社会制度重建之策，是他们基本的关怀。然而，从严复开始，中国早期社会学家就已意识到了比制度建设更为重要、也更为艰巨的是人

① 应星：《中国社会的转型与中国社会学的复兴》，《光明日报》2008年10月21日第11版。

心的安顿。"①

"恢复重建期"社会学则是在"科学至上"的历史背景下引入。时值十一届三中全会的历史转折，"文革"动乱结束，共和国百废待兴，恢复高考制度，全国科学大会召开，"学好数理化，走遍天下都不怕"的社会氛围下，社会学向自然科学看齐、以"科学性"为标准的学科建设就是必然的。

自然科学研究的目的是认识世界，寻求真理，把握客观规律。基于科学性要求的社会学主流意识形态认为，人类社会发展服从于"统计规律"。"尽管个体的行为各异，无法预测，总体或子群的平均值却相对稳定可靠。"② 就如单个的分子布朗运动毫无规律，但足够大量分子的运动产生温度压强可以总体测量。既然社会学目标是探寻社会规律，以统计学为主要工具，以精确量化、数理分析为特色的社会学研究占据主流就不奇怪了。

"科学的"社会学否定、排斥甚至轻视"价值理性"。然而从人文关怀切入的"早期"社会学的成功，则表明本土社会研究必须高扬"人文价值"的旗帜。这里涉及社会学的出发点和目的地，以社会为研究对象的社会学，不是简单地"追求真理"，更多的应是"寻求价值"。"不追求价值的发展是毫无意义的"，"为发展而发展是癌细胞的意识形态"。③

除了时代背景的不同价值观念的不同外，学者的知识结构差异也是明显的。早期"学院派"社会学者多具有人类学民族学背景，新时期社会学者统统突出了统计学训练。无论"早期"还是"新时期"，社会学都是"西学"。可以认为，恢复重建期的中国社会学基本是以西方社会学为"体"来研究、解释、解决中国问题，即"西体中用"；而早期中国社会学家尽具深厚的中国文化功底，自觉地将来自西方的人类学、民族学、社会学理论方法加以改造，"中学为体、西学为用"。

比较改革开放以来中国"恢复重建"社会学与20世纪初叶"早期"中国社会学，也可以归结为风格迥异的两种不同范式：科学主义范式和人

---

① 应星：《中国社会的转型与中国社会学的复兴》，《光明日报》2008年10月21日第11版。

② 周旅军：《从类型逻辑和总体逻辑理解定量社会学新范式》，《中国社会科学报》2011年9月6日第15版。

③ 冯务中：《提升国民幸福是社会发展的根本目标》，《新华文摘》2013年第5期。

文主义范式。前者旨在追求真理，发现社会规律；后者着重寻求价值，解释人生意义。这种对比也恰好是“量化社会学”范式和“质性社会学”范式的对比。

质性研究在西方的产生晚于中国早期社会学约半个世纪。但我们看到二者的很多相似之处，可以归结为同一范式。虽然质性研究或质性社会学无论在欧美还是在中国都尚未能进入社会学的主流，但我们看到，其内在的方法论、认识论基础暗合了中国传统思维方式，适宜于中国文化土壤，与中国早期社会学所致力的本土化社会学思想完全一致。

七　社会学中国化应取道质性研究、回归人文传统

回到一开始的问题，社会学中国化的途径何在？从前面的比较可以得出结论：取道质性研究，回归人文传统。

社会学的本土化不是也不可能排斥“西学”。实际上西方社会学的发展早已超越了实证主义方法论，认识到简单定量实证分析的局限性，一方面借鉴引入系统科学复杂性理论方法对定量研究加以完善，一方面其理论思潮经历了由实证主义——人文主义——批判主义的进化或演变。实证主义理论传统强调“社会事实”，追求“精确量化”、崇尚“价值中立”；人文主义理论则着眼于“理解”，强调“意义”，不避讳“价值”；批判主义理论主张和强调对现实的批判、批评、反思、修正、革命。这三种，既可以看成是沿时间序列发展的三个阶段，也可以看成不同地理空间不同文化传统形成的三种思潮或侧重点。

质性研究有着鲜明的人文主义色彩，也兼具批判主义精神，同时不排斥实证主义方法。事实上费老生前一直在倡导社会学的人文性，主张社会学是具有科学和人文双重性格的学科。这与质性研究的理念是一致的。当前，回归人文传统具有紧迫性。质性研究可以成为社会学中国化的方向和路径，中国社会学应当在质性社会学基础上建立理论和概念体系。

社会是个体的人通过“文化”而黏合起来的集合体。社会学的中国化不是简单地用西方概念理论来研究中国问题，而是要深深植根于民族文化、思维方式。有学者指出当代中国社会学是淡化、排斥文化研究的社会学，呼吁重新认识文化研究的地位和作用。“无论从中国社会学面临的紧

迫任务还是从中国社会学的深入发展而言，加强文化研究都是不可回避的重大时代课题。”[①]

我们主张取道质性研究的本土化路径，正是因为质性研究与中国文化的契合。中国文化注重整体思维，“天人合一”；质性研究“整体主义与情境主义”与此高度一致。代表中国传统文化整体联系的思维方式最典型的是中医理论，不同于西医“头疼医头，脚疼医脚”，而是从耳朵或手、足找到代表五脏六腑全身器官的穴位，并通过其治病。按照严格的科学逻辑，单一个案的研究不具代表性，需要大量个案足够多样本的数据分析才能反映客观真实。然而质性研究重视个案，依托个案，依据的正是这种“以小见大”、“一滴水可以见太阳”的整体思维。

早期社会学家深入田野的社区研究，几乎都是深入的个案研究、深度访谈。费孝通多次反复深入江村开展调查著《江村经济》，考察苏南模式，温州模式等发现《小城镇、大问题》。由点及面，典型调查，正是革命社会学派代表毛泽东所倡导的“解剖麻雀”的方法。

中国传统文化中处世为人讲究“将心比心”，传统思维方式重直觉、重感悟、重类比，这些都可以在质性研究强调的“参与”、“理解”原则中找到。也许直觉更能接近事物的本质，“将心比心”或可使复杂的逻辑推演简单化。社会学的中国化必须注重本土文化和思维方式，在此意义上，“统计社会学”应当让位于“质性社会学”。

作者石英，陕西省社会科学院副院长、研究员、博士生导师，陕西省社会学会会长。陕西省西安市含光南路 177 号 710065

① 刘少杰：《重新认识文化研究在中国社会学中的地位——兼论孙本文对文化社会学研究的贡献与局限》，《社会科学研究》2012 年第 5 期。

专题文章

政治体制改革的切入点和路径的选择与意义*

董 皞 谭炜杰

摘 要：政治体制改革应当随着经济体制改革和市场经济的发展不断深化。但改革的稳定性和渐进性要求改革必须选择合适的切入点或突破口，以此减少震荡和增强效果，司法的特性决定了它成为政治体制改革最佳的切入点或突破口。法律与政治的关系极为密切，政治体制改革也必然影响法律的内容及其发展变化。司法体制改革的要求体现在宪法的层面上，就是在宪法有关国家机关权力分配规定的框架内，对司法机关的司法体制、机制和方式进行制度上的调整。

关键词：政治体制 司法制度 改革

经过近三十年的改革开放，我国经济领域的改革从“计划经济”到“有计划的商品经济”，又从“商品经济”到“市场经济”，走过了一条成功的跨越式发展之路，取得了令世人瞩目的进步。经济体制改革的成功，除了当时国家发展和国人对改革的愿望作为推动因素之外，正确地选择了改革的切入点或突破口，明确改革的目标方向，合理确定改革的路径，也发挥了至关重要的作用。

经济体制改革的成功令国人对全面推动改革的期待更加迫切，对深层

* 原文刊发于《法学》杂志 2009 年第 12 期，有删改。

次改革的成功更加充满信心。然而，我国政治体制改革滞后于经济体制改革和市场经济发展，一直是我国改革的一个带有根本意义的矛盾。“现在看，不搞政治体制改革不能适应形势。改革，应该包括政治体制的改革，而且应该把它作为改革向前推进的一个标志。我们所有的改革最终能不能成功，还是决定于政治体制的改革；在经济上赶上发达的资本主义国家，在政治上创造比资本主义国家更高更切实的民主，并且造就比这些国家更多更优秀的人才，也在于政治体制的改革。”[①] 但是，与经济体制改革一样，政治体制改革也存在如何正确选择改革的切入点，明确改革目标，合理选择改革路径的问题，这对于保证当前政治体制改革推进的效率、效果，满足国人对于改革的期待，增强改革的信心而言，显得尤为重要。

党的十七大报告中明确提出“政治体制改革作为我国全面改革的重要组成部分，必须随着经济社会的发展而不断深化”。而法律与政治的关系极为密切，政治关系的发展变化是影响法律发展变化的重要因素，政治体制改革也必然影响法律的内容及其发展变化，而法律又是政治的延伸和保障，二者是相辅相成的。因此，从依法治国、建设法治国家的高度来讲，政治体制改革的任务应当是建立一套体现宪法和法律至上、符合政治文明、经济发展和社会和谐要求的制度，也就是说，政治体制改革也应当在宪法和法律的框架内进行，而宪法作为国家的根本大法是对我国各项政治制度的体现和确认，因此就成为政治体制改革的基本准则。脱离了宪法基准，政治体制改革就会成为无源之水、无本之木。然而，政治体制改革的内涵和外延非常丰富和广泛，如果全面推动政治体制改革，无论在确保改革稳定还是在技术操作层面都是相当困难甚至是无法实施的。司法机关是宪法中国家机构的重要组成部分，司法制度作为政治制度的重要内容，无疑是政治体制改革的重要组成部分。无论从重要性、先导性还是从稳定性、操作性等诸方面考虑，都担负着将整个政治体制改革推向深入的重要使命，如果改革从这里切入，不仅能够保证整个政治体制改革处于宪法的框架之内，而且必然有助于改革的顺利、有序进行，从而带动政治体制其他方面改革的有序、顺利展开。因此，正确选择司法改革的路径，从而保证改革取得成效，就成为整个政治体制改革能否

---

① 《邓小平文选》第3卷，人民出版社1993年版，第160、176—177页。

继续推进的关键环节。

一 政治体制改革需要切入点或突破口

政治体制改革属于上层建筑领域的改革，我国宪法对我国生产资料社会主义公有制的经济基础进行确认的同时，又对与之相应的上层建筑作了最根本性的规定。例如，宪法第二条规定中华人民共和国的一切权力属于人民，明确了国家权力的归属。宪法第二章规定了公民的基本权利。宪法第三条规定："中华人民共和国的国家机构实行民主集中制的原则。全国人民代表大会和地方各级人民代表大会都由民主选举产生，对人民负责，受人民监督。国家行政机关、审判机关、检察机关都由人民代表大会产生，对它负责，受它监督。中央和地方的国家机构职权的划分，遵循在中央的统一领导下，充分发挥地方的主动性、积极性的原则。"这就明确了国家机关活动的基本原则。宪法的第三章以及相关的组织法规定了具体的国家机构设置、职权等内容，这为政治体制改革确定了明确的基准和范围，指明了改革的方向，那么，究竟政治体制改革应当从宪法规定的哪个领域入手呢？虽然经过三十多年的改革开放，政治体制中不适应经济发展的许多问题和弊端已经显露，但这并不意味着，改革已经结束了"摸着石头过河"的阶段而迎来了以系统化的理论为指导，针对诸多内容全面展开、整体推进的阶段。"中国的政治体制改革是在既要为应对现实挑战，不得不进行改革，又要考虑改革中的风险，不能不慎重行事的两难选择和博弈中展开的。"一方面，政治体制改革必须服务于经济改革和经济建设，必须"确保政治稳定，以利于经济和社会发展，尽可能稳妥地、渐进地推进实质性的国家权力结构体制的改革"。[①] 另一方面，由于政治体制改革是对旧有体制的否定与创新，涉及各方面利益的重新分配与整合，因此"这个问题太难，每次改革涉及的人和事都很广泛、很深刻，触及许多人的利益，会遇到很多障碍，需要审慎从事"[②]。"改革进入了深

① 黄卫平、陈文：《中国政治体制改革现状及其成因浅析》，《社会科学研究》2008 年第 2 期。

② 《邓小平文选》第 3 卷，第 241 页。

水区，也可以说是攻坚期，的确是因为它要触动固有的利益格局。现在触动利益往往比触及灵魂还难。但是，再深的水我们也得趟，因为别无选择，它关乎国家的命运、民族的前途。这需要勇气、智慧、韧性。所幸的是，这些可以从我们的人民当中去汲取，来使改革迈出坚实的步伐。”① 这决定了我国的政治体制改革将会十分困难，问题复杂、风险巨大，改革的阻力在所难免。但是，如果能够选择适合的领域作为改革切入点，无疑会大大降低改革的风险和难度，从而推动改革顺利进行，为改革的成功增添信心、带来希望。经济体制改革目标的成功选择和路径的策略确定提供了很好的范例。

三十年前，我国经济体制改革的目标是建立社会主义市场经济体制，而改革的路径则是由计划经济到有计划的商品经济，再从有计划的商品经济到市场经济，最后推动了所有制体制的改革。试设想如果当初我们将改革目标确定为所有制体制改革，那么到今天经济体制改革成功的希望到底有多大？反观二十多年来我国以精简机构为目标的行政管理体制改革，走过的都是一条精简——膨胀——再精简——再膨胀的路径，并未实现改革的初衷，这与改革切入点和路径的选择失误有着很大关系。所以，在以宪法为基准，明确宪法指明的改革方向的同时，政治体制改革还必须要明确从哪里切入，选择何种路径，从而将改革首先控制在一定范围内，慎重、稳妥地进行，防止波及面太广，社会舆论一时难以接受，人民群众心理上难以适应，导致影响社会稳定，并通过改革窗口的引导示范作用，带动政治体制其他领域的改革。

政治体制包含的内容十分广泛，因而政治体制改革从哪里切入，各种观点众说纷纭，诸如将党政分开、政治公开化、基层民主建设、党内民主等，但是这些领域都涉及根本性、全局性的问题，而且有的问题超出了宪法对政治制度规定的框架，如果改革路径选择不当，甚至会有导致政治的、社会的、民族的危机的风险，因而实践中难以开展。因此，在政治体制改革切入点的选择上，应当以宪法中规定的政治制度为依据，按照先易后难、循序渐进的原则，选择那些远离政治敏感地带，对各方面的利益影响较小，引起的社会震动较弱的领域，牵涉的机构关

① 2013年3月17日上午，国务院总理李克强在人民大会堂金色大厅与中外记者见面并回答记者提问。

系较为简单的系统，尽可能避免“牵一发而动全身”式的改革，使改革的阻力最小化，保障改革收到实效。“从传统社会向现代化迈进的转折时期是政治不稳定的高发期”①，改革切入点的选择是否正确、适当，直接关系到整个改革的成败，只有选择正确的改革切入点，才既能使改革在宪法的基本框架内进行，又有利于改革稳步推进并向纵深方向拓展。

笔者认为，以司法体制改革作为政治体制改革的切入点或突破口，是当前我国政治体制改革路径的最优选择。司法体制是政治体制中最为重要的组成部分，也是我国宪法的重要内容。十七大报告提出了深化司法体制改革，优化司法职权配置，规范司法行为，建设公正高效社会主义司法制度，保证审判机关、检察机关依法独立公正地行使审判权、检察权。十八大报告又一次提出：“进一步深化司法体制改革，坚持和完善中国特色社会主义司法制度，确保审判机关、检察机关依法独立公正行使审判权、检察权。”更加明确了司法体制改革的方向、目标、内容和要求。之所以政治体制改革要从这个领域切入，一方面是因为改革都是在我国宪法制度的框架内进行的，有宪法作为改革的基准，不会导致偏离建立社会主义法治国家的方向，而更具有现实性；另一方面是因为在实践中，司法改革也都具有推进改革的迫切需要和内在动力，就是由于其本身的属性和特点，更适合作为改革切入领域的要求。

二　司法改革作为政治体制改革切入点和突破口的论证

司法制度作为政治制度的重要组成部分是我国宪法的重要内容。我国宪法对司法制度的规定虽然条文不多，但比较全面。审判职权的赋予和独立审判原则的规定为法院提供了行为依据。例如，宪法第一百二十三条规定：“中华人民共和国人民法院是国家的审判机关。”第一百二十六条规定：“人民法院依照法律规定独立行使审判权，不受行政机关、

① ［美］塞缪尔·亨廷顿：《变革社会中的政治秩序》，李盛平、杨玉生译，华夏出版社1988年版，第41页。

社会团体和个人的干涉。”法院的产生、设置与法官的选举、任免制度为司法制度提供了组织基础，例如，宪法第一百二十四条规定：“中华人民共和国设立最高人民法院、地方各级人民法院和军事法院等专门人民法院。最高人民法院院长每届任期同全国人民代表大会每届任期相同，连续任职不得超过两届。人民法院的组织由法律规定。”公开审判、辩护制度、上下级法院之间关系构成了法院活动的具体准则。例如，宪法第一百二十五条规定：“人民法院审理案件，除法律规定的特别情况外，一律公开进行。被告人有权获得辩护。”宪法还规定了法院与权力机关、检察机关、公安机关的关系，规定了法院与其他机关共同遵循的基本规范。例如，宪法第一百三十五条规定：“人民法院、人民检察院和公安机关办理刑事案件，应当分工负责，互相配合，互相制约，以保证准确有效地执行法律。”这些共同构成了我国司法制度建立、存在、发展的基础。这也就决定了司法改革涉及面广，内容众多，司法改革不仅仅是审判方式的改革，而应当是司法体制、司法工作机制以及司法工作方式的全面改革。因此，进行司法改革，必须在宪法的范围内进行，不能脱离宪法的框架。实际上，进行司法改革的目的就是实现宪法所规定的司法制度的性质、原则和目标。司法改革应当作为政治体制改革的切入点同样是被我国政治体制改革实践所证明的。不仅如此，司法改革作为政治体制改革的切入点还有其特殊的必要性和由司法改革特点决定的可行性。

（一）司法改革作为切入点的必要性

司法改革的必要性不言而喻，当前我国处于经济体制改革和社会转型的重要时期，经济发展和社会结构变迁导致了市场主体与利益主体的多元化，各种不同的利益处于变动不居的状态，迫切期待司法以其特有的对公正、公平的维护与中立的判断来张扬主体的平等和意思自治，从而实现对经济发展的促进与保障功用。然而，从我国目前的司法现状来看，公正、高效、权威的司法体制的建立和健全还有待时日。司法机关在管理体制、组织机构、工作程序和人员组成等方面，都存在着一系列的不足和弊端，从而导致了司法地方化，法院人、财、物完全受制于地方，司法行政化，司法机关行政管理色彩浓重，司法监督机制不健全，司法专横与腐败滋生蔓延，司法程序不规范，民主化、科学化、现代化程度不高，法官职业化程度不高，司法人员素质参差不齐等一系列急需改进和完善的问题，现行司法制度难以回应经济发展和社会转型的需要，这些都构成了司法改革的内在动因。同时，司法改革是实现依法治国的重要一环，“随着‘有法可依’这个法制首要问题的初见成效，人们看到了法治的希望。然而，立法必须借助司法才能兑现”，而法律全球化的趋势也要求司法与国际接轨，“国外各种司法理念的输入、半个多世纪来世界各国职权主义与当事人主义诉讼模式的趋同、我国对一系列国际条约的缔结和加入；国际司法组织的参加及司法活动的合作……都要求我国的司法有所回应”,① 这些构成了司法改革的外在动力，推进司法改革已是时不我待、势在必行。

（二）司法改革作为切入点的可行性

以司法改革作为政治体制改革的切入点不仅必要而且可行。这是由司法改革所具有的如下特性决定的：

1. 系统的封闭性。在国家权力结构中，司法权的运作相对封闭，其涉及的主要是上下级司法机关之间的纵向隶属、监督关系，相对于行政机关而言，司法机关不存在所谓的条块分割问题，不会像行政机关那样深入到社会生活的方方面面，与横向的其他国家机关、社会组织机构、团体之间也无直接联系，这就决定了司法改革所涉及的既得利益最少，而且对其他层面特别是对地区、系统行业、团体的既得利益仅具有间接的影响，因而司法改革受到的阻力相对较小。

2. 对象的稳定性。司法改革措施主要是在宏观的司法体制下进行的微观制度体系调整，其机制运行主要针对的是特定的当事人的特定具体事项，涉及的多是眼前的直接利益，受影响的主体范围也较小，因而司法改革措施运作起来操作性强、效果立竿见影而引起的社会波动小，有利于保证我国政治体制改革平稳运行。

3. 操作的程序性。严格规范统一的程序法是确保改革稳定、机制顺畅、工作有序的重要保证。司法部门与其他部门相比较，不仅追求实体上的公正，更加追求形式的合理性，整个活动是在公开、公正的程序规范体系下运行的，有取得司法公信力的优势，行政的运作需要高效、创新，因

---

① 姜小川：《中国司法改革动因检视》，《法学杂志》2005 年第 5 期。

时因事因势而为，具有较大的灵活性和不可预测性。“程序先立”或“程序先行”是司法与行政明显突出的区别，行政程序固然也很重要，但要在全国各地、各行各业制定并遵守一个统一的行政程序法几乎是不可能的，而在司法则是必须的。

4. 法官的保守性。由于司法权具有中立性，法官的思维也倾向于保守型，习惯于按照既定规则公正裁判、平等保护当事人，因而不易引起较大的社会矛盾、冲突。由此可见，司法改革具有规律性、平稳性和结果的确定性，其对国家体制的影响和冲击最小，改革的成本和风险最小而收益最大，它完全有可能走在其他政治体制改革的前面。

5. 价值的普适性。司法中所蕴涵的公平、正义的独特价值是人类文明共同的理想与追求。在共同的价值指引下，司法权运作中所包含的共性必然会更多一些，普适性也更强一些，世界上许多国家司法改革的实践为我们提供了先进的经验。

6. 改革的联动性。司法体制的改革如司法管辖区改革必然会推动财政、人事体制的改革，随着司法改革的推进，司法权对行政权的制约力度将不断增大，从而进一步推动行政体制改革，促进行政管理的高效、廉洁和有序，为推动、深化政治体制改革提供平台，为政治体制改革提供成功的范例，推动政治体制的全面改革。因此，司法改革完全可以作为我国政治体制改革的切入点。

三 司法体制改革的路径探究

宪法是对国家政治制度的确认和体现，司法改革，实际上是从宪法上对司法权力的运作进行具体的制度设计。因此，政治体制改革的路径和宪法框架下的权力分配实际上是一个问题的两个方面。明确政治体制改革的切入点为在宪法框架下实施改革，在旧体制上打开了豁口，但这毕竟只是整个改革过程的起点，司法制度改革究竟应当沿着什么样的路径走下去，则是接下来需要思考的问题。

司法改革作为政治体制改革的重要组成部分，其必要性和可行性已经得到论证，十年来，人民法院的司法改革在许多方面取得了突破性进展。[①] 司法改革作为政治体制改革的范畴，应当在坚持四项基本原则，坚持人民代表大会制度的基础上进行，而非进行西方“三权分立”式的改革，而且应当在坚持司法改革五项原则[②]的基础上积极推进。在此前提下，司法改革要从我国的国情出发，用开放的眼光与世界各国相互借鉴、相互交流，尊重司法的规律，从司法活动的内在要求入手，从构架科学体系的角度来进行，[③] 把改革的目标和方向放在实现司法体制、机制和工作方式的转变和改革上。在体制、机制与方式三个层面上有重点地推进司法改革。

因此，司法改革实际上分为司法体制改革、司法运作机制改革和司法工作方式改革三个层面。

（一）司法体制的改革

司法体制主要涉及在国家机构中司法机关的设置、地位、组织制度、权限划分的问题，有如下制度应当成为改革的重点：

1. 设立一般法律监督机构，分解法律监督职权。我国宪法对检察机关的性质确定为“国家法律监督机关”，监督的范围包括：立法监督、遵守法律监督、执行法律监督，[④] 除了具有对司法活动的监督权之外，“还

---

① 十年来，人民法院的司法改革在十二个方面取得了突破性进展。一是改革和完善死刑核准制度，二是改革和完善再审制度，三是改革和完善执行制度，四是改革和完善人民陪审员制度，五是改革和完善法官制度，六是改革和完善人民法庭工作机制，七是改革和完善公开审判制度，八是改革和完善审判委员会制度，九是建立和完善案例指导制度，十是改革和完善案件管辖制度，十一是改革和完善未成年人审判制度，十二是改革和完善司法管理制度。此外，各级人民法院还积极推行民事、行政证据制度改革，初步建立完善民事、行政证据体系；加大司法救助工作力度，充分发挥法律援助的作用，通过减缓免诉讼费用，确保经济困难的当事人打得起官司；深化、扩大国家救助试点工作，为陷入困境的刑事案件被害人、民事案件申请执行人提供适当的救助资金，促进社会和谐；深化裁判文书改革，在提高裁判文书制作水平，增强裁判文书说理功能的基础上，在法律规定范围内对部分裁判文书上网公布，方便当事人查阅等等。参见《十年来人民法院司法改革取得 12 个方面突破性进展》，http：//www. chinacourt. org/html/article/200711/23/275909. shtml。

② 最高人民法院原副院长曹建明在全国法院司法改革工作会议上明确，人民法院司法改革必须坚持五项原则：坚持党对深化司法体制改革工作的统一领导；坚持四项基本原则；符合我国实际；循序渐进；坚持在宪法和法律的框架内进行，严格依法办事。参见《最高法明确司法改革五项原则》，《京华时报》2007 年 11 月 25 日。

③ 《司法改革的现状与前瞻》，《法制日报》2004 年 10 月 14 日。

④ 周其华：《检察法律监督几个问题研究》，《法学杂志》2001 年第 1 期。

有所谓的甚至谁也没有说清楚过的‘一般法律监督职能’，检察机关是‘国家法律监督机关’这一宽泛和含混不清的定性，使得检察机关盛名之下，其实难符”。[①] 首先，宪法与法律的规定过于原则、抽象，内容空泛，结构不完整，从而制约了检察机关法律监督权的有效实施。不仅影响了民事、行政审判监督的效果，而且导致了一般法律监督权实际上没有实施过。其次，我国的宪政体制也决定了司法机关行使监督职能的有限性。现行体制下，检察机关实际上无法对立法机关实施监督，审判机关也无权对立法进行违宪审查；对于行政行为法院只享有有限的司法审查权，同时由于法院、检察院在人事、财政上受制于地方政府，决定了司法机关无法正常行使监督权。再次，目前我国对检察机关本身的监督与制约尚缺乏明确的法律规定，导致了“监督者不受监督”，以至于“谁来监督检察院”的呼声越来越高。最后，现代国家的法律监督权已经向多元化方向发展，不可能只由一个国家机关统揽法律监督权。由此看来，检察机关实难堪法律监督之重负。

为此，应当将一般法律监督的职权交由人大行使，可以在人大内部设立专门负责一般法律监督的机构，现阶段也可以将该职权授予人大内司委行使。这一方面是因为在法律监督体系中人大处于主导地位，具有实施全面监督的权力，另一方面，也适合我国一元分立式的政体结构，人大作为权力机关，对一府两院的监督更具有权威性，更符合监督垂直单向的属性，同时也解决了法律监督机关不受监督的问题。一般法律监督权由人大行使后，人大的法律监督机构不仅可以对立法机关和行政机关的立法进行审查，而且可以对行政机关的具体行政行为进行监督，既可以对法院的审判活动进行监督，也可以对检察机关的检察工作进行监督。监督的主要方式是针对有关机关的违法措施提出建议，并要求限期答复、作出说明和解释，或将违法事项交由有关部门处理，有关部门怠于处理的要承担相应的责任。此外，还可以对有违法行为的国家机关工作人员进行罢免、弹劾，这也是人大的法定职责。[②]

---

① 蔡定剑:《司法改革中检察职能的转变》,《政治与法律》1999 年第 1 期。

② 2007 年 1 月 1 日起施行的《中华人民共和国各级人民代表大会常务委员会监督法》为人大常委会行使监督权提供了法律依据，而人大常委会作为人大的常设机关，将在行使监督权的过程中扮演主要角色。

2. 打破按行政区划设立司法机关的司法体制，建立司法管辖区制度。司法管辖区制度是指一国根据自身实际状况，除最高司法机关以外将不同行政区域的法律事务交由特定司法机构处理的制度。司法管辖区制度的核心是不按行政区划设立司法机构（审判机关和检察机关），以避免行政干扰司法。作为一项打破行政区划设立司法机构的司法制度，司法管辖区制度起源于英国，并普遍为英美法系和大陆法系国家借鉴和采纳。在我国建立司法管辖区制度不但必要而且有现实的可行性。国家的司法权力应当由自成体系的司法机关行使，司法机关的体系应当是系统的、垂直的、独立于地方的，从而最大限度排除地方干扰，保证司法的国家化和统一性。在目前司法实践中，法制不统一现象比比皆是，各地审判机关对同一类（有时也会对同一个）案件有可能作出大相径庭的两种判决，在诉讼的任何环节上，包括立案、审判或执行环节，都不可避免地在寻求地方利益的最大化上做文章，导致司法地方化。检察机关也是如此。检察机关在我国为法律监督机关，国家设立该机关目的在于通过其监督维护法制统一，但是由于体制的问题，检察机关不但不能监督、维护法制的统一实施，反而在涉及本地利益时选择损害国家利益以保全地方利益，沦落为地方保护主义的工具。这从表面看来是司法机关执法不统一，实质上，其背后都有地方势力的影响。建立司法管辖区制度，使司法机关完全断绝与地方行政的联系，才能使这一问题真正得到解决。

我国地域辽阔，各地区政治、经济、社会发展不平衡，我们进行司法改革时也不能一刀切，必须考虑各地的特点和具体情况，司法管辖区要打破行政区划，在设立司法机关时同样应具体问题具体分析。就高级法院及对应的检察机关而言，可以考虑在人口较多或经济发达的省区设二至三个高级法院及对应的检察机关，而人口较少或经济相对落后地区二至三个省区设立一个高级法院及对应的检察机关。同样道理，在省级以下的中级法院也可以据此办理。跨区域设立司法管辖区还应当考虑方便诉讼。据此，应将司法机关设立在交通便利的中心城市或地方，而不能设置于人迹罕至的地方。而且这一中心城市区在周边应当有一定的影响或经济辐射性。此外对于特殊的地区，如经济发达地区，由于纠纷多，可以考虑司法机构多设。而欠发达地区，同样道理则少设。而对于少数民族地区，特别是民族自治区，则应特殊问题特殊对待。[①] 总之，将行政区划打破得越彻底，则司法管辖区制度越能显示出固有的魅力。

（二）司法运行机制的完善

司法运行机制是指在司法系统内部，司法职能的划分、职权的配置、司法机关之间的职责关系、运行及协调机制。

1. 分解并重新配置民事执行权，将执行实施权分离出法院系统。执行改革是人民法院司法改革的一项重要内容，在最高人民法院向十一届全国人大一次会议所作的工作报告中特别提出了“深化执行改革，进一步落实执行裁决权与执行实施权的分离”的执行权分配方案。[②] 而要实现执行裁决权和执行实施权的彻底分离，就应当将执行实施权分离出法院，交由专门的执行机关负责实施执行。这主要是基于如下几点理由：

第一，裁执合一的民事执行权不符合法院司法权的本质。民事执行权在国家分权（分工）的属性上具有表现为执行裁决权的司法权和表现为执行实施权的行政权的双重属性，“司法权和行政权的有机结合构成了复合、独立、完整的强制执行权”。[③] 而法院司法权的本质内容为判断，是判断权，[④] 司法权的判断权性使得“法官与行政官的思想方式是完全不同的，法官的方法是客观的，遵守着他的法律观念；行政官的方法是经验的，是权宜之计”[⑤]，将民事执行权全部交给法院行使，不符合司法权对司法人员思维方式和知识素养的要求。同时，司法权作为判断权必然应当具有中立性，而行政权具有明显的公共利益倾向性，因此民事执行权交由法院行使还会导致法院行为模式的内部冲突，“同一官署忽而忙于维护国家利益，忽而又将国家利益弃置一边，忙于维护正义，显然极不协调”[⑥]。

---

① 该部分参考了李卫平《关于司法管辖区制度的几点思考》，《河南社会科学》2004 年第 4 期。

② 《破解执行难　最高法院推进执行权分离改革》，《21 世纪经济报道》2008 年 3 月 11 日。

③ 刘翰、张根大：《强制执行权研究》，载信春鹰、李林主编《依法治国与司法改革》，中国法制出版社 1999 年版，第 432 页。

④ 孙笑侠：《司法权的本质是判断权——司法权与行政权的十大区别》，《法学》1998 年第 8 期。

⑤ ［英］威廉·韦德：《行政法》，徐炳等译，中国大百科全书出版社 1997 年版，第 50 页。

⑥ ［德］拉德布鲁赫：《法学导论》，米健等译，中国大百科全书出版社 1997 年版，第 101 页。

目前，我国许多地方法院都进行了执行权分离改革，[①] 将执行权在法院内部进行了重新配置。但是由于现行法院行政化的管理体制，使监督机制仅仅停留在自我监督的层面，缺乏制度本身的合理制约机制，实际上并不能真正实现裁决权与实施权的分离。因此，必须对执行权配置进行更为彻底的改革，将执行实施权分离出法院，只有这样才能真正实现司法权的中立，“只有判断者的态度是中立的，才可能产生公正、准确的判断”[②]。

第二，民事执行权由法院行使不利于司法公正和司法权威的树立。传统民事执行权运行模式的重大弊端就是执行权的高度集中，执行自由裁量权过大，又缺乏有效的监督机制，执行救济制度不健全，[③] 十分容易造成执行乱、乱执行的现象，损害了司法的廉洁性，影响了人民法院司法公正的形象。此外，由于司法权天然相对弱小的属性和我国法院受到地方行政的制约，法院作为民事执行机构，必将面临“执行难”的巨大社会压力，从而引起人们对于司法权威现实而直接的怀疑。

因此，应当将执行实施权分离出法院系统，法院只负责行使执行裁决权，[④] 从而恢复司法权判断权的性质，减轻法院的社会压力。由于执行实施权的行政权属性，执行权可以、也应该以行政权的组织方式来运作，将其分离出法院系统后就应当授予行政机关行使。为此，可以设置由司法部统一管理、垂直领导、独立于地方政府的司法行政机关行使执行实施权，该机关在人事、财政上独立于地方政府，并设立专门的执行队伍体系，配备必要的物质力量。实施的民事执行行为属于具体行政行为，被执行人可以申请复议或提起行政诉讼。这样的制度设计实现了“两权”的真正分离和制约，恢复了司法权的本来面目，同时保证了执行人员的专业化，避免了执行力量的不足，垂直管理的体制也大大降低了地方干预的可能性。

---

① 例如成都中院于2005年1月成立了首个执行裁判监督庭。参见《执行裁决权与执行实施权剥离》;《法制日报》2005年9月23日。

② 孙笑侠:《司法权的本质是判断权——司法权与行政权的十大区别》,《法学》1998年第8期。

③ 童兆洪:《民事执行权的配置及运行设计》,《浙江社会科学》2002年第5期。

④ 执行裁决权的内容包括：审查权、执行异议的裁决，参与分配的裁决，妨害民事诉讼强制措施复议的裁决权等。执行实施权的内容包括：调查权、实施强制措施权、执行财产处分权，其他执行行为实施权。参见童兆洪《民事执行权的配置及运行设计》,《浙江社会科学》2002年第5期。

2. 限制提起再审条件，使再审制度适用成为例外。在传统诉讼结构和体制下，客观真实是立法者和司法者的主要乃至全部的追求所在。正是为了追求客观的真实性，再审制度才显得格外重要。有错必纠成为此种审判体制下一张畅通无阻的通行证，而且对此不允许有任何质疑，使得法律程序中过多渗透了政策因素的影响。我国再审制度的一个基本功能便是补充正常审级下的程序不足，这样便使我国再审制度被赋予了常规性救济的色彩，此种常规型的或者准审级型的再审实属再审制度的异化，再审程序因此而被频繁地启动。为了使审级制度发挥正常作用，从而使裁判的既判力制度得以建立和健全，有必要实行再审制度在适用形态和制度机能上的转换：即由常规型再审向例外型再审转变。例外型再审制度所具有的显著特征便是它的限定性，主要表现在三个方面：

其一，再审的理由具有法定性和限定性。再审理由是再审程序的闸门，如果这个闸门打得很开，它便成为常规型的再审。因此，只有生效裁判存在的错误或瑕疵，足以动摇程序正义或实体正义的实现，才构成法定的再审事由。2007 年 10 月全国人大常委会修改后的民事诉讼法明确了启动再审的条件所必须具备的实质性诉因，[①] 直接借鉴了德日民事诉讼法有关的规定，同时表达了对实体正义和程序正义的同等关切。需要指出的是，民事诉讼法对再审条件的明确和细化不应理解为再审条件的放宽和门槛的降低，并不是说只要当事人认为原判决和裁定有错误就可以申请再审，法院就应当再审，法院对于启动再审的标准仍应当是“确有错误”而非“可能有错”，并且这种错误是违反程序法明确规定的错误。也就是

① 修改后的民事诉讼法第 179 条规定：当事人的申请符合下列情形之一的，人民法院应当再审：（一）有新的证据，足以推翻原判决、裁定的；（二）原判决、裁定认定的基本事实缺乏证据证明的；（三）原判决、裁定认定事实的主要证据是伪造的；（四）原判决、裁定认定事实的主要证据未经质证的；（五）对审理案件需要的证据，当事人因客观原因不能自行收集，书面申请人民法院调查收集，人民法院未调查收集的；（六）原判决、裁定适用法律确有错误的；（七）违反法律规定，管辖错误的；（八）审判组织的组成不合法或者依法应当回避的审判人员没有回避的；（九）无诉讼行为能力人未经法定代理人代为诉讼或者应当参加诉讼的当事人，因不能归责于本人或者其诉讼代理人的事由，未参加诉讼的；（十）违反法律规定，剥夺当事人辩论权利的；（十一）未经传票传唤，缺席判决的；（十二）原判决、裁定遗漏或者超出诉讼请求的；（十三）据以作出原判决、裁定的法律文书被撤销或者变更的。对违反法定程序可能影响案件正确判决、裁定的情形，或者审判人员在审理该案件时有贪污受贿，徇私舞弊，枉法裁判行为的，人民法院应当再审。

说，再审程序的发动需要进行实质审查，法院要审查当事人的申请再审是否具备法律规定的再审事由，只有具备实质条件以后，才能进入再审程序。否则，就会出现终审不终、再审无限的问题，造成对生效裁判的既判力冲击过大，损害民事诉讼程序的安定和秩序，同时也会引导或诱发非程序性上访，危害司法公信力和司法权威，[①] 再审案件的大量涌入也势必会造成法院不堪重负，导致司法资源的浪费。

其二，再审的次数应当有所限制。再审因为是事后救济性制度，因而其使用的次数便应有所限制。如果次数不加限制，则再审诉权便可以反复行使，而再审程序则可以反复地被启动，生效裁判的既判力便因此而丧失殆尽。因此，再审的次数应当限制为一次。

其三，对法院和检察院发动再审的条件应有所限制。应当充分尊重当事人申请再审权利的自治性，再审程序主要由当事人发动，法院和检察院发动再审应当限于特定的情形作为当事人发动再审的补充。对于上述第二、三个方面民事诉讼法并未作出明确规定，或仅有原则性规定，这是今后司法实践需要进一步完善的地方。

3. 重构检察机关职能，解决检察机关权力配置“角色冲突”缺陷。检察机关的职权可以概括为以下四方面：一是对职务犯罪的侦查权；二是批准和决定逮捕权；三是公诉权；四是诉讼（包括刑事诉讼、民事诉讼、行政诉讼）监督权。[②] 除此之外，还有司法解释权。因此，我国司法系统中的检察机关具有“侦查者”、“侦查监督者”、“公诉者”、“法律解释者”、“法律监督者”的多重身份，即检察机关具有侦查权、侦查监督权、公诉权、法律解释权以及法律监督权，这样的权力配置就好比运动员同时又是裁判员，明显有悖于分权制衡和诉讼公正的原则。要解决检察机关的“角色冲突”，应当采取如下改革措施：

第一，从制度上明确检察机关的第一角色是公诉人。在法治社会中，诉讼结构应当是一种三角形结构，刑事诉讼中的检察机关和被告人的地位应处于相对的两端，由法院居中裁判，检察机关在法庭上不应再是监督者。同时，通过公益诉讼的形式使检察机关参与到民事诉讼和行政诉讼

① 江伟：《民事再审程序的价值取向与申请再审程序的完善》，《法商研究》2006 年第 4 期。

② 张穹：《关于检察改革中若干理论问题的思考》，《人民检察》2003 年第 7 期。

中，让检察机关来扮演公共利益代表的角色。

第二，取消检察机关的直接侦查职能改由公安机关行使，强化检察机关对刑事侦查活动的领导和监督职能。之所以要取消检察机关的直接侦查权是因为检察机关自侦案件缺少监督制约，不符合刑事诉讼分工负责、互相制约的原则，同时公安机关的侦查装备和技术也更先进，行使侦查权更有条件、更有优势。检察机关对刑事侦查活动的监督目前限于对刑事侦查活动中的违法行为进行监督，对公安机关是否立案侦查、提请批准逮捕进行监督，为强化检察机关对刑事侦查活动的监督，对于较重大的案件，检察机关可以提前介入公安机关的侦查活动，以充分体现检察机关的司法监督职能。

第三，检察机关公诉和监督职能应当分别由不同的部门行使。审判活动中控辩双方地位平等要求控方不能兼有监督者的身份，否则会破坏这种平等。“监督必须公正，公正性要求，监督者必须超脱于被监督者的活动之中，不得与被监督者有任何权益关系。作为公诉机关的检察机关对法院的审判活动实施法律监督，就有可能意味着检察机关是站在本案控诉方的立场上而不是站在超脱的公正的立场上进行法律监督。在追诉机关一手呈起诉状一手握监督之剑的情况下，要求审判机关公正判决，也确实有勉为其难之感。”① 因此，检察机关公诉和监督身份应当分开，由专门设立的公诉局行使公诉职能，把对庭审活动的监督主要限于对审判结果不满提起抗诉，对庭审活动中法官的违法行为向有关机关提出意见，并且这一监督工作应由专门设立的司法监督局来做，而不宜由公诉人直接承担该职责。

第四，限制检察机关司法解释的范围，避免司法解释的冲突。我国司法体制实然状况决定了二元化的司法解释体制。在这样的体制下，如果检察机关和法院对同一法律法规的含义解释不一致，检察机关对法院的审判活动进行监督时，必然会认为法院的审判活动不符合法律的规定，即不符合检察解释的规定，这种不和谐的状况于司法实践中在法院和检察院之间已经屡有出现。这种状况导致两种结果：一是造成法律适用的混乱，不公正，不统一；二是审判机关适用公诉机关的“法律”裁决案件有损法律的严肃性。因此，从长远来看，有必要逐步取消最高人民检察院制定和发

① 董皞：《我国司法机关多重职能改革之思考》，《中国法学》1997 年第 4 期。

布司法解释的权力，[①] 将司法解释权统归于人民法院，建立起以最高人民法院为核心的多级审判解释体制。从目前来看，可以在对检察机关职能分解的基础上，把检察机关的司法解释权限于对侦查行为的监督和对行使公诉权过程中适用法律的解释，而对审判活动中适用法律则无权作出解释，以防止出现检察解释与法院的审判解释冲突，法律不能正确执行的情况。[②]

第五，在将一般法律监督的职能交由人大行使的基础上，将检察机关的力量集中于对司法活动的监督。由专门设立的司法监督局负责对前述侦查活动的监督，以及对庭审活动的监督和对监所执行的监督。[③]

（三）司法工作方式的调整

司法工作方式是指在法律范围内司法机关内部具体工作的方法、形式、实施步骤。近几年来，我国司法改革的绝大多数举措基本上是属于这个层次上的调配。[④] 目前司法工作方式调整重点在以下几方面：

1. 法官队伍少而精，辅助人员多而勤。这是对法院内部人力资源配置的要求，“作为法官职业化结果的法官精英化，其目标就是要建立一支相对数量少但素质高的法官队伍”[⑤]。实现法官队伍的少而精，就要根据一个地区法院辖区的面积、人口规模、经济发展状况、审判工作量等一系列制约因素，科学合理地确定法官的编制数量，把真正符合法官素质要求的人确定为法官，确立法官在法院工作中的主体地位。实现法官精英化的同时，在法院受理案件数量逐年增加的情况下，必须理顺法院内部人员管理体制，将原来由法官承担的工作交由数量相对较多、配备比例合理的审判辅助人员来承担，实现辅助人员多而勤，法院内部人力资源优化组合。例如，试行法官助理制度的珠海市中级人民法院就将原来

① 当然，检察解释如果只属于法律解释的一种而不是属于司法解释的范畴，只对检察机关内部办案的适用法律具有指导作用，而不对审判活动产生约束力，无疑是具有一定实际意义的。

② 董皞：《司法解释论》，中国政法大学出版社 2007 年版，第 140—149 页。

③ 蔡定剑：《司法改革中检察职能的转变》，《政治与法律》1999 年第 1 期。

④ 法官法引进的法官等级制度，法官的服饰由制服变为法袍，庭审中使用法槌，要求控辩双方起立，庭审方式引进“抗辩制”，裁判文书实现公开透明，法院盖起了壮观的大楼，实现了审判区与办公区分开等等。参见贺卫方《改革司法改革》，《人民法院报》2002 年 1 月 4 日。

⑤ 詹建红：《法官编制的确定与司法辅助人员的设置》，《法商研究》2006 年第 1 期。

的“法官+书记员”的模式改为“法官+法官助理+书记员+速录员”模式，审判辅助工作和事务性工作交由法官助理完成，从而把法官从繁杂的事务中解放出来，实行对法院工作人员的分类管理，以此确保公正与效率。[①]

2. 改革和完善人民陪审员制度。人民陪审员制度是实现司法民主的重要途径和方式，“完善我国民众参与司法机制，主要是完善和改革现行的人民陪审员制度”[②]。为此，应当在宪法中明确规定人民陪审员制度，同时尽快制定人民陪审员法，着重合理界定陪审员参与审判案件的范围，对陪审员参加的案件作出列举式规定，对当事人申请采用陪审制的相关程序予以完备；明确界定人民陪审员任职资格和条件，确定陪审员的名额和产生办法，适当放宽对陪审员文化程度的限制，增强陪审员的代表性；明确规定人民陪审员的权利和义务，对陪审员的任期、参审案件数量加以规定，明确其在合议庭中的地位和作用；加强对陪审员的管理与培训，建立专门的管理机构，严格人民陪审员的甄选考核，明确参加陪审的流程规则，定期对陪审员进行履职能力培训，提高陪审员的职业道德和业务素质；建立、健全人民陪审员的职务保障制度，明确陪审员的经费来源保障，确定补助标准，为陪审制度实施提供财政支持。[③]

3. 强化审判管理专业化。强化审判管理专业化就是要在设立专门独立的审判管理机构的基础上，将审判功能和管理功能截然分离，审判庭独具审判功能，管理功能由专门机构独立承担。建立一个独立的、专门的审判管理机构是强化审判管理专业化的首要任务。审判管理机构的设置应当与审判机构、执行机构分立，与同为管理机构的人事管理机构、财务管理机构并列，例如，有的地方人民法院专门设立审判委员会办公室这一审判业务综合部门作为专门的审判管理机构。[④] 其次，应当明确专门审判管理机构的功能，即服务性功能、保障性功能和监督性功能。服务性功能指为

---

① 《珠海市中级人民法院工作报告》，珠海市第六届人民代表大会第三次会议，2006 年 2 月 16 日。

② 樊崇文、张建伟：《人民陪审员制度的完善和改革》，《光明日报》2002 年 6 月 18 日。

③ 陈艳红：《从陪审制度的一般研究看我国人民陪审员制度的改革与完善》，中国政法大学硕士学位论文 2007 年，第 29—33 页。

④ 《佳木斯中院设立审判委员会办公室实现审判管理专业化》，http：//news. chinacsw. com/citynew/xxlb/20090327102600. htm。

审判工作提供方便和条件的功能，具体指配备管理审判辅助人员，实施跟案、送达、保全、调查，进行庭前准备工作。保障性功能指为审判工作能够顺利进行所不可或缺的程序操作功能，包括立案把关，诉讼资料收转，案件审理流程管理（排定审案法官和书记员，安排开庭时间和审判庭）。监督性功能指审判管理活动相对于审判活动所产生的督促、制约功能，主要包括“通过统一诉讼资料收转在法官与当事人之间设置一道防止私下接触的屏障；通过统一机械的流水分案，防止人工随意分案中的预先串通指定承办人；通过采取对诉讼期间划分阶段，并进行审限跟踪，督促承办人在审限内结案，以提高办案效率；通过对案件排定情况及有关程序和措施的公开，将审判活动的方式及工作标准作为参照公之于众，方便社会及当事人的监督，有利于法官注重自身形象，改进工作，提高法院的公信力”①。

4. 加速法院信息化建设。当前信息网络技术正在迅猛发展并得到广泛应用，人民法院必须适应信息网络时代带来的新情况、新变化，充分应用信息网络技术，强化司法、政务、队伍、管理。② 人民法院应当加强信息化基础设施建设、审判流程系统软件应用、内部网站建设，实现上下级法院计算机网络的互联互通，统一主要业务系统，加快科技法庭建设，加强网络与信息安全保障措施。同时，重视信息化建设成果应用，提高法院工作人员整体的信息化素质水平，制定并落实建设规划和实施方案，健全法院信息化管理机构。

5. 推动裁判文书上网公开。裁判文书公开是落实审判公开原则的重要举措和实现审判公开、透明的重要方式。法院借助互联网将裁判文书公开适应了信息化的要求，有利于扩大公开的覆盖面，而且具有技术简单、成本低的优点。在互联网公开的裁判文书应当分门别类，并设计方便实用的检索功能。不具备条件的法院可以将裁判文书报送上级法院上网公开。

① 董皞：《论审判管理改革》（下），《法制日报》2001 年 3 月 4 日。

② “近年来，广东法院信息化建设不断发展。据统计，全省法院目前配备各类计算机 20674 台，实现了干警人均一台，在 154 个法院中，有 108 个法院建成局域网，省法院连接各中院的‘二级专网’和‘视频会议系统’已经开通，中院连接基层法院的‘三级专网’建成 44 个，基层法院连接人民法庭的‘接入网’建成 84 个。涵盖法院审判业务、司法行政、后勤保障、队伍管理等各类软件开发和应用也不断取得发展。”（林晔晗：《广东全力打造信息化法院》，《中国审判》2008 年第 10 期）

为突出实效性，裁判文书应当于每月初上载，对于大要案、社会各界普遍关注的案件，还应当在宣判当日或次日就把裁判文书上网。[①] 从长远来看，应当由国家设立专业的全国性的大型法律信息数据库网站，集中公开法院的裁判文书，以利于同国际接轨。[②]

6. 基层法院开展巡回审判。基层法院在城市社区以及交通不便地区设立巡回法庭。巡回法庭不受场地限制，可以就地开庭。婚姻家庭纠纷、民间借贷、劳务纠纷、人身损害赔偿以及交通事故等民事案件均属于巡回法庭受案范围。此外还为居民提供咨询、谈话、调查、调解等服务。当事人可选择就近的巡回法庭申请立案，法官根据事先约定的日期，巡回各法庭办理案件。巡回法庭所有案件先进行诉前调解，对一些适用简易程序审理的案件，根据实际可以直接受理、开庭，进行调解或作出判决。这样，不但节省了审判资源，减少了当事人的诉累，方便了群众的诉讼，还将审理置于群众的监督之下，实现了审判过程的公开、透明。

司法工作方式改革是司法改革的重要方面，但是，“我国司法改革的目的不仅仅是微观意义上司法工作的某项改革，更要在宏观层面上构建一个清正廉洁、富有效率的司法体制”。因此，司法改革应当更多地转向对司法改革过程中所涉及的各个制度环节进行更具深度的分析和论证，使之“既能保证司法活动的高度独立自主，又能使司法权能受到有效的控制和制约；既使司法机关内部的建设和机制趋于合理，又能对各种妨碍和影响司法公正的外部因素加以充分考虑”，使相关改革措施能够很好地回应社会需求。[③] 因此，司法改革的重点应当放在司法体制和机制实质性的创新和推进上，这样，即使在没有法槌的审判中，人们也能够感受到法律和司

---

① 谭炜杰：《理论与实践的分析：关于我国裁判文书公开问题的研究》，载董皞主编《司法一线报告》，人民法院出版社 2009 年版，第 246 页。

② 例如，Westlaw International 是世界上最大的法律出版集团 Thomson Legal and Regulatory's 于 1975 年开发的为国际法律专业人员提供的互联网的搜索工具，用户可以通过 Westlaw International 迅速地存取案例、法令法规、表格、条约、商业资料和更多的资源。通过布尔逻辑搜索引擎，用户可以检索数百万的法律文档。又如，Lexis Nexis Academic 学术大全数据库是由美国图书馆界专家委员会设计的、并由专业图书馆员做资源收录评估和筛选的、专为学术图书馆提供服务的专业信息资源系统。该信息资源收录了 6100 多种全文资源，其中收录了几乎全部美国联邦和州法院的案例。

③ 刘仁文：《司法改革的展望与建议》，《中国社会科学院院报》2003 年 1 月 28 日。

法的权威。[①]

（四）关于司法改革的策略与步骤

在司法改革的策略和步骤问题上应当指出的是，我国的司法改革不是司法机关内部工作制度的改革，而是整个国家司法制度的改革，涉及的是各个司法机关间以及司法机关与其他国家机关的相互关系、职权划分、机构设置、人事制度等人财物的各个方面，是一项极其复杂的综合系统性工程，不仅有难以突破的政权体制上的障碍，而且需要相关配套制度的建立和完善，必须将司法改革纳入到整个政治体制改革的范畴中进行统筹。这就要求“改革者不仅应当是果断决策的勇士，而且也应该是善于细致操作的能手”[②]。

首先，应当由全国人大常委会成立专门的司法改革委员会，[③] 具体负责领导、规划、协调全国的司法改革工作。之所以要成立司法改革委员会，一是由于在我国进行司法改革的十余年中，并没有一个机构来承担司法改革的领导责任，导致了司法改革缺乏总体规划和部署。二是由于全国

① 有学者指出：“如果我们以为法官穿上了法袍、敲响了法槌、拿上了高薪、行走于专用通道等，就实现了法官的独立、公正、权威、专业化，就能够把相关司法改革由进行时态转变为完成时态，那么就会夸大符号变化的意义，就会把符号的意思表达功能不自觉地等同于意思的实现。因此，应该充分肯定‘服饰道具’等外在符号的变化作为司法改革的内容和成就所具有的意义，同时要不断追求现代司法的内在精神和品格，扎扎实实地进行由外而内、由表及里、循名责实的操作。”参见张志铭《司法改革中的形变与神变》，《人民法院报》2002 年 6 月 28 日。

② 张志铭：《司法改革中的健全思维》，《人民法院报》2002 年 9 月 20 日。

③ 在九届全国人大五次会议和十届全国人大一次会议上，人大代表提出了“关于设立全国人民代表大会司法改革委员会的议案”。具体建议包括：1. 关于司法改革委员会的地位。司法改革委员会是负责我国司法体制改革的非常设性国家机构。司法改革委员会由全国人大设立，向全国人大负责。2. 关于司法改革委员会的职责。国家司法改革委员会负责全国司法体制改革的筹划、组织、协调，提出改革方案和指导改革方案实施。3. 关于司法改革委员会的组成。司法改革委员会设主任一名，由中央政治局常委担任。设副主任若干人，由全国人大常委会、国务院、最高人民法院、最高人民检察院的主要领导担任。设委员若干，其中应包括法学、政治学专家委员。司法改革委员会主任、副主任、委员，由全国人大常委会任命。4. 关于司法改革委员会的机构。司法改革委员会依据工作需要设立若干司法改革工作小组，负责实施司法改革委员会的计划、方案和决议。5. 关于司法改革委员会的工作程序。司法改革委员会负责提出工作方案，报请全国人大常委会批准。司法改革委员会制定的司法体制改革方案，按特定程序向有关部门、社会各界广泛征求意见后，提交全国人大审议批准。参见《人大代表呼吁成立国家司法改革委员会》，《人民法院报》2003 年 3 月 10 日。

人大常委会是国家的权力机关，由其成立司法改革委员会更具有合法性和权威性。

其次，司法改革不可能是急风暴雨式的改革，只能是循序渐进。推动司法改革必须做到统一设计、分步实施、先行突破，积极稳妥地进行。

再次，司法改革的方案应当进行论证和试点，被证明是成功的方案，应当通过修改宪法、法律把有关司法组织、职权等方面的改革成果固定下来，使司法改革随着法治建设成果的进一步完善而逐步推进，最终实现建立现代司法体制和司法运行机制的司法改革目标，以便充分发挥司法权维护法制统一的法律效果和促进公平正义的社会效果，促进中国特色社会主义法律制度的不断发展。

作者董皞，法学博士，中国社会科学院博士后，广州大学副校长，教授，武汉大学博士生导师；谭炜杰，中国政法大学2008级博士研究生，广东省珠海市中级人民法院助理审判员。

加快转变发展方式需要回答的三个基本问题*

董小麟

摘　要：加快转变发展方式，需要回答好三个基本问题：一是为何发展的问题，必须从发展的方向、内容、成果等方面真正坚持以人为本，以人的发展为根本目的；而生产方式与生活方式的协调转变也是转变发展方式的应有之义。二是如何发展的问题，必须坚持创新驱动和改革推动，消除制度与文化的障碍；还要转变中国的对外经济发展方式，提高中国的国际话语权。三是发展什么的问题，必须紧密结合中国国情，坚持科学发展，走出工业化、信息化、城镇化、农业现代化全面协调发展的现代化路子。

关键词：发展方式　人的发展　创新　改革　现代化

探索建设中国特色社会主义道路的过程，是我们在马克思主义方法论指导下，力求科学地回答和解决“什么是社会主义，怎样建设社会主义”这一重大理论与实践问题的过程。而转变发展方式，是建设社会主义的一个核心内容。

20 世纪最后 10 年间，中国社会开始广泛研讨转变经济增长方式，进入 21 世纪，我们已经把关切点转向含义更宽厚的经济发展方式的转变，在近 20 年的时间里，我们取得了重大进展，但目前依然存在许多阻碍这一战略性转变的困难，需要进一步强化和深化对其的理论思考。我们可以把这一战略转变涉及的基本理论问题归结为三项：为何发展，如何发展，

* 原文刊发于《贵州社会科学》2013 年第 7 期。

发展什么。

一 关于为何发展

发展问题，是发展中国家治国理政的中心问题。尤其我们处在一个人口多、底子薄的社会主义初级阶段时，更体会到发展问题的紧迫性。所以，发展是硬道理，发展仍是解决我国所有问题的关键，也是实现现代化的必由之路。也正因为如此，我们党坚持以经济建设为中心，以解放和发展生产力为社会主义社会的根本任务。

然而，马克思主义认为，物质资料的生产是人类社会存在和发展的基础。生产力本身的发展，还不是社会发展的目标，它只是构筑通向理想发展目标的道路，增进实现理想发展目标的物质基础。而理想的发展目标，则定位于以人为本，这是为何发展的根本答案。

科学发展观“以人为本”的本质的确立，是我们执政党对马克思主义发展观的弘扬。马克思、恩格斯在《共产党宣言》中明确指出：取代资产阶级社会的，“将是这样一个联合体，在那里，每个人的自由发展是一切人的自由发展的条件”①。马克思在《资本论》第一卷中也指出，未来社会将是“一个更高级的、以每一个个人的全面而自由的发展为基本原则的社会形式”②。

确立发展的目标是为了人及其发展，必须落实到发展的全方位全过程。

首先，从发展的方向、任务看，必须坚持以人的发展作为经济社会发展的根本取向。人的自由而全面的发展，作为社会发展最本质的目的，要求我们在确定发展战略、安排发展规划、投入发展资源、检验发展效益的各个方面各个环节，都始终贯穿以人为本的理念，要根本改变片面追求经济增长指标、为增长而增长的状态，摈弃“见物不见人”的思维方式，走出发展为了民生的全面改善、为了建设现代幸福社会、逐步实现人的全面发展的新路子。

---

① 《共产党宣言》，《马克思恩格斯选集》第1卷，人民出版社1995年版，第294页。

② 《资本论》第1卷，人民出版社2004年版，第683页。

其次，从发展的内容、方式看，必须坚持把人的发展需要作为发展战略与策略选择的根本依据。人的发展，也是现代化问题，是人的现代化。发展以人为本，不仅意味着一切的经济建设都为了人，同时也必须明确人在物质和非物质领域所需要的全面发展。在经济领域，要着重克服片面的按照对 GDP 贡献率的高低选择产业或产品的观念和举措，着重发展真正贴近国计民生的领域；在文化教育领域，要在把人作为生产要素中的劳动力而训练培养的同时，更着重把人作为人来教育和培养，提升人的自我发展意识和可持续发展能力；在社会政治领域，要在承认和保护个人合法权益的同时，更着重培养和发展人的社会责任意识和履行责任的能力。

再次，从发展成果的分享上看，必须强调发展的成果为最广大的人民群众所分享，而且这种分享应该符合公平与效率相协调的原则。一方面，社会主义的公平正义要求我们必须在个人财富增长的基础上，循着总体小康向全面小康进而向中等发达国家水平前进的相应阶段，一步一个台阶地解决社会贫富差距，保障全体人民的基本生活权利及生活条件的改善；同时又因为我们还是发展中国家，所以还要发展“橄榄型”社会结构，中等收入阶层是社会发展的中坚力量，是社会稳定的基础，是真正把经济增长的第一动力转变到内需上的可靠保障，也是城市化发展的主体力量。在拉美或亚洲一些国家出现的所谓“中等收入陷阱”问题，究其根源，除了缺乏创新以形成新的经济发展极之外，缺乏强大的中产阶级的社会结构是一个基本的原因。而欧美发达国家近年来经济社会中出现的矛盾和问题，也与中产阶级对财富的占有比例相对和绝对下降有关。

最后，发展以人为本，是一个渐进的过程，也是与人自身发展互动的过程。这既是因为发展的物质文化条件的成熟是渐进的，也是由于人对自身发展的诉求也在不断完善之中。或许，后者更因人对自身的认识也有一个从必然向自由的转变，显得更加具有制约性。由于历史与文化的局限，人们在自身发展的过程中，必然会产生某些不合理的诉求，这是不可避免的；如果把人们提出的一切诉求都看成天然合理，往往会误导发展方式的取向，对加快转变发展方式造成阻力。比如奢靡浪费的消费行为，比如某些既得利益群体对改革需要打破的利益关系产生抵触等等，都是我们转变发展方式中必须直面的问题。所以，经济发展方式的转变，应该包括人的生活方式的转变在内，才能形成社会生产方式与生活方式转变的良性互动；而人的生活方式的转变，需要社会发展积极的价值取向，并加以有效的引导。

二 关于如何发展

如何发展，是关系发展手段与路径的问题。2010 年第二季度结束时，统计数据表明，中国的 GDP 总量已经超过日本，改变了半个世纪以来日本经济总量超越中国的状态。但这是否意味着中国已经是世界第二经济大国呢？其实，除了人均 GDP 指标距离很大以外，关键问题还有两点：一是获得这个 GDP 的途径的差异，我们以相对的高投入、高消耗、高污染、高成本（包括经济成本、环境成本和社会成本）而获得，日本则主要靠科技投入（其科技贡献度在 70% 以上）；二是路径的差异，日本是对外投资远大于吸收外资的国家（在 20 世纪 90 年代，日本平均每对外投资 100 单位，吸收外资 4—5 单位；进入 21 世纪最初 10 年，每对外投资 100 单位，吸收外资上升到 20 多单位，但总体始终是对外投资长期大额出超的国家），所以其从国外获得的日本国民所得，远大于国外投资者从日本获取的所得。因此，日本相对中国，吸收外资远大于对外投资，如果以国民生产总值（GNP）进行中日间的比较，结论就不是那么简单了。

这里给我们的启示有几点：

一是加快转变经济发展方式，必须扎扎实实抓好实施创新驱动发展战略，才能把推动发展的立足点转到提高质量和效益上来。

回顾人类生产方式的发展进步，在一定意义上是一个依土地、劳动、资本、技术递进的要素替代的进程；当今我们已经进入知识密集与生产工具智能化的时期，我们的现代化，就必然更要循科技创新的路径，以先进科技武装国民经济各个领域和运用于社会生活的方方面面。但是，中国传统文化的循规蹈矩性和传统体制的僵化性束缚性，是制约中国创新力的两大传统因素；而科研教育领域急功近利的考核评价方式和对人才自由成长的“标准化”束缚，是制约中国创新力的两大机制因素。所以，中国在创新方面不仅是一个后起的国度，而且当今研究成果的结构也存在软肋。例如，尽管我们目前在论文发表和专利申请方面，数量上已经迅速崛起，但创新含量以及对生产力的推动，与先进国家比，依然有很大差距；尽管我们在国际专利申请数量上已经成为大国，但发明专利的创新程度、复杂程度和行业的覆盖度，其平均状态还是较大程度弱于发达国家。

在这里，我们还有必要厘清一个概念，就是转变发展方式不能笼统地说是从高投入转向低投入，如果只是指物质要素，有它的道理，但像科技等知识要素的投入，应该属于加大投入的范畴；即使物质要素，也要因应产业结构调整的变化，对新兴产业加大投入，这是创新技术和创新产业的需要。

另一方面，2011 年公布的第六次全国人口普查数据表明，中国劳动力在人口中的比重和绝对数都将在今后几年陆续出现下降局面，这预示着只有提高每个劳动者的产出能力才能维持中国经济的发展和增进人民的福祉。而单位劳动量的产出能力主要取决于劳动的技术含量，特别是自主技术的含量与水平。这个问题是我们今后“如何发展”的重中之重。要使创新力成为中国可持续推动经济发展的主要力量，必须大力培育创新文化，而创新文化的培育是改变社会浮躁的重要“基本建设”，这亟待从娃娃开始抓起。

二是加快转变发展方式，必须依靠改革的推动，向改革要发展的“红利”。

人们在讨论以往的发展模式的时候，一方面批评要素投入较多依赖土地、劳动和能源、原材料，另一方面却也有人对“人口红利”将要消失而扼腕。且不论这两个视角如果出现在同一论者那里是否存在矛盾，严格来说，在国际经济仍然由发达国家及其垄断资本主导的情况下，“人口红利”在相当程度上体现的是我们的人口和国际资本的红利。

应当毫不含糊地指出，中国此前 30 多年的快速发展，最大的“红利”来自改革。当今，改革能否深化，依然是制约发展的重要的制度条件。事实上，从发展观念变革，到发展手段变革，再到发展内容的更新，体制因素始终具有显性或隐性的影响。所以，加快转变发展方式，一定要继续以深化改革取得“红利”。目前，影响发展方式转变的因素中，最关键的确实还是体制机制以及由此形成的某些固有的观念。例如，关于政绩考核机制和干部晋升体制，如果只突出经济总量指标，就很容易产生拼投入、比指标的弊病；关于资源价格体制，如果资源价格不合理，就不能引导资源的集约和节约合理的使用；关于企业体制，如果继续存在严重的行业垄断，业内的资源也不可能按照客观的成本与社会效益进行配置；如果政府机构与职能没有充分转变，社会自我管理职能没有加强，许多高消耗、高污染、高投入行为就可能得不到及时有效的防范和治理；关于教育体制，如果仍然不改变从小学甚至幼儿园开始的灌输式应试教育，如果不改变垂直的教育链条中孩子们一再遇到的低水平重复的教学内容，如果仍然不改变当前多数高校对教师的科研考核机制，只鼓励争项目争职称指标，对学生不鼓励个性，不扩大学生专业和课程选择的自由，热衷以标准答案束缚学生思维，则为什么我们的学校总培养不出杰出人才的“钱学森之问”将会依然困扰我们；关于科技创新体制，如果有关知识产权的培育、交易和保护的体制不优化，缺乏有效的激励机制，或者缺乏联合创新、协同创新的机制，同样也不能大力促进创新驱动战略的实施。

三是加快转变发展方式，必须包括转变外经贸发展方式，转变中国在经济全球化中的角色。

当代经济全球化仍然是发达国家主导，所以中国的贸易顺差却比美国的贸易逆差居于更不利的地位；中国的“世界工厂”，承接的是国际分工链条中利润最低的环节，而且这个利润的代价相当高昂。历史上，英国、美国和日本的制造业都曾经在世界领先，它们的世界工厂是以自己品牌和自主技术为核心的生产。当然，在今天的世界上，完全自主技术的制造业，在各国都已经不大现实，但自主技术的比重高低却关乎一国制造业的立身之本，也是后来发达国家制造业能够对外转移却没有失去对制造品的控制的命脉所在。

在加工制造业转型的同时，加快对外投资，发展中国更多更大的跨国企业，是我们平衡国际资本流动、促进对国际市场主动把握的能力、扩大中国制造的国际影响的必由之路。从实际经济指标看，发展对外直接投资也有利于挤掉GDP当中因国际投资的逆差产生的“水分”，对于我们实事求是认识国民所得具有积极意义。目前我们对外投资的发展方式要有三个转变：从明显偏重能源资源类，向增加与其相协调的制造业的海外配套投资转变；从偏重第二产业投资，向扩大其他产业领域投资特别是投资流通渠道和向三大产业协调发展转变；从主要偏重国有企业的对外投资，向联合民企和鼓励民企对外投资转变。

如果从更高远的视野看，转变发展方式实际上是全人类面临的共同命题。无论是经济虚拟化的严重泡沫，还是地球植被退化、温室效应加快，或者是贫富在许多国家内分化的同时也加快着国家间的分化……如此等等，世界需要更多负责任的国家。中国应该在经济走出去的同时，促进文化软实力和整个社会科学走出去，争取更多的国际话语权，这也应该是广义的转变发展方式的必要步骤。

三　关于发展什么

发展什么，是关于发展的内容问题。加快转变经济发展方式，要求发展内容从片面转向全面，从局部转向全局，从严重不平衡转向相对协调。

发展内容的充实，要求纠正单纯追求经济增长率的局限，把经济指标与人文社会发展指标结合起来，与环境生态指标的优化结合起来，与城乡的协调发展结合起来，等等。所以，人文发展指数、绿色GDP、幸福指数等有关理论与实践的探索，对于补充或补偿发展内容的片面性，具有积极意义。

加快转变经济发展方式，要求我们在经济项目的选择上，要根本改变盲目铺摊子、竞相拼项目、追求急功近利的状况，走出优化结构、优选项目、促进产业实现战略性转型升级的新路子；要求我们在人文社会发展方面，把充实和提高人的生活质量、丰富人的综合素质作为非常重要的也是更加基本的发展领域；要求我们在生态环境方面如马克思所说："劳动首先是人和自然之间的过程，是人以自身的活动来中介、调整和控制人和自然之间的物质变换的过程"①，我们要把人与自然的关系，从只讲改造甚至"征服"，变革为人对自身涉及自然的活动加以"调整和控制"。

经济发展方式转变，是实现现代化的必由之路。实现现代化，是"发展什么"这个问题的应有之义。当前和今后一个时期，"推动工业化、信息化、城镇化、农业现代化同步发展"是我们国家推进现代化的工作重点。

在世界经济社会发展的历史上，曾经着重把工业化和城市化看作现代化的基本标志。到20世纪80年代以来，随着第三次科技革命对经济社会

---

①《资本论》第1卷，第207—208页。

政治文化各个领域的全面渗透和改造，信息化成为现代化的更重要的指标；信息化正在并将继续深入地影响我们的物质文明、精神文明、政治文明和社会文明建设。在工业与农业现代化方面，作为发展中国家，工业化的起飞，往往出现与传统农业相对滞后的并存，出现所谓“二元经济结构”；经过60多年特别是近30多年的努力，我国现在到了进一步以工业化促进城镇化和农业现代化的时期。所以这个“四化”的同步发展，对我国的现代化建设内容是非常有针对性的。我国在1999年的时候，三大产业增加值的比重是17.8∶49.3∶32.9，2011年是10.1∶46.8∶43.1（2012年第一产业比重不变，二、三产业比重为45.3∶44.6），其中第二产业比重在1999年以来已终结了不断攀升的势头，连续十多年基本趋于稳定，且在小幅波动中出现趋降的现象。笔者认为，即便考虑近五年的国际金融危机对中国工业的影响程度远大于一、三产业，我们还是应该看到中国工业化已经处于从中期转向后期的过渡阶段，尽管绝对量还在增长，但所占比重将趋于稳中渐降的态势，其后续进程将主要是以自身的转型升级为重点，也就是走新型工业化道路。

中国在最近十多年间的农业与第三产业的比重出现了较明显的此消彼长的变化，但人口大国决定了中国的农业是不可替代的，农业安全特别是粮食安全是中国经济安全的必要基础。在中国，即使农业比重继续下降，但作为绝对的农业份额和农村人口，拿到国际社会观察，依然是一个巨大的农业体量和巨大的农业社会群体，没有农业农村农民的现代化就没有真正意义的中国现代化社会。在发展方式的转变中，我国农业的进步不仅需要以农业科技进步为基础，而且需要在农业的组织方式上，引入工业化的经验，以工业技术和资金的积累来改造传统农业，以工业化方式改造农业，实现农业现代化与整体的现代化协调发展，这对于我们这个大国特别重要，这也是工业化的重要外延。中国农村正在发展中的农业专业合作社和家庭农场等生产组织形式，将对农业生产集约化发展以及提高农民在市场博弈中的能力和地位，产生积极的影响。

城镇化，对于中国而言，是工业化进入转折期的必然结果；城镇居民在人口中的比重上升，开始进入一个加速发展时期，这将出现世界范围内空前庞大的城市化进程。中国转变发展方式，缩小城乡发展差距，重要的内涵就是以减少农民、加快城镇发展来实现的。城镇化首先是城镇建设对投资产生巨大需求，其次是城镇居民的增长使社会消费需求增长加速，再次是城镇发展带来社会分工的发展而改善着经济结构。在一个大国，城镇化产生的内需增长，对经济持续较快发展提供了恒久的动力。

以转变发展方式的要求观察中国的城镇化，有两个方面的问题必须予以注意：

一是大中小城市（镇）的协调发展问题。一部分学者以从国外特别是第三世界国家观察到的现象，断言中国也只能走发展大城市的道路，比如像墨西哥发展墨西哥城那样。如果确实纯粹由市场自发作用引导，不能排除人与资源向大城市高度集中的现象。但大城市到一定规模以后，其优缺点是同样明显的：信息丰富、资源集约、文化先进、创新力强、辐射面广等等是优点，而空气浑浊、交通堵塞、治安隐患多、市政建设成本和生活成本高、人际关系趋淡等等是缺点。如果我们能够以大城市为引领，以中小城市（镇）为主体，以金字塔模型解决城市化问题，恐怕更为可行。这是因为：第一，从城市建设的成本看，每吸纳一个农民进城，小城镇所需投入的市政建设资金比大城市可以节省一半左右，有利于降低城镇化的成本，因此中小城市（镇）应该成为吸收农民进城的主体，这在目前我国财力还不是特别雄厚的情况下尤其如此；第二，在城市体系的分工中，大城市应该成为我国科技创新的骨干，引领经济社会发展的领头羊，所以大城市产业层次应该较高，有必要的门槛，以吸引高端要素为主，并着力培育中等收入阶层，如果简单地打开城门，在中国人口总量巨大的情况下，很容易造成人口膨胀过快、过度密集，不仅造成大城市运行的超负荷，而且容易造成“劣币驱逐良币”现象，降低大城市的素质；第三，由城市群带动的多极化发展，梯队式、组团式的城市，是发达国家现代城市经济发展的重要方式，其区域中心城市的集聚力和辐射力，将通过城市群的网络（网格化）而体现，但如果只是单个城市超大规模发展，很可能产生“黑洞”效应，特大城市把区域资源高度集中吸纳了，反而使其外部的区域出现发展的阴影，形成“大树底下不长草”的现象，一些发展中国家已经出现这样的情况，它对于缩小城乡发展差距没有正面的意义。

二是城市（镇）建设中必须内外兼修的问题。1949 年的时候，我国城镇化水平是 10.64%，1978 年的时候是 17.9%，2012 年已经达到 52.6%。我国城镇化步伐在改革开放以来大大加快，城市人口所占比重增加两倍，城市人口绝对量更是翻了两番，城市的面积和市政设施也都在迅速扩充。但是，千人一面的城市，形象工程性质的建设取向，是相当突出的问题。外国传媒曾经尖刻地批评我们城市建设中的粗放发展模式："截至目前，中国城市扩展漫无目标，且造成极大浪费……到北京、上海和广州等中国超大型城市旅游的人通常会对大堵车、丑陋的建筑和各条环路上空让人喘不过气的污染空气感到震惊……尽管建设和发展速度快得令人难以置信，但中国的城市规划给人以强烈的错失良机的感觉，因为历史性的建筑一个个被拆毁，取而代之的是造价低廉且毫无魅力的城市拓展。"① 这类批评不是毫无道理的。冷静思考我们城市建设的问题，确实存在严重的短期行为。如果不加快转变下一步城镇化发展的方式，我们将付出更沉重的经济、社会、文化和历史的代价。

所谓城镇化发展必须内外兼修的问题，主要包括以下要点：第一，必须转变重当前潮流而轻历史和轻未来的观念，切实尊重城市的历史文化遗产，并且充分考虑到城市发展的百年大计，避免换一茬官员就变一个规划的杂乱现象。第二，必须解决重地表建筑而忽视地下建设的通病，下大力气解决地下各类管道特别是排水系统建设问题，打造经得起自然和历史考验的地下循环系统；那种以权宜之计应付地下工程而导致不断开挖马路的现象再也不能继续下去了。第三，必须加强城市人文精神的建设。历史证明，城市是孕育、储存和提升人类文明的摇篮、中心和发展极；而城市的文明是靠人来传承、创造和维护的。所以在我国城镇化加快发展的时候，每个城市特别是大中城市，要对城市的新市民加强人文素质教育，这是让他们融入城市的根本切入点。城市发展中如果存在环境恶化特别是社会环境恶化的问题，本质上是人口数量增长与人的素质提升不同步的问题。美国学者乔尔·科特金（Joel Kotkin）指出："对城市史的研究也提示我们，一个没有道义约束或没有市民属性概念的城市即使富庶，也注定会萧条和衰退。"② 所以，城市化或城镇化，不是简单的硬件建设问题，也不仅仅是产业配置问题，最重要的是市民素养问题。我们要让每个城市都成为一所学校，一所能够把城市的文化储存、丰富和弘扬光大的学校，一所市民

① ［英］贾米勒·安代利尼：《中国经济迅速增长导致城市发展杂乱无章》，英国《金融时报》2010年9月21日。

② ［美］乔尔·科特金：《全球城市史》，王旭等译，社会科学文献出版社2010年版，第14页。

在此享受继续教育的学校。这样，城市化的发展与人的发展，以及整个现代化的发展，就比较匹配了。

作者董小麟，广东外语外贸大学原副校长，教授。广东省广州市白云大道北2号 510420

中国蓝色经济与战略理论创新研究

郑贵斌

摘　要：蓝色经济作为新的经济形态，是陆海一体统筹发展新经济模式的科学概括。蓝色经济区作为蓝色经济理论的生动实践，是实施蓝色经济战略、建设海洋经济强国的重要载体与平台。深化蓝色经济理论研究，对推进海洋强国战略实施具有重要战略意义。蓝色经济理论研究应在海洋经济发展的改革开放实践中不断总结，不断深化。在蓝色经济理论指导下，应坚持陆海统筹的方针，突出陆海统筹促进经济新跨越的战略导向，科学编制海陆联动的集资源环境、技术、产业和区位发展为一体的综合集成规划，统筹安排海洋与陆域资源的开发、产业的发展和空间的拓展，实现沿海区域的科学协调与可持续发展，加快推进蓝色经济发展和海洋强国建设。

关键词：蓝色经济　战略引领　陆海统筹　海洋强国

中国学者对蓝色经济的研究，推动了蓝色经济区战略的实施，改变了国家层面没有海洋经济战略的历史，成为开启海洋强国战略的里程碑，为丰富深化中华民族的伟大复兴战略、促进区域经济科学协调发展指明了方向。在经济全球化、区域一体化发展的背景下，深化研究蓝色经济与战略理论，科学把握蓝色经济发展的新趋向，确立正确的战略导向，抢占发展先机，对推进海洋强国战略实施具有重要意义。

一　蓝色经济是陆海一体统筹发展的经济形态

海洋是人类生存与发展的重要空间。人类对海洋的战略地位及资源开发价值的认识，是不断深化拓展的，经历了从开发利用海洋资源到发展海洋经济的进程。20 世纪 90 年代后蓝色国土开发的研究逐步拓展到海陆相连的地理区位上。陆海一体发展形成的新的蓝色经济形态的提出，是学术研究拓展视野从陆向海走向海洋走向世界的重要成果。笔者在《海上山东建设概论》、《蓝色战略：新增长点的跨世纪抉择》、《海洋经济集成战略》[①] 等著作中提出并研究了蓝色经济理论。认为陆海一体形成的蓝色经济有机系统，是理论界顺应经济全球化、区域一体化发展趋势，科学把握海洋经济与沿海经济发展的规律、趋势而必须给予特别重视的理论探索新领域。

（一）蓝色经济是海洋经济迅速发展的理论反映

《联合国海洋法公约》生效后，站在全球战略高度，把握当今世界海洋发展面临的新形势、应对海洋发展面临的新挑战，为维护国家海洋权益和享受发展利益对海洋经济作出新的理论研究成为理论界的重大课题。

蓝色经济研究首先是正确处理海陆关系的理论需求。世界沿海国家都面临着如何处理海陆关系的难题，有些国家开始走出以陆地为阵地，以海洋为方向的路子。它们对待和处理海陆关系，首先高度重视和依赖海洋，同时遵循海陆一体统筹发展的规律，通过海陆联动发展，迅速实现现代化和国家崛起。《联合国海洋法公约》颁布后，一些沿海发达国家以各种不同的方式统筹发展海洋经济和陆地经济，促进海洋经济与沿海开放发展紧密结合，把国际资源利用和经济区建设联系在一起，海洋资源、科技、产业联动融入国内、国际互动的开放经济新潮流中，努力建设海陆关系和谐的海洋经济强国。世界性的发展海陆一体的新型经济的实践为研究蓝色经

---

① 郑贵斌等主编：《海上山东建设概论》，海洋出版社 1998 年版；郑贵斌：《蓝色战略：新增长点的跨世纪抉择》，山东人民出版社 1999 年版；郑贵斌：《海洋新兴产业发展研究》，海洋出版社 2002 年版；郑贵斌：《海洋经济集成战略》，人民出版社 2008 年版。

济奠定了探索基础。

蓝色经济理论研究还体现了国内外区域整体发展战略的新拓展。纵观世界经济发展的历史，一个明显的轨迹，就是由内陆走向海洋，由海洋走向世界。统筹陆域与海洋发展，是经济全球化、一体化长远发展的战略需要。改革开放以来，我国基本形成了西部大开发、振兴东北地区等老工业基地、促进中部地区崛起、鼓励东部地区率先发展的区域发展总体战略，并逐步形成了长江三角洲、珠江三角洲、环渤海湾经济圈的沿海生产力布局。把陆域发展与海洋发展作为一个整体，以世界眼光和全球视野，在更高起点、更深层次优化国土开发格局、促进区域协调发展，是对我国区域整体发展战略的丰富与深化。我们党和国家历来高度重视海洋经济发展，党的十六大提出“实施海洋开发”，党的十七大明确为“发展海洋产业”，党和国家特别提出“打造山东半岛蓝色经济区”的战略构想，标志着我国海洋经济发展进入新的历史发展阶段，步入更加全面认识、开发和保护海洋、加快沿海海陆统筹的蓝色经济新时代。学术界也就必然进入了兼顾海陆的理论研究的新领域。

（二）蓝色经济是具有丰富内涵的新的经济理念

从海洋经济位理论[①]来看，蓝色经济有三重属性与三大占位：海洋是资源聚合体。从不同的分支系统的占位观察，海洋经济存在着资源位、产业位和区域位。蓝色经济具有资源、产业与经济区三位一体的内涵，是一种海洋资源开发、产业集聚与临海区位一体化发展的经济发展模式或产业发展方式，是海洋水体资源（含生态）经济、海洋产业（含技术）经济、海洋区域经济的复合体。蓝色经济作为海陆一体考察的复杂系统，存在着资源位、产业位和区域位，发展的规律是一个体系。蓝色经济位理论对于认识经济运行，指导海洋开发和沿海发展具有基础作用。

顺应蓝色革命和全球经济一体化的大趋势，整体统筹、创新发展三位一体的蓝色经济，强化海洋经济位的集成合力和动态协调以及可持续，实现蓝色经济位集成创新发展，提升集成价值，是科学的选择。三位一体陆海统筹把海洋资源的开发与陆地资源的开发、海洋产业的发展与其他产业的发展有机地联系了起来，能够促进海陆经济一体化的建立。随着区域经

① 郑贵斌：《海洋经济位理论与海洋经济创新发展》，《海洋开发与管理》2006年第5期。

济发展的深入，海陆的互补、互动和互促的要求日益迫切。

蓝色经济的理念就是对海陆一体经济的整合与提升，贯穿了陆海统筹、陆域经济与海洋经济协调发展等先进理念。蓝色经济就是统筹海洋经济、涉海经济、沿海经济与海外经济的发展。由蓝色经济具有科技、经济与社会三重价值的特点所决定，要求陆海资源整合，发展产业，实现海陆统筹，开放发展。蓝色经济区的陆海统筹模式是“海陆资源互补、产业互动、布局互联”。全面把握统筹陆海资源、产业和区位三重属性和生态、经济、社会三重价值，这是我国沿海区域协调发展思路的重要创新。在海陆统筹区域规划制定中，就要遵循经济圈层规律，统筹海洋开发与保护、统筹海域与陆域的发展、统筹人与海洋的和谐发展、统筹海洋与社会的和谐发展、统筹国内开发与国际合作等。在规划实施实践中就要求整合海洋水体资源、海洋产业、海洋经济区三大系统，形成开发海洋、发展沿海、联动更大区域的局面，积极开辟区域经济发展的新途径，力求实现沿海区域经济更好更快的创新发展。

（三）蓝色经济是传统海洋经济的新突破与新发展

从海洋经济到蓝色经济，由于赋予了海陆统筹的新内涵，概念虽有联系，但已有很大的不同。蓝色经济与传统海洋经济相比，特别强调区域发展中要做到三个更加重视：

一是更加重视资源科学开发与生态保护。蓝色经济把科学开发资源、海洋与陆地生态建设和环境保护放在重要位置，因此要妥善处理开发与保护的关系，在开发中保护，在保护中开发。要进一步转变发展方式，优化资源配置和发展布局，实施集中集约用海、节约集约用地，推行海陆生态环境统一治理，强化生态建设。

二是更加重视科教兴海和产业升级发展。蓝色经济更加注重发挥科技、教育、人才的支撑引领作用，强调海洋科技自主创新，提升海洋产业发展核心竞争力。要谋求突破核心技术，设计最终产品，拉长产业链条，弥补缺失环节，集群集约发展来促进产业转型升级。

三是更加重视海陆空间科学布局。蓝色经济体现了经济地理的重塑与再造，把海洋和陆地有机地连接起来，特别强调加强岸、滩、湾、岛、海等要素资源优化配置，统筹海岸、内水、领海、毗连区、专属经济区布局，推行海洋底层、中层、表层空间资源的立体开发和复合利用，沿海园区以及沿海城区发展以经济、社会、生态协调发展为目标。总之，蓝色经济迫切要求沿海各地要积极探索海陆统筹的新模式，重视海陆空间资源的一体配置和产业的一体发展。

二 蓝色经济区生动实践与蓝色经济理论的深化

（一）蓝色经济区：蓝色经济理论的生动实践

以蓝色经济理论引领蓝色跨越实践，要求更加重视海陆统筹，以资源优化换产业发展，以产业发展换区位繁荣。把海域陆域作为一个整体，强化统筹海陆区域规划，统筹海陆产业发展，统筹海陆基础设施建设，统筹海陆资源开发，统筹海陆环境治理，实现海陆资源互补、产业互动、布局互联，努力培植新的发展优势来助力区域发展，促进沿海区域经济的发展更科学、强劲、均衡与可持续。国务院颁布的《山东半岛蓝色经济区发展规划》，作为海陆统筹的新型经济区规划，是我国蓝色经济理论指导陆海统筹的生动实践。《山东半岛蓝色经济区发展规划》提出了陆海一体纵深联动的科学发展新目标，是我国区域发展从陆域经济延伸到海洋经济、积极推进陆海统筹的重大战略举措，标志着我国陆海统筹工作进入重要阶段。

在实施蓝色经济区规划的海洋经济发展试点中正确对待和处理海陆关系，认真探索沿海陆海统筹发展的模式与路径，对推动我国海洋强国崛起和加快现代化进程具有重大战略意义。从经济发展来看，海陆关系越来越密切，海洋产业与陆地相关产业互为依托、相互促进，而且经济的发展水平随海陆一体互动获得更大发展。准确把握海陆一体发展的基础条件、现状、特征及趋势，明确海陆联动在国民经济和社会发展中的战略地位，发挥海陆统筹在推动经济增长，促进就业，缓解人口、资源、环境压力等方面的作用，非常迫切。许多沿海国家重视海陆间的经济联系，利用海洋的纽带作用和廉价的海运优势，在沿海地区发展大产业，发展来料加工、大进大出的出口加工业和高新技术产业，引进先进技术，扩大金融、信息和人才交流，形成了众多的滨海工业区，使沿海经济充满活力。可见，海陆经济一体化，要求人们从陆海互动的视角认识开发海洋的重要性，发挥海洋在整个经济和资源平衡中的作用，遵循陆海一体化原则，将海洋发展纳入整个国民经济计划系统，与陆地经济一体化统筹发展。在蓝色经济创新思路指导和国家战略层面建设蓝色经济区，是一项崭新的事业。我国沿海各城市正在以更加开阔的视野，全球化的眼光，创新的意识，精准谋划发展蓝色经济的新思路，积极探索沿海区域经济的科学发展之路。这对加速形成新的经济增长极，加快转变我国经济发展方式，促进区域协调发展，完善我国沿海整体经济布局，维护和保障国家海洋战略权益与安全必将产生重大积极影响。

（二）蓝色经济区建设的战略指导与实践推进

发展蓝色经济，建设蓝色经济区和海洋强国，需要蓝色经济战略指导。按蓝色经济位理论，蓝色经济战略客观存在着资源开发战略、产业促进战略和区域建设战略的战略位。蓝色经济发展战略是由资源位、产业位和区域位战略构成的体系。[①] 海洋开发资源、产业、区位三位一体、海陆统筹、集成创新是海洋资源开发与经济发展的客观规律交叉集成综合作用的结果，是蓝色经济健康发展的重大战略。

在发展蓝色经济实践中，实施正确的战略导向，积极探索陆海统筹的新模式，成为海洋经济发展改革开放试点的重要航标。实践表明，陆海空间合理规划布局是陆海一体统筹协调发展的基础。陆海一体发展蓝色经济，就是把专属经济区纳入区域板块，与陆域板块优化发展，因此重在空间布局的统筹协调。山东半岛蓝色经济区，就综合考虑了海、陆资源与环境特点，系统优化海陆的经济功能、生态功能和社会功能，以海陆两方面协调为基础进行区域发展规划。在空间布局中，港口的接口作用与涉海产业的纽带联系是海陆统筹的关键环节。作为国民经济的基础产业，港口是维系区域开放发展的重要环节，在很大程度上影响着一个港口腹地经济的发展。因此，以海域和海岸带为载体的陆海一体化发展应遵循以港口为轴心。港口的集聚与扩散作用是实现海洋经济与陆地经济最有效的接口。涉海和临海产业把海洋资源的开发与陆地资源的开发、海洋产业的发展与其他产业的发展有机地联系了起来，是实现陆海经济一体化的纽带，能促进陆海经济一体化的建立。在布局中，实施科教兴海、推动产业集聚联动，

---

① 郑贵斌：《海洋资源开发战略位理论与开发战略整合》，《山东社会科学》2006 年第 8 期，《新华文摘》2006 年第 22 期转载。

成为统筹发展的着力点。以高新技术为支撑的、具有迅速放大的价值优势的海洋优势产业的集聚，对海陆一体的推动是巨大的。因此，注重培育战略性海洋新兴产业，构筑现代海洋产业体系，增创发展新优势，才能促进空间布局合理化。这些做法对实施蓝色经济规划和加快发展蓝色经济有重要借鉴意义。

《山东半岛蓝色经济区发展规划》把海洋专属经济区纳入规划，开辟出海陆一体的主体区，同时设联动区，是深化改革开放发展、推动国际与国内合作与发展的战略规划，形成了以陆海区域统筹创新为主要特征的发展新模式。由陆向海，改变单一发展方式，实施陆海统筹，是这一发展战略的一次深刻变革。

（三）不断推动蓝色经济与战略理论实现新发展

蓝色经济区规划在实施海陆统筹发展蓝色经济理念下，开辟出先行先试的实践方向和巨大发展空间。按照《山东半岛蓝色经济区发展规划》，陆海一体统筹发展体现在指导思想、发展原则、布局思路、产业体系和体制机制方面有了新的目标：一是在指导思想上，要求以加快转变发展方式为主线，以深化改革扩大开放为动力，着力推动海陆联动发展，着力推进海洋综合管理；二是在发展原则上，把推动海陆统筹、实现联动发展作为重要原则。发挥山东半岛型地理优势，把海洋和陆地作为一个整体，实行资源要素统筹配置、优势产业统筹培育、基础设施统筹建设、生态环境统筹整治，推动海洋经济加快发展，带动内陆腹地开发开放；三是在海陆空间布局上，将山东半岛的陆域与山东全部海域规划为主体区，山东其他地市规划为联动区。在主体区内，部署三条开发保护带、三个产业集聚区和三个城镇组团，打造海洋产业区域联动发展平台，实现以陆促海、以海带陆、海陆统筹，联动发展；四是在创新机制上，依据一体化要求，交通同网、市场同体、环境同治、产业联动、信息共享，加强区内统筹协调，构筑优势互补、联动互促的区域发展新格局。

进一步规划建设陆海统筹新型蓝色经济区，在全国率先突破和示范，进而完整地形成从当前环渤海湾到珠江三角洲的沿海一线蓝色经济发展新格局，对保障国家安全、缓解资源和环境的瓶颈制约、拓展国民经济和社会发展空间，将起到重要作用。蓝色经济的新理念与蓝色经济区的生动实践，使沿海形成新的海陆统筹优势，特别是日益增强的区位资源优势、发展空间优势、新兴产业优势、先行先试优势、对外开放优势，为打造科学发展高地注入了动力与活力，同时，促进沿海各地构建起加强国际交流与合作的新平台。蓝色经济是开放型经济。当今世界正处于大变革大调整之中，中国要同世界共同分享发展机遇，共同应对各种挑战。坚持互利共赢的开放战略，在《联合国海洋法公约》基本框架下，更加积极主动地参与国际海洋事务，加强海洋科技、海洋资源、环境保护、应对全球气候变化等领域的双边和多边国际合作，将进一步提升我国海洋领域综合国力、国际竞争力和抗风险能力，加快现代化强国建设。两年来的蓝色经济区建设实践，为理论研究积蓄了营养，将极大地丰富和发展蓝色经济理论，推动理论研究迈上新的台阶。相信伴随着实践的推进，蓝色经济理论会有新的突破。

三 以蓝色经济与战略理论为指导推动海洋强国建设

我国既是一个陆地大国，也是一个海洋大国。发展海洋经济、维护海洋权益、建设海洋强国是中华民族的伟大历史使命。建设海洋强国既是国际海洋形势的需要，也是我国建设现代化国家的必然选择。海洋强国建设的中心任务是发展海洋经济和内涵更丰富的蓝色经济。以蓝色经济与战略为指导推动区域发展，应重视以下方面：

（一）科学把握蓝色经济发展的规律与趋势

从海洋经济到蓝色经济，从传统产业到新的经济形态，体现了科学发展观指导下的经济发展理念的不断创新和突破。

树立蓝色理念、发展蓝色经济，首先要科学把握由海陆相对分离向海陆统筹发展的新趋向。科学发展观的根本方法是统筹兼顾，它深刻揭示了实现科学发展、促进社会进步的基本途径。蓝色经济是海陆一体化经济，海洋的大规模开发，要依靠强大的陆域经济支持；陆域的进一步发展，必须依托于蓝色国土，发挥海洋优势。加强陆域经济和海域经济的联动发展，实现促进陆海之间资源互补、产业互动、布局互联，是蓝色经济发展的必然规律。由于在一定程度上对海陆内在本质联系的规律认识不足，“重陆轻海”、“海是海、陆是陆”等一些观念长期存在，区域经济发展在思路上更多地倾向和局限于陆地，在布局上陆域经济和海域经济相对独立发展。解决这些问题，要深入把握蓝色经济发展规律，牢固树立海陆统筹发展的理念，自觉破除海陆分治的观念，坚持以陆带海、海陆一体，确立海陆整体协调发展的战略思路。

其次，科学把握由传统海洋产业向高端产业发展的新趋向。科技进步和创新是经济社会发展的首要推动力，调整经济结构、转变经济发展方式、提高国家竞争力最终要依靠自主创新和产业升级。蓝色经济发展以临港、涉海、海洋产业发达为基础，以先进科技和优势产业为特色。从蓝色经济发展的趋势来看，越来越由单纯注重海洋传统产业向高端产业转变，越来越依赖于高新技术发展。高新技术成为蓝色产业的重要支撑。

再次，科学把握由开发为主向可持续发展的新趋向。实现经济、社会、生态协调发展，人与海洋和谐相处，是蓝色经济发展的基本价值理念。随着经济社会的快速发展，海洋开发与保护的矛盾日渐突出，丰富的海洋资源在无序开发中遭到破坏，要认真吸取陆域经济发展和生态环境治理的经验教训，防止盲目开发、无序竞争，摒弃先破坏后治理、边污染边治理的做法，不以牺牲资源、环境为代价换取一时的经济增长。要牢固树立可持续发展的理念，自觉破除单纯经济开发的观念，把科学开发海洋资源与保护海洋生态环境紧密结合起来，充分考虑海洋的承载能力和环境容量，坚持环保优先、有序开发，在保护中开发、在开发中保护，加强海洋生态文明建设，走资源节约、环境友好的蓝色经济发展新路子。

（二）科学编制我国海陆统筹合纵连横的规划体系

蓝色经济的新理念与蓝色经济区的生动实践，除了明晰的国家蓝色经济战略以外，还迫切要求在国家层面，逐步推出我国海陆一体的国土资源开发规划。

我国已经开始了蓝色经济区等试点，但还需要一个完整的、系统的海洋发展战略和规划来推动海洋事业和区域经济的全面快速发展。目前我国已经发展到了一个重要历史关头，即国家现在和未来的发展，迫切需要全民族树立海洋战略意识，从战略高度统筹推动区域经济的全面发展，最终实现建设海洋强国的战略目标。建议以蓝色经济区等区域经济试点为起点，尽快启动海洋专属经济区这个我国第五大经济板块的区划，科学编制海陆联动的集资源环境、技术、产业和区位发展为一体的综合集成规划，突出陆海统筹，促进经济发展的战略导向。建议国家在确立“海洋专属经济区（新东部）”战略地位的基础上，进一步确立“东部”与“新东部”联体互动的战略地位，认真研究联体区划，同时科学编制海陆一体整体发展规划。建议国家将其列入国家战略规划研究的重点，明确海洋区域经济的战略空间定位，尽快列入国家规划，从国家层面规划海陆联动发展，促进人与海洋、与经济社会的和谐发展。在编制海陆联体规划的同时，应继续加强海洋规划体系建设，制定横向的环渤海、长三角、珠三角等规划，制定纵向的新东部规划、东部与新东部联体发展规划，制定具体的分区规划，形成一整套相互关联、相互衔接、疏而不漏的“合纵联横”的科学合理的规划体系，协调海洋资源、环境、产业、区位优化发展，实现海洋开发、保护与区域经济同步发展的目标。建议国家将合纵连横规划列入国家战略规划。国家层面的联体规划是指对我国沿海区域（海域与陆域）长远而全面的发展构想，是描绘区域未来发展的蓝图。规划的主要任务是根据沿海 11 省（市、区）与海洋专属经济区区域的发展条件，从海洋经济发展的历史、现状和未来社会需求出发，明确沿海与海洋经济的发展战略和目标，对海陆统筹区域的生产性和非生产性建设项目进行统筹安排，并对环境保护等方面进行总体部署。作为政府引导该区域经济发展的宏观的指导性文件，使之成为落实沿海地方社会和经济发展总体规划的一项重要规划。规划编制的指导思想要以科学发展观为指导，坚持以人为本，促进人与自然、经济与社会、城乡区域的和谐发展，遵循和落实科学发展观和集成创新观，以海域资源可持续利用为根本出发点，兼顾经济、社会、生态和环境效益的统一发展。坚持统筹兼顾，协调发展，搞好与沿海城市群规划、海洋功能区规划、海岸带等规划的衔接。统筹协调海岸、海面、水体、海床和底土以及空间的开发利用；统筹协调海岸带陆域、水域的开发利用和经济社会发展规划。

在科学的规划指导下，要强化重点领域的超前部署。建议进一步推动更新观念，树立全民族的蓝色意识，建立国家海洋事务委员会和国家陆海统筹战略指导中心，加强对蓝土地、发展环境和有关战略与政策的研究，加强海洋国情调查，明晰大势和走向。建议统筹海洋与国土资源事务，强化关键领域和薄弱环节的人才、技术、资金和物质投入，实施全球视角下的以实现集成绩效和综合国际竞争力为目标的整体优化战略行动，出台开发保护海洋、融合海洋产业、海陆联体互动的政策措施，依靠科学的战略导向和超前安排拓展发展新途径。顺应全球经济一体化的趋势，抓住国际合作与发展的新机遇，扩大国际海洋经济技术交流与合作，走开放发展之路，积极进行海洋经济特区或海洋改革开放试验区的试点，更好地建设全国统一而又各具特色的海陆一体的统筹的新型经济区，维护我国的海洋权益和发展利益，以推动我国海洋强国与现代化建设。

（三）科学抢占海洋强国建设的制高点

蓝色经济是我国发展海洋经济和进行蓝色经济改革试点的实践，是海洋强国战略实施的理论创新与实践创新。按蓝色经济的新理念和蓝色经济区建设的新实践，一定要以一流的创新精神推动实践，争取在世界的蓝色经济发展中占有重要的一席之地，努力建设蓝色经济强国并进一步建成海洋强国。

一是抢占理论政策研究制高点。发展海洋和蓝色经济与建设海洋强国，要以创新理论来支撑。随着海洋强国战略的实施，一系列崭新的课题需要研究探索，以更好地为实践提供理论与政策支持。理论研究既要超前，又要站得高，看得远，有全球视野，有战略高度。建议全国优化选题，强化攻关，出更高质量的理论研究成果。

二是抢占战略指导制高点。遵循区域发展规律，制定区域战略，打造特色，形成竞争优势，已经成为经济区域化发展的最大亮点。新世纪新阶段，世界以及我国的沿海发展正以强大的扩张力，向陆海双向的资源、产业、区位三位坐标扩展突破，加速了沿海区域经济格局的剧烈变化，重构着经济地理并加速崛起，成为推动经济社会发展的重要引擎。顺应大势，陆海统筹，发展蓝色经济，成为放眼全球加快发展的重大使命。要发挥对全局和长远发展起着顶梁柱的关键作用和重大的战略支撑作用的蓝色战略的作用，更加凸显海洋“战略引擎”的示范引领带动作用。

三是抢占产业发展制高点。目前，我国蓝色经济总体水平还比较低，发展模式仍以粗放发展为主，高新技术与发达国家还有着较大的差距。因此，发展蓝色经济，要以加快转变发展方式为主攻方向，以增强自主创新能力为核心，优化一产、提升二产、突破三产，大力培育和发展海洋高端产业，突破一批基础性、先导性、关键性领域的海洋核心技术，走具有中国特色的蓝色经济发展道路，增强在世界海洋发展中的核心竞争力。通过新兴产业高端发展，抢占世界产业格局的重要位置，打造区域性战略产业基地，全面提升经济发展的质量和效益，推动发展进入科学协调发展轨道，进一步提升区域创新发展的整体能力和核心竞争力。

四是抢占统筹发展制高点。实施海陆统筹，在扩展具有战略意义的资源接替空间、开辟具有广阔前景的新兴产业发展领域和建设具有极大价值的新经济区方面，具有重大战略意义。按照海陆科学发展的要求，重点把握陆海统筹新的发展思路，通过陆海统筹带动区域统筹。统筹，即正确处理海洋开发与陆域开发的关系，推进海陆资源整合，统筹发展海陆产业，推动海陆一体化优化发展。我国沿海作为海陆一体化考察的地缘经济，发展呈现出海陆互补、腹地支撑、海外连接、开放发展的重要特征。陆海一体板块发展的坚固阵地，已经成为区域协调发展的重要支撑。努力处理好陆地开发与海洋开发的关系，使陆地空间的开发与海洋空间的开发相协调，对拓展发展空间有重要意义。必须从全国区域发展的宏观背景出发，统观全局、明确思路，重点带动中要重视联动，努力追求协同效应。这对进一步优化生产力配置，促进产业升级、区域协调和可持续发展将会产生巨大而深远的历史影响。总之，要努力以陆促海、以海带陆、海陆统筹，联动发展，塑造全国区域联动发展新格局，建设海洋强国，实现中华民族伟大复兴。

作者郑贵斌，山东社会科学院副院长，研究员、博士生导师。山东省济南市舜耕路56号　250002

规模经营是农业现代化的必由之路吗*

宋亚平

摘　要：农业的发展对于耕地、土壤、淡水、劳动力、气候等自然资源条件有着极强的依赖性，国家的区位地理与资源禀赋不同，农业现代化便应该具有彰显本国特色的概念与内涵，并必然呈现出差别性、多样化的发展模式。当土地经营面积达到一定规模之后，农业生产的经济效益有可能会迅速提升，因为规模经营能够降低生产成本和提高生产效率，但实践反复证明，一般情况下的规模经营并不见得就可以降低生产成本和提高生产效率。中国的小农生产方式虽然给人一种原始、落后、碎片化、低效率的感觉，但实际上非常有效地解决了巨大的就业压力，支持了工业化、城市化建设进程，保障了13亿人口的农产品供给，维护了国家的安全与社会的稳定。

关键词：农业现代化　规模经营　小农生产方式　土地流转

近年来，长城内外、塞北江南，农村土地（指耕地）流转活动持续升温，捷报频传。截至2012年12月底，全国土地流转面积已达2.7亿亩，占家庭承包土地（合同）总面积的21.5%。尽管流入工商企业的土地面积只有2800万亩，仅占流转总面积的10.3%，但这一部分土地流转所形成的规模经营被很多媒体“格外垂青”，赋之以“先进生产方式”的美誉，而且土地流转面积在2009年的基数上猛烈扩张了115%。增速之

---

* 原文刊发于《南方周末》2012年9月13日。

快，形势之好，成就之大，让各级政府的农业部门不胜荣耀、非常自豪。

二

农村土地流转与规模经营模式的“异军突起”，使得近似“山重水复疑无路”的农业生产形势在窘境中突现“柳暗花明又一村”的欣喜状态。

实际上，国家耗费巨大人力、物力、财力所形成的一系列惠农强农政策并没有真正成为农业增效、农民增收、农村繁荣的持久“动力”。人们不禁要问：改革开放30多年了，中央不可谓不重视，地方不可谓不努力，特别是“十一五”期间进入“工业反哺农业、城市带动乡村”的新阶段以来，全国各级政府每年用于“三农”领域的各项财政资金已累计高达万亿元人民币，为什么“农业增效、农民增收、农村繁荣”始终还是个无法得到有效突破的“老大难”问题呢？

经过反复检讨与认真思考，人们终于发现核心“病灶”很可能出在传统的“小农经济”生产方式上。当年我们在农村推出“分田到户”的改革政策，实行以家庭联产承包责任制为主要内容的农村基本经营制度，虽然能够极大地调动农民从事农业生产的积极性，但人均仅有一亩多耕地，无论怎样精耕细作，整体经济效益却是微乎其微。甚至有人持一种近似绝望的论调：就算允许农民将自己的承包地用来种罂粟熬鸦片，也断然不可能发财致富！

因此，绝大多数领导干部和专家学者认为：如果能够遵循“依法、自愿、有偿”的原则，通过土地使用权流转的“温柔”路径，让零散在农民手中的土地“静悄悄”地向种养大户和“龙头”企业集中并形成规模经营的话，生产资料细碎化、基础设施建设与科学技术推广难、投入成本高、产出效益低、农民增收慢等长期困扰“三农”的许多矛盾就会迎刃而解，农业现代化的美好愿景就会指日可待。

正因为有这种思维逻辑的不断“演化”和价值取向的逐步“升华”，农村土地流转与规模经营模式开始在相关理论界高调登台，继而又被各地决策层隆重推出，被认为是实现农业现代化的“必由之路”。

然而，假若你细问这农业现代化到底是个什么概念、具体是个什么情况，不少领导同志未必说得清楚、讲得明白，很多人并不能真正地去了解和科学地把握其基本的内涵特征，表现出人云亦云的随意性与生搬硬套的非理性。

根据笔者的调查，一些人主要是通过这样几句非常时髦的流行词汇来理解农业现代化的，即“用现代工业经营理念谋划农业，用现代物质条件装备农业，用现代科学技术改造农业，用现代产业体系提升农业，推进传统农业向现代农业转变”。还有一种说法：农业现代化就是“主体多元化，核心科学化，特征商品化，方向集约化，目标产业化”。为了让大家能够听懂，还有人将其总结成更为通俗的解释：“农业现代化就是土地大集中、资本大投入、装备高科技、基础设施完善、公共服务齐全、多样性经营、企业式管理、产品质量好、市场竞争力强、经济效益优、生态环境美。”

按照上述方方面面的形象描绘，“农业现代化”当然是一个人见人爱的“好东西”！在这样一个充满了科学力量与理性思维、无论是生产力还是生产关系都极其完美至善的社会环境里，困惑了我们多少代人的中国“三农”问题必然一扫而光，从此销声匿迹。

但是，恕我直言，包括东部沿海发达地区在内，我国广大农村中不仅个体小农户无法达到这种农业现代化的内涵标准而只能“望洋兴叹”，就连很多自认为实力不俗且已羽翼丰满的“龙头”企业也是不敢高攀而自叹弗如的。

可以说，这个农业现代化的基本概念以及它所引申出来的客观标准，对于我们中国来讲，且不说目前条件不具备，就算在将来一个相当长的历史阶段，也都将是不可能成功登顶的“珠穆朗玛峰”。为什么？因为这个农业现代化的基本概念和主要内涵完全是一个地地道道的西方“舶来品”，甚至就是从太平洋彼岸的美国照搬照抄来的一张美丽的“西洋景”，而不是按实事求是的原则由我们针对自己的具体国情所精心描绘出来的一幅“中国画”。

二

众所周知，农业的发展对于耕地、土壤、淡水、劳动力、气候等自然资源条件有着极强的依赖性，一个国家或地区的区位地理与资源禀赋不同，优势和缺点则各异，农业现代化便应该具有彰显本国特色的概念与内涵，并必然呈现出差别性、多样化的发展模式。实事求是地讲，真正能够推行“土地大集中、资本大投入、装备高科技、基础设施完善、公共服务齐全、多样性经营、企业式管理”这种模式的地方在当今世界上也属凤毛麟角，仅有美国、加拿大、澳大利亚、新西兰等极少数几个国家才能“玩得起”。

把美国称之为“农业强国”应该说是无可置疑的。中国人看美国农业最“过瘾”和最“震撼”的东西便是美国农业的规模化经营和高科技支撑，但很少了解美国也为农业现代化付出了非常巨大的代价。例如在投入上，美国对农业领域的投资历来比工业领域的投资大，每生产1美元农产品，约投入8美元，在联邦政府预算中仅次于国防开支而占第二位。在生产消耗上，美国每年生产3000亿公斤粮食，要消耗6000万—7000万吨石油、800万吨钢铁，同时消耗大量的磷、钾等肥料。在污染上，美国农业严重依赖化肥和农药，化肥和农药的过量使用导致土壤恶化和环境污染。美国有31个州存在化肥污染地下水的问题，衣阿华州大泉盆地从1958年至1983年的25年间，地下水中的硝酸盐浓度增加了3倍。美国现在每年使用的杀虫剂和除草剂为4.5亿至5亿磅，其对土壤和水资源造成的污染已经无法清除。

更为重要的是，美国的现代农业是一种资本、技术和能源密集型产业，靠的是用高投入来换取高产出。这种农业经营模式很难避免经济和生态的双重困境：资本替代土地的结果是大量的能源消耗、巨额投入和沉重的财政负担，并造成环境污染和生态灾难；资本替代劳动力的结果是提高了劳动生产率，但导致了大量劳动力失业、贫困和两极分化。

有学者断言：当西方国家在强大的农产品价格优势支持下进行世界农产品倾销的同时，发展中国家的小农必然纷纷破产。所以，美国的农业现代化模式是以支配、控制、损害发展中国家的农业为基础的，发展中国家如果不从根本上颠倒世界的既定秩序，要想复制美国的农业现代化模式便是痴心妄想。意思很清楚，这种模式你既学不到，也不敢学。

其实，日本、韩国、以色列等国家和中国台湾地区的现代农业也相当发达，甚至可与美国农业“叫板”抗争。这些国家与地区同中国大陆一样，普遍存在人多地少的尖锐矛盾，属于耕地资源严重短缺的类型。它们在培育现代农业的过程中，并没有选择西方特别是美国的那种“土地大集中、资本大投入、装备高科技、企业式管理”的模式，而是把着力点放在大力发展先进的生物科技和小型机械上，并紧密围绕农业生产在产前、产中、产后各个环节和农村社会生活各个方面的需求，建立起一整套完善的社会化服务体系，充分鼓励农民开展家庭经营式的精耕细作，从而大幅提高土地产出率以保障农民收入与城镇居民收入始终处在相对平衡的状态下。

2010年笔者在台湾南投县信义乡调查其农业生产情况时，该乡农会理事长告诉我，官方不支持农村土地向大户和企业集中，即使有足够的理由，也不能超过30亩。但不知是什么原因，东亚、以色列和中国台湾地区的这一现代农业模式并没有引起我们应有的高度重视，我们总是喜欢把目光盯在美国模式上。

我们南海边上的邻居——菲律宾就曾经扎扎实实地做了一回农业规模经营的“冤大头”，成了著名的“反面典型”。

当年，菲律宾的许多“海归派”就认定，菲律宾的农业和农村要实现现代化，就必须学习美国经验，依靠资本的力量来改造落后的小农生产。因此，国家制订了一系列的政策大力鼓励农民土地流转，积极支持资本下乡搞规模经营，放手让西方跨国公司和本国资本家控制菲律宾农村和农业生产。在这种形势下，大量农民就像近代英国的“圈地运动”一样迅速失去土地，成了资本家的农业工人。从20世纪30年代开始，菲律宾经历了30年左右的高速发展阶段，被西方“誉”为有效解决了“三农”问题的“亚洲典范”。然而，随着科学技术的不断进步，资本日益代替劳动，农业工人被陆续“炒鱿鱼”。大量失地和失业农民涌入各类城市，而城市又无法解决他们的就业问题，失业问题迅速转化为严重的社会问题和政治问题，贪腐盛行、军人干政、社会动荡、经济衰退、民不聊生，菲律宾的人才满世界流浪，女人作为“菲佣”更是成为整个国家的名片。只要你一到香港，就可以发现铺天盖地的都是菲律宾“保姆”。菲律宾经济社会至今仍然是不知何日为止的衰败态势，这就是“三农”问题引爆的“恐怖”炸弹。

且不说菲律宾学习美国模式得到的是惨痛教训，就算中国有朝一日“GDP”超过了美国而成为世界经济的“大哥大”，政府财政足够有钱实现“资本大投入”了，也不见得就可以推行美国的现代农业模式。

因为，中国是一个人多地少的国家，耕地面积为18.27亿亩，人均仅有1.39亩，不到世界人均水平的40%。美国现有可耕地约1.52亿公顷，牧场5.6亿公顷，加在一起，占世界耕地总面积的13.18%，人均耕地0.66公顷，是世界人均耕地（0.23公顷）的近3倍。美国不仅地多，而且人少，全国总人口只有3亿。其中，农业人口更是微乎其微，大概为600余万人。

“吃饭”对于中国来讲是“天大的事儿”，在美国则为“小菜一碟”。为防止化肥、农药等工业产品对土壤的污染，美国有些州还颁布专门法令，让大量的土地每年有计划地进行“休耕”以涵养地力。由于地多人少，美国的农业可以在产前、产中、产后各环节大量采用机械化作业，形成让某些人为之心旷神怡的大规模生产与经营管理格局。

但中国的情况却大相径庭，不仅人均耕地少，并且很难集中。当年农村搞“分田到户”的实施原则就是根据土地的肥瘠、距离的远近进行平均分配。笔者在湖北省监利县“驻村”之时，就发现网市镇三官村11组农民闻传海一家就是按此原则分了27亩地，散在9处，共19块，最大的2亩，最小的3分。由于耕地不能连片使用，品种改良、技术推广、防虫治病、机械操作、农田水利基础设施建设与维护等各项工作步履维艰，规模生产与规模经营根本就无法形成“气候”。

现在，大家基本上认同一个观点，即农业规模化经营的人均耕地拥有量最少不得低于30亩，否则，劳动生产率或经济效益就无从谈起。如果按照这个最低值来计算的话，我国目前18亿亩的耕地总面积也仅仅只够6000万农业人口“落脚投生”。

换个角度讲，即使通过“依法、自愿、有偿”的“温柔”手段让土地向家庭农场、种植养殖大户、专业合作社、龙头企业等“新型农业经营主体”集中，可以达到规模化生产经营的理想境界，但这必然造成绝大多数农民失去土地、离开家园。这样的话，我们无法回避一个现实难题：还有90%以上数额高达6亿多的农民怎么办？国家采取怎样的办法才能妥善解决这个庞大的失地群体的就业问题？

面对以上诘问与担忧，肯定立即有人会拿工业化与城镇化的“灿烂前景”来教训我不要杞人忧天。确实，自20世纪80年代开始，随着工业经济的不断提速，数以亿计的农民大军“洗脚上岸”，成群结队、浩浩荡荡地涌入城镇为“稻粱谋”，在非农领域追求持续增收的同时，也推动了城镇建设的跨越式发展。据官方统计，2000年，我国的城镇化率只有

36.2%，城镇人口仅为4.6亿。到2012年末，城镇人口上升到7.11亿，乡村人口下降为6.42亿，城镇化率已高高跃至52.57%。12年的工夫，竟然增长了16个百分点，高歌猛进的城镇化建设，每年还为我国GDP的递增幅度贡献了2.71个百分点。

现在，不少人都坚定不移地相信：城镇化犹如一台功率强大的“发动机”，甚至就像一辆势不可挡的“火车头”，不仅可以极大地拉动各地的消费内需，而且还将长期支撑中国经济的高速增长，同时，也能够有效地承担起促进农村人口战略转移的伟大任务。

但是，我们亦必须冷静地看到，中国目前的城镇化率中还有大量“被城镇化”的成分，真正的城镇人口只有35%左右。由于城乡二元结构的限制，绝大部分农民工享受不到与城镇居民同等同权的公共服务，无法真正割断与土地的“血肉”联系，因而只能是繁华城镇的匆匆“过客”，或者像“候鸟”一样在城乡之间飞翔，甚至如同一群无根的“浮萍”到处“随波逐流”。一旦经济形势有个“风吹草动”，首先遭殃的往往就是这些招之即来、挥之即去的农民工。2008年国际金融危机刚刚波及我国的时候，便有2000余万内地农民工被东南沿海的用工企业无情地赶回了老家。

在我看来，在中国传统的城乡社会二元结构难以“寿终正寝”、“分割分治”的行政管理体制无法“脱胎换骨”、以“GDP论政绩”的游戏规则未能根本改变之前，指望一场“短期突击”式的城镇化建设就可以有效转移6亿多农村人口，实在不敢说这是一个“靠谱”的好主意。

所以，且不论中国农村传统的小农生产方式和复杂的地形地貌很难全面推广美国那种机械化、规模化、市场化的大农业模式，就算客观条件允许中国实行农村土地大集中、社会资本大投入、企业化大生产，在失地与离乡农民的根本出路没有得到妥善解决之前，恐怕也是需要慎之又慎。千万不能轻易放弃家庭型小生产这一传统的“大刀长矛”，让社会资本重蹈“圈地运动”的覆辙，代之以所谓现代化的“洋枪洋炮”。

在很多地方，政府运用强大的行政动员能力推进甚至迫使农民流转土地，扶助“龙头”企业从事规模经营，并希望通过产业化来带动本地区农业生产的繁荣发展和帮助农民持续增收。但是，无数事例反复证明，迄今为止的绝大多数“龙头”企业并非农民利益的“守护神”，而是以追逐利润最大化为本质属性的社会资本。如果缺乏紧密型的利益联结体制与约束机制，在规模经营和产业化过程中，即使农业生产显著增效，也不等于农民就能够“利益均沾”。一般情况下，农民得到的仅仅只是微薄的地租收益，倘若遭遇市场风险，“龙头”企业大多会抛弃农民选择自保，“受伤”者总是处于弱势地位的农民。所以，发达国家对于进入农业领域的社会资本，政府一般都会采取严密的监管制度以防止其盘剥和损害农民利益。

从当前我国三次产业的结构看，第一产业占比为 10%，第二产业为 45.3%，第三产业为 44.6%，虽然第一产业在 GDP 的份额中日趋萎缩，但就业比重却多达 36.7%，高于第三产业 2.1 个百分点，高于第二产业 8 个百分点。这说明农业领域仍然是广大农村人口实现有效就业的“主阵地”。据农业部统计，以植棉为主业的农村劳动力大约为 5292 万人，以种粮为主业的农村劳动力大约为 14726 万人。两者合计，占到全国农村劳动力的一多半。

因此，我们不要忘记，现阶段保护好以家庭为经营单位的小生产方式具有极其重要的意义。这支庞大的农民队伍，主要通过在碎片化的小块承包责任土地上的精耕细作来获取很高的单位产出率，从而维系全家人基本的生活水平与生活质量。可以说，我国的农业，不仅耕地产出效率比美国要高得多，而且政治效益、经济效益、社会效益也都是美国人望尘莫及的。中国的小农生产方式虽然给人一种原始、落后、碎片化、低效率的感觉，但它实际上非常有效地解决了巨大的就业压力，支持了工业化、城市化建设进程，保障了 13 亿人口的农产品供给，维护了国家的安全与社会的稳定。

三

但是，很多人对这一独具中国特色的农业形势视而不见，热衷于推销以美国经验为主要内涵的“农业现代化”这个先入为主的既定模式，导致有关职能部门削足适履地规定出我国农业现代化所谓的“必须具备”的基本要求，因此，也才有了这样一个逻辑结论：农村土地流转与规模经营将是中国农业现代化发展的必由之路与唯一选择。在这个逻辑结论的广泛影响下，一场以土地流转为过程的运动式的规模经营行动在全国范围内被强力推进，而国家规定的农民自愿、有偿和依法的主体性三原则和“适度规模经营”要求则被轻而易举地遮蔽起来了。不知道当前正在一些地方试点的农村土地“确权颁证”工作是不是为日后规模经营的发展“鸣锣开道”？倘若果真如此，这“玩笑”可能开大了。

通过土地流转走规模经营之路，实质上就是减少务农劳动力与农村人口，将利益叠加到少数人手中，从而使农业的经济效益得以明显地提升。这种减少分母、增加分子的方式方法，又叫“减人增效”。

20世纪90年代，我们为了放开搞活国有企业，各地方政府也曾经大力推行过这种所谓的改革创新。当时，这个被高调宣传为“顺应市场经济发展方向”和体现“企业经营管理内在规律”的办法确实使一批工商企业摆脱了财务困境，提升了经营效益，政府的财政税收也随之大幅增长。但是，此举也导致6000多万（亦有人说为1亿）国有企业干部职工的下岗，这些下岗干部职工不仅很快变成城镇弱势群体而陷入贫困化，并且经常引发出许多让各级政府至今仍然感觉焦头烂额的社会矛盾。

可以说，“减人增效”是一个让我们刻骨铭心的教训，多数人并不希望把其当作“成功经验”移植到农村来。如果我们不顾中国现阶段的具体国情，单纯地考虑和片面地追求农业生产的经济效率而盲目地推行土地流转，结局只能是让少数规模经营者获得超越社会平均利润率的资本回报，广大农民则失去安身立命的生活保障，沦为在城镇无业、回农村无地的贫困群体。中央农村工作领导小组副组长、办公室主任陈锡文同志曾经强调过：“不是家庭选择了农业，而是农业选择了家庭，世界各国概莫能外。”他认为“只讲土地流转，不讲稳定承包关系和以家庭经营为基础是不对的。必须考虑怎样才能使农民离开土地后生活水平不下降，长远生计有保障。做不到这一点，就不能迫使农民离开土地。必须立足人多地少的国情来搞现代化。不能搞大资本下乡，兼并农户的土地经营权。”①

从理论上讲，当土地经营面积达到一定规模之后，农业生产的经济效益有可能会迅速提升，因为规模经营能够降低生产成本和提高生产效率。但实践也证明，一般情况下的规模经营并不见得就可以降低生产成本和提高生产效率。因为农业与工业是两个内在规律完全不同的产业领域，工业

① 陈锡文：《赋予农民更充分有保障的土地承包经营权》，新华网2012年5月5日，（http：//news. xinhuanet. com/politics/2012－05/05/c_ 111893770. htm）。

品的加工生产在工厂里不分日夜晴雨，也不管春夏秋冬，只要按一定标准便可以程式化反复操作。农业领域十分特殊，生产过程中的地域性、季节性非常强，极容易受到地形、地貌、环境、气候、干旱、水涝等自然条件的严重制约，很难形成大规模、高标准、统一化的生产态势，而需要大量人力的投入，因地制宜、因时制宜地去精细化耕作和节点式管理。这就是农业生产的客观规律，违背了这一点，纵使形成了规模经营的局面，往往也是粗放经营、广种薄收，不一定就比农民家庭式小生产的效益更好。

还必须看到，只要我国当前的工农业产品价格“剪刀差”体制机制没有实现真正突破，种粮植棉比较效益很低的局面就很难得到根本改观，加之变幻莫测的巨大自然风险和市场风险，纵使家庭农场、种养大户、农民合作组织与社会资本有能力实施规模经营，也不见得就可以轻言“赚钱”。

湖北省禾丰粮油集团总裁常仙娥，在政府的支持下流转了安陆市棠棣镇 12 个村的 2.5 万亩地种水稻。2012 年共收稻谷 600.0956 万公斤，出售价在 1.29 元至 1.35 元之间，总收入约 1620 万元。扣除地租与各种生产成本后，净亏损 800 万元。孝感春晖集团因创造了“龙头企业 + 基地 + 农户”之“龙岗模式”，在《农民日报》被誉为“现代农业一面鲜艳的旗帜”。该集团早在 2011 年就制订出涉及孝南区、云梦县、孝昌县、大悟县、应城市等总面积达 10 万亩的农村土地流转规划，但实际操作却迟迟不能铺开，原因就在于规模越大越亏损。以 2011 年粮食生产为例，平均亩产 400 公斤，毛收入为 1000 元。扣除每亩每年给龙岗合作社社员 360 斤中籼稻（折合人民币 385.2 元）的流转地租之外，还要额外付出每亩 41 元的“盈余分红”（按协议，无论盈亏，公司都必须“分红”）共计 426.2 元，再加上种子、农药、化肥、全程机械操作等必须的物化成本和田间管理等各个生产环节的人工投入，经济效益已无法算账了。

试想一下，在农业领域特别是从事国家关注的“安天下”的粮食生产活动需要有多高的比较效益幅度才能让规模经营者发财致富，从而维系其持续投资于农业的积极性？

笔者从不片面地反对农业生产中的规模经营活动，但坚决反对不顾中国具体国情的差异性，忽视本国农业领域的本质特征，特别是轻率地把数以亿计的农村人口的身家性命置之于城乡社会“二元”结构下尚属很不完善的城镇化，想当然地拿“用现代工业经营理念谋划农业，用现代物质条件装备农业，用现代科学技术改造农业，用现代产业体系提升农业，推进传统农业向现代农业转变”这一虚无缥缈的梦幻概念来构筑中国农业现代化发展道路的具体做法。我觉得，对出这种“馊主意”的人，说轻点是“食洋不化”的愚蠢，说重点则是“祸国殃民”的罪行。

作者宋亚平，湖北省社会科学院院长，研究员。湖北省武汉市东湖路165号　430077

福利社会构建与金融监管的契合

王立国

摘　要： 不同政治理念下的宏观经济政策会有所区别，也很可能因为财政政策和货币政策的匹配不当而导致经济失控，为了应对新形势下与福利国家普遍存在的过度消费有密切关系的主权债务危机，需要重新审视和构建国际金融管控体系。同时，我国在福利社会构建中，也应当注意社会福利政策推出时与金融监管制度的有机契合。

关键词： 福利国家　消费过度　金融监管　金融危机

一　福利国家溯源及解构

（一）福利社会及福利国家

福利政策、福利社会、福利国家是三个相互联系又有明显区别的概念。福利政策又称社会福利政策，是指政府在管理社会过程中采取的一系列社会保障政策，包括失业救济、社会保险、医疗卫生、教育等诸多方面。福利社会是个边界不很清晰的概念。其中，自身不断丰富和深化使外延不断扩展是一个原因，在不同国家有不同侧重也是另一个重要原因。但从 20 世纪末开始，福利社会作为福利国家的“升级版”，因其内涵更加丰富和外延更加广阔，更具有积极主动做出制度性安排的含义，有涵盖和取代福利国家的趋势。狭义的福利社会概念首先由安东尼·吉登斯提出。他在其著作《第三条道路——社会民主主义的复兴》中提出，福利国家出现的危机不仅仅是财政危机，而且更是结构危机，甚至还是福利国家作为一种国家形态，它的合理性与公平性的危机。他还提出，应当用福利社会这一概念取代福利国家的概念。就福利政策设计演进而言，可以说福利社会是福利国家的“升级版”。

福利国家是一种政治理念和主张，更是一种国家形态。理论上，福利国家分为三种类型：第一种是剩余型福利国家模式。为缓和资本主义社会自由市场经济固有矛盾，弥补“看不见的手”在支配社会生产至消费时，带来的失业、通货膨胀、劳动者绝对贫困等弊端，为缓和资本主义贫富差距过大带来的社会动荡而实施的福利政策。实践中，也有不同的版本。比较典型的是英国。英国从理论到实践都可以说是福利国家的始祖。1942年，贝弗里奇发表著名的《社会保险和相关服务》(即《贝弗里奇报告》)，系统阐述了福利国家的思想并提出建立福利国家的政策建议，可以说是奠定了福利国家的理论基础。1945 年英国政府采纳了《贝弗里奇报告》中的建议，陆续出台了一系列有关社会保障方面的立法并付诸实施。到1948 年，英国宣布率先建立福利国家。以英国为代表的福利国家，其理论依据和思想脉络以经济自由主义为主线，在强调自由竞争和市场主导的前提之下，按照“剩余型福利社会”理念打造出世界上早期的福利国家。此类福利国家强调：当市场保障人类再生产出现问题之后，人民要组织起来，共同分担风险与不幸。而且这个分担的主体通常是以国家为主。不过初始的社会福利政策通常被视为富人对穷人的恩赐和施舍，且不惠及社会全体成员。

以瑞典为代表的北欧国家则是福利国家的第二种典型。区别在于，他是按照“制度型福利社会”理念打造的。根据社会民主主义思想，社会福利不是在个人出现困难，家庭和市场满足不了个人需求时才加以介入，而是一种制度安排，是社会财富再分配的机制。在这些国家中，社会福利的享受对象不仅仅限于社会的弱势群体，而且是社会的全体成员。社会福利涵盖了国民从摇篮到坟墓的每个阶段。

第三种是混合型福利国家模式。和人们在不了解细节情况下的猜测相反，美国并不是典型的福利国家，但是其社会福利的普遍性和稳定性也是福利国家的一种代表。美国的福利政策多数是普通型政策，少数是特殊型政策。重要的是，它更加强调“没有付出就没有权利”。比如大部分州规定，员工在 60 多岁退休之前，社会保障不是由政府负担，而是个人和私营经济组织通过商业保险来解决。从某种意义上说，美国作为福利国家，其形态更加接近“发展型社会福利模式”。

（二）福利国家的宏观经济政策

诚如上文所述，福利国家本身是个很难给予准确定义的概念，人们更多的是从政治理念和社会政策的特点加以概括。由此，此类国家的宏观经济政策最典型之处是其财政政策和分配政策，乃至消费政策。从管理方式上看，西方主要发达国家的宏观经济管理可以分为财政主导型、金融主导型、计划主导型、混合型几大类。财政主导型以英国和法国为代表，金融主导型以德国为典型，计划主导型以韩国为典型，混合型管理模式则是以美国和日本为代表。像英国，国家的宏观经济管理中财政部的作用很大，英格兰银行作为央行的地位历史较短，而且货币政策主要应用于短期调控，中长期的宏观管理要靠财政政策。英国长期将保持就业和降低通货膨胀作为核心宏观经济目标，在其财政支出中，35%是用于社会保险和失业救济等。正因为如此，老牌的福利国家英国，货币政策围着财政政策转，财政政策围着福利政策转，福利政策向着制度型福利模式发展，最终，财政和货币措施都被福利国家制度绑架也就不足为奇了。美国是混合型管理模式国家，财政和货币政策各有分工、各司其职，相互配合也相互制衡。在新自由主义风行之际，美国作为福利国家，更多体现出的是“积极的福利国家”特点。相对于瑞典为代表的社会民主主义理论主导下的斯堪的纳维亚模式，它更加强调发展型社会福利模式，主张用福利社会取代福利国家，主张不仅仅是中央政府对国民提供福利，地方政府、社会组织、企业和个人也都应当承担社会福利责任。从宏观经济政策看，也更强调财政、金融政策的协调配合。不过在管理目标上仍然追求稳定就业和经济增长。当增长和就业发生短期冲突时，就业是硬性指标。为了稳定就业或保持长期增长，也更加强调通过金融创新来刺激消费，通过消费扩大来拉动增长和就业。此时，知识更新、教育发展比失业救济、医疗保险等更加具有积极意义。而且相比之下，货币政策更鼓励金融工具创新，期望刺激更大的消费预期，使金融风险管理让位于消费扩大和经济增长，使社会福利被无限激发的同时，金融风险也在不断累积。

（三）福利国家的金融监管

人们一般认为，福利国家的社会福利政策多数呈现出一维线性特征。即福利政策的实施是以政府角度的单方面付出为主，不要求受益者对享受的福利有任何对价或回报，其资金支持主要来源于政府的税收收入。就其管理而言，福利政策的实施效果也不是市场监管任务，而是行政管理范畴。但是，在被标志为福利国家的英国、德国、瑞典、美国等国家，情况也不是完全相同。特别是美国，虽然社会福利比较全面，可市场的影子总是在福利政策中时隐时现。金融工具和金融杠杆在社会福利总体构架中发挥着很重要的作用。例如美国的次贷危机，首先是从房屋贷款资产证券化后的债券开始，其后殃及大量购买这些债券的投资银行和商业银行，后者又在银行业引起连锁反应，才导致一大批因为资金链断裂的金融机构破产。虽然各国对欧美金融危机的成因莫衷一是，解决方案见仁见智，不过很显然，借助金融工具将消费无限制放大，将预期收入和消费能力提前和透支，是导致金融危机的直接原因之一，对此，学术界可谓鲜有分歧。而被放大且预支的消费之所以能够通行无阻，设计有漏洞的社会福利政策和金融监管的失职，导致消费者不计偿还风险提前消费，各级政府为了实现稳定就业和经济增长的目标，不计收支平衡而滥用国家信用，最终导致金融危机爆发，也就不足为奇了。

二　传统金融监管理论在现实中的窘境

（一）金融监管理论的局限性

传统的金融监管理论认为，金融监管的主体是政府，政府作为公众的守夜人，要依据委托代理契约，代表公众对社会经济活动进行有效地监督，维护经济秩序，保护市场参与者的权益，维护公平正义。监管的对象是市场主体，也即各类金融机构和个人。监管的客体是其行为的合法性。基于金融机构特有的宏观性和全局性，必要时，对其经济活动的合理性也要监管。对此人们曾长期坚信不疑。金融危机的爆发打破了这一思维定式，我们不幸发现，仅仅有以上这些是不够的。从监管责任人看，政府及其相关机构对金融秩序和金融稳定负有不可推卸的责任，这一点毋庸置疑，问题是监管权利人和责任人的概念外延此时并不重合，对金融机构的监管还会涉及“监管什么”这样的问题。传统上，我们抱定是风险控制属于金融企业的内部监管的任务，而不是靠外部监管。由此，金融风险管理长期被作为企业自己的事情，被视为按照经济人的假设，微观金融主体自己看管好的内容，外人不宜干涉。不过事实并非如此。

面对可能影响社会经济稳定的异常金融活动，除了政府的管理外，还有哪些利害关系人有权对金融机构的活动进行监督呢？显然，投资人、储户、债券持有人等，都有权按照某种程序和方式进行监督，媒体和行业协会都有权利和义务进行监督，问题只是采取何种形式，依据何种程序进行监督而已。

金融监管也要分为政府对市场的监管和企业自身对运营风险的监管以及社会监督三大部分。即外部对秩序的监管和内部的风险监管。金融危机产生表明，风险监管过多依赖银行和证券公司自身是远远不够的。传统的银行业压力测试对金融风险的鉴别和防范作用十分有限。

金融危机产生的种种原因提醒我们，金融本身就是宏观经济的集中体现，金融监管的范围应当从秩序维护、风险管控，延伸到与政府财政政策相连接的金融工具的使用，发展到对货币政策的评估。

（二）中外金融监管面临的挑战

不论是按照剩余补偿理论构建的英国式福利国家模式，还是依据制度型福利模式设计的瑞典式福利国家模式，或者是发展型福利国家模式，在当代社会都面临着挑战。社会福利的不断扩大，不仅仅带来社会稳定和生活富足，也不仅仅出现劳动道德下降影响经济发展，而且作为一种政治理念和社会管理制度，直接影响宏观经济发展。从传统的“公共利益理论”、“保护债权人利益理论”，到后来的“金融不稳定理论”、“金融监控理论”，已经说明金融监管的对象和依据需要进一步完善，只是各种理论都没有说清楚一个问题，即“谁来监管监管者”？按照流行的监管理论，金融监管是国别监管，是政府对企业的监管，这本身就假设政府是中立的可靠的，是代表社会公众利益的。但是当经济全球化使各个国家的经济活动高度交融之后，对主权国家的金融政策监管就不断被提到议程上来，特别是高福利国家通过本国的货币政策和金融监管的人为“漏洞”来以邻为壑时，谁来监督监管者的呼声就日益强烈。这是现有的监管理论无法回答的，也是现有监管措施无法触及解决的。

三 福利社会建设与金融监管的契合

（一）一般理论框架

按照吉登斯的理论，福利国家应当称为福利社会更加准确，这使得福利社会概念的使用更加广阔，同时，对经济发展中不断加大社会福利比重和投入的国家来说，也和作为一种国家形态的福利国家之间的界限越来越模糊。带来的问题是，社会福利的增加与福利国家构建本身的界限不清，民众对福利国家曾经出现的高税收、低增长、劳动道德低下等负面问题记忆犹新，如何大规模增加社会福利的同时又能避免“福利病”产生，也是摆在我们面前的一大挑战。另一个挑战是，如果说以福利国家理论为指向的过度消费，是以金融杠杆的放大才加重了危机或加快了危机的到来的话；如果说 2008 年以后的金融危机是以主权国家信用危机为特征的话，那么传统的解决危机的手段就已经被证明是失效的，传统的金融监管方式是失灵的。福利社会建设不管是中国还是其他国家，国民福利的提高是重要特征。与福利国家不同的是，中国从党的十七大之后提出中国福利社会的理念，在社会保障、医疗保险、教育投入、失业和伤残救济等方面有了重大进步。面对金融危机导致的对金融监管的质疑，考虑福利充分保障下可能出现的经济发展停滞和劳动效率低下，乃至过度消费在刺激经济增长的同时，可能积累金融风险的严重性，对福利社会构建中可能出现的金融风险，福利政策的扩展与金融监管的契合就有了现实需求。

首先，针对主权债务危机为特征的新型金融危机预防和管控，急需要一个新的监管框架来弥补原有监管体系的不足。除了新闻媒体为主的社会监督以外，对现有以国别为界限的监管体系，也有必要进行完善。如果能够建立一个超脱于各国政府之上的协调管控机构，则一国的金融运行失衡，就不至于毫无征兆地蔓延至其他国家。如果这个机构有类似于国际卫生组织对付流行性疾病的机制，有类似于国际刑警组织处理跨国犯罪的协查协助机制，则金融危机的预警和防范就有了平台和手段，一国宏观政策的失误，就不会产生蝴蝶效应，殃及全球经济。

为了加强金融管控，以实行分业监管的中国监管机构为例，国际金融监管体系可以按照下列构想搭建：

首先，在联合国经济和社会理事会（Economic and Social Council—ECOSOC）组织框架内，可以设计成立一个国际金融风险管控联盟，专事全球金融风险信息收集分析和防范协调工作。该机构直属联合国经社理事会，专司对各个国家金融市场的监督职能。该机构有义务根据收集到的信息，对金融市场潜在的风险进行评估，并及时将评估结果通报相关国家的央行及其金融监管机构，这个机构可以按照松散联盟的模式起步，只要占全球经济总量60%以上的经济体参加就可以发起。从目前看，由G20国家发起，或者按照美国、欧盟、中、日、韩为主，加上金砖5国其他国家发起，都可以起步。机构成立后至少组成3个委员会，分别按照金融企业资产运营委员会、金融风险管控委员会、市场秩序协调委员会的分工进行工作。资产运营委员会的职能集中在对大型金融企业的资产运营情况进行跟踪，分析其成长战略和经营策略对市场的影响上。委员会不断评估这些企业自身的经营风险，适时向有关国家监管机构通报信息和警示。金融风险管控委员会的主要职能是从全球经济的角度，跟踪分析各个国家或区域的金融市场风险，特别是系统性风险，及时通报和预警。市场秩序委员会的主要职能集中在为相关国家的货币政策提供咨询，必要时，应联合国经济社会理事会或有关国家的请求，在应对金融风险时发挥协调作用。

具体构想如下图：

（二）福利社会构建中的金融管控

有些学者明确提出，中国的福利社会与西方福利国家有四点区别：一是历史进程不同，二是本质属性不同，三是意识形态不同，四是根本目的不同。[①] 北京大学刘潇潇也以“社会福利制度的国家差别的原因初探”为题，探讨了以瑞典和美国为代表的福利国家出现差异的原因，由此，对不

---

① 毕天云：《试论中国福利社会与西方福利国家的区别》，《学习与实践》2010年第9期。

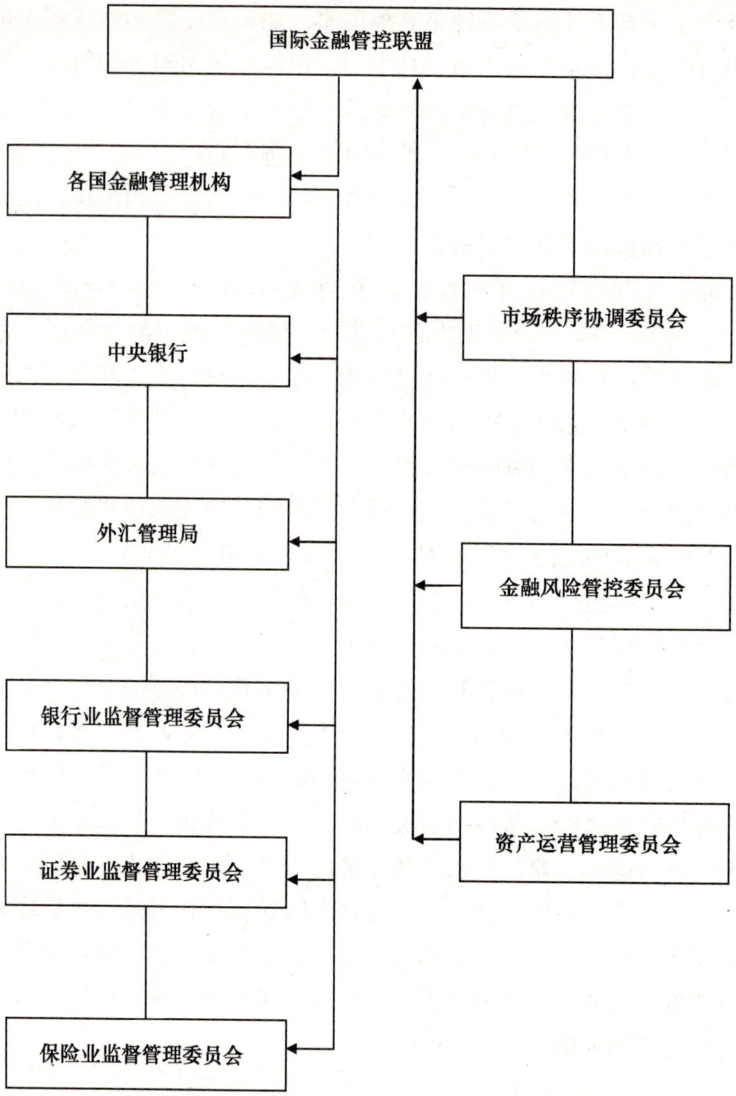

同的制度设计下出现的社会福利模式做出解析，并说明社会福利与经济发展呈正相关关系。同时提出，社会福利的指导理论不同，经济结构不同，历史进程不同，甚至“偏好”不同，社会福利的模式会有很大的差异①。

历史上率先形成的以英国为代表的福利国家模式，属于对抗型模式或

① 刘潇潇：《社会福利制度国家差别的原因初探——瑞典与美国福利制度的比较分析》，《贵州师范大学学报》2004年第5期。

剩余型模式，初衷是为了对抗社会主义思潮对资本主义制度的批判和冲击，为了驱散社会主义的威胁，为了缓解国内巨大贫富差距造成的社会动荡产生。其后出现的以瑞典为代表的福利国家模式，深受社会民主主义思潮的影响，表现出了主动调整和内部治理的特点。中国的福利社会强调的是社会福利力度和经济发展速度方向一致，是中国特色社会主义制度本质所决定的。在这个基础上，中国的福利社会政策必然要考虑，在保证发展是硬道理的前提下如何提高国民的福利和保障水平，考虑宏观经济发展的可持续性。因此，为了提高全体国民的福祉，在中国社会福利政策进一步完善和扩大过程中，消费拉动和金融监管会相伴而行，金融监管和福利社会政策的协调契合就有了逻辑上的必要性和可能性。

（三）社会福利政策与金融监管政策的契合

对主权信用滥用的监管可以通过新的机构和机制来解决，对国内金融风险的防控则需要通过宏观调控政策的契合来消除。中国的福利社会建设中，需要注意四个方面的政策协调：

其一，产业政策与金融监管的协调。金融的运行轨迹是从货币到货币，现代金融创新使这种脱离实体经济运行的色彩越来越明显，同时，潜在的金融风险因为中间环节的无限增加而更加难以察觉。特别是资产证券化工具的流行，与实体经济密切相关却又可以完全脱离实体运行效率的各种金融产品，不但民众不知其所以然，就是一般的监管人员也无法及时跟进弄懂，更无法言及有效监管了。为了保障宏观经济健康运行，国家的产业政策应当对金融产品的创新和审批投放起指导性作用，国家需要对各类过多脱离主导产业的金融产品进行限制，例如房地产信贷资金和高耗能高污染的项目，就需要禁止其信贷资金证券化，避免这些领域的资金通过创新金融产品与其他金融风险链接。由此，金融监管人员可以从产业发展战略对比中，从国家主管部门颁布的产业指导目录中，重点选择高风险金融产品加以监管。

其二，消费政策与金融监管的协调。目前，中国国内生产总值增长的50%以上是靠消费拉动，面对世界经济形势变数很大、欧美经济增长乏力的情况，扩大消费对今后我国经济增长的意义将更加重要。目前，扩大居民消费的要害是稳定居民消费预期、增强消费意识、提高消费能力、改善消费环境，其中，稳定消费预期和提高消费能力直接受制于社会保障制度的完善程度。社会福利中失业救济、医疗保险、教育体制改革发展速度越快，则消费拉动效果越明显。从现代经济发展情况看，消费的瞬时扩大必须借助金融工具创新，还没有一个国家可以脱离金融支持，仅仅靠财政本身的积累可以完成社会保障体系的建立的。从政府的资金来源看，主要是5大类，即税收收入、国有资产收益、国债收入、收费收入、其他收入。这些来源本身的性质和途径就决定必须有金融部门参与。例如，政府的预算外资金中，以政府名义获得的贷款、债券收入、利用外资、企业自筹收入等，没有金融系统支撑提供是不可想象的。既然金融活动在消费政策中有如此大的作用，那么，刺激消费的各项政策就不可能排除金融监管，也不应该脱离金融监管的视线，也不可能在没有金融监管的情况下健康运行。金融监管需要与提高居民收入和提高消费能力的各项政策配合，重点是看住形形色色金融理财产品和各种形式的消费信贷项目。之所以提出金融监管与消费拉动政策的协调，是因为两种工作的视角和考虑的内容本不相同，消费拉动的各种措施着眼的是如何“扩大效果”，金融监管考虑的是在消费启动后的经济运行安全。前者看重的是动力和速度，后者看重的是刹车和安全。

其三，财政政策与金融监管的协调。此处集中讨论的是政府财政政策中的政府支出部分。政府支出按照最终用途一般包括三类，即补偿性支出、积累性支出、消费性支出。补偿性支出主要用于对生产中的固定资产损毁的补偿性支出，例如，企业的挖潜改造资金。积累性支出对国民经济的发展具有拉动和基础作用，主要表现为基建支出、交通运输基金支出、企业挖潜改造基金支出等，是社会扩大再生产和社会储备性支出。消费性支出主要用于社会福利和救济，各类社会保障制度建立和运行，其他社会福利的投入等。在不同经济发展阶段，政府的上述投入对宏观经济发展都起着不可替代的拉动或者抑制作用。2008 年金融危机到来时，中央政府的 2 万亿资金的投入已经证明，政府财力比较大，支出绝对额比较大时，政府财政支出额度对经济增长和社会福利影响就大，因为这部分资金需求靠市场的力量是无法有效完成的。在我国，拉动经济增长的“三驾马车”中，投资曾长期处在核心和主要的位置。即便是在目前，投资对经济增长的贡献率也有举足轻重的作用，据统计，2012 年仍然到了 50. 4% 的高度。今后随着政府的生产性投资和消费性投资的不断增长，在进一步关注和改善民生的思想指导下，对社会福利项目的投入只可能继续加大。从另一个角度看，中外经验都表明，政府投资是社会福利和社会保障的主要资金来源。美国是西方有特色的福利国家，虽然它自身并不标榜是福利国家，而是典型的奉行自由市场经济的国家，且是联邦制国家。从概念推断，其福利社会构建难度应当大于欧洲和其他单一制国家，至少中央政府的福利投入会少于地方政府。但数据表明事实并非如此。有学者指出，美国联邦政府的支出中，用于保障性的支出占总支出的比重从1995年达到55.1%以后，始终保持在50%以上水平，2009年达到56.3%的比例。从而认为“联邦政府的社会保障支出占联邦总支出的变化，从一个侧面体现了联邦政府不断增加的社会保障责任。这一比重已从20世纪40—50年代的10%，近10年来一直保持在50%以上。福利国家制度已经成为美国作为一个现代国家的重要组成部分”。而且认为，“社会保障体系的建设重塑了联邦政府与公民的关系，以控制公民社会权利增强了公民的国家认可”，“社会保障体系的建立和发展，为联邦政府树立权威开辟了新的道路”，“极大地增强了联邦政府的财政汲取能力，使联邦政府掌握了更多可以用于再分配的财政资源”。[①] 美国的经验不仅说明，政府支出对社会福利的增加至关重要，而且说明，社会福利的增加是赢得民众对国家认可的重要途径。同时，这种投入仅仅靠财政资金的自然积累是根本无法满足的。美国的做法也强调联邦政府（中央政府）和地方政府共同提高社会福利的重要性。因为美国有对地方支出中产生的负债的“春季清零”制度，某一个地方发生政府负债出现破产，不会影响其他地区和中央政府，所以，区域的金融风险不会随意扩大到全国。在中国，考虑到各地方对保障和改善民生投入不断增加的趋势，金融监管的跟进也是情理之中的措施。据统计，目前全国地方政府债务累计已经超过11万亿，相当于全国一年的税收总额，所以继续强化地方政府融资监管，防止在改善民生口号下的无节制融资和面子工程，应当是金融监管的重点。

其四，进出口政策和金融监管的协调。对外贸易是我国经济增长“三驾马车”中的重要组成部分，虽然对社会福利增加减少的影响是间接的，但是对金融风险升降的影响是直接的，因此，金融监管不可能不给予关注。在经济发展过程中，进出口业务往往和银行信贷业务紧密相连，和

① 刘潇潇：《社会福利制度国家差别的原因初探——瑞典与美国福利制度的比较分析》，《贵州师范大学学报》2004年第5期。

汇率变化密切相关，因此，国家的对外贸易政策本身就会包含有相配套的金融支撑政策。为了扩大出口，本币贬值是最简捷的手段，为了限制出口，本币升值也比行政手段更加灵活。鼓励扩大出口政策中，出口信贷和出口补贴是经常使用的手段，金融支持和风险就已经包含在其中了。正因为如此，在设计进出口政策时，必须有金融部门的介入，必须有金融风险防范方面的考量，从而需要有金融监管政策和鼓励进出口政策的配合与协调。监管机构要及时掌握进出口业务中经常项目下的资金流动与资本项目下的跨界流动可能带来的风险，特别需要对出口退税等环节进行有效监管，防止税源的流失和增加社会福利时可用资金无法满足的情况发生。

中国特色社会主义的福利社会构建要求各项政策协调一致和相互支撑，中国特色的金融监管机制需要与时俱进，需要以更大的智慧，在支持经济增长和居民收入增加同步、劳动报酬增长和劳动生产率提高同步方面有更多的创新。

作者王立国，天津社会科学院副院长，研究员。天津市南开区迎水道7号　300191

中国—东盟贸易、投资与环境协同发展的争端解决机制研究

夏　飞　张建中

摘　要：当前国际组织在处理贸易、投资与环境问题的方法上各有利弊，为了解决中国—东盟贸易、投资与环境的冲突问题，实现中国—东盟贸易、投资与环境的协同发展，基于设计的中国—东盟争端解决机制构建的思路和框架体系，并进一步探讨了确保争端解决机制正常运作的保障机制，即建立中国—东盟环境协调发展总局、中国—东盟环境协调发展基金会以及中国—东盟争端解决机制的诉讼体制。

关键词：贸易、投资与环境　协同发展　中国—东盟自由贸易区

一　引言

近年来，中国和东盟各国在开展国际贸易、国际投资活动的过程中对区域环境带来了一定影响，是区域环境恶化的重要原因之一。中国和东盟各国为了扩大贸易量与引进外商直接投资不断扩大再生产，从而对赖以生存的区域环境造成了重大影响，如 2010 年 3 月由中国西南旱灾所引发的湄公河四国与中国用水争端问题、原木出口导致东南亚热带雨林退化问题、南海石油勘探与开采导致海域污染问题等，这些问题的发生与中国和

东盟各国的经济发展模式有着直接的联系，而中国—东盟自由贸易区（以下简称“CAFTA”）区域内贸易量与投资量的快速增长也是导致区域环境不断恶化的直接诱因之一。为了妥善处理中国—东盟贸易、投资与环境的冲突问题，协调贸易、投资与环境的关系，本文在梳理传统贸易、投资与环境问题处理方法的基础上，深入探讨了国际争端解决机制的发展态势及存在的问题，并试图建立中国—东盟贸易、投资与环境协同发展的争端解决机制，以期实现中国—东盟贸易、投资与环境的协同发展和可持续发展。

二　当前国际组织处理贸易、投资与环境问题的方法

（一）关于贸易与环境问题的处理方法

当前，联合国、关贸总协定和世界贸易组织（GATT/WTO）、经济合作与发展组织（OECD）、欧盟（EU）、北美自由贸易区（NAFTA）、东盟（ASEAN）等五个国际组织均有独自处理贸易与环境问题的方法，对比表1发现，各国际组织处理贸易与环境问题的方法各有特色，且“污染者付费”等原则得到各国际组织的一致认可；另外，对贸易与环境问题的处理标准不一，即污染产品贸易的市场准入门槛各异，处理方法不尽相同。比较而言，《北美环境合作协议》对解决贸易与环境冲突争端问题的方式和内容更加完善和更加丰富，该协议的签订和实施，对日益突出的环境污染问题提供了新的处理原则和处理思路，对促进贸易和环境的可持续发展具有里程碑式的意义。

（二）关于投资与环境问题的处理方法

当前，处理投资与环境问题较有代表性的国际组织有国际投资争端解决中心、多边投资担保机构（MIGA）、世界贸易组织（WTO）、北美自由贸易区（NAFTA）和中国—东盟自由贸易区（CAFTA），这些国际组织通过签署相应的协议、协定、公约、备忘录的法律文本，作为处理投资与环境问题的法律依据（见表2）。比较而言，WTO签署的《关于争端解决规定及程序谅解》是一套较成熟、较完善以及较统一的争端解决机制，这

是国际投资法发展进程中一个实质性的飞越，也为投资与环境争端的解决提供了国际法依据。

表 1　　不同国际组织处理贸易与环境问题的方法比较

序号	组织名称	处理方法
1	联合国	(1) 依据《里约环境与发展宣言》，建立开放性的国际经济制度，制定的贸易政策措施不能成为阻碍贸易发展的歧视性手段，通过国际协调的方式解决跨国界或全球性的环境问题 (2) 对于潜在或已存在的环境污染问题，污染国必须预先通知受污染国家 (3) 处理原则："谁污染谁付费"原则
2	关贸总协定和世界贸易组织 (GATT/WTO)	(1) 援引《关税与贸易总协定》第二十条 (g) 款关于环境保护的例外规定来处理贸易与环境的争端问题① (2) 界定冲突的源起是否属于"可用竭的自然资源"范畴②
3	经济合作与发展组织 (OECD)	(1) 依据《国际环境政策贸易方面的指导原则》，要求世界各国提高环境政策的实施效率；要求世界各国在应对环境污染问题时尽可能地减少对贸易的负面影响③ (2) 处理原则：污染者付费原则、协调原则、国民待遇和非歧视原则、补偿性进口税与出口折扣原则
4	欧盟 (EU)	(1) 通过《环境行动纲领》将环境保护纳入到贸易、投资等政策的制定和实施中 (2) 处理原则："谁污染谁付费"原则
5	北美自由贸易区 (NAFTA)	依据《北美环境合作协议》，当缔约国的环境标准不一致时，可以通过参照缔约国双边的意愿和逐步或最大限度地采纳国际标准的协调方式解决贸易与环境冲突的争端问题
6	东盟 (ASEAN)	依据《东盟环境可持续性宣言》和《东盟关于气候变化的宣言》协调贸易与环境的关系问题

① *Report of the Panel in USA-Prohibition of Imports of Tuna and Tuna Products from Canada*, para. 4. 9. 68.

② *Report of the Panel in Canada-Measures Affecting Exports of Unprocessed Herring and Salmon*, para. 4. 4.

③ Daniel Daniel M. Price, An overview of the NAFTA Investment Chapter: Substantive Rules and Investor-state Dispute Settlement, *the International Lawyer*, vol. 27, p. 736.

表2　　　　　不同国际组织处理投资与环境问题的方法比较

序号	组织名称	处理方法
1	国际投资争端解决中心	依据《解决国家与他国国民之间投资争议公约》（ICSID），通过调解与仲裁方式达到非政治化的处理外商直接投资者与东道国之间的投资与环境问题
2	多边投资担保机构（MIGA）	（1）将违约险作为独立可投保险种，成为投资者对外投资的风险底线 （2）采用成立地和主要营业地的复合标准对投资者是自然人还是法人的国籍进行相应规定，若投资者既非自然人也非法人时，则采取资本控制标准 （3）MICA机制针对投资过程中不同类型的争议设立了不同的解决程序，增强了投资与环境问题的处理的实用性和可操作性
3	世界贸易组织（WTO）	依据《关于争端解决规定及程序谅解》，采取TRIMS协议、TRIPS协议及GATS协议等方式将处理投资与环境冲突的方法嵌入到国际投资法领域
4	北美自由贸易区（NAFTA）	强调私主体是主要的投资者，私主体可以直接参与国际投资与环境争端的解决之中，特别是《北美自由贸易协定》第11章对投资者利益的保护以及赋予投资者参与仲裁的权利规定，为投资者和东道国在解决投资与环境冲突问题提供了直接的法律依据①
5	中国—东盟自由贸易区（CAFTA）	援引2004年签订的《中国—东盟全面经济合作框架协议争端解决机制协议》和2009年签订的中国—东盟《投资协议》，两协议现已成为解决区域内投资与环境冲突问题的法律依据

三　当前贸易、投资与环境争端解决机制存在的问题

从整体来看，现行国际争端解决机制与现代国际法体系具有相同的特

① 白桂梅、朱利江：《国际法》，中国人民大学出版社2004年版，第331、337、341页。

征，即具有法律一体化的普遍性、区域性或双边、多边体系、小体系和小小体系的特征。不同国际组织和区域经济一体化组织的争端解决机制缺乏有机联系，有如“玻璃碎片”无序堆积，这一现象被联合国国际法委员会称为“国际法的碎片化”[①]。当前，国际政治和国际经济的发展呈多极化发展趋势，不可能存在统一的世界立法机构通过立法来规范和约束各国的政治行为和经济行为，因而世界经济的有序发展只能依赖于主权国家之间平等、友好的合作，其形式表现在主权国家通过双边或多边合作，针对不同的目的缔结不同的国际条约。对于贸易、投资活动而言，加强双边或多边合作的方式对促进贸易、投资与环境的协调有序发展具有积极的意义。由于参与对象和利益主体的不同，解决贸易、投资与环境关系的出发点也不同，因而各区域经济一体化组织的争端解决机制各具特色，互为影响，主要体现在：

（一）相关贸易、投资与环境条约对争端解决的相关规定有差异

通过对比现行的争端解决机制发现，对贸易、投资与环境问题的处理有些条约没有明确的争端解决规定，有些规定得过于简单，有些则规定得异常复杂。如：1961 年在巴黎签订的《国际植物新品种保护公约》（UPOV 公约），尽管经过 1972 年、1978 年和 1991 年 3 次修改也没有涉及关于争端解决的相关规定；1979 年由 34 国政府和欧洲共同体在日内瓦签署的《远程越境空气污染公约》对贸易、投资与环境争端的解决仅有一条规定，其内容是“如果公约的两个或更多的缔约方之间就公约的解释或适用发生争端，他们应当通过谈判或其他争端当事方能够接受的方法寻求争端的解决”；而 1982 年在联合国海洋法会议上通过的《联合国海洋法公约》，对贸易、投资与环境问题的处理就规定了多种解决方法，而每一种方法又有实施的先后顺序之分，其方法的多样化在贸易、投资与环境条约领域，甚至在整个国际法领域均实属罕见；随着各区域经济一体化组织对贸易、投资与环境问题的越来越重视，新近制定的条约对贸易、投资与环境问题争端解决规定得越来越具体，但相似度较高且表现为发展水平不平衡的争端解决机制体系。

---

① 古祖雪：《现代国际法的多样化、碎片化与有序化》，《法学研究》2007 年第 1 期。

（二）相关贸易、投资与环境条约对同一问题的处理存在差异

有些现行争端解决机制对贸易、投资与环境问题处理的规定范围存在着相互重叠，前后不一致等问题，这使得尽管同为同一公约的缔约国之间在处理贸易、投资与环境问题时也无所适从。如：1979 年 6 月 23 日，在德国波恩签订的《保护迁徙野生动物物种公约》（CMS）和 1979 年签订并通过的《欧洲野生动物和自然环境保护公约》就存在类似问题。《保护迁徙野生动物物种公约》明确指出：缔约国之间的争端应当通过谈判解决，如不能通过谈判解决，可以提交仲裁[①]；《欧洲野生动物和自然生境保护公约》明确指出：缔约国之间的争端经过协商，仍未能解决，应按照公约规定的仲裁程序进行仲裁[②]。对比发现两公约对相关问题的管辖范围存在重叠的现象，但对相关问题的争端解决却又存在着冲突，其冲突在于前者规定当冲突发生时仲裁是任意性的、非强制的，而后者却是强制性的。这就导致相似或相同的争端解决机制内部出现前后矛盾，相互冲突的问题。

（三）贸易、投资与环境条约与其他国际条约对同一问题的处理存在差异

由于贸易和投资活动主体的多样性，导致贸易、投资与环境冲突问题是一个复杂、繁琐的问题，而不同的区域经济一体化组织对贸易、投资与环境争端解决问题，由于各利益主体的不同又导致各条约在管辖范围上存在一定的重合之处。根据“意大利面碗效应”，同一区域经济一体化组织的几个成员国由于经济发展的需要，可能与其他国家共同签订不同的争端解决条约来处理贸易、投资与环境冲突问题，这就导致不同的争端解决机制在处理相关问题时存在冲突在所难免。如：欧盟与智利箭鱼进口措施案[③]，该案中的纠纷引发了《联合国海洋法公约》和 WTO 协定共同关涉的问题，由于该案同时涉及贸易和环境问题，因此该问题是世界贸易组织和国际海洋法法庭共同的管辖范围。2004 年 4 月欧共体在 WTO 争端解决

---

① 1979 年《保护野生迁徙动物物种公约》第 13 条。

② 1979 年《欧洲野生动物和自然生境保护公约》第 18 条。

③ 双方既是世界贸易组织（WTO）的成员国，又是《国际海洋法公约》的缔约方。

机制框架体系下寻求争端解决，但戏剧性的是同年7月智利又将该问题诉诸国际海洋法法庭寻求争端解决，这就导致贸易、投资与环境条约与其他国际条约对同一问题的处理存在差异。

同时，争端解决机制的软弱性也是现行国际争端解决机制存在的突出问题之一。其原因在于当前相对一部分争端解决机制，是由不同国际组织和区域经济一体化组织根据不同的利益主体而制定，缺乏统一性和可协调性，相对一部分争端解决机制没有明确的执行机制来确保争端解决方案的实施，所以不同的争端解决机制对贸易、投资与环境问题的处理具有软弱性，是一套“软”机制。

四　中国—东盟贸易、投资与环境争端解决机制的构建

随着中国—东盟区域经济合作的不断发展，贸易、投资活动在促进中国与东盟各国经济高速增长的同时，区域环境问题在不断蔓延恶化，跨国环境纠纷愈加频繁，在此背景下构建中国—东盟贸易、投资与环境协同发展的争端解决机制，以此解决中国与东盟各国的区域环境问题，已成为CAFTA经济合作中亟待解决的问题。贸易、投资与环境争端解决机制的构建，一方面可以提早预防、及时解决、妥善处理CAFTA区域跨国性的贸易、投资与环境问题和纠纷，对维护中国与东盟各国的友好关系具有重要的意义；另一方面还可以弥补中国—东盟自由贸易区迄今为止没有专门制定贸易、投资与环境争端解决机制的空白。

（一）争端解决机制构建的思路

基于《中国—东盟全面经济合作框架协议》、《中国—东盟全面经济合作框架协议货物贸易协议》和《中国—东盟投资协议》的基础上，遵循东盟自由贸易区于2007年签署的《东盟环境可持续性宣言》和《东盟关于气候变化的宣言》对贸易、投资与环境问题处理的原则和方法，结合中国与东盟各国经济发展水平、贸易与投资发展趋势以及各国生态环境污染的具体情况，并参照东盟环境合作组织架构，构建具有区域特色的贸易、投资与环境协同发展的争端解决机制（见图1）。

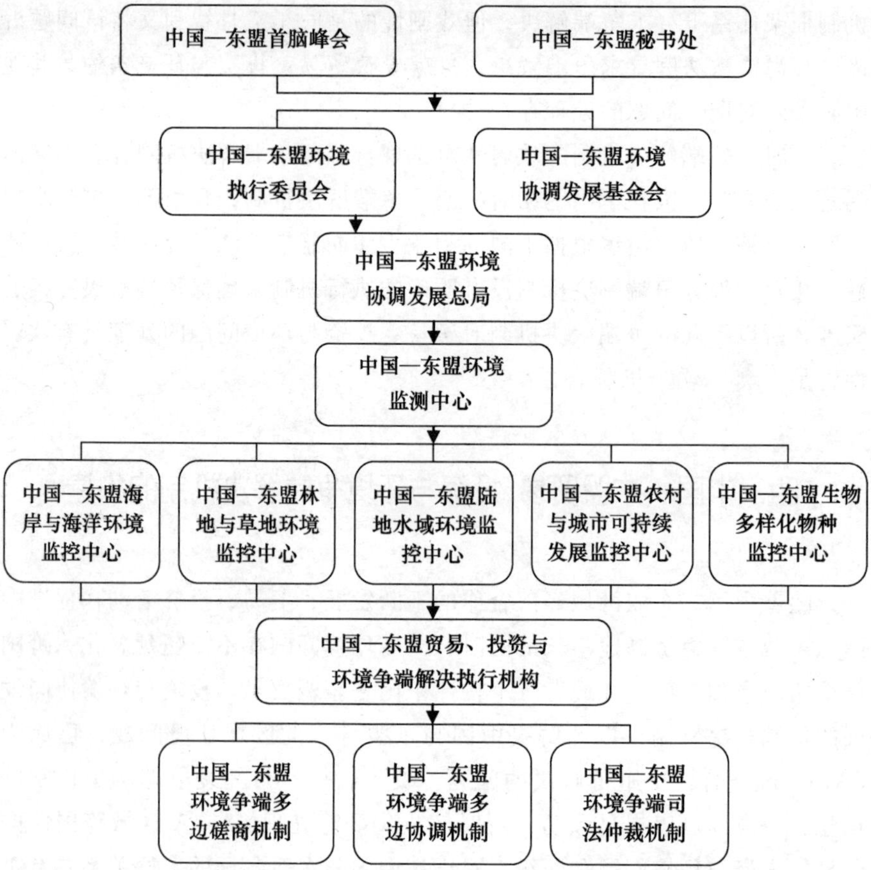

图 1 中国—东盟争端解决机制示意图

（二）争端解决机制构建的框架体系

以中国—东盟首脑峰会和中国—东盟自由贸易秘书处为主导，下设中国—东盟环境执行委员会，委员会主席可由中国—东盟自由贸易秘书处秘书长兼任，实行高配的目的在于有效协调中国—东盟环境协调发展总局的全局工作；中国—东盟环境监测中心下设中国—东盟海岸与海洋环境监控中心、中国—东盟林地与草地环境监控中心、中国—东盟陆地水域环境监控中心、中国—东盟农村与城市可持续发展监控中心和中国—东盟生物多样化物种监控中心，各中心主任可由各国环保部门的正职领导兼任；同时建立中国—东盟贸易、投资与环境争端解决的执行机构，通过中国—东盟环境争端多边磋商机制、中国—东盟环境争端多边协调机制和中国—东盟环境争端司法仲裁机制具体负责并解决贸易、投资与环境的冲突问题。

（三）确保争端解决机制正常运作的保障机制

1. 建立中国—东盟环境协调发展总局

欧洲国家经济发展进程的实践经验表明，建立高效、可行的环境协调发展机构是确保争端解决机制正常运作的前提条件，不仅有利于区域贸易、投资的有序增长和实现经济的可持续发展，而且有利于区域贸易、投资与环境的协同发展。1804 年，法国与日耳曼围绕莱茵河的环境污染问题展开磋商，最终以条约形式创立了莱茵河委员会，通过各国的通力合作最终解决了莱茵河流域生态环境问题，成为各区域经济一体化组织和世界各国治理环境污染问题的典范。对于中国—东盟区域经济合作而言，建立中国—东盟环境协调发展总局具有以下作用：

第一，倡导建立争端解决机制的体系。争端解决机制的建立不可能一蹴而成，需要各成员国的支持和配合以及严密的逻辑论证，在建立过程中必须兼顾各成员国共同的利益，一方面，不能只注重区内经济发展程度较高的国家的经济利益而忽视落后的具体国情，也不能以落后为中心而将责任强加在经济发展程度较高的国家身上；另一方面，不能为了生态环境的治理而否定贸易、投资对经济的促进作用，也不能以牺牲生态环境为代价强调贸易、投资的重要性。第二，维持争端解决机制体系的正常运作。协同理论表明，系统无序发展的根本原因在于缺乏必要的约束力。因此，为了维持争端解决机制体系的高效运作，确保机制体系作用与功能的发挥必须要建立中国—东盟环境协调发展总局。

2. 建立中国—东盟环境协调发展基金会

建立环境协调发展基金会，即所谓的碳基金，具有极其重要的作用，首先，可以为争端解决机制的正常运作提供必要的活动经费；其次，可以为贸易、投资与环境损害赔偿金的支付风险提供担保；最后，可以为解决贸易、投资与环境冲突问题，维护污染国权益提供必要的资金援助。其具体做法以 1971 年《基金公约》为例，该基金公约规定了油污基金赔偿责任的范围、代位求偿权的行使、油污基金与保护协会的关系以及油污基金的来源等内容。该基金是由年运油量达到或者超过 15 万吨的石油企业每年按摊款额缴纳而来的。关于核损害及与运输活动有关的环境损害等领域同样应建立相应的环境责任基金组织，在这些组织的运作方面，可参照油污基金的制度框架作出与各类损害相适应的具体而详尽的运作机制。①

对于中国—东盟自由贸易区而言，环境协调发展基金会基金总额可以设计为100亿美元，其经费来源可以分为基础发展资金和后续发展资金。其中，基础发展资金由成员国共同缴纳，成员国缴纳环境协调发展基金的份额可以依据各国的经济发展实力进行分配。鉴于此，中国作为区内经济大国应承担更多的责任和义务；较中国而言，作为贸易与对外投资大国的新加坡由于有限的资本存量而承担相对较低的份额；相对落后的国家如缅甸、老挝和柬埔寨则承担最低份额，其余国家则承担基本份额，具体分配方案见表3。后续发展资金一方面可以按成员国年度GDP的一定比例缴纳，另一方面可以从碳关税和碳配额许可证等税收中提取。

表3　　中国—东盟环境协调发展基金会基金份额分配

国家	份额（%）	国家	份额（%）	国家	份额（%）
中　国	25	马来西亚	8	缅　甸	4
新加坡	15	泰　国	8	老　挝	4
文　莱	8	菲律宾	8	柬埔寨	4
印度尼西亚	8	越　南	8		

3. 建立中国—东盟争端解决机制的诉讼体制

当贸易、投资活动影响生态环境的质量时，建立争端解决机制的诉讼体制不仅可以避免当事国逃避承担环境责任和在冲突中相互推诿的现象，还可以提高争端解决机构处理贸易、投资与环境问题的时效性。目前，南海环境污染问题、湄公河流域水资源冲突问题和中南半岛跨境烟雾污染问题等已成为中国—东盟自由贸易区不可回避且亟待解决的热点问题。在中国—东盟自由贸易区发展进程的战略完善期②（2011—2018年），需要构建并完善一系列确保中国—东盟自由贸易区正常运作的各种保障机制。因此，争端解决机制诉讼体制的构建也可以作为中国—东盟自由贸易区战略

① 包玉华：《试论国际环境损害民事责任主体》，中国环境资源法学网 http：//www.7265.cn/index.asp，2005年9月。

② 张建中、周平：《转变广西外贸增长方式的战略思考及路径选择》，《广西财经学院学报》2010年第1期。

完善期保障机制的重要组成部分，从而重点推进中国—东盟贸易、投资与环境协同发展争端解决机制的构建并早日付诸实施。

总之，贸易、投资活动对环境的污染问题是一个不可回避并亟待解决的问题，成员国必须清醒地意识到贸易、投资与环境问题关系到社会文明、人类文明和生态文明的发展和演进。为了实现中国—东盟自由贸易区贸易、投资与环境的可持续发展和实现人与自然的和谐发展，必须要建立贸易、投资与环境争端解决机制，而争端解决机制的建立需要成员国共同的努力和参与，只有建立高效率和可操作性的争端解决机制才有可能实现区域内贸易、投资与环境的协同发展。

作者夏飞，广西财经学院副院长，教授；张建中，广西财经学院管理科学与工程学院副院长，副教授。广西南宁市西乡塘区明秀西路100号　530003

基于问题意识的主流意识形态普及化方法创新

忻　平　邱仁富

摘　要： 国家是一种精神，其核心在于主流意识形态。一个有远见的民族应该把目光聚焦在青年人身上，关注青年人的问题是当前推动主流意识形态普及化的重要思路。当今世界，各国都在推动本国主流意识形态普及化问题上采取形式多样的方式方法，力图为其青年群体接受，这是一个世界性问题。尽管不同国家、民族的主流意识形态不同，但是其普及化的方法上有共同的地方，值得世界各国交流与合作。基于意识的主流意识形态普及化方法主要是鼓励青年人敢于提出问题、善于提出问题，形成以问题逻辑为支撑，建构主流意识形态基本问题体系、青年群体问题体系、现实重大理论问题体系、问题场域、问题反馈体系、问答逻辑体系等一体化的良性运转的普及化模式。为此，要强化问题意识的理论研究，充分发挥主流意识形态的理论自觉性、提高"问题解析式"方法的艺术性、推动"问题解析式"方法的普遍性等，不断创新主流意识形态普及化的方法和路径，增强青年群体对主流意识形态的认同和拥护。

关键词： 主流意识形态　问题意识　问题解析式　普及化方法

一 主流意识形态普及化方法的世界性课题

国家是一种精神，其核心在于主流意识形态。黑格尔说，“国家是在地上的精神，这种精神在世界上有意识地使自身成为实在，至于在自然界中，精神只是作为它的别物，作为蛰伏精神而获得实现。只有当它现存于意识中而知道自身是实存的对象时，它才是国家”。[①] 主流意识形态的普及化是一个世界性难题。“任何社会，为了能存在下去……必须紧密地围绕保持其制度完整这个中心，成功地把思想方式灌输进每个成员的脑子里。”[②] 正如马克思所言，统治阶级的思想在每一个时代都是占统治地位的思想，只要在物质生产资料占统治地位的阶级，在精神生产资料上也占统治地位。

当今世界，在现代性、后现代性的影响下，许多国家的主流意识形态面临新挑战，国家精神面临新挑战，各国都想尽办法推动国家主流意识形态得到大多数人的认同和支持，尤其是力图获得青年群体的认同和支持。各国都在推动本国主流意识形态普及化问题上采取形式多样的方式方法为其青年群体接受，这是一个世界性课题。也是一个世界性难题。尽管不同国家、民族的意识形态不同，但是其普及化方法上有共同特征，可以相互借鉴，值得世界各国交流与合作。

西方发达国家在主流意识形态，尤其是核心价值观（诸如自由、平等、博爱等）的普及化方面有许多可以借鉴的经验。在美国《独立宣言》中明确指出，人人生而平等，造物主赋予他们若干不可让与的权利，其中包括生存权、自由权和追求幸福的权利。从而把自由、平等作为其主流意识形态的核心，备受青睐。“英国是一个多民族、多种族、多文化、多宗教、多信仰的国家，英国的历史和国情决定了我们必须珍视自由、宽容、开放、公正、公平、团结、权利与义务相结合、重视家庭和所有社会群体

① ［德］黑格尔：《法哲学原理》，范扬、张企泰译，商务印书馆 1996 年版，第 258 页。

② ［美］安东尼·奥罗姆：《政治社会学》，张华青等译，上海人民出版社 1989 年版，第 317 页。

等英国核心价值观。”[①] 英美等发达国家把主流意识形态的普及化和世界传播作为其意识形态宣传的重要内容。

归结起来，国外关于主流意识形态有着成功的经验，主要体现以下几个方面：一是政府主导下的主流意识形态普及化；二是作为一种国民教育中的主流意识形态普及化；三是作为宗教信仰的主流意识形态普及化等。

政府主导是一个国家主流意识形态普及化的根本。在这个方面，新加坡的做法尤为显著。1991 年 1 月 15 日，新加坡国会通过了政府提出的“共同价值观”，其内容是：“国家至上，社会为先；家庭为根，社会为本；社会关怀，尊重个人；协商共识，避免冲突；种族和谐，宗教宽容”等。[②] 美国、英国、法国等发达国家也从政府的角度强化国家主流意识的普及化宣传，并取得明显效果。

在政府的主导下，在国民教育体系中强化主流意识形态的普及化。进言之，许多国家把主流意识形态有机地融入国民教育之中，并贯穿始终。“根据共同价值观教育的精神，新加坡教育部颁布了《公民与道德教育大纲》，大纲规定所有的中学必须按照大纲的要求实施切实有效的道德教育。为了使中学生能认同‘共同价值观’，新加坡中学的道德教育从公民知识、公民技能、公民态度三个方面对学生进行教育。”[③] 美国在中小学课程教育中也不断灌输美国社会的主流意识形态，甚至在家庭里也非常强调其主流意识形态性。“家庭代表的价值观，家庭传授给自己孩子的经验教训，家庭为塑造自己的未来而担负的责任，以及家庭试图实现的梦想，在很大程度上决定着我们将是一个什么样的民族，以及我们能成为什么样的国家。”[④]

此外，西方发达国家还把主流意识形态无形渗透在其宗教信仰之中，甚至在宗教里面寻找主流意识形态的根据。“清教牧师和平信徒所坚持的得救预定论和唯一的信仰具有决定论的性质。”[⑤] 美国的主流价值观的普及

① 何大隆：《英国：合力传播核心价值观》，瞭望《新闻周刊》2007 年第 22 期。

② 李路曲：《新加坡“共同价值观”评析》，《晋阳学刊》1997 年第 4 期。

③ 王凌皓等：《新加坡中小学“共同价值观”教育探析》，《外国教育研究》2007 年第 3 期。

④ 王瑞荪：《比较思想政治教育学》，高等教育出版社 2004 年版，第 197 页。

⑤ 哈特穆特·莱曼、京特·罗特编：《韦伯的新教伦理》，辽宁教育出版社 2001 年版，第 281 页。

化与宗教信仰紧密结合在一起，而且许多内容可以在宗教里面找到依据。

青年是一个民族的希望，一个有远见的民族往往把目光聚焦在青年人身上。胡锦涛同志《在庆祝中国共产党成立90周年大会上的讲话》中指出："青年是祖国的未来、民族的希望，也是我们党的未来和希望。"① 青年人是社会发展的生力军。"培育什么样的人，为谁服务"是主流意识形态传播的重要使命，也是主流意识形态普及化的重要任务，世界各国都在为培养青年人不断创新教育方法。

主流意识形态如何让青年人了解、理解和接受必须要正视主流意识形态的普及化问题。这里既包含主流意识形态本身的魅力问题，也包括主流意识形态的普及化方法。马克思指出："批判的武器当然不能代替武器的批判，物质力量只能用物质力量来摧毁；但是理论一经掌握群众，也会变成物质力量。理论只要说服人，就能掌握群众；而理论只要彻底，就能说服人。所谓彻底，就是抓住事物的根本。"② 理论要掌握群众，首先要说服人，这就需要理论本身能够抓住事物的根本，即是说，主流意识形态本身的魅力是掌握群众的重要因素，展现主流意识形态的魅力是说服青年群体的重要因素之一。

当然，一般而言，一个好的理论要得到人民群众的理解和接受，还必须依赖于有效的方法和途径，依赖于符合特定时代的特定人群的方法和途径，不能束之高阁。因此，主流意识形态要掌握青年群体，为青年人所接受还与主流意识形态普及的方法创新有着密切联系。如何在方法上突破，将关系到青年群体是否接受主流意识形态的关键。当前，包括许多发达国家在内的世界各国都在试图创新普及化方法，以适应青年群体的发展特征和心理诉求。而从问题入手，将有助于鼓励青年人对问题的关注，从问题意识的角度，为主流意识形态的普及化方法提供新的思路。

二　以问题抓人的普及化方法

问题是时代的口号，也是时代的向导，不同时代迫切需要提出时代性

① 胡锦涛：《在庆祝中国共产党成立90周年大会上的讲话》，《新华网》2011年7月1日。

② 《马克思恩格斯选集》第1卷，人民出版社1995年版，第9页。

的问题。“问题是公开的、无所顾忌的、支配一切个人的时代之声。问题是时代的格言，是表现时代自己内心状态的最实际的呼声。”① 在某种程度上说，人类社会的发展历程是发现问题和解决问题的过程，不同时代面对的问题不同，这也正是人类文明呈现多样性特征的缘由之一。

每一个时代的发展都与特定时代的问题紧密联系在一起。问题是推动一个时代发展的诱因之一，善于发现问题和解决问题，“世界史本身，除了用新问题来回答和解决老问题之外，没有别的方法”。② 这就是说人类社会发展的历史，就是不断地通过新问题来解决老问题，不断回答问题的螺旋式上升过程得到发展。

主流意识形态从来不回避问题，相反，正是在解决人类发展和社会发展的问题中不断彰显其理论魅力。邓小平指出，“我们要根据现在的国际国内条件，敢于思考问题，提出问题，解决问题。千万不要搞‘禁区’。‘禁区’的害处是使人们思想僵化，不敢根据自己的条件考虑问题”。③ 在改革开放初期，敢于思想问题，提出问题是推动改革开放的重要推动力之一，是解放思想、实事求是的具体表现形式之一。改革开放以来的实践证明：“敢于思考问题，提出问题，解决问题”是改革开放不可或缺的，也是实践证明相当成功的经验总结。在推动社会发展、改革开放以及其他任何一个领域的研究和实践中，提出问题都显示出十分重要的意义和价值。改革开放以来的主流意识形态发展和传播，也正证明了回应时代问题的重要性。

事实上，“理论创新每前进一步，理论武装就跟进一步，这是我们党加强自身建设的一条重要经验”。④ 主流意识形态的发展，需要理论武装的跟进，用发展理论武装群众。随着改革开放的不断深入，中国特色社会主义实践的发展要求我们必须使理论武装紧跟时代的步伐，不断根据大学生的需求创新传播方式，把中国特色社会主义理论体系的最新成果及时、准确、灵活、有效地传播给大学生，使之深入人心，成为大学生的自觉信仰。

---

① 《马克思恩格斯全集》第1卷，人民出版社1995年版，第203页。

② 同上。

③ 中共中央文献研究室编：《邓小平年谱（1975—1997）》上，中央文献出版社2004年版，第381页。

④ 胡锦涛：《在庆祝中国共产党成立90周年大会上的讲话》，《新华网》2011年7月1日。

当代中国，在改革开放进入攻坚阶段的关键时期，问题的导向越发凸显。从青年群体成长成才需要的角度看，他们生活在这个时代，对社会的各种问题越来越关注。在一定意义上说，如何推动主流意识形态解释现实问题更加有效，事关青年人对主流意识形态的接受和信仰。

基于问题意识的问题解析式普及方法是推动主流意识形态普及的重要探索。这种方法主要是鼓励青年人敢于提出问题、善于提出问题，形成以问题意识为支撑，建构主流意识形态问题体系，从而把青年人的困惑和现实重大问题对接，通过问答逻辑使之良性运转的普及模式。

三 建立多层次的问题体系及问题对接机制

主流意识形态的普及化传播必须要与青年人所处的这个时代的主要问题紧扣起来。马克思主义不是教条，不是生搬硬套的知识，而是善于从问题出发，在解决实际问题的同时不断得到传播和普及化。为此，必须要推动主流意识形态与现实问题、学生的问题有效对接起来。为此，可以从以下几个方面着手：

第一，整体把握主流意识形态的基本问题体系。

主流意识形态是人类社会发展的重要思想宝库，但其博大精深的内容使许多人难以准确把握，没有很好的方法甚至会淹没在浩瀚无垠的经典著作之中。根据我们的经验，以问题形式，基于问题逻辑，提炼符合这个时代的主流意识形态基本问题体系，从而使主流意识形态的基本问题清晰化、明朗化，这是解决这一问题的有效途径。

主流意识形态是一个整体，对主流意识形态问题的提炼和把握必须站在整体性高度。这就是说，要突破传统的主流意识形态框架，不局限于马克思主义哲学、马克思主义政治经济学、科学社会主义等核心领域，而是要从整体上提炼主流意识形态的基本问题，建构主流意识形态的基本问题体系，为主流意识形态的普及奠定基础。基于问题意识来建构问题体系，就是要提炼主流意识形态的问题层次，从顶层问题出发，提炼一级问题、二级问题、三级问题等，并阐述清楚不同层次之间问题的逻辑关系。从问题的角度出发，推动主流意识形态的普及将是一条符合当代青年接受心理的重要路径。

第二，鼓励青年群体提出问题，建构青年问题体系。

青年人在成长中不可避免地会遇到各种各样的问题，问题总是与青年人成长纠缠在一起。青年人在成长成才过程中，对社会的了解和把握总是充满着种种疑问。不管是思想上的困惑，还是实践上的困惑，问题的复杂性往往成为他们成长的阻滞力。如何化解青年群体成长中遇到的各种问题，做到有的放矢，首先就必须好好厘清他们的问题。

为此，一方面要把握青年人到底遇到什么样的理论问题和实际问题，遇到什么层次上的问题。即是说，要鼓励青年人提出问题，说出他们的困惑和忧虑，以及提高他们对问题的抽象概括和思考能力。要采取多种形式、创造条件、创造环境鼓励青年人提出问题。如从生活的实际出发，引发生活中的困境问题、思想困惑问题、心理成长迷惑问题等。

敢于提出问题是善于提出问题的前提和基础。善于提出问题是学生问题意识的更高一个层次。好的问题是成功的一半，如何鼓励青年人提出好的问题，不仅直接关系到他们对主流意识形态的理解，而且关系到他们创新思维的培养。毋庸置疑，不同人提出的问题不一样，问题参差不齐，问题层次也有不同。一方面，激发学生提出好的问题、高质量的问题是当前一个更加艰难的任务。

另一方面，认真梳理和研究青年人提出的问题，基于问题意识来建构问题体系，是主流意识形态普及的一项基础工程。青年人的问题具有复杂性和多样性，既有生存中遇到的问题，工作中遇到的问题，也有对未来社会发展思考的问题等，只有区分问题的类型，才能抓住这个时代青年人遇到的哪些是普遍性问题、哪些是核心问题、哪些是理论问题、哪些是现实性问题等，为化解这些问题奠定基础。简言之，帮助青年人解决问题，他们就能够在社会发展中扮演重要的角色，就能有效参与解决社会问题。

第三，梳理现实重大理论问题体系。

面对当今国际局势复杂多变，国际风云变幻莫测的全球化背景，以及当代中国深化改革开放的形势，如何抓住现实重大问题，也就成为主流意识形态诠释和普及的基本点之一。全球化是一种趋势，在这个大趋势下，国际局势的变化滋生许多世界性难题，许多问题需要不同国家、不同民族、不同文化、不同地域的人协调合作，共同应对风险和问题。如核不扩散问题、能源危机问题、生态环境问题、民族宗教问题等，它们都需要跨国、多民族合作才能解决。在全球化时代，人类共同面对的问题也正是青年人关注的焦点之一。

当代中国，随着改革开放不断深入发展，在社会发展过程中如何应对时代挑战？我们深知，在发展过程中面对的复杂问题前所未有，面对的风险也前所未有，这都需要我们把问题理清楚，才能站在时代的高度去审视这些问题。如何把握当代中国社会发展的重大现实问题，直接关系到社会发展的质量和水平。诸如“六个为什么”的重大问题、“七个怎么看”的问题等。基于问题意识的问题体系建构，就是要从国际、国内两个大环境下建构现实重大问题，形成问题体系，从而有利于我们整体把握现实重大问题的脉络，以及它们之间的逻辑关联。

青年人对现实社会的关注程度日益增强，尤其是对社会的一些敏感问题、尖锐问题非常关注。这一方面体现了青年人的时代使命感；另一方面也表现了青年群体对一些社会现象的困惑。要在理论上化解这些困惑问题，就必须发挥马克思主义的理论魅力，增强理论的说服力和吸引力，将主流意识形态与现实结合起来，这就需要把青年群体提出的问题与主流意识形态梳理出来的基本问题体系进行有效对接。

基于问题意识的问题体系建构，很重要的一点在于把主流意识形态的基本问题体系与青年人成长成才中遇到的问题、现实社会重大问题有效地对接起来，建立有效的对接机制，从而使得主流意识形态直面现实。马克思在《关于费尔巴哈的提纲》中指出：“哲学家们只是用不同的方式解释世界，而问题在于改造世界。”建立有效的对接机制，就是使主流意识形态基本问题、青年群体的问题、现实社会重大问题等有效地对接起来，从而使这些问题的解决具有主流意识形态的深厚基础。同时，在化解这些问题中展现主流意识形态的魅力，也推动主流意识形态的普及，增强青年群体对主流意识形态的认同感。

四 建构“问题解析式”普及化方法的对策

当代中国，推动主流意识形态普及化，必须要以问题抓人，而且要有效地解答问题，提高回答问题的质量和水平，从而就必须建构“问题解析式”普及化方法。通过“问题解析式”普及化方法，可以应对不同国家的主流意识形态内容普及化过程中遇到的问题，推动方法上的普及性。

第一，强化问题意识的理论研究。

理论在实践上才能灵活运用，问题解析式方法的创新在很大程度上依赖于对问题的理论研究。问题的基础性研究在当前推动主流意识形态普及化过程中日益凸显其重要性。经过几年的实践，我们深深发现，“问题解析式”普及方式只有不断加强对问题的基础理论研究，才能不断拓展“问题解析式”方法的使用空间。因此，推进“问题解析式”方法的发展必须不断加强问题的基础理论研究。

“问题解析式”方法创新不同于一般性的问答模式，不是简单的问与答之间的关系，而是基于问题的逻辑关系、问题本身的性质等建构以问题逻辑为支撑，主流意识形态基本问题体系、青年群体问题体系、问题场域、问题反馈体系、问答逻辑体系等一体化的普及模式。因此，“问题解析式”方法对问题的基础性理论充满依赖，只有不断深化问题的基础理论研究才能为“问题解析式”方法提供更加坚实的理论支撑，只有深化问题的基础性理论研究，才能使建构的问题体系自洽。

第二，充分发挥主流意识形态的自觉性。

“理论自觉意味着要用理性的方式把握世界，此理性非工具知解理性，而是在理性的清醒和洞察世界的理论意识中有形而上的人文价值祈向，坚持人文关怀与现实关怀的统一，既要仰望星空、高扬文化理想，又要脚踏实地、关注现实民生。”① 理论自觉是主流意识形态的内在要求，也是主流意识形态普及的重要推动力。如何发挥主流意识形态的自觉性回应现实重大问题、回应青年群体的问题，直接关系到主流意识形态是否能说服人。没有主流意识形态的自觉性，“问题解析式”普及方法也将变成“巧妇难为无米之炊”，主流意识形态的普及也将受到影响。

发挥主流意识形态的自觉性就是在“问题解析式”方法中，站在时代的高度，不断彰显理论自觉性，以对现实重大理论问题、青年群体的问题的诠释和解读，从而在思想领域引领这个时代发展的潮流。当今世界，面对各种社会思潮风起云涌，青年人对社会思潮的认识和把握存在多样性，甚至存在某种程度上的误解，如何在思想领域、观念领域发挥主流意

① 范玉刚：《理论自觉的动力究竟在哪》，《人民论坛》2012 年 4 月 21 日第 3 版。

识形态的指引魅力，就在于理论自觉本身在普及化中的适应性、适用性等功能的有效发挥。

第三，不断提高“问题解析式”普及方法的艺术性。

站在新的历史起点上解答青年人的问题，越来越需要讲究艺术性，只有充分发挥“问题解析式”普及方法的艺术性才能凸显马克思主义的理论魅力。以“问题解析式”作为主流意识形态的重要普及方法，不是机械的、生搬硬套的问答形式。回答问题要有血有肉，就要讲究艺术性。

通过“问题解析式”普及方法的艺术性，充分展示思想的艺术性、语言的艺术性、多媒体的艺术性等。“问题解析式”普及方法运用于回答青年群体问题的过程中，可以充分展现主流意识形态的思想魅力，通过通俗性和趣味性等展示思想的深刻性。使思想的表达更加紧密地与青年的接受特点结合起来，进一步增强语言的艺术性，展现语言的魅力和说服力，从而把问题说清楚、讲明白，更有效地增进青年群体对主流意识形态的理解和认同。

第四，推动“问题解析式”方法的普遍性。

“问题解析式”方法如何在主流意识形态普及化中推广，既是一个理论问题，更是一个实践问题。由于问题的典型性和普遍性，必须要建立与之相匹配的方法。毋庸置疑，当今社会，各种问题的复杂性前所未有，问题的普遍性不断凸显，而解决方法如果不能及时创新，也就难以化解问题。主流意识形态的普及化需要从问题出发，以问题抓人，通过各种问题把青年人的目光聚焦起来，这就需要“问题解析式”方法必须具有普遍性，而不是局部的解决问题的途径。而“问题解析式”方法的普遍性也更好地从一个宏观的角度、整体性的角度来推动主流意识形态的普及化。

总之，主流意识形态的普及化要注重方法，只有不断创新方法才能赢得青年的关注、认同和支持。从学生群体的吸收效果来看，“问题解析式”方法避免了一味地灌输带来的弊端，也比西方的局限于教材和其他课程的“碎片化”教育要系统和全面。基于问题意识的主流意识形态普及化方法，是建立在当代中国改革开放实践基础上提出的一种普及化方法，它必将随着中国的实践而不断创新。各国的道路不同，主流意识形态的普及化方法不同，但是，它们之间可以彼此相互交流、相互借鉴，对推动世界各国青年人的发展都具有极为重要的意义和价值。

作者忻平，上海大学党委副书记，教授、博士生导师；邱仁富，上海大学社会科学学院讲师、博士。上海市上大路99号 200444

论法律至上

何勤华

摘　要：在中国近代以来移植的西方法学观和法律制度中，“法律至上”或“法治”是最为重要的。文章认为，法律至上，源自日文汉字，是西语“rule of law”一词的意译。近代为梁启超、沈家本等法学家移植过来后，慢慢在中国成长。为了顺利实现法律至上的目标，必须作出制度设计，即处理好法律至上与制定良法、坚持法律信仰、限制政府公权力的滥施、司法独立、保障公民权利和确保社会生活契约化的关系，并认为法律人共同体意识的培养是实现上述制度设计的关键之一。

关键词：法律至上　法治　法的移植与本土化　法律史

自近代日本学界用汉字“法律至上”（发音ほうりつしじょう）对译西语“rule of law”一词，并传入中国以后，“法律至上”就一直是中国法学界、政治学界和社会学界热议的问题之一。本文就此谈点自己不成熟的想法，以求教于学界同仁。

一　什么是“法律至上”

“法律至上”，除了“rule of law”的译文表述外，其他相关的西语如何表达？根据华东政法大学屈文生副教授的说法，该词的英语表达就是“supremacy of（the）law”。这个词在近代以前是指国王不在法律之上，而现在是指任何个人、机构甚至政府都要受法律的约束。我认为，他的这个说法还是比较有道理的。

华东政法大学的李明倩博士起初也是这样认为的。后来李明倩请教了她的丈夫——澳大利亚的 Terry 先生，他认为“法律至上”比较地道的英语表达仍然应该是“rule of law”。因为“rule of law”带有法的至高、至上和至尊的内涵，表达了法的统治的核心理念。因此，“rule of law”可以译为“法律至上”（现在我们都简译为“法治”），核心就是法的统治。

至近代，“rule of law”最初从西方传到日本，日本用了汉字“法律至上”，发音和中文不一样，读“ほうりつしじょう”，或者称“法律至上主义”。后来这个词就传到了中国来。当然，这一传到中国来的详细过程，我还在收集资料，有待继续考证。

既然“法律至上”来自日本，我就请教了日本几位宪法和行政法专家。中央大学的副校长佐藤先生及中央大学的中西教授。他们告诉我，日本最早用的是“法律至上”这个词，后来感觉不太好。因为这个词除了表达法律的重要性，强调法律的权威以外，还暗含了另外两层意思。一层意思，在日本的国民中讲到“至上”就是指“天皇至上”，这是唯一的解释，不会有其他理解。第二层意思，“法律至上”暗含了“恶法亦法”的含义，就是不管是良法还是恶法，都必须严格执行，这与“二战”后日本民主与法治的理念是不相符的。

所以，现在日本已经不太讲“法律至上”或“法律至上主义”，讲到敬畏法律、强调法的权威时，一般是用“法的统治”（ほうのとうちする）或“法的支配”（ほうのしはい），实际上就是“法治”的含义。

在中国的语境下，第一，没有天皇的暗喻；第二，中国以前一直讲人治，法治的根基太弱，现在提出法律至上，即使有点矫枉过正，也是必须的；第三，就字面而言，区分良法和恶法是第二步的事情，强调法律权威、法律神圣、法律信仰是第一步工作；如果说法律至上有恶法问题，那么我们讲依法治国实际上也存在这个问题。

基于上述三个理由，我今天还是要强调“法律至上”，同时谈点自己的想法，来跟我们诸位专家学者一起讨论。我个人认为，在中国的语境下，所谓“法律至上”就是指所有的组织、机构和个人都必须在法律规定的范围内活动。我这里特别强调把组织放在最前面。

通过上面的论述，我们知道“法律至上”至少在英文、日文和中文中，与“法治”的意思基本相同，都强调法的权威、法是权力的本源、对法要有敬畏。

但是，我个人感觉，至少从中文含义上讲，“法律至上”与“法治”还是有一点区别的，我反复思考，归纳了五个方面的区别。（1）“法律至上”在一般场合是作为一个口号，而“法治”是作为一种制度；（2）“法律至上”是一种追求，“法治”表达的是一种理念、法学观；（3）“法律至上”是一种信仰，“法治”是权力运作的设计；（4）“法律至上”带有主观性，“法治”具有客观色彩；（5）“法律至上”是最高纲领，“法治”是一种实践模式。这五个方面的微妙区别是否站得住脚，请各位专家学者共同探讨。

为了更加深入地理解“法律至上”的内涵，我觉得还应该讲一下“法律至上”的核心价值，我将其归纳为三个方面：

追求绝大多数人的最大幸福。这里不用“人民”，是因为“人民”的概念是模糊的，所以我在这里用了一个数量概念——“绝大多数人的最大幸福”，最典型的就是英国法学家边沁（J. Bentham，1748—1832）的功利主义的法学观，那么边沁之前还有中世纪的神学家阿奎那·托马斯（Thomas Aquinas，1227—1274），他给法律下的定义就是“最大多数人的最大幸福”。

实现社会的公平正义。这是从柏拉图（Plato，公元前427—前347）、亚里士多德（Aristotle，公元前384—前322）以来西方的法治传统。在西方的法学传统中，这点已经得到国内的公开认可，尽管其他很多西方的法学观都是不承认的。

达到社会秩序的最大安宁。这不仅仅是西方的法律传统，也是中国自古以来孜孜以求的理想。我这里举中国古代三大学术门派法家、儒家和道家的观点来说明一下。法家的一个重要观点是“刑期于无刑”，运用刑法是为了做到没有刑法；儒家讲“讼”是为了“无讼”，受理诉讼是为了消灭诉讼；道家认为“法令滋彰，盗贼多有”，也是反对法律的过多过密、过分折腾，认为每一个罪名，都是由法律来规定的，法律越多，规定的罪就越多。可见，追求社会秩序的安宁是中西方古人的一致理想。

二 为什么要“法律至上”

我认为有两个理由：

首先，“法律至上”是人类法律文明发展的最高境界，是法律人的始终追求。古希腊思想家柏拉图在《法律篇》里讲过，我们要做法律的奴隶或者仆人。他还有一个观点：“没有法律，国家离崩溃就不远了”[①]。

柏拉图的学生亚里士多德则给“法治”下了一个著名的定义，“法治应包含两层含义：已成立的法律获得普遍的服从；而大家所服从的法律又应该本身是制定得良好的法律”[②]。

上述中世纪的神学家阿奎那虽然以宗教传播为终身追求的事业，但他对滥用权力的愤恨和对法律至上的强调也是令人尊敬的，他的两个命题非常著名：“权力必须是合法的”[③] 以及“权力服从法律是政治管理中最重要的事情”[④]。

英国思想家洛克（J. Locke，1632—1704）在《政府论》一书中说“哪里没有法律，哪里就没有自由”[⑤]；法国启蒙思想家孟德斯鸠将这句话再演化出来：“自由就是做法律所许可的一切事情的权利”[⑥]。

对此，法国政治哲学家卢梭（J. J. Rousseau，1712—1778）又进一步地展开：“唯有服从人们自己为自己规定的法律，才是自由”[⑦]、“法律乃是公益的行为”、“凡是实行法治的国家，都是共和国制的，一切合法的政府都是共和国”[⑧]、“凡不曾为人民所批准的法律，都不是法律，都是无效的”[⑨]。

---

① ［古希腊］柏拉图：《法律篇》，张智仁、何勤华译，上海人民出版社 2001 年版，第 123 页。

② ［古希腊］亚里士多德：《政治学》，吴寿彭译，商务印书馆 1965 年版，第 199 页。

③ 《阿奎那政治著作选》，马清槐译，商务印书馆 1963 年版，第 34 页。

④ 同上书，第 123 页。

⑤ ［英］洛克：《政府论》下篇，叶启芳、瞿菊农译，商务印书馆 1964 年版，第 36 页。

⑥ ［法］孟德斯鸠：《论法的精神》上册，张雁深译，商务印书馆 1982 年版，第 154 页。

⑦ ［法］卢梭：《社会契约论》，何兆武译，商务印书馆 1982 年版，第 30 页。

⑧ 同上书，第 51 页。

⑨ 同上书，第 125 页。

虽然，我不太认同卢梭的倒数第二句话，法治与共和国没有必然的联系，共和国只是一个形式，像英国、日本都是君主制的，但应该是法治国家；而实行共和制的不一定都能实现法治。但卢梭后面的一句话："凡不曾为人民所批准的法律，都不是法律，都是无效的"，这我是赞成的。作为一个多次受压迫、受打击的人，卢梭比较强调"人民"。

其次，在调整人们行为的社会规范中，法律具有其他社会规范所不可比拟的优势。众所周知，人类早期社会，调整人们行为的规范主要有三个：宗教、道德和法律。

先来说说宗教。宗教曾经是重要的社会规范，但是作为一种调整人们行为的规范，它有三个致命的弱点。

第一，具有模糊性。宗教所宣传信奉的是神话、传说、先知的教诲，如《圣经》中"第一节　起初神创造天地"、"第三节　神说要有光"、"第四节　神看光是好的，就把光和暗分开了"、"第五节　神称光为昼，暗为夜"、"第六节　神说诸水中间要有空气，将水分为上下"、"第七节　神就造出了空气，将空气以下的水、空气以上的水分开了，事情就这样成了"，等。这里，宗教的模糊性特征显示得非常鲜明。

第二个弱点，宗教强调的是来世，推崇天国理论，很少涉及人们的现实生活。如《古兰经》第 2 章第 81 节，"不然凡作恶而为其罪孽所包罗者，都是火狱的居民，他们将永聚其中"，火狱，就是佛教中的地狱；第 82 节，"信教且行善者，是乐园的居民，他们将永聚其中"，乐园，就是我们讲的"天堂"。

法律刚好相反，是现实世界的规范，规范着人们的现实行为。

第三个弱点，是具有强烈的排他性，对异端迫害十分严重。而法律具有一体遵循的效力，平等对待每一个人，没有排斥异端的属性。

我们知道，公元 13 世纪到 19 世纪，当时有宗教裁判所或者异端裁判所。董进泉所著《西方文化与宗教裁判所》，专门讲述了关于中世纪宗教裁判所（或称"异端裁判所"）的情况，里面记载有许多具体数字，仅西班牙，从 1483 年到 1820 年的 350 多年，就迫害了 38 万多异教徒，其中被火刑处死的就有 10 万多人。①

《东方早报》上曾刊登了一篇文章，说西班牙近代衰落其中的一个原

① 董进泉：《西方文化与宗教裁判所》，上海社会科学院出版社 2004 年版。

因就是宗教的排他性，摧残了一大批社会精英。民国时期著名学者蒋百里[①]，1921年在商务印书馆出版了《欧洲文艺复兴史》，其中提到在中世纪教会法庭酷刑有火刑、油锅、肢解、把人的眼睛抠出来等。

中世纪的科学家布鲁诺（Giordano Bruno，1548—1600）、伽利略（Galileo Galilei，1564—1642）都受到教会的残酷迫害。他们的悲惨处境把法国的著名哲学家笛卡尔（Rene Descartes，1596—1650）吓坏了，他在1633年写了《世界（论光和论人）》，鼓吹太阳中心说，本来打算出版的，看到布鲁诺、伽利略受到了教会的迫害后，吓得也没敢出版，因而保护了自己，为后面写出更加有名的著作以及出版争取了时间。

再来看道德。它也是调整人们行为的规范，但也具有致命的弱点，主要有两方面：一是道德的要求比较高，"修身、养性、齐家、治国、平天下"，要求大家成为圣人、完人，一般人是做不到的，只有少数品德极为高尚的人才能做得到；二是道德的实施主要依靠人的内心反省、良心发现，没有社会公共权力的强制力，作为一种社会规范这是有缺陷的。

法律的执行是有公共强制力做保障的，这是法律与道德的重大区别。

下面我们再来看看党的政策、政府命令、领导人的指示等人治的方法怎么样，是否可以作为治理国家的方法。

在我们国家的历史上，党的政策、政府命令、领导人的指示等曾经也是治理我们国家的重要方式，但是它们跟法律的统治是不能相比的，我从三个方面来说明。

第一，在人治的状态下，人的感情是波动的，受人的情绪、好恶的影响，出台的政策、命令和指示也会上下波动，而法律是平等、一视同仁、稳定的。

第二，人的感情是不公开、不透明的，从而也是不可预测的，这作为调整人们行为的规范显然是致命的，因为调整人们行为规范最重要的是可预测性，法律就是透明、公开、可预测的。

第三，即使一个人的情绪可以控制在稳定的状态，可以对每个人都一视同仁，也会受到体力、资历的因素而影响判断力和决策力。比如魏晋南

---

① 蒋百里（1882—1938），军事学家，撰写的《欧洲文艺复兴史》是我国第一本有关文艺复兴的著作。

北朝的梁武帝[1]刚夺取政权时，血气方刚、精力充沛，刚开始的二十年，梁国治理得非常好，但后来就不行了，因为他迷恋上了佛教，不事政事，最后被小人包围后饿死了[2]。法律就不存在这些弱点。

总体而言，法的优势在于其四个基本属性。第一，平等性；第二，稳定性，比如说德国 1871 年刑法典第 242 条关于盗窃罪的规定，到现在 100 多年了，都没有发生变化；第三，可预测性；第四，强制性。所以我认为在社会规范中只能法律至上，不可能是其他至上。

三 “法律至上”的良性遗产

中国近代以来有四笔“法律至上”或者说对法律比较尊敬的良性遗产。

第一笔是 1901 年沈家本（1840—1913）的法律改革，引进了西方“法律至上”的理念，以及“法律面前人人平等”、“法治”、“司法独立”、“罪刑法定”、“无罪推定”等法学观，这些都是对法律比较尊重的观念，引起了社会各界对法律的重视。

第二笔是 1928 年到 1935 年国民党政府的《六法全书》。它是中国近代移植西方法律文化成果本土化的典范，由于这笔遗产，中国在 10 年左右的时间内迅速建立起了近代资产阶级型的法律体系。

第三笔是 1954 年 9 月《中华人民共和国宪法》的制定、实施。1954 年 9 月到 1957 年夏天反右运动开始，近两年半的时间，“法治”、“法律面前人人平等”、“法律是公意的体现”、“法律应得到极大的尊重”、“司法独立”等重新受到肯定。

所以，我认为，对于新中国的法治建设和法学的发展来说，1954 年 9 月到 1957 年夏天近两年半的时间是新中国建立后法治发展的黄金时期。

第四笔，是 1978 年改革开放以后到现在的法律发展，“法律至上”慢慢为人们所接受，也为中国党和国家的领袖所认同。2011 年我们党终于提出了“宪法和法律至上”的命题，这是在新中国的历史上官方首次

① 萧衍（464—549），字叔达，小字练儿。南梁政权的建立者，庙号高祖。

② 公元 549 年“侯景之乱”，南梁都城建康（今江苏南京）陷落，萧衍被侯景囚禁，死于台城。

提出了“宪法和法律至上”的命题，这是以前从未有过的。

四 “法律至上”的制度设计

1978 年 12 月下旬，党召开了十一届三中全会，会后（12 月 24 日）发布的公报指出，为了保障人民民主，必须加强社会主义法制，使民主制度化、法制化，使这种制度和法制具有稳定性、连续性和极大的权威性，做到有法可依、有法必依、执法必严、违法必究。公报还进一步强调，要使我们的法律和制度不依领导人的改变而改变，不依领导人的兴趣的改变而改变。

当时读到这些文字的时候感觉特别震撼，后来《邓小平文选》出版后，才知道这是邓小平的原话。十一届三中全会召开到现在已经过去了 34 年，这 34 年的时间里，我们的法治建设虽然还有波折，但法治的方向没有改变，也没有什么力量能够改变。所以我认为，强调“法律至上”、建设法治国家是中国的必然趋势。具体怎样操作，我提出七个观点。

第一，“法律至上”与“良法论”。“法律至上”和法治的前提必然是“良法”，这在亚里士多德的定义中已经包含，如是恶法，后果不堪设想，那就是法西斯了。什么是“良法”，我认为有五个要素：限制公共权力、保障私人权利、法律面前人人平等、追求最大多数人的最大幸福、实现社会的公平正义。尽管抽象，但有阐述的空间。

第二，“法律至上”与“法治信仰”。法律需要敬畏、信仰、权威，如苏格拉底的例子，宁死也要维护法律的权威。我认为他的死对于开创法治传统是有意义的。同样这种情况反映在中国传统的法律文化上，则完全是另外一回事，如东汉末年的范滂[①]，背景和苏格拉底差不多。当时朝廷分清党和浊党，范滂是清党人物，去抓他的人很崇拜范滂，透露消息让他逃，但是范滂不逃，其理由是要以死把清名留下来。[②] 苏格拉底是为了维

① 范滂（137—169），东汉官员，字孟博，汝南征羌（今河南漯河市）人。

② 《后汉书》卷第五十七《党锢列传·范滂》：诏下，急捕滂等。督邮吴道至县，抱诏书，闭传舍，伏床而泣。滂闻之，曰：“必为我也”！即自诣狱。县令郭揖大惊，出解印绶，引与俱亡。……滂白母曰：“滂从龙舒君归黄泉，存亡各得其所”（［宋］范晔撰，［唐］李贤等注：《后汉书》，第八册，中华书局 1965 年版，第 2207 页）。

护雅典法律的尊严，我们古代的士大夫则是为了维护自己的名节，这是中国和西方法文化的重大区别。

至于法律信仰，写的文章比较多，我就不展开了。过去讲到法律信仰，就会提起美国法学家伯尔曼[①]的那段话。2012年6月18日，最高人民法院在天津召开了大法官会议，最高法院王胜俊院长作了主题报告，很开放，提出了“法治信仰”的命题，这一命题在某种程度上比法律信仰更超前一步，这是我看到的官方第一次正式认可法治信仰的讲话，美国法学家伯尔曼提出的命题，已经在中国这块土地上得到了认可。

第三，“法律至上”与“限权论”。虽然我们现在一步步地向法治政府、亲民政府、服务政府等方向迈进，但滥用公共权力、侵害公民权利的现象仍然时时发生。因此，强调法律至上，就要树立法律的权威，强调依法行政，要求各级政府的行为都必须严格限制在法律的范围内。

第四，“法律至上”与“司法独立”。从1954年起，我国宪法就认可了司法独立。1954年宪法第78条原文是“人民法院独立行使审判权，只服从法律”，1982年宪法第126条“人民法院独立行使审判权，任何机关、团体、个人都不得干涉”。我个人认为1982宪法的表述不如1954年宪法清晰，因为它并没有排除党组织的干预，而“只服从法律”最为彻底，不是列举式的。我认为1954年宪法表达的是中国语境下的司法独立。

第五，“法律至上”与公民权利保障的制度化。对公民权利的保障必须形成完善的制度、坚定的理念，使公民的权利保障制度化、法律化。

第六，“法律至上”与社会生活的契约化。社会生活的契约化是现代法治社会的重要标志，因为契约包含了两个基本前提。一是平等，这在马克思《资本论》中讲得很清楚；二是诚信，履行契约必须遵守承诺。

为什么社会生活的契约化、诚信观念在西方社会根深蒂固，因为这是自古以来的西方传统，既有柏拉图、亚里士多德的思想的两千多年的传播浸染，又有基督教传统的影响。《圣经》的全称是《新旧约全书》，希伯来社会本身就是契约社会，注重平等和诚信。

中国的例子恰好是缺少这两条，现在在中国对平等也越来越注重，但是诚信还是个大问题，这跟文化有关系。中国讲“计”，看结果不讲过程，“胜者为王，败者为寇”，至于如何达到目的是不管的。如刘邦与项

① 哈罗德·J. 伯尔曼（Harold J. Berman，1918—2007），美国法学家。

羽的划鸿沟为界而治，但结果刘邦也没有遵守，乘胜追击，当上了皇帝。中国的价值观对此又给予了肯定。而这，进一步摧毁了守契约、讲诚信的理念。

第七，“法律至上”与法律人共同体。要让“法律至上”的口号真正实现，在中国树立法律的极大权威，必须形成法律人共同体。我认为，法律人共同体现在基本上已经形成。新中国建立时，司法干部队伍不到28000人，势单力薄。现在，法院工作人员将近45万，仅法官就19万多，检察院干警40万左右，律师32万，仅法院、检察院、律师加在一起就100多万，还有40多万在校的法律本科生，近10万名的法律研究生，再加上各行各业中的法律工作者，我们法律人共同体已经初具规模。

应该说，法律人共同体的形成，是中国法治建设的希望，也是“法律至上”目标实现的物质基础和条件。尽管道路还很曲折，而前途则是光明的。

作者华东政法大学校长、教授。上海市万航渡路1575号 200042

文化传播的双向考察*

——名词的动词性与动词的交互性

杨慧林

摘　要：中国文化的海外传播、中国经典的对外译介，往往意味着中国思想在其他概念系统中的重新“命名”。当代西方人文学术、特别是宗教研究中的一种悖论式描述，或可为“文化”与“传播”提供新的解说，即：名词其实是动词性的，动词其实是交互性的。本文拟厘清这一思路的根本逻辑，为中外思想对话提供可能的参照。

关键词：命名　交互性　被构成的主体　责任与回应

无论在国内还是国外，中国文化的海外传播、中国经典的对外译介、中国与世界的人文交流，近些年都得到了越来越广泛的关注。而与此同时，其中的问题和阻力可能也会更多凸显。特别值得注意的是，关于文化传播的实际能力、价值含量和有效影响，国外的看法与我们的预期尚存在着较大差距。比如：

2012 年 1 月初，德国柏林的文化外交学院（Institute of Cultural Diplomacy）公布了《2011 年文化外交展望报告》（*Cultural Diplomacy Outlook Report 2011*）。该报告选取 40 个国家为样本，就其文化外交能力进行评估和预测。中国在这项报告仅列第 25 位，不仅低于印度（第 10 位）、日本

---

* 原文刊发于《中国高校社会科学》2013 年第 1 期。

（第13位）、韩国（第15位），甚至也排在特立尼达和多巴哥、毛里求斯、尼日利亚等国家之后。[①]

2013年2月，美国皮尤研究中心（Pew Research Center）公布了一组有关中美关系的调查数据，其中的对比也是耐人寻味的。关于中国和美国究竟谁是世界领先的经济力量，2008年有45%的美国人倾向于美国，仅有22%的美国人看好中国；至2012年春季，仍然认同美国的人数跌至36%，肯定中国的人数已达42%。然而另一组调查数据则表明：尽管只有很少的美国人将中国视为敌人，对中国表示不信任的人却高达2/3；另外在2011年3月尚有53%的美国人认为应该同中国加强关系，至2012年10月这一指标则下降为42%。[②]

上述情况的原因当然是多方面的，误解、疑虑、文化差异、世事变迁兼而有之。但是要澄清误解、打消疑虑、跨越文化差异、应对世事变迁，绝不仅仅是策略、手段或者传播途径的问题。从根本上说，文化传播的有效性首先取决于我们自身的文化理解，取决于文化理解中的话语逻辑，取决于这一逻辑所要求的双向考察。

如果借此追究当代西方人文学术的总体趋向，或可发现一种悖论式的描述，即：名词其实是动词性的，动词其实是交互性的。由此回到“文化”与“传播”的话题，则恰好可以得到一个“名词”和“动词”互为表里的典型案例。其内在意蕴当是求证于彼、又返诸己身，从而在双向的考察中汲取双向的资源和能力。

所谓“名词是动词性的”，就是说没有任何文化可以一成不变、可以保持其本原的状态，却只能是在交往中不断生成和繁衍。因此正如基督教文化被西方学者视为“寄生”于多种传统、而并非孤立自足的“文化生产”（a kind of parasitic cultural production）[③]，中国人所能传播和传承的，也许同样应该是可以世界化的中国文化、可以现代化的中国传统。

所谓“动词是交互性的”，则是说文化间从来没有什么单向的传播，

① http：//www. culturaldiplomacy. org/culturaldiplomacynews/index. php? en_ cd-outlook -2011_ content，*Cultural Diplomacy Outlook Report 2011*，Chapter 1，p. 7.

② 龚蓉编译：《中美关系：来自皮尤研究中心的关键数据》，见中国人民大学汉语国际推广研究所《简报》，总第54/55期，2013年2月。

③ Vincent J. Miller，*Consuming Religion*：*Christian Faith and Practice in a Consumer Culture*，New York：The Continuum International Publishing Group Inc.，2004，p. 173.

而必然是“施动”与“受动”的相互影响和相辅相成。在西方文化的论说中，这既是不同传统“向交谈与对话敞开的……交往活动”[①]，也是历史与当下的相关互应（correlation）[②]。其中所涵纳的，应该是一个不断延展的意义空间。

名词的动词性、动词的交互性，其核心在于摆脱“建构性主体”（constitutive subject）[③] 和“投射性他者”（projected others）[④] 的逻辑惯性。因为无论以“建构”说明“主体”、还是通过“投射”去界定“他者”，都可以还原为同样一种自我中心的单向话语；而不同的中心将自身信念“投射”于“他者”，则可能是文化沟通的最大障碍。简单说，在我们习惯已久的“中心”话语中，实际上除去叙述者之外并没有什么真正的“他者”，一切都成为“我们”所建构的“对象”，一切都成为“我们欲求的投射”[⑤]。因此单向的“建构”和“投射”不仅是思想的谬误，其实也是种种现实冲突的缘由。以赛亚·伯林（Isaiah Berlin）曾经将这一问题说到了极处：“坚持自然或道德的唯一性”，本来是要“拯救人们脱离错误和迷惘”，结果却使人被“唯一性”所奴役，正所谓“始于拯救、而终于暴政”。[⑥]

在这一意义上说，从名词性的“文化”中寻索其何以“生成”的动词性质，从“施动性”的“传播”过程中体会其几乎是同步发生的“受动”，“主体”便必然成为“被构成的”（constituted），“他者”便同样可以“投射”（projecting）于“我们”。其结果，将是颠覆任何一种单向的

---

① Francis Schüssler Fiorenza, “Introduction: A Critical Reception for a Practical Public Theology”, see Don S. Browning and Francis Schüssler Fiorenza edited, *Habermas, Modernity, and Public Theology*, New York: The Crossroad Publishing Company, 1992, p. 5.

② 关于神学家保罗·蒂利希（Paul Tillich）神学与文化之间的“相关互应”、特雷西（David Tracy）“神学的相关互应”（theological correlation）、谢利贝克斯（E. Schillebeeckx）“基督教传统与当下经验的互应”、汉斯昆（Hans Küng）“活着的耶稣与现实处境的互应”、鲁塞尔（Rosemary Radford Ruether）“多元群体与先知启示的互应”等，详见杨慧林《西方马克思主义宗教论说的六个问题领域》，《世界宗教文化》2012 年第 1 期。

③ John D. Caputo, *The Weakness of God: A Theology of the Event*, Bloomington & Indianapolis: Indiana University Press, 2005, p. 139.

④ David Tracy, *Dialogue with the Other: the Inter-religious Dialogue*, Louvain: Peeters Press, 1990, p. 4.

⑤ David Tracy, *Dialogue with the Other: the Inter-religious Dialogue*, p. 49.

⑥ Isaiah Berlin, *The Roots of Romanticism*, Princeton: Princeton University Press, 1999, p. 3.

秩序[①]；惟其如此，也才能理解文化传播的“双向”意涵。

西方文化既然是以基督教为根基，似乎应该更多要求人类的敬畏、而不是僭越。因此，“认知……就是服从”[②] 本来有着久远的神学依据。比如马丁·路德（Martin Luther）曾故意把《圣经》中的“因信称义”译作“惟独因信（才能）称义”，并且终生不改；[③] 至卡尔·巴特（Karl Barth）又有所谓“独一《圣经》主义”（*sola scriptura*）、“对上帝的认知……永远是间接的”等。[④] 有趣的是，路德的“惟独”、巴特的“独一”起初都针对着人的限度，最终却无法绕过读经和释经的“主体”，乃至“阅读”和“解释”成为理解的“唯一标准”（exclusive criterion）。[⑤] 其中“唯一”的直接含义，正是“排他性”。

由上可见，“始于拯救、而终于暴政”的警告绝非耸人听闻。名词的动词性、动词的交互性之所以在一定程度上表达着当代西方人文学术的总体趋向，应该与这一警告带来的反思、与“西方中心”面对的挑战直接相关。于是我们可以看到一系列对于“主体”的重新界说，特别是从主格（I）到宾格（me）的转换。

对中国读者而言，潘尼卡（Raimon Panikkar）的“宾格之我”（me-consciousness）可能流传最广[⑥]，但是西方学者通常认为是莱维纳斯（Emmanuel Levinas）更早“以宾格的形式重述主体”（reintroduce the subject in the accusative）。就此，卡普托（John Caputo）有一段必须细读才能得其要领的归纳：“莱维纳斯的重述……可以前溯到基督教的《新约》和克尔恺郭尔，后推至巴丢和齐泽克，勾连其间的则是《新约》中的圣·保

---

① 关于主体是“被构成的”而不是“构成性的”、“真正的思想总是解中心的”等等当代西方思想中的重要论题，详见杨慧林《“经文辩读”与“诠释的循环”》（《中国人民大学学报》2012 年第 5 期）以及《中西之间“经文辩读”的可能性及其价值》（《中国社会科学》2011 年第 1 期）。

② Karl Barth, *Church Dogmatics*, *a selection with introduction*, New York: T & T Clark, 1961, p. 49.

③ ［美］罗伦培登：《这是我的立场》，陆中石等译，译林出版社 1993 年版，第 304—309 页。

④ Karl Barth, *Church Dogmatics*, a selection with introduction, p. 40.

⑤ Werner G. Jeanrond, *Theological Hermeneutics*: *Development and Significance*, London: Macmillan, 1991, p. 31.

⑥ ［西］潘尼卡：《宗教内对话》，王志成等译，宗教文化出版社 2001 年版，第 51 页。

罗。而在莱维纳斯和克尔恺郭尔的主体之间，共同的命名者（the common denominator）就是由回应所构成的责任主体（the subject of responsibility is constituted by a response）”。[①] 什么是“由回应所构成的责任主体”？为什么圣·保罗可以“勾连其间”？何谓“共同的命名者”？

从时间线索看，卡普托认为“呼唤”与“回应”的结构已经成为一种范式（the paradigm … of the structure of call and response），最初可见于《旧约·创世记》上帝要亚伯拉罕将儿子以撒献为燔祭的试探：“上帝……呼叫他说‘亚伯拉罕！’他说‘我在这里’。”（创 22：1）此处的希伯来文“bineni，me voici”，被直译为“see me standing here”，从而“回应”和“宾格之我”都在其中。据卡普托分析，由“回应”（response）而生的“责任”（responsibility），是“他决的”（heteronomy）而非“自觉的”（autonomy）、“无主地”（anarchy）而非“自主的”（autarchy），所以“主体”的“责任”是“受制于他者的需要、却不是……满足自身的需要”，“责任的主体”也只是在这样的意义上才成立。[②]

克尔恺郭尔（Søron Aabye Kierkegaard）在《恐惧与战栗》一书中也论及“以撒的牺牲”，但是关于《新约》与《旧约》在这一问题上的联系，最典型的分析可能是德里达（Jacques Derrida）将“以撒的牺牲”与《新约·马太福音》“你的父在暗中察看”并置为“语言的奥秘”。[③] 按照德里达的思路，这两段经文同样是“上帝看着我、我却看不见他”，那么“一切决定都不再是我的，……我只能去回应那决定”，于是“‘我’的身份在奥秘中战栗”，“我是谁”的问题（who am I）其实是要追问“谁是那个可以说‘谁’的‘我’”（who is this “I” that can say “who”）。[④]

至于保罗“勾连其间”的作用，则有如巴丢（Alain Badiou）和齐泽克（Slavoj Zizek,）的共同评价：保罗所建立的“基督教正统象征”，实际上是通过“呼唤”与“回应”的转换，“为真理过程（truth-procedure）

---

① John D. Caputo, *The Weakness of God*: *A Theology of the Event*, p. 139.

② Ibid. , pp. 137 – 138.

③ Jacques Derrida, *The Gift of Death*, translated by David Wills, translated by David Wills, Chicago: The University of Chicago Press, 1995, p. 88.

④ Jacques Derrida: *The Gift of Death*, translated by David Wills, pp. 90 – 92.

构置了形式"[①]。说到底，其基点仍然是对"主体"的重构。对巴丢和齐泽克而言，与其说这是讨论信仰本身，倒不如说是借助基督教的经验来揭示意义的普遍结构。用卡普托的话说，这正是巴丢和齐泽克看中《圣经》传统的主要原因：使"不可决定的"得到了"决定"（decision of the undecidable）[②]，也使"主体"随之"被构成"（it constitutes existential subjects）[③]。

卡普托所谓"共同的命名者"本带有鲜明的西方色彩，与荀子之"共名"[④] 不仅不同而且恰恰相反。但是阿部正雄（Masao Abe）却通过一种极具针对性的译解，使佛教观念在西方的概念系统中得以定位，也从中暗含了向西方传播日本佛教的可能通道。

比如与基督教一神论的"一"相区别，阿部正雄将佛教的"不二"译作"non-dualistic oneness"（非二元的一），却不取常用的"Not-Two"（不二）或者"non-duality"（非二元性）。他所讨论的"名相"也并非"name"或者"appearance"，却归结于更加突出"名"之主体和"名"之生成的"命名"（denomination）。于是"无名"也必然从"nameless"进深一步，推衍为"无共名"（no-common-denominator），亦即"没有共同的命名者"。[⑤]

阿部正雄的这番精深之论，对"排他性"的质疑、对"非中心"的感悟是显而易见的；而以"命名"解释生成之"名"的理路，又可以将我们再度带回"名词的动词性与动词的交互性"之西方式思辨。据此，唯一可能的"共名"——亦即"共同的命名者"——当然只能是"由回应所构成的责任主体"。与之相应，莱维纳斯之所以将"哀悼"视为"第一确定性"[⑥]，德里达之所以从"哀悼"悟出"名字"比生命更长久、注

---

① Slavoj Žižek, *The Puppet and the Dwarf: the Perverse Core of Christianity*, Cambridge: The MIT Press, 2003, p. 9, p. 173.

② Alain Badiou and Slavoj Zizek, *Philosophy in the Present*, edited by Peter Engelmann, translated by Peter Thomas and Alberto Toscano, Cambridge: Polity Press, 2009, p. 36 – 39.

③ John D. Caputo, *The Weakness of God: A Theology of the Event*, p. 318, note 5.

④ 《荀子·正名》："万物虽众，有时而欲遍举之，故谓之物。物业者，大共名也。"

⑤ Masao Abe, *Buddhism and Interfaith Dialogue*, edited by Steven Heine, Honolulu: University of Hawai'I Press, 1995, pp. xv – xx.

⑥ Maurice Blanchot, "Notre compagne clandestine", *Texte pour Emmanuel Levinas*, éd. Par François laruelle, Paris: J. -M. Place. 1980, pp. 86 – 87.

定可以"无他而在"（the name begins during his life to get along without him）①，无非是将单向的"命名者"推至极端的虚妄罢了。

进而言之，"显现于消失"或者"消失于显现"的"名"之生成，甚至可能在"追"而成"思"（when mourning works）②的过程中从"哀悼"凡人推及神圣的存在。比如按照保罗·蒂利希（Paul Tillich）所论，真正的上帝"在消失时才显现"（the God … appears when God has disappeared…）③；巴丢则是从相反的方向强化了另一重意思：一旦"显现"也就意味着"消失"（disappears in its appearance）④。以阿部正雄的译解方式为参照⑤，这也未必不能是《坛经》所谓的"心生法生，心灭法灭"或者"归真之后，真亦无名"。

如果继续追究，"文化"乃至"宗教"本身同样是"流动性的多种可能性"（a fluid variety of possibilities）⑥。德里达就曾提出："我们讨论宗教的问题的时候，要回到宗教这个名词的生成和它的语义。它的生成是动态的，生成是个过程；它的语义是在使用当中才有的一种语义，而不是一个放在那里的、等待我们去解释的名词。"⑦ 卡普托则更为激进，直接引述

---

① Jacques Derrida, *The Work of Mourning*, edited by Pascale-Anne Brault and Michael Naas, Chicago: The University of Chicago Press, 2001, pp. 13 – 14.

② 德里达在哀悼罗兰·巴特的文章中写到：如果"追"而成"思"（if mourning works），它只是要将死亡"辩证化"（to dialectize death）。See Jacques Derrida, "The Deaths of Roland Barthes", the 1st chapter of *The Work of Mourning*.

③ Paul Tillich, *The Courage to Be*, New Heaven: Yale University Press, 1952, p. 186. "The courage to be is rooted in the God who appears when God has disappeared in the anxiety of doubt." 意为"在上帝消失于怀疑的焦虑之时才显现的那个上帝，就是存在的勇气之根。"

④ Alain Badiou and Slavoj Zizek, *Philosophy in the Present*, edited by Peter Engelmann, translated by Peter Thomas and Alberto Toscano, p. 36.

⑤ 德国神学家孔汉思认为阿部正雄"将基本概念抽离于基督教文本，而移植到佛教的语境当中"，乃至成为"对基督教文本的佛教阐释"，但是就本文的立论而言，这一批评对阿部正雄未必公平。Hans Kung, "God's Self-Renunciation and Buddhist Emptiness: A Christian Response to Masao Abe", in *Buddhist Emptiness and Christian Trinity*, edited by Roger Corless and Paul F. Knitter, New York: Orbis, 1990, p. 34. See Masao Abe, *Buddhism and Interfaith Dialogue*, p. xix.

⑥ Gadamer, *Truth and Method*, *translated by Garpett Barden and John Cumming*, New York: The Crossroad Publishing Company, 1975, p. 238.

⑦ Jacques Derrida, *Acts of Religion*, edited by Gil Anidjar, New York: Routledge, 2002, p. 57.

了一位犹太教拉比的命题：就连上帝也是一个动词（God is a Verb）。[①]

以上种种看似云里雾里、不食人间烟火，其实处处踏在红尘，处处显露着直接的现实针对性。有如伊拉克战争之于德里达[②]，卡拉季奇（Radovan Karadzic）受审之于齐泽克[③]，当今世界许多并没有多少哲学意味的政治动荡都会引发哲人的玄奥思辨；反而观之，“名词的动词性与动词的交互性”之逻辑线索亦复如是。

从另一个角度看，上述佶屈聱牙之论非但直指“文化”与“传播”的关节点，还可以在中外文化的进一步交往中启发出巨大的思想空间。因而梳理西方的理论脉络，最终同样会落实于中国文化自我理解、也被他人所解的交往实践。要而言之，“名词的动词性与动词的交互性”不仅会破解形形色色的“西方中心”，其内在逻辑也应当是中外思想对话的根本参照。

中国文化的传播和中国典籍的外译，无法回避用西方概念工具为中国思想重新“命名”的问题。这当然是中国思想进入西方的概念系统的直接机缘，但是如何才能获得正当的“共名”（the common denominator）？其中的追究只能是“双向”的。

借助西方的概念工具为中国思想命名，此名与彼名的差异抑或“误读”几乎不言而喻，特别是西人的翻译受此诟病颇多。但是细加检点，倒是理雅各（James Legge）之类的西方人认为翻译某些中国概念的“最佳方式”是“将其挪用到译文中”，却并非为之“寻找一个相当的英文词”[④]。所谓“更为长久”的“无他而在”，也许正是就此而言。

国人如辜鸿铭者，则立志“向西方人传播儒家文化”且“纠正理雅各等人所造成的误解”，然而他引述歌德等西方作家“翻译”《论语》之

---

① John D. Caputo, *The Weakness of God: A Theology of the Event*, p. 31.

② 德里达关于“伊拉克政权”与“谴责伊拉克政权不尊重法律的国际联盟”之讨论，可参阅 Jacques Derrida: *The Gift of Death*, translated by David Wills, p. 86 – 87.

③ 齐泽克从卡拉季奇的诗句发掘“历史进程”与“上帝意志”的共同逻辑，即：都是将自己视为“实现更高理想的工具”。见 2010 年 5 月 17 日和 18 日齐泽克在中国人民大学和清华大学的演讲稿，第 1—3 页。

④ “The best way of dealing with it in translating is to transfer it to the version, instead of trying to introduce an English equivalent for it.” See James Legge, *The Sacred Books of China, the Texts of Taoism*, Oxford: Oxford University Press, 1891; New York: Dover Publications, Inc. 1962, p. 15.

作恐怕很难被视为一个“译本”[①]；他对理雅各作了种种“纠正”，王国维却“宁以理雅各氏之译……犹得……真意者也”[②]。以辜鸿铭之大才尚且如此，今人的翻译又何谈“正解”？

如果再加检点，还可以发现孔安国和朱熹之注也会引出“正解/误解”的辩难[③]，孔子之于国人也会因时而异、因人而异[④]，正统的传注也可能“用后代的词义解释古书”[⑤]，甚至在王国维看来：古代经典“无论何人，不能精密译之”[⑥]。既然“西文译中文”亦如“后人释古人”，不同角度的“命名”同样存在，仅仅苛责西人的“误读”就仍然不能解决问题。

因此后世论及翻译或者解经，往往都要回溯孟子的“以意逆志”[⑦]。国人视之为解经读诗的基本方法，理雅各也将其用作英译《中国经典》的题记[⑧]。然而当以何人之“意”逆古人之“志”？或者说由“谁”来“命名”？历来的理解却未必相同。比如汉儒解读《诗经》都是“以意逆志”，今古之争中的“曲解文意、穿凿附会”却实在不少，“歧义纷纭”也难协调，于是才有董仲舒“《诗》无达诂”之说。有趣的是，“以意逆志”本来是针对“断章取义、随意解诗”之弊，由之引出的却是“《诗》无达诂”，宋代以后更被用作普遍化的“《诗》无达诂”；及至清人提出“作者之用心未必然，而读者之用心何必不然”等[⑨]，“以意逆志”的初衷似乎已有偏移。

---

① Ku Hung-ming, trans., *The Discourse and Saying of Confucius: A New Special Translation, Illustrated with Quotations from Goethe and Other Writers*, Shanghai: Kelly and Walsh Ltd., 1898.

② 王国维：《书辜氏汤生英译〈中庸〉后》，《学衡》1925年第43期。

③ 近世关于“宪问耻”之义的“从孔弃朱”，陈叙：《“有道”和“无道”：〈论语〉经传与理雅各的“辩经权译”》，《中国文化研究》2013年春之卷。

④ “各时代有各时代的孔子，即在一个时代中也有种种不同的孔子”，见顾颉刚《古史辩》第2册，上海古籍出版社1981年版，第103页，详参高志强《“去圣”与“一词一译”：阿瑟·韦利的〈论语〉导论研究》，《中国文化研究》2013年春之卷。

⑤ 杨伯峻译注：《论语译注》，中华书局2005年版，第1页，详参姜哲《学而时习之，不亦说乎：晚清新教传教士的〈论语〉英译》，《中国文化研究》2013年春之卷。

⑥ 王国维：《书辜氏汤生英译〈中庸〉后》，《学衡》1925年第43期。

⑦ 《孟子·万章上》。

⑧ James Legge, trans., *The Chinese Classics, with a Translation, Critical and Exegetical Notes, Prolegomena, and Copious Indexes*, vol. I, Hong Kong: Hong Kong University Press, 1960.

⑨ 参见蔡钟翔、袁济喜《中国古代文艺学》，人民文学出版社2011年版，第194—196页。

后来王国维以《孟子·万章下》的“知人论世”重新申说“以意逆志”：“由其世以知其人，由其人以逆其志，则古人之诗虽有不能解者寡矣。”[①] 由世知其人、因人得其志，这似乎可以重建“释古”亦即“共名”的信心，但是从根本上看，王国维关于会通古今学问、贯串中西思想之难的感悟其实要深切得多：“如执近世之哲学，以述古人之说，谓之弥缝古人之说则可，谓之忠于古人则恐未也。……欲求其贯串统一，势不能不用语意更广之语；然语意愈广者，其语愈虚，于是古人之说之特质渐不可见，所存者其肤廓耳。”[②]

在如此复杂的“文化传播”中，静态的名词和单向的动词皆难成立，我们所能经验的仅仅是一个相生互动的过程，甚至仅仅是在这一过程中才成其为“我们”。然而一旦理解这种既可以“投射”、又“被构成”的事实，便切入了思想对话的深刻轨迹。这，也许才是真正的文化传播。

作者杨慧林，中国人民大学副校长，教授、博士生导师。北京市海淀区中关村大街59号　100872

① 王国维：《玉溪生年谱会笺序》，张采田：《玉溪生年谱会笺》，中华书局1963年版。

② 王国维：《书辜氏汤生英译〈中庸〉后》，《学衡》1925年第43期。

科学精神与人文精神的结晶

——谈语言符号学的构建与发展

王铭玉

摘　要：科学精神和人文精神是人类精神的财富，是人类文明腾飞的双翼。步入21世纪之后，学科渗透已经超越学科本身，边缘学科的交叉、多元文化的碰撞成为新世纪科学发展的主流，学界在呼唤着科学精神与人文精神的结合，也在为中国学术走向世界做着学理上的铺垫。语言学和符号学是两门有着密切关系但又始终未能真正接缘的学科。促进语言学和符号学的交融，创建语言符号学新兴交叉学科，正是科学精神与人文精神协调发展的体现，也是时代的要求和语言学发展的必然。本文首先从科学精神和人文精神谈起，然后论述符号学和语言学二者的关系，重点阐释语言符号学构建的四个阶段，探讨科学精神和人文精神在语言符号学构建与发展中的体现。

关键词：科学精神　人文精神　语言符号学

一　科学精神与人文精神

人的生命包括自然生命和文化生命。关于自然生命的学问是科学，关于人的文化生命的学问是人文，尽善尽美的生命包括自然生命和文化生命。科学所追求的目标或要解决的问题是研究和认识客观世界及其规律，是求真；人文所追求的目标或要解决的问题是满足个人和社会需要的终极关怀，是求善。科学精神是人们在长期的科学实践活动中形成的共同信念、价值标准和行为规范的总称，是指由性质所决定并贯穿于科学活动之中的基本的精神状态和思维方式，是体现在科学、知识中的思想或理念。人文精神就是以人为中心、关心人、爱护人，或称人类关怀、生命关怀。

长期以来，人们形成了一种思维定式，认为科学精神和人文精神属于两种不同的文化形态。其实，作为先进文化的共同组成部分，科学精神和人文精神不仅表现为相互差异和区别，而且也体现为相互间的沟通和补偿。二者对人类文化分别起着不同的作用，只有这两种思维方式的互补才构成完整的人类思维和文化。所以，想用其中的任何一种来代替另一种的想法是不切合实际的，因为这两者中的任何一种都存在着局限性，这种局限性只有在另一种那里才能得到某种程度的克服。

随着现代科学技术的高速发展，学科交叉、渗透、多元文化的碰撞成为新世纪科学发展的主流，科学精神与人文精神的结合，也在为中国学术走向世界做着学理上的铺垫。语言学和符号学是两门有着密切关系，但又始终未能真正接缘的学科。促进语言学和符号学的交融，创建语言符号学新兴交叉学科，正是科学精神与人文精神协调发展的体现，也是时代的要求和语言学发展的必然。

二　符号学理论概况

（一）现代符号学的确立

李幼蒸先生在《理论符号学导论》一书中对现代符号学理论思想的主要来源进行了细致的论述。① 本人也在拙文《符号学与语言学》(1999)中对现代符号学理论思想的来源进行了总结。总体上，现代符号学理论思想主要有四大来源：自然科学；社会与人文科学；现代哲学思想；现代语言学。② 自然科学的原理与方法（如控制论和信息论）对于现代符号学思想的形成至关重要；社会与心理世界整个范围内表达面和内容面各自的切

① 李幼蒸：《理论符号学导论》，社会科学文献出版社1999年版。

② 王铭玉：《符号学与语言学》，《外语研究》1999年第2期。

分及其相关方式直接构成了各个部门符号学的具体内容；现代哲学，特别关注意指和指称问题的分析哲学、现象学、解释学、西方马克思主义以及其他各种语言哲学，都与现代符号学理论性探讨直接相关。

现代符号学发轫于索绪尔和皮尔斯，他们几乎于同一时期提出了“符号的科学”这一概念。[①] 作为符号学的先驱，他们对于符号学的建立起了奠基的作用，为促成符号学发展成为一门独立的学科做出了重要贡献，但符号学作为一门独立学科的研究是20世纪60年代首先在法国开始的。1964年，巴特（Barthes，R.）《符号学原理》的问世，标志着符号学正式成为一门学科。几年之中，符号学跨越了政治集团的分界而形成为统一的学术运动。1969年，国际符号学协会成立后，英、美、希腊、巴西等国也都陆续成立了符号学协会。现在国际符号学协会已有20多个会员国。可以说，符号学的研究已形成一种国际性的热潮。

近几十年来，符号学研究从语言符号扩大到非语言符号，不仅涌现出纷繁多样的符号学理论体系，而且，随着符号学向其他学科的渗透，产生了诸如语言符号学、副语言符号学、动物符号学、嗅觉符号学、医学符号学、音乐符号学、舞蹈符号学、绘画符号学等部门符号学，在符号研究最为普遍的法国和美国，符号学的方法论已深入到自然科学、社会科学等几乎所有领域，研究热潮方兴未艾。

（二）符号学的学科划分

在今日符号学研究中有越来越多的人在为当代符号学研究绘制全景“地形图”，西比奥克（Sebeok，T. A.）、艾柯（Eco，U.）、波斯纳（Posner，R.）、迪利（Deely，J.）等符号学家都提出过各自的符号学分类图。他们大多把自然和文化世界的各种现象均假定为符号学的对象。意大利的符号学家艾柯在其《符号学理论》（1976）一书中试图提出一幅符号学诸学科分类图。他按照对象或符号的性质异同的原则，尽可能广泛地把自然和文化的通讯过程分门别类地纳入符号学领域。如，他列举出以下各部门符号学：动物符号学、嗅觉符号学、触觉通讯、味觉符号学、副语言学、医学符号学、运动和动作符号学、音乐符号学、形式化语言研究、书写语

① ［瑞］索绪尔：《普通语言学教程》，高名凯译，商务印书馆1980年版；［英］霍克斯：《结构主义和符号学》，瞿铁鹏译，上海译文出版社1987年版。

言系统研究、天然语言研究、视觉通讯系统、物体系统、情节结构、文本理论、文化代码研究、美学本文研究、大众传播研究、修辞学等。[①]

李幼蒸先生在《理论符号学导论》一书中也提出了一种方案，他认为可从5个角度或轴心对符号学进行分类。我认为该提法有一定道理，简单明了，易于操作，具体引述如下：（1）学科领域：一般符号学/部门符号学；现代符号学/历史符号学；西方符号学/东方符号学；（2）机构活动方式：正式或独立/非正式或依属；（3）方法流派：人文科学观点/自然科学观点；语言中心观点/非语言中心观点；（4）分析层次：理论性/应用性；（5）研究风格：严格/非严格；分析的/描述的；系统的/零散的；直接的/间接的。[②]

（三）符号学研究的分支

美国哲学家、符号学家莫里斯（Morris, C. W）在1946年提出符号学三分野的思想，他认为符号学分支学科应由语构学（syntactics）（有译为句法学）、语义学（semantics）和语用学（pragmatics）三方面组成。（1）语构学——它往往抛开社会因素，抛开符号与所指事物之间的关系，主要考察理想化的结构关系；（2）语义学——主要研究符号与思维反应之间的关系，研究符号所表示的意义；（3）语用学——它既研究符号对于人的功能，也研究人对于符号的创造和应用[③]。这种研究包含着对于符号的心理学特征和社会学特征的探索。有学者指出三分法中尤以语用学的提出最具特色。研究语言符号的学者们特别推崇莫里斯的分类法，并将其运用到研究跨文化交际、文艺理论、双语翻译等领域。

现代符号学的发展与罗素（Russell, B.）、维特根斯坦（Wittgenstein, L.）等人的工作密不可分，而它向人类文化其他部门的渗透，又得益于卡西尔（Cassirer, E.）、苏姗·朗格（Langer, S.）等人那些富于创造性的研究成果。总之，符号学的现代形态，在很大程度上是哲学家、美学家、语言学家和文学家共同努力完成的。这既是现代符号学发展的一个基本特征，也是符号学流派研究中的一个难点，同时也是对符号学流派划

① Umberto Eco, *A Theory of Semiotics*, Indiana: Indiana University Press, 1976.

② 李幼蒸：《理论符号学导论》，社会科学文献出版社1999年版，第9页。

③ Charles Morris, *Signs*, *Language and Behaviour*, New York: Prentice, 1946.

分依据迥异的缘由所在。[1] 目前，对符号学研究方向的归划主要有下列几种情况：

根据研究范围来划分——赫维（Hervey，S.）根据研究范围将符号学理论分为三种类型：宽式、中式和窄式。宽式理论的研究范围涉及交际的全部，任何表意的东西都在符号学研究范围之内。皮尔斯和莫里斯的理论属于此类。中式理论又分两种：一种仅涉及有意的和约定的交际形式，奥斯汀（Austin，J.）、塞尔（Searle，J.）和普里托（Prieto，L.）的理论属于这一类；另一种仅涉及系统的交际形式，即能构成表意系统的一切形式，巴特的理论属于此类。窄式理论原则上局限于研究交际惯例系统，即只研究作为交际惯例系统的信号，索绪尔及功能主义理论属此类。[2]

根据研究领域来划分——吉罗认为符号学大致有三派：一派只研究非语言信号的交流体系；另一派，和索绪尔持相同的观点，把符号和信号的概念扩大到诸如礼仪、礼节、礼貌用语等社会交流形式；最后还有一派认为各种艺术、各种文学使用的都是一些符号体系，都属于符号的一般理论。[3]

根据理论的重点及研究背景来划分——苟志效认为，按符号学理论侧重点和研究背景的不同，可分为结构主义符号学、分析哲学符号学、前苏联的符号学及中国符号学这样四个流派。[4]

较为流行的观点认为，符号学研究方向可以分为语言学的、非语言学的和折衷的三大类。索绪尔、叶尔姆斯列夫、巴特为第一类，即带有语言学倾向的符号学研究方向；皮尔斯、莫里斯和西比奥克为第二类；艾柯及其他意大利符号学家则为第三类。他们彼此的立场区别主要是语言结构是否应当成为非语言文化现象的模型或蓝图。[5]

李幼蒸先生将当代符号学的研究方向划分为语言符号学、一般符号学和文化符号学三大类。注重对语言结构、语义结构和话语层面分析的各种符号学理论，被划入语言符号学。这是一种对语言符号深刻的微观研究，最早的代表性论点是索绪尔关于语言两个维面的理论。这方面的研究从语言的结构分析到语义、话语、文本的结构分析已相当深入、具体。从语言

① 苟志效：《符号学的由来及其发展》，《宝鸡师范学院学报》1993年第1期。

② 乐眉云：《索绪尔的符号学语言观》，《外国语》1994年第6期。

③ 李廷揆：《略述罗朗·巴尔特的符号学》，《法国研究》1986年第2期。

④ 苟志效：《符号学的由来及其发展》，《宝鸡师范学院学报》1993年第1期。

⑤ 王铭玉：《符号学与语言学》，《外语研究》1999年第2期。

符号扩大到非语言符号（包括人工智能符号）的分析形成一般符号学（普通符号学），它把与人类生活相关的一切符号、象征现象都纳入符号学的视野。最后，运用符号学的观点、方法来分析社会文化中各种物质、精神和行为的现象，包括各部门符号学，如建筑、电影、戏剧、意识符号学等，在李幼蒸看来，都属于文化符号学的范围。①

以上概述表明，学者们对符号学流派的划分还不一致。我认为将符号学划分为语言学的、非语言学的和折衷的这样三大类，比较合理。

三　符号学与语言学的关系

在符号学与语言学的关系上，索绪尔从概念出发，认为语言学是符号学的一部分；巴特从人文现象的观察出发，认为符号学是语言学的一部分。这一点也被法国语言学家杜布瓦（Dubois，P.）等人所承认。作为一种折中，艾柯认为，“语言是人类创造的最强有力的符号工具，由于语言学的地位比其他符号系统更为确定，符号学在许多方面依靠语言学概念。”② 我们也持类似观点，因为虽然语言作为一种特殊的符号系统可以归作符号的下位概念，但语言学作为一门科学它并不仅仅研究语言符号本身，还要研究语言的普遍性质和规律，所以它和符号学是并行的，二者是两个相对独立的学科。需要强调指出的是，这里的“独立”是针对各自的“完整性”而言的，它并不排斥两门学科的“接缘”，恰恰相反，它们彼此合理的交叉能在更大的程度上发挥综合学科的优势。

我们知道，“符号学”的思想是由语言学家索绪尔首先提出来的，然而，“符号学”从其萌芽之日起却始终未能真正与“语言学”联姻。究其原因，一方面，符号学的无限扩张使得语言学无所适从。符号学自从问世以后，迅速蔓延，几乎渗透到了人文科学和社会科学，甚至自然科学的所有领域，语言学家对符号学的“恐惧感”油然而生，“敬而远之”自然是一种合情合理的无奈选择，可以说，符号学和其他学科的结合迟滞了“符号学”和“语言学”联姻的进程。另一方面，虽然符号学在本体论上

① 李幼蒸：《理论符号学导论》，社会科学文献出版社1999年版，第5—6页。

② 转引自胡壮麟《当代符号学研究的若干问题》，《福建外语》1999年第1期。

时常处于一种较为尴尬的地位，但它在方法论和认识论上彰显出独特的魅力，在各个学科的研究中发挥着重要的作用，语言学是一门意欲取得“领先科学”地位的人文科学，符号学作为人文科学分析方法又使得语言学与其若即若离。

面对上述矛盾，我们的任务并不是为符号学寻找非常恰当的本体依托，而在于如何对语言现象进行符号学分析，从而建立一种语言学与符号学之间“实实在在”的关系。实际上，从索绪尔提出符号学的构想、皮尔斯（Peirce，Ch.）建立符号学体系起，语言学与符号学就有着天然的联系。具体可从两个侧面谈起：

一方面，源自索绪尔的欧洲符号学传统就一直强调语言学对符号学的影响。理由是：语言学作为其他科学的研究模式，是符号学领域中研究得最为充分、最为完善的部分；一些语言学概念，如系统、句法、语义、区别性对立等在其他学科领域中的运用获得程度不同的成功；语言学的研究对象——语言担当着其他符号系统解释者的角色。叶尔姆斯列夫（Hjelmslev，L.）提出了语言的“可译性”特征，即语言是一种能够翻译它以外的一切符号体系的符号体系；雅各布森（Jakobson，R.）也强调语言在符号系统中的中心地位，进而将语言学的方法成功地延长至诗学研究领域；巴特（Barthes，R.）甚至认为符号学是语言学的一部分；俄罗斯符号学界的传统看法是将语言符号视为第一模式系统，而将其他符号，如宗教、文学、艺术、建筑等视为第二模式系统，第一模式系统起着解释第二模式系统的作用。

另一方面，符号学作为一般认识论和方法论科学，对语言学也施加着毋庸置疑的影响。（1）符号学推动语言学研究地位的改变，即实现从边缘学科向主导学科的转变，在这方面，索绪尔的语言系统观、价值观、结构观等思想均源自其将语言视为一种符号系统这一理论出发点，而他提出的将语言学纳入更为广阔的学科环境以摆脱封闭性的任务实际上已经完成。（2）根据索绪尔的计划，符号学将与句法学和语义学相关的语言学部门作为更为优先研究的领域，以此削弱音位学研究的影响。莫里斯（Morris，Ch.）对句法学、语义学、语用学三个世界的符号学划分彻底改变了语言学传统问题的研究视角。（3）对待语言的符号学态度使得人们开始关注语言单位的符号特征，这一方面对于摆脱将符号同其所意指的现实割裂开来的唯心主义有重要意义，另一方面也克服了将符号与其所指等同的形而上学唯物主义倾向。语言学问题由此得到了哲学上的本体论阐释，更为重要的是，意义问题终于获得了其在语言研究中应有的地位。(4) 符号学跨学科的本质特点促进了语言同人类生活其他现象的比较研究。符号学为语言学者将其他知识领域的素材，特别是民族学、文学、考古学等与文化相关的材料纳入研究的跨学科态度提供了坚实的理论基础。在这一点上，符号学提供了研究不同现象的统一的理论和方法基础。(5) 语言学研究的符号学方面纠正了将语言看作名称表的错误观点，使研究者对语言个别单位和语言整体的功能给予足够的重视。①

由此看来，语言学和符号学相互影响和相互制约，互动和互融的基础早已存在，二者的结合不仅是可行的，同时也是理想的选择：可以使符号学“触地”，可以使语言学“着天”。为此，结合上述原因，我们再次强调指出：

首先，语言本身就是一个特殊的符号系统。它不仅具有符号的一般特征，而且以其任意性、稳定性、演化性、通用性、兼容性、第一性、线条性、分节性、依存性、能产性、系统性等一系列特点构成符号系统的一个特殊分支。语言一方面是阐释符号学的元语言工具，另一方面，而且更重要的是它本身的性质与特点就反映着符号学精深的内涵，体现着符号学的科学价值。其次，符号学与认知科学、思维科学具有密切的联系，其方法论思想对语言学研究具有重要的指导意义；最后，符号学研究的对象是本体（符号 + 符号）、客体（符号 + 所指）和主体（符号 + 使用者），这一方面深刻地反映了主、客观世界的本质，另一方面，研究对象的共有性使其与语言学的三个最重要前沿学科——句法学、语义学以及语用学有机地结合起来。

语言符号学是一门交叉学科，如果试着给这门学科下个定义的话，它是研究语言符号本身以及用符号学的思想观点来研究语言学的学科。

四 语言符号学的研究现状

语言的符号属性和符号特征一直是语言学家和符号学家探讨的重要问

① Ермоленко С. С. и др, *Методологические основы новых направлений в мировом языкознании*, Киев, 1992, p. 281 – 282.

题，也是语言符号学研究的基本起点。国内外学者从这一问题出发，开启了语言符号学研究的基础性工作，但遗憾的是，专门的语言符号学研究无论是在规模上，还是在体系性、集中性和针对性上，尤其是在模式的构建上还显得较为薄弱。

在西方，语言符号学研究始于索绪尔，叶尔姆斯列夫、雅各布森、巴尔特等一批语言学家和符号学家丰富和发展了索绪尔的语言符号学思想，于是，从符号的角度看待语言成为了一种广为接受的语言观，而能指和所指、组合和聚合等概念随之成为了语言符号学的标签，被应用到形形色色的语言学研究当中。应该看到的是，尽管莫里斯（Morris，Ch.）、艾柯（Eco，U.）、西比奥克（Sebeok，T. A.）、格雷马斯（Greimas，A.）等现当代符号学大家都涉及了语言符号学的内容，但时至今日，我们仍然难得见到运用符号学的一般方法来系统分析语言现象的研究，更谈不上建立语言符号学的体系与模式了。而与此同时，符号学的方法却在文学、电影、绘画、文化等符号领域大放异彩。在语言研究领域，符号学的作用似乎只是局限于语言观上的宏观指导，而缺少对语言研究操作意义上的支持和帮助。因而，语言符号学的发展呼唤符号学与语言学研究的真正结合，要求符号学能提供崭新的语言研究模式和套路。

在国内，自从金克木先生 1983 年在《读书》上撰文介绍符号学之后，这门在西方学术研究中已成显学的学科开始为中国学者所熟悉，国内相关的论文和著作也逐渐多了起来。30 多年来，国内的符号学研究以全面译介国外符号学论著着手，逐渐在符号学基本理论、语言符号学、符号学应用研究、文化艺术符号学及文学符号学等多个方面展开。学界出版、发表了大量讨论符号学问题的论著。据不完全统计，从 20 世纪 80 年代初中国符号学研究开始起步至今，各类期刊上发表的符号学论文达到 400 余篇。但尽管如此，正如薛忆沩所言，中国符号学研究基本上还是呈散打状态，始终没有形成风格和气候，对其他学科的干预也微乎其微；具体在语言符号学方面，中国学者的研究主要集中在索绪尔等符号学家的语言符号学思想、象似性和任意性等有关语言符号性质的关键问题、符号学方法在分析具体语言现象上的功效、符号学对各类语言学研究的宏观指导作用等方面。这些研究虽然涉及的问题不少，但多限于宏观的论述，缺乏能适用于一定语言单位的、系统的、富有特色的、具体的研究模式。

2004 年，笔者在高等教育出版社出版了国内第一部专论语言符号学问题的专著《语言符号学》。该书由上编、中编和下编三部分组成。上编为语言符号学的理论基础部分；中编为本书的重点所在，分别就语言符号学的12个核心要素进行了广泛而深入的探讨；下编为回顾与展望，分别介绍了美国、法国、俄罗斯三大符号学中心的研究状况，并对20年来中国的符号学研究进行了全面的分析总结。该书是对语言符号学进行系统化建构的尝试之作，被教育部研究生工作办公室推荐为全国研究生教学用书。2005年笔者又编著出版了另一部符号学和语言学的新书《符号语言学》（上海外语教育出版社）。在该书中，作者运用相当大的篇幅论述了语言符号学的概观、发展和趋势，并遴选了20世纪80年代以后我国学者在语言符号学领域具有代表性的30篇论文进行引介和评析。客观地讲，这两本论著的出版为构建语言符号学做了一些必要的铺垫性工作。

五　中国语言符号学构建的四个阶段

纵观中国语言符号学理论发展，可以归纳为四个构建阶段：奠基阶段、普及阶段、提高阶段、拓展阶段。

（一）奠基阶段

《语言符号学》确定了语言符号学的基本构架要素，理清了人与符号、语言与符号、语言学、符号学、语言符号学等基本概念，同时就语言符号的对立、层次、意义、指称、关系、时态、功能，以及语言符号的主体观、双喻观，语言符号的可逆性、标记性和象似性等方面提出了语言符号学的基本思想和理论，其中典型的理论观点有语言符号的二元对立，如指导功能与执行功能的二元对立，层次性与连贯性的二元对立和分离性与相依性的二元对立，稳定性与变异性的二元对立。在语言符号的层次研究方面，划分了句素（высказывание）、词素（словоформа）、形素（морф）、音素（аллофон）等可见事实层次（наблюдаемый аспект）和句位（предложение）、词位（слово）、形位（морфема）、音位（фонема）等抽象概括层次（абстрактный аспект）。针对语言符号的意义，提出了语言符号的主体观，包括语构主体（句法层内对语法结构进行形式切分的结果）、语义主体（句子信息内容同逻辑单位的相互关系的体现）和语用主体（语用主体也称语境主体，体现话语行为意义）的意义。在语言符号的象似性研究方面，归纳出线性象似性（句子或词语的顺序对应客观事物或人们认知的次序）、距离象似性（语言成分之间的距离对应于概念间的距离）、数量象似性（语言单位的数量与所表示概念的数量和复杂程度成正比）、对称象似性（对称的语言形式和对称的概念相对应）和非对称象似性（表述上的话题和认知上的背景不对称）的分类。①

（二）普及阶段

语言符号学基本构架完成以后，研究进入普及阶段。中国符号学研究的主要方向有四个：符号学基本理论研究、语言符号学研究、符号学应用研究、文化艺术符号学及文学符号学研究。对符号学基本理论的研究分为对符号学研究领域的认识、对符号学作用的认识、对符号学与其他学科关系的研究和对符号学历史及发展现状的概述。在语言符号学研究方向上主要包括对索绪尔语言符号学思想的研究和对语言符号的研究。我国学者对索绪尔语言学、符号学思想的研究主要集中在以下几个主题上：索绪尔语言学思想及其根本原则；对索绪尔语言学理论中的二元对立思想的论述；对索绪尔与其他学者思想的对比研究；索绪尔研究的新发现及对索绪尔思想的再认识。对语言符号的研究包括对语言符号的性质和功能的研究，语码转换的研究和标记理论的研究。符号学应用研究包括符号学理论在语义学、语用学、翻译理论与实践等语言学诸学科和其他领域研究中的应用。文化艺术领域的符号学研究分两大部分，一部分主要探讨国外文化符号学理论，另一部分试图用符号学方法解释中国的历史文化现象。文学领域的符号学研究也可分为两个方面，一方面是对文学符号学理论的研究和探讨，另一方面则是运用符号学理论对具体的文学作品进行符号学分析和解读。②

（三）提高阶段

在提高阶段，语言符号学理论系统层次构建的总体框架得以确定，语

① 王铭玉：《语言符号学》，高等教育出版社 2004 年版。

② 王铭玉、宋尧：《中国符号学研究二十年》，《外国语》2003 年第 1 期。

言符号学研究的基本内容、研究方法、研究实施的步骤、目标进一步明确，并取得了丰富的研究成果。

语言符号的层次问题，是语言符号系统学说的重要的有机组成部分。乔姆斯基（Chomsky，N.）在《句法结构》中说："语言理论的中心概念就是'语言层次'的概念"；[①] 俄罗斯语言学家斯柳萨列娃（Слюсарева，Н. А.）更加强调指出："语言系统的层次问题是现代语言学中头等重要的问题。"[②] 据此我们认为，依照各种语言层次单位的不同性质和功能以及它们之间不同程度的联系，可以把整个语言符号系统划分成若干不同的分支系统或子系统（subsystem）进行有针对性的研究，从而最终构建一个语言符号学的理论系统。具体讲，语言符号学理论系统的总体框架可由五部分组成：现代语言符号学的理论与方法、篇章的符号学研究、句子的符号学研究、词汇的符号学研究和语素的符号学研究。

语言符号学的理论基础：(1) 符号的系统观与语言符号观；(2) 符号的三位一体与分类；(3) 符号学的三个世界与论域类型；(4) 符号的二元分析与多元解读；(5) 符号的代码理论及生产理论；(6) 符号的功能系统与双向模式；(7) 符号的性质及对话理论；(8) 符号的模式系统与符号域；(9) 符号的互文性与解析符号学；(10) 符号的结构语义分析与叙事语义分析。

语言符号学的方法论基础：着重强调结构主义的态度、二元对立的研究方法、常体和变体的二分观念、组合和聚合的二维思想、符号学三分法原理等思想和理论的方法论效力及其在语言符号学研究实践中的作用。

篇章符号学研究包括走向篇章的符号学研究、篇章的符号学特征、篇章的聚合分析、篇章的组合分析等；句子符号学研究包括句子在语言符号学研究中的地位、句子研究的层次观、句子意义的多层研究、简单句意义的语言符号学分析；词汇符号学研究包括词符研究的历史与现状以及在语言符号学研究中的地位、词符的语义研究、词符的语构研究、词符的语用研究；语素符号学研究包括语素研究的历史与现状及其符号学研究价值、语素的语构研究、语素的语义研究、语素的语用研究。

---

① ［美］乔姆斯基：《句法结构》，邢公畹等译，中国社会科学出版社 1979 年版，第 4 页。

② Н. А Слюсарева, *О некоторых проблемах иерархической организации языка*, в кн. Единицы разных уровней грамматического строя языка и их взаимодействие. М., 1969, р. 219.

就语言符号学的研究实施而言，我们将秉承从宏观到微观、从理论到实践、从整体到部分、从描写到阐释的研究路线，研究欧美、俄罗斯和中国符号学研究的已有成果和各个符号学大家的理论思想，从中理出各类研究在方法论和研究范式上的共性特征，借此奠定符号学研究的理论基础和方法论基础；系统描述语言各个层次（语素、词汇、句子、篇章）的符号学特点，建立每个层次的符号学分析模型和研究范例，并与相应的语言学研究进行对比，以充分揭示语言活动的符号学机制。

在提高阶段，语言符号学的研究取得了标志性研究成果。2006 年教育部人文社会科学重点研究基地重大项目《现代语言符号学》（06JJD740009）获批，2012 年结项，最终成果为专著《现代语言符号学》，全书共分五编 22 章，50 万字，由商务印书馆出版。

（四）拓展阶段

拓展阶段的研究首先体现在符号学与其他学科渗透和交叉的增强，符号学作为研究的方法论和视角，其作用将不断得到加强。它不仅使其他学科的研究更加科学化，还将产生一批新的交叉学科，如文化符号学、传播符号学、文字符号学、翻译符号学、广告符号学和社会符号学。另外，符号学理论对语义学、语用学、交际理论、翻译等学科都产生了巨大的影响和推动；反过来，随着我国上述学科的研究不断深化和细化，这些领域的研究成果必然会对符号学理论产生根本性的影响，使符号学理论愈加完善，使符号学的研究在整体上更上一层楼。同时，中国的符号学研究将逐步融汇到国际性研究中。中国的符号学研究将与世界符号学研究水平靠近，并在许多领域能够站在符号学研究的前沿。

六　结语

符号学对于语言学乃至人文科学最为重要的意义在于它提供了系统化的思维方式（结构主义态度）、丰富的概念工具（如语言和言语、组合和聚合、变体和常体）和有效的分析方法（如二元对立、三分法）。同时，语言符号的研究并不过分拘泥于语言和言语的机械划分，而是综合了语言世界（语言系统）、物理世界（外部客观世界）、文化世界（外部主观世界）和心理世界（内部主观世界）的内容，即体现为语构、语义、语用和认知等多个方向的整体把握。

语言符号学的构建充满了挑战性和创新性，是科学精神和人文精神的结晶。人类社会的发展进步，始终离不开科学精神与人文精神合力的推动。《大学》、《中庸》的大道，重视人文精神，但亦包含科学精神；西洋文化的发展虽然提倡科学精神，但并没有忽视人文精神，西洋的哲学本身就包括伦理学及美学。科学与人文是不能分割的，是人类文明进步的孪生姐妹。科学精神只有在人文精神的指导下，才能向着最利于人类美好发展的方向前进；人文精神只有自觉地把科学精神内涵于宏大的人文精神之中，人文精神才更富于清晰性、准确性，才能更好地指导人类实践。

总之，尽善尽美的生命包括自然生命之科学和文化生命之人文。科学与人文如车之双轮、鸟之双翼，只有并驾齐驱、比翼双飞，人类才能够永远向着正确的方向前行。科学精神像一盏明灯，照亮了整个人类社会，而人文精神像一颗明星指引人类前进的方向。

作者王铭玉，天津外国语大学副校长、教授。天津市河西区马场道 117 号　300204

文化建设的系统性分析

——对路径、关系及措施的探讨

王文波　林　波

摘　要：在对现有文化研究成果梳理的基础上，论证了“引导—信仰—内化—自觉—习惯”的文化建设路径，利用系统分析方法分析了文化产业、文化事业和文化体制之间的逻辑关系，最终提出以“形成全民族文化习惯”为最终目标的文化目标决策措施。

关键词：文化建设路径　文化要素关系　文化建设措施

2011年，中共中央通过了《中共中央关于深化文化体制改革推动社会主义文化大发展大繁荣若干重大问题的决定》，就此掀起了对文化问题的大反思与大讨论的热潮。分析总结这些年来文化建设的理论和实践成果，笔者认为，“文化建设路径”、“文化表现形式的逻辑关系”和“文化发展的具体措施”是目前急需厘清的三个主要问题。解决好这三个问题，对确立文化发展目标、谋划文化发展战略、提出文化发展举措、推动建设具有中国特色的文化之路，具有十分重要的意义。

一　相关研究成果反思

为了更好地认识一年多来理论界关于文化问题的研究成果，笔者选取

《人民日报》和《光明日报》这两份具有代表意义的媒体，对2011年9月至2012年9月涉及“文化”的公开发表的文章进行了梳理，基本上可将这些理论分为“文化理论问题”、“文化事业问题”和“文化产业问题”三个不同视角。

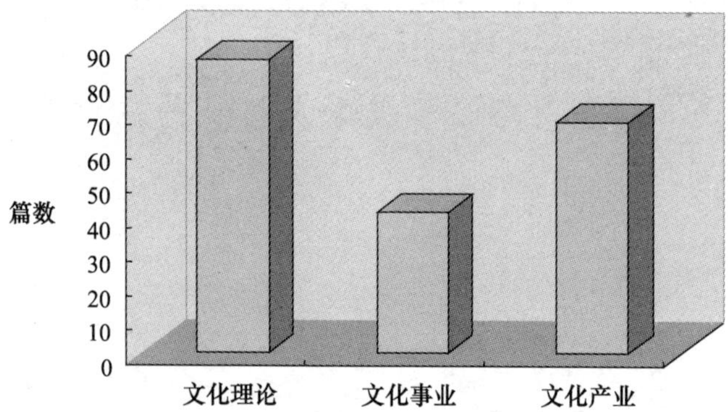

图1　现有文化问题研究不同视角篇数统计

来源：《人民日报》、《光明日报》。

从数量统计结果来看（如图1），“文化理论”与“文化产业”两个视角的研究成果较多，尤其是涉及文化自身的理论问题为学者们所青睐。在文化理论问题中，又可大致分为“文化内涵”、“文化特征”、“文化意义”和“文化来源”四个主要研究视角。文化的内涵是指导文化建设的基础，当前对于文化内涵的定义也存在不同的观点。从科学内涵、文化自觉、文化的历史、文化的产生等不同角度来定义文化内涵都会产生不同的认识。文化特征的探讨主要集中于“文化的渗透性、持久性”等方面，因为它就像空气一样无时不在、无处不在，深刻作用于经济社会发展和人们的生产生活。“文化是民族的血脉，是人民的精神家园”[①]，在“文化意义”视角下，学者们普遍认为文化对于整个国家和社会具有深远的意义，当前文化的发展已经成为整个国家发展的重点。可以说文化已经成为综合国力的一个重要标志。同时，文化也是一个民族血脉传承、不断延续发展的不竭动力。对于个人而言，文化

① 中国共产党第十七届中央委员会第六次全体会议：《中共中央关于深化文化体制改革推动社会主义文化大发展大繁荣若干重大问题的决定》，2011年10月18日。

也可以推进个人的不断发展提升。在“文化来源”视角下，“文化来源于人民、属于人民，必须服务人民、惠及人民”[①] 的观点具有高度的认同性。

对于“文化事业”的讨论相对较少，主要集中于“公共文化服务体系”、“公益性文化事业”和“促进大众文化发展”三个方面。但是，综观现有成果，“成功案例列举多，经验问题分析少”是“文化事业”研究中广泛存在的不足之处。

相比而言，对“文化产业”的讨论显得丰富多彩，大多数学者认为只有将文化与经济利益相结合才能够使“文化”在短时间内成长起来，才能够尽快地实现社会主义的大发展、大繁荣。笔者认为，“文化产业”确实是文化发展的优质载体之一，但是，对于“文化产业”的讨论也显现出一个令人担忧的认识趋向，亦即“‘文化’必须‘产业’才能发挥作用的‘唯一性’”成为很多文章的理论基点，这很可能引导文化领域向经济领域全盘过渡的具体实践，直接的后果就是将进一步挤压原本并不成熟的公益性文化发展的空间，而一旦公益性文化与经济利益相挂钩，“公益性”就将成为一些利益团体用于包装和宣传的工具，“郭美美”事件就是典型代表案例之一，利用网络等媒体传播虚假信息进行炒作，已然对社会组织和公众造成了不良影响，可见“文化”如何“产业”还需进一步探讨，文化部部长蔡武就曾指出：“做大文化产业，并不意味着要把文化全部‘市场化’、‘产业化’，我们从来没有提出这样的命题。”[②]

综上所述，笔者认为，现有对文化的研究表现出两个重要的问题趋向，一是“重理论，轻实践”，尤其是对于以文化弥补全民道德体系之不足的制度安排和建设路径探讨不足；二是“重产业、轻公益”，亦即对于构成文化的不同形式之间的有机联系和相互作用不清晰。因此，“路径问题”和“关系问题”，以及由这两个问题衍伸出的“具体措施”成为弥补现有研究不足的三个主要命题。

---

① 刘云山：《在第四届服务农民服务基层文化建设先进集体表彰会上的讲话》，2010 年 12 月 21 日。

② 参见郑娜《深化改革系列报道：当文化踏上产业化征程》，《人民日报》（海外版）2012 年 5 月 7 日第 4 版。

二 文化建设的路径：引导—信仰—内化—自觉—习惯

审视当代中国，文化失位导致的道德滑坡是每一位中国人都能感受到的现实问题。近年来相继发生的“毒奶粉”、“瘦肉精”、“地沟油”、“彩色馒头”等社会事件足以表明：“诚信的缺失、道德的滑坡已经到了何等严重的地步。”而“一个国家，如果没有国民素质的提高和道德的力量，绝不可能成为一个真正强大的国家、一个受人尊敬的国家”。[①] 此外，文化建设与经济建设重视程度不同，在物质财富剧增的今天，文化建设尤其是道德文化建设同经济发展相比仍然是一条短腿，这在于与物质财富快速增长相比，道德财富增长速度慢得多；与物质利益的吸引力相比，道德的魅力微弱得多。特别是在西方文化冲击之下，我们对其引发的文化混乱缺乏有效的应对措施，以致社会各界无不发出“重建我国道德体系”的呼声。但是，道德体系如何重建，可谓仁者见仁，智者见智。笔者认为，道德问题只是社会关系畸形的表象，本质上是文化建设没有发挥其应有的作用，尤其是对文化建设所遵循的路径规律认识不清晰。

回顾人类历史，无论西方或是东方，主流文化的发展大致都遵循这样的道路：先由国家引导主流文化的传播，进而逐渐成为个人的信仰，再把外在的价值追求与内在信仰融合在一起，从而转化成一种潜在的动力并一直蕴含于心，从而内化为不竭的精神动力，亦即每个公民都产生了文化自觉，最后汇聚而形成一种民族性的文化习惯，即在社会关系中嵌入习惯性的文化因素。笔者将其概括为“引导—信仰—内化—自觉—习惯”的文化建设路径（如图2）。

以儒家文化为例，先秦时期形成的儒家学说以及它所秉持的各种思想，在当时诸子百家齐争鸣的时代中还仅仅是理论之一。随着汉武帝“罢黜百家，独尊儒术”，以国家强制性的引导方式将儒家文化融入政治、经济和社会中，对中国形成了广泛而久远的影响。尤其是教育中将儒家思

① 温家宝：《讲真话 察实情——同国务院参事和中央文史研究馆馆员座谈时的讲话》，2011年4月14日。

想作为纲领性教学资源，个人对儒家思想的信仰一代又一代建立起来。及至宋代，随着“程朱理学”的出现，外在的“天理”与内在的“良心”成为儒家文化的精髓，也标志着儒家文化内化过程的完成。到明清时代，儒家文化不但在公民的日常生活中成为自觉性行为准则，也已完全成为中华民族的文化习惯，如“君为臣纲，父为子纲，夫为妻纲”、“仁、义、礼、智、信”为主要内容的“三纲五常”成为处理一切社会关系的习惯性标准。

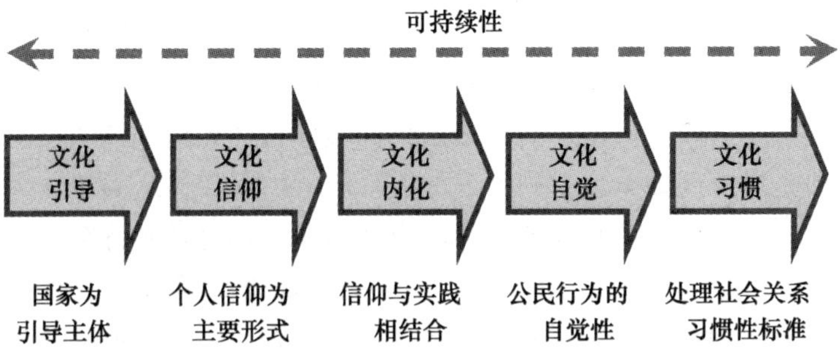

图2 文化发展路径：“引导—信仰—内化—自觉—习惯”

因此，“引导—信仰—内化—自觉—习惯”的发展路径是任何文化发展的必由之路。但是，目前我们提到社会主义文化，很少有学者认识到这一点。笔者认为，社会主义主流文化的形成也需要经历由“引导到习惯”的过程。其中，“内化和自觉”是这一路径的核心环节，而“文化习惯”是最终目的。就目前而言，社会主义文化的主体理论架构已初步形成，但还远远未达到“内化和自觉”的阶段，甚至信仰阶段都出现了一定程度的退化。日本学者堺屋太一回顾20世纪历史的著作《历史的波澜》一书，对苏联东欧社会主义制度解体原因进行分析时，就提出了与其他学者不同的看法。他强调：“任何政权，只有两种情况会使它发生毁灭性的大变革。那就是丧失维持治安的能力和人们不再信任支撑它的文化。”从而提出：“使苏联的社会主义体制走向崩溃的其实是社会主义的文化，也就是人们不再相信社会主义的观念、理想和领导层的决策与人品。”① 而当今的中国确实存在着文化信仰失落的问题，如政治信仰的“空洞化”，民

① 参见盛邦和、何爱国《文化比经济更重要》，《招商周刊》2004年第41期。

族信仰的“极端化”，个人信仰的“反社会化”，但这些问题又不易觉察，甚至容易被忽略。我们应该认真考虑文化的信仰问题。正如温家宝所宣示的，进入21世纪，人类面临的经济和社会问题更加复杂。文化因素会在新的世纪里发挥更加重要的作用。

笔者认为，要形成真正意义上的社会主义文化，必须要首先建立起正确和正面的个人信仰。最近10年，党中央提出了多个新形势下个人信仰宗旨，如“八荣八耻”等都是具体的标准和要求，希望来引导全社会的文化。但“口号多于行动”的状况是存在的，广泛意义的个人信仰还没有真正得到建立。因此，在各种宗旨要求下，提出具体的实施计划，正面、积极引导民众建立个人信仰是目前急需解决的问题之一。“引导”一定是用生动鲜明的示例来展示给人们正确的价值观和社会观。例如制定具体的计划，以社区为单位，利用多种形式的活动引导民众确立什么信仰才能正确对待社会生活，解决他们的思想困惑，比如怎样看待金钱财富，下岗后怎么办，如何面对婚姻危机等。在形成信仰的过程中，要注重鼓励民众将信仰与实践相结合，只有信仰与实践的结合，才能完成文化的内化并形成每个公民的文化自觉。著名的社会学家费孝通先生曾提出：“文化自觉是生活在一定文化中的人对其文化有‘自知之明’，明白它的来历，形成的过程，所具有的特色和它发展的趋向，自知之明是为了加强文化转型的自主能力，取得决定适应新环境，新时代文化选择的自主地位。”① 而“文化自觉是一个艰巨的过程，只有在认识自己的文化，理解并接触到多种文化的基建上，才有条件在这个正在形成的多元文化的世界里确立自己的位置，然后经过自主的适应，和其他文化一起，取长补短，共同建立一个有共同认可的基本秩序和一套多种文化都能和平共处、各抒所长、连手发展的共处原则”。② 当然，文化自觉的建立需要知识分子的警醒与呼吁，也需要社会力量的共同参与和政府的执行力度。最后当绝大部分民众完成文化的内化，思想和行为方式都不由自主由内而外散发着文化的气息时，文化的习惯才能在全社会形成，成为法律之外调整社会关系的最好补充。

---

① 参见柳娟娟《探析文化自觉》，《云南社会主义学院学报》2012年第6期。

② 同上。

三 文化系统性要素的关系:产业、事业与体制的互动结构

如果说“路径”是文化研究中的纵向性问题，那么，对文化系统不同的组成要素的研究应该是横向性问题。文化是一个内涵极为丰富的概念，由不同研究基点可衍生出多种不同视角的文化表现形式，较为集中的视角包括：“文化内涵”、“文化事业”和“文化产业”等，但文献中鲜见对文化核心要素的关系讨论。本文从“文化体制”、“文化事业”与“文化产业”三个视角分析其互动结构。

对于三者之间的关系，学术界普遍认为，文化体制是联系文化事业和文化产业之间的结合点，是三者之间发生相互联系、发生作用的桥梁和纽带。只有合理的文化体制作为保障，文化事业与文化产业才能科学且高效地发挥作用。同时，文化事业与文化产业之间是可以相互促进的。文化事业的繁荣发展会为文化产业的发展培育出良好的文化土壤、消费人群，通过不断参与文化活动，广大群众就会感受到物质生活以外的精神愉悦，会自觉地去消费更多的文化产品；健康的文化产业也会带动文化事业的蓬勃发展，很多文化产业方面的产品不断成为文化事业的内容，其宣传的价值观会转变成为文化事业的价值追求。三者之间的关系如图3所示。

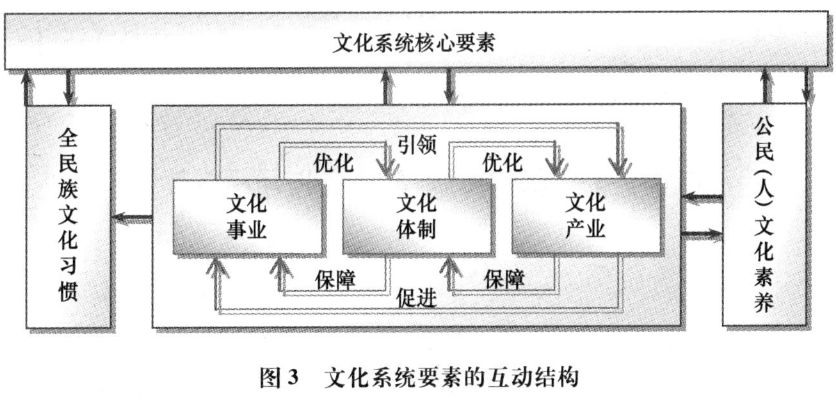

图3 文化系统要素的互动结构

分析文化体制、文化事业和文化产业之间的关系，最终是要明确文化表现形式与“形成全民族文化习惯”这一最终目的之间的逻辑联系。首

先，文化体制是文化路径实施的制度保障，设计完善的法规政策和引导方法，才能从根本上保证国家对主流文化的引导。从2003年的文化体制改革开始，我国各项文化政策不断出台，逐步夯实了文化发展的制度平台。但目前的各项政策还应该具体化，尤其是在如何引导公民建立正确的文化信仰方面还需要更为细化的制度设计。其次，文化产业的发展是全民族文化习惯形成的经济保障，因为，经济调节作用可以最大限度的激发文化产品的创新，也只有最先进的文化才能引领全民族沿着文化建设的路径前行。最后，文化事业的发展是民族文化习惯形成的社会保障，文化事业的公共性决定了它一定是为最广泛的公民群体而服务的，而民族文化习惯的形成需要这一广泛的平台，因为主流文化必须以统一的标准和形式向公民传播，如此才能形成公民对主流文化的共鸣，也较为容易成为全民族共同的文化信仰，最终形成文化习惯。

此外，三要素之间的互动结构也体现了文化系统的全面性、协调性和持续性特征。所谓“全面”，实际上是强调对文化系统的认识要把握整体性，将人、民族、发展环境（包括物质环境、精神环境和政治环境）和文化体制、文化事业、文化产业等进行通盘考虑，不能忽视任何一个方面，而三种文化形式全面发展的最终目的是形成全民族的文化习惯；文化的协调性特征，实际上是在对文化系统整体性认识的基础上，强调妥善处理各组成部分及其与环境之间功能联系的协调性，以实现“全民族文化习惯”这一整体优化目标；持续性特征是指文化系统在时间尺度上的动态进化特征，表现为文化发展的“引导—信仰—内化—自觉—习惯”过程。

四 构建文化之路的措施:基于文化目标决策的视角

在明确了文化发展的路径以及文化表现形式关系这两个基本问题后，对于构建中国特色的文化之路，需要有具体的措施加以引导，而这恰恰是现有研究忽视的重要问题。本文借助系统分析方法，以文化目标决策为视角，提出一些具体的建议。文化目标就是在文化信仰—文化内化—文化习惯的动态过程中，文化发展所要达到的水准和状态。确切地说，中国特色的文化目标就是要在社会主义文化思想的指导下，通过完善文化体制，以政府管理和文化产业为手段，提高文化事业发展水平，满足人民群众的文化信仰需求，通过多种形式的实践完成文化内化，最终形成民族性的文化习惯。具体而言，中国特色的文化动态目标形式表现为如图 4 所示。

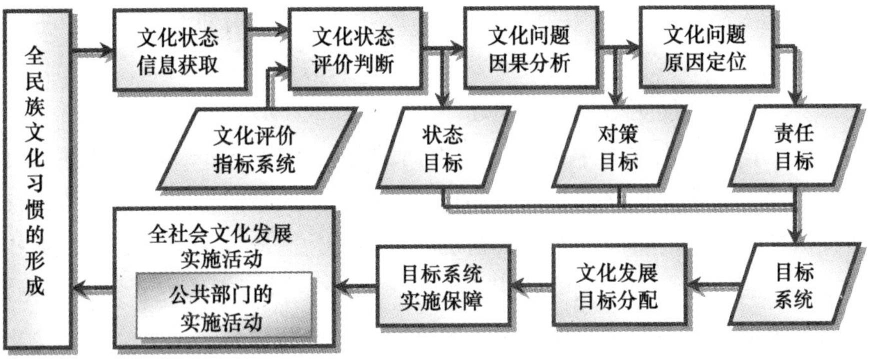

图 4　中国特色文化发展动态目标

第一，国家及地方相关管理部门需要从社会系统中获取文化发展的状态信息，例如民众对文化产品的满意程度，文化企业发展状况等静态信息。满足人民基本文化需求是社会主义文化建设的基本任务，《规划纲要》突出了“以人为本”，让人民共享发展成果、有了更多的实惠。以公共财政为支撑，以公益性文化单位为骨干，以全体人民为服务对象，以保障人民群众看电视、听广播、读书看报、进行公共文化鉴赏、参与公共文化活动等基本文化权益为主要内容，构建“覆盖城乡、结构合理、功能健全、实用高效的公共文化服务体系”。①要推动文化大发展、大繁荣，离不开国民文化素质的整体提高，文化事业的兴旺发达不可能单纯靠市场化的方式来完成。只有民众的基本文化权益得到有效的满足，国民整体文化素质才能得到提升，文化消费市场才能扩大。另外对于文化企业的发展，比如文化产品质量，文化科技创新程度，文化消费水平，吸收借鉴国外优秀文化成果状况，高层次领军人物的培养和高素质文化人才队伍的建立情况，以及新闻舆论工作进展等都是我们可以获取的状态信息。

第二，应对文化发展状态做出评估判断，如目前的文化发展处于何种

① 《中华人民共和国国民经济和社会发展第十二个五年规划纲要》。

程度，同时提出未来状态目标（全民族文化习惯）。从第一步中获取的信息，可以对公有制为主体、多种所有制共同发展的文化产业格局建设，城乡文化一体化发展水平，公共文化服务体系建设，现代传播体系建设，优秀传统文化传承体系建设，以及政策保障机制、创新文化管理体制、文化产品评价体系和激励机制的发展情况等展开进一步的分析和评估，得出现在文化发展的基本状况，与最终要实现全民族的文化习惯的状态目标相比较，发现问题才能更好地解决问题。

第三，对文化发展中出现的突出问题进行因果分析，并提出对策目标。通过对文化发展状态的评估和比较，会发现大量问题与偏差之处的存在，但是在时间与精力都有限的情况下，要抓住问题的关键点，找出那些对全民族文化习惯的形成有着阻碍作用的问题进行剖析研究，并在体制、制度、规范、投入等多角度提出宏观的政策措施与目标。

第四，对文化发展中的具体问题进行原因定位分析，并分部门、分阶段提出责任目标。正所谓具体问题具体分析，将发现的问题细分定位于各个部门，例如可按照行政区域分为：各省、市、自治区和县、乡等地区；亦可按照单位层次分为：政府机关、企事业单位、个人等群体；还可根据文化传播途径分为：电视、广播、报纸、网络等渠道等，各个部门还可以继续细分。从每一个角度出发，都可以找到相关的问题并提出相应的解决方案和要实现的目标，再结合时间就可以设定各个阶段分目标。

第五，将上述几种目标联系起来，构成文化发展目标系统。由于发现的问题存在于地理位置、单位层次、文化传播渠道等不同的部门当中，而这些不同的层次交汇到一起便构成了一个多维的立体交叉结构，结构中每一个相应的位置就对应要解决的问题，同时也对应了要实现的分目标和解决方案，对这些目标进行梳理整合而形成一个不可分割的整体，一个能够实现最终目标——“全民族文化习惯”的分目标体系。

第六，分部门进行文化发展目标分配。自下而上地统一了最终目标之后，分目标体系自然形成，按照这个目标系统，将具体的目标和方案再自上而下地分配给各个部门和组织，以确定它们的发展方向。

第七，明确文化发展目标系统实施的保障性工作，如经费的来源、文化管理人员的培训等。

第八，最终由公共管理部门具体实施。要做好各个步骤的监督检查工作，以保证每项工作都按照已建立的目标体系有条不紊地完成。

在此动态目标体系中，最为核心的是对现在文化发展的判断、分析及目标分解。对此，本文以解决某地区农村娱乐活动不健康问题为例，提出文化目标决策的具体流程。(如图5)

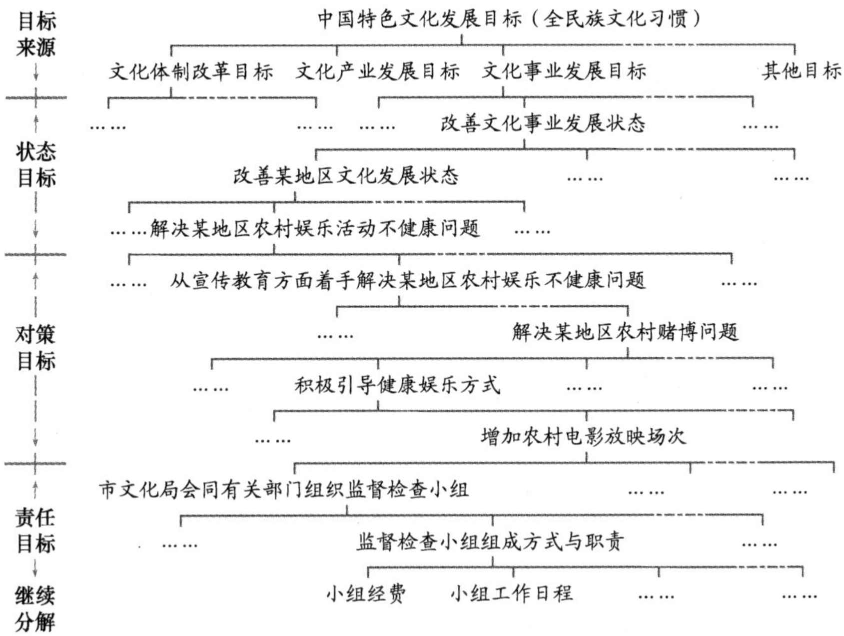

图5 文化发展目标决策案例

首先，在中国特色文化发展目标的指引下，明确文化事业发展目标，进一步确定对某地区农村娱乐活动不健康的问题进行分析解决。在对策方面，先要考虑从宣传教育方面积极引导农村开展积极向上的娱乐文化活动。其次，对某一具体问题，如农村赌博现象严重的问题，除了治安管理外，还可在文化方面确定对策目标，例如在国家“农村电影放映工程”的支持下，增加农村电影放映场次，对此，可明确具体责任目标，如市文化局会同有关部门组织一个监督检查小组，对放映时间、场次、内容等进行具体管理和监督。对此责任目标又可继续分解，如需要明确该小组的职责、经费来源、人员组成、工作方式等。通过这样一个完整的目标决策过程，可以清楚分析文化发展过程中的具体问题以及解决方案。

五 结语

中国特色的文化发展之路是一个非常重要且又极为复杂的问题，本文抛砖引玉，提出中国特色文化之路构建中的三个主要问题："路径问题"、"关系问题"和"具体措施"。对于路径问题，提出"引导—信仰—内化—自觉—习惯"的五阶段发展路径；对于"关系问题"，构建了"文化体制"、"文化事业"、"文化产业"三个核心要素的互动结构，在此基础上，指出三要素与形成全民族文化习惯的逻辑联系；对于"具体措施"，从文化目标概念入手，提出文化发展目标决策的动态流程。后续研究将从实际案例入手，对三个问题进行实证研究，以期得到与实践紧密结合的研究成果，为构建中国特色的文化发展之路提供更多的理论支持。

作者王文波，大连大学副校长，教授、硕士生导师；林波，大连大学经济管理学院人力资源教研室主任，讲师。辽宁省大连市经济技术开发区学府大街10号　116622

试论作为"双刃剑"的网络舆论

黄永林

摘　要：网络舆论是一柄"双刃剑"，在给社会文化发展带来积极影响的同时，也可能起到一些负面作用：既能反映社情民意，为领导决策提供依据，也会制造虚假信息误导民众，造成社会不稳定；既能推进公民社会和民主政治的形成，也会滋生民粹主义，导致简单地否定国家政权和社会精英作用的出现；既能强化对公共权力和权威的有效监督，也会产生网络暴力，造成对公民隐私权和名誉权的侵犯；既能宣传先进文化，有助于提升国家软实力，也会传播低俗文化，污染社会环境；既能推动民族文化的传播，维护国家文化安全，也会产生文化霸权入侵，造成民族文化"失语"。只有充分认识网络舆论的两面性特征，才能真正做到趋利避害，积极引导网络舆论向正确的方向发展。

关键词：网络舆论　双刃剑　多元文化

互联网络历经30多年的发展，已经从过去的一种纯粹的技术或平台发展成为现在重要的新兴媒体。网络媒体具有多媒体并存、信息传播快捷、互动沟通及时、存储检索方便，甚至廉价免费等特点，网络的多媒体功能优势对受众产生了强大吸引力，也因此成为重要的舆论发生器。然而，网络舆论是一柄"双刃剑"，在给社会发展带来积极影响的同时，也可能起到一些负面作用。只有充分认识网络舆论的两面性特征，才能真正做到趋利避害，积极引导网络舆论向正确的方向发展。

一　反映社情民意与制造虚假信息

“社情”是指社会生活的情形和状况，“民意”是指民众的意见和愿望，“社情民意”是社会情况和民众意愿的统称，它们是主要反映社会生活的热点、难点、焦点和人民群众的民情、民生、民意。民意是社情的一种主观反映，舆论是民意的一种表达方式，通常以三种舆论形态表现出来：潜舆论、显舆论和行为舆论。潜舆论是处于形成时期的民意，表现为民众一致的内心活动，这时民意处于一种社会情绪状态；潜舆论进一步升级，就会转化为显舆论，这时的民意表现为一种具有完整的意识形态的社会共识；如果舆论不仅用语言表现，而且通过行为来表达，便构成了民意的行为舆论，即大规模的群体性活动。网络民意就是借助或通过网络这一信息平台所反映、表达、实现出来的社会公众思想、舆论的趋向和导向，是现实生活中民众对某一事件、某一事物或者某一观点等的看法、意见、建议在网络中的综合反映。

由于网络媒体的交互性、开放性、匿名性和及时性特征，使得网民的意见表达获得了巨大的自由空间，以网络论坛、博客、聊天室、微博为代表的网络，为公众的民意表达提供了一个非常广阔的平台。网络舆论最大的特点是受众主体表达的真实和自由。真实，就是网络媒体打破了传统媒体对话语权的垄断，把部分话语权交还给民众，从而使网民能够以平等的地位和批判的态度来使用宪法赋予他们的言论自由的权力。他们通过粘贴、编辑、链接等方式，在网络上充分自主地发表言论，真实地反映利益诉求，言为心声，率性而为。自由，就是环境的宽松，没有压力，没有顾忌。网民们很少甚至根本不考虑自己的言论可能带来的种种社会心理和社会行为后果，对自己所关心的包括社会热点问题、政府决策、公众人物言行在内的各种话题，天马行空地传播信息、表达观点和交流意见。由于公民积极参与网上交流，人多面广，敢说真话，因此网络舆论在一定程度上能反映出公众的心声。民意反映的集约性、普遍性、真实性在网络舆论中得到较为明显的反映。因此，可以说在现有能比较真实、自由、直接、及时地反映民意的各种手段中，网络舆论是最具有代表性的。

网络媒体以交叉互通的方式把民众联结在一起，民众的各种意见通过网络平台表达出来，并汇聚在一起，已成为当今政府"观民风、知得失、自考证"的重要工具。各级领导可以通过网络媒体以最快速度、最大限度地了解来自社会基层的各种消息和真实民意，通过归纳与分析，为其科学决策提供依据，这无疑有利于提升党和政府的执政能力。近些年，各级领导对网络作用的重视程度不断加深，利用网络的观念不断增强，将网络作为政府治国理政、了解社情民意、亲民交流的互动平台。有的政府部门还设置了专门的网络民意收集和网络舆情研究的机构，通过网络向网民问计求策。2008 年 6 月，胡锦涛总书记与网民交流，说了他上网主要做的三件事：看新闻、了解网民关心的问题和看法、了解网民对国家工作的意见和建议。[①] 领导与网民交流使得政府能更为直接和便利地掌握社情民意，使政府的举措与网民的意见形成良好的互动，这有利于做出更加贴近民意的公共决策，从而大大增强了决策的透明化、民主化和科学化。

毋庸置疑，网络可以成为为政府提供社情民意和与民沟通的平台，但也可能成为制造虚假信息和宣泄极端情绪的主要场所。在网络已开辟出一个"私人化、平民化、普泛化、自主化的自媒体传播时代"的背景下，网络已成为一个可以自由发挥的空间。在这样一个自由的空间，任何人只要进入网络，就可借助虚拟身份畅所欲言，其内容五花八门、包罗万象，各种文化类型、思想意识、价值观念、生活准则等都可以找到立足之地。但相关管理机制和措施的缺失，道德约束的缺乏，不可避免地导致网络舆论鱼龙混杂，泥沙俱下，一些无用的、过时的、粗糙的、调侃的，甚至是反动的、色情的、迷信的、暴力的信息随之充斥其间。一些网民还通过网络传播谣言、披露隐私、进行非理性的谩骂与人身攻击，侵犯人权的现象也经常发生；甚至还有极少数人匿名或利用假名发表对社会不满的煽动性言论，企图制造思想混乱和社会动荡。

改革开放以来，我国市场经济的发展带来了社会各个阶层、群体利益的调整，从而导致了社会原有的价值体系受到强烈的冲击，社会问题凸显，人们的心理结构失衡，社会情绪浮躁。各种社会矛盾交织，民众不平衡心理往往会转化为对社会的逆反情绪，而网络开放性、虚拟性的特征为民众发泄这种情绪提供了一个渠道。然而网络上的舆论生态激情有余而理

---

① 《胡锦涛总书记通过人民网强国论坛同网友在线交流》，《人民网》2009 年 6 月 20 日（http：//www. people. com. cn/GB/32306/33093/125024/）。

性不足，一个极小的消息源都可能导致一场“舆论风暴”。网络舆论的这种非理性蔓延，使政府不得不面对越来越多虚假舆论的干扰，这不仅考验着政府应对的智慧，更检验着平时执法公信力的塑造。政府应对此类非理性舆论，除了坚决清理违法和不良信息，及时公布真实情况，坦荡回应质疑之外，更需要仔细了解网民声音背后社会矛盾的真实构成，倾听不同群体的利益诉求，促进各利益相关方特别是官民之间的良性沟通和顺畅互动，以中立无偏私、公开无遮掩的公正透明执法，维护社会公正，从源头上根除网民制造谣言、传播谣言、相信谣言的心理基础。

二　推进民主政治与滋生民粹主义

网络舆论是高科技和民主相结合的人类文明成果。网络媒体以其技术的先进性打破了信息传播时间和空间的局限，为人们跨越时空传播信息提供了可能，成为人们最主要的信息源。社会的进步，公民政治素养的提高和民主意识的增强，使人们参与政治的热情不断高涨。当今许多公民通过网络对政治和社会问题展开广泛的讨论，这种网络政治参与具有便捷性、平等性、直接性、开放性、交互性的特点，于是诞生了诸如网络议政、网络监督、网络评判、网络互动等新型的公民政治参与方式。通过网络政治交流、政治结社、政治辩论等各种网络政治活动的参与，公民逐步积累了政治经验，参政议政能力不断提高。中国公民的民主意识和政治参与习惯正随着网络政治参与在逐步形成，对社会生活和社会决策过程的介入程度越来越高，这些都客观上促进了中国的公民社会和民主政治的形成。①

公民网络政治参与主要是通过网络舆论的影响力实现的，网络媒介的即时性和个性化特点，增加了公共事件对受众冲击的力度。社会公众通过网络媒体广泛表达民意影响事件的发展和结局，最终影响政府的决策。网络媒体影响政府决策的过程大致如此：媒体（平面或网络）报道——网络媒体转载——网友留言——形成民意体验——概念化的网络舆论——网络媒体与平面媒体互动作用——具体化的网络舆论（提升观点化的民

① 叶皓等：《正确应对网络事件——政府新闻学网络案例》，江苏人民出版社2009年版，第16页。

意）——影响政府决策。[①] 有很多事件，原本是不可能被世人所知晓的，但由于网络媒体的关注和介入使得这些事件成为公众的话题，并因受到公众的高度关注而汇聚成政府无法忽视的民意，这种民意最终会在政府决策中体现出来。“孙志刚事件”就是网络媒体介入影响政府决策的一个比较典型的例子。2003 年，大学生孙志刚在广东某收容所被殴打致死。此后几个月内，人民网、新浪网、搜狐网等各大网站的网络论坛对此事展开了深入讨论，引起全国各地乃至海外各界人士的强烈反响，公众通过网络媒体呼吁严惩凶手，三位法学博士还以普通公民身份向全国人大常委会提出审查《城市流浪乞讨人员收容遣送办法》的建议，由此，人们对“孙志刚事件”的关注上升到了对维护宪法权威和公民权利的呼吁。强大的网络舆论监督声势，促使政府深入调查并严厉惩处有关当事人，最终使得实施了 21 年的城市流浪人员乞讨收容制度被废除。以关注个体、围绕突发事件为特征的网络舆论监督浪潮的兴起，体现了公民民主、公正意识的进一步觉悟，也体现了中国“网络民主”的发展。

网络媒体事件折射出的公众意愿，已经成为任何部门、机构甚至公众人物都无法忽视的心声。民有所呼，政有所应。2009 年全国“两会”前夕，温家宝总理首次“网聊”，话题涉及金融危机、防止腐败、就业住房等，全球网友提出近三十万个问题。数据显示，2002 年，中国官方媒体通过网络开始“您最关注的两会热点问题”以及“我有问题问总理”的活动时，参与网民仅数千人，而 2009 年，一家网站的同类调查就收到 30 余万张投票、4 万余条留言。[②] 有媒体报道说，2009 年是“中国的网民问政年”、“中国的网络参政元年”。[③]

政治民主化是政治文明的前提，政治的民主化、公开化、法制化、科学化以及政治的高效、清廉是社会主义政治文明的目标。政治上的民主、公开和平等正是网络监督的前提和目标。言论自由和对国家机关的工作进行监督是宪法赋予人民的民主权利。网络舆论监督是网民的自由和权力，

① 王吉鹏：《影响有影响力的人——网络舆论的剖析与解读》，2004 年 11 月 6 日，（http：//www. blogchina. com/article. php？ id = 52132）。

② 杜燕：《两会观察：网络议政日盛，民主政治日兴》，《中国新闻网》2009 年 3 月 12 日。

③ 《3 月网民疯狂检索“两会”》，《中国网》2009 年 5 月 8 日。

也是民主的体现，它理所当然受到宪法的保护。网络监督要求政治公开（也包括司法与行政的公开），通过网络增强政治生活的清晰度和透明度（涉及国家机密和国防机密的除外），消除政治的封闭性和神秘色彩，使广大民众更好地了解政治进程，更好地知政、议政和参政，实现各种民主权利。[①] 然而互联网是高度开放的空间，互联网用户数量十分庞大，这使网络舆论控制变得极为复杂和难以操作。在这种背景下，网络舆论在民主政治进程中发挥积极作用必须有一个前提，那就是每一个网民都能理性地表达自己的意见，同时要有一种妥协、宽容的文化氛围。

然而无限制的网络自由导致了网民非理性政治参与非常普遍，这样极易滋生现实生活中的民粹主义。改革开放以来，中国在经济社会快速发展的同时，不可避免地出现了许多社会矛盾和问题，如发展不平衡、官员腐败加剧、贫富差距加大等，从而导致不同利益群体间冲突加剧，尤其随着网络上关于官员贪污、商业欺诈、教育和医疗行业高收费等社会热点问题频频曝光，导致部分网民不能理性地分析其原因和背景，而是简单地否定社会、否定权威，通过激烈的言论释放仇富、仇官、仇强、仇大的情绪，草根大众成为网络上唯一不能被批评和否定的群体。中国目前的网民的大众化、平民化和草根性结构，为网络民粹主义提供了最广泛的舆论支持，使得网络民粹主义效应更加明显。[②] 基于民粹主义的一些网络言论，其本身已经不再是对政府进行监督，而是简单地否认国家政权、社会精英对于社会的整合和推进作用，让整个社会失去主流价值。针对上述情况，一个理性的政府和公民应正确客观地对待网络舆论，认真研判哪些属于真正的民意，厘清哪些属于正确的民主，哪些属于伪民意、假民主，以保证决策的正确以及民主进程在正确的轨道上推进，而不是纵容狭隘的民粹主义的存在甚至泛滥。

三　强化社会监督与产生网络暴力

随着网络媒体的兴起，我们看到了一种新的社会监督形式即网络监督

① 刘晔：《建立与完善网络监督机制的构想》，《法制与社会》2009 年第 36 期。

② 叶皓等：《正确应对网络事件——政府新闻学网络案例》，江苏人民出版社 2009 年版，第 19 页。

正在形成。在网络时代，每个人都可能成为信息渠道，成为意见表达的主体。网络舆论的快捷性和匿名性，实现了舆论监督上的民意直达，使社会各个阶层、各行各业的人士都可以通过网络参与相关事件的评价和讨论，真实、充分地表达自己的意愿和看法。网络使原来一些群众不愿说的事情能够及时反映出来，一些社会腐败现象能及时暴露在群众面前。网络媒体的公开性、透明性、快捷性、广泛性使得监督与被监督的关系前所未有地彰显。

网络舆论监督就是公民通过互联网了解国家事务，广泛、充分地交流和发表意见、建议，对国家政治、经济、法律、文化、教育、行政等活动进行褒贬与评价所形成的监督。特别是网民旗帜鲜明地揭露贪污腐败、不公不义、恃强凌弱、不讲诚信等社会现象，教育、医疗、就业、社会保障等与人民利益关系最直接的决策失误，以及地方和部门的工作失职、渎职问题，有法不依、执法不严的问题，形成了网上监督氛围。从 2003 年的“孙志刚事件”开始，网络监督在中国的舆论监督中的作用越来越突出和重要。2008 年更是中国网络监督标志性的一年。据统计，全国有九大官员在网络舆论监督之下丢了乌纱帽，包括阜阳“白宫书记”张治安、深圳海事局长林嘉祥、江宁房管局长周久耕、辽宁西丰最牛县委书记张志国、徐州荒唐区委书记董锋、温州鹿城“滞留书记”杨湘洪、陕西林业厅副厅长朱巨龙、湖南株洲粮食局长何智、山西“黑砖窑书记”段春霞。特别是周久耕，正是网络曝光他抽高档烟、坐豪华车、戴名牌表导致纪委调查，最终落马。这些真正反映了网络监督无时不在、无处不在的作用。网络舆论加强公众对政府官员的监督，这在客观上对于各级政府树立执政形象、改进工作方式、提高办事效率都有积极的促进作用。网络监督时间快、效率高、成本低，正在成为当今中国最为重要的舆论监督方式。近年来，国内外的几乎每一重大事件都在网络媒体上引起了强烈反响和激烈辩论，形成了若干规模较大、力度较强的网络舆论，对于有关部门的决策和施政产生了重要影响，对公共权力和权威进行了有效的监督。网络成为政府唯一无法完全垄断的媒介，成为信息公开的重要推手，信息公开成为网络时代唯一和必然的选择。正因为此，我国于 2008 年 5 月开始正式施行了《中华人民共和国政府信息公开条例》。

网络加强了对官员的社会监督，但把握不当也容易产生网络暴力。受网络舆论监督主体网民认知条件的局限和主观意愿的影响，有时网上那些偏激或极端情绪化观点会占上风，而群体成员在偏激观点感染之下，正常的舆论监督变成非正常的舆论暴力。当前网络暴力表现出三大特征：一是以道德的名义进行网络舆论审判，谋求问题的现实解决。如中国社会最突出的问题之一就是社会分配不公和机会不均等，网民对此有痛切的感受，也最容易对此提出质疑。就像最近网上流行的一个段子说的那样："世界上最远的距离，是我俩一起出门，你买'苹果4代'，我买4袋苹果。"例如，由于特殊的干部家庭背景，山东省新泰市几名副局长和法院副院长的提拔受到网民质疑；温州市龙湾区被曝光曾经专场招录"副科级以上领导干部子女"。社会不公状况越是加剧，草根暴力表达也就越是蔓延。二是滥用言论随意传播他人的个人信息，鼓动、误导人们采用暴力语言进行围攻。例如，近两年发生的农夫果园砒霜门事件、霸王洗发水致癌事件、章光101事件等，都被指出疑似竞争对手在幕后操控网络打手实施的恶性攻击。这些事件不仅对相关企业造成了极大的负面影响和巨大的经济损失，同时也给消费者和公众造成了恐惧感和心理混乱。三是在现实生活中使当事人遭到严重伤害。无论是否是网民，也无论他们对网络的熟悉程度、使用程度如何，人们都深陷网络的包围之中，无可避免地受到网络的辐射和影响。例如，网络具有强大的搜索功能，人们可以从海量信息中搜索出需要的内容，通过网民的舆论参与来规范社会成员的行为，形成舆论威慑力。然而因把关人的缺失也容易造成搜索失当行为而对当事人造成伤害，如一些与公众利益无关的个人信息被曝光，往往会造成对公民隐私权、名誉权的侵犯，引发现实的法律问题。

因此，网络本身也要接受公众的监督，没有监督，话语权也可能被滥用。网络的"话语权"不是无限的，而是有限的，网络要正当合理地行使自己的话语"权力"。在人民网舆情频道的"在线访谈"中，有学者警告说，要防止"强势集团欺压弱势群体，弱势群体滑向边缘群体，边缘群体中的绝望者可能沦为暴力群体"①。

① 人民网舆情监测室：《袭童案背后的深层次矛盾与解决之道——胡星斗、郭于华、笑蜀解读温总理讲话》，2010年5月17日（http://politics.people.com.cn/GB/1026/11615112.html）。

四 推动文化发展与传播低俗文化

网络具有多种功能，作为新闻媒体、搜索引擎、即时通信、教育工具、虚拟社区、娱乐平台、电子商务和金融平台，它对于人们的工作、学习、生活和交往都有很大的帮助。现在网络已经成为生活方式、生活内容甚至生活本身，潜移默化地影响着人们的价值观念、文化情趣、综合素养和行为方式。网络与文化的结合对于文化的发展更是起着十分重要的作用。这体现在：

一是网络与文化的结合推动了先进文化的传播。网络极大地改变了文化生产、传播和消费方式，当人们工作、学习、生活、交往都借助或直接通过互联网络来实现时，就产生了全新的网络文化。网络技术可以让文化传播瞬间到达地球的每个角落，人类优秀的文明成果越来越为更多的人们所共享，网络越来越成为先进文化生产、加工的重要基地，以及文化产品传播、应用的主要渠道，公共文化服务的新平台、人们健康精神文化生活的新空间。网络作为一种新兴传播方式和载体，社会主义先进文化应该主动融入其中，在互相交流中充分展示其先进性、科学性和包容性，主动承担起大力弘扬中国传统优秀文化和社会主义先进文化，提升国家文化软实力的历史重任。

二是网络与文化的结合推动了文化创意产业的发展。网络不仅把人类带进一个新的传播时代，而且把人类带进一个新经济时代。在众多与网络相关的新兴产业中，网络文化产业便是其中最富有生气和最引人注目的一部分。根据文化部《2011 中国网络游戏市场年度报告》，2011 年中国网络游戏市场规模（包括互联网游戏和移动网游戏市场）为 468.5 亿元，同比增长 34.4%。其中，互联网游戏为 429.8 亿元，同比增长 33.0%；移动网游戏为 38.7 亿元，同比增长 51.2%。2011 年互联网游戏用户总数突破 1.6 亿人，同比增长 33%；其中，网页游戏用户持续增长，规模为 1.45 亿人，增长率达 24%。移动网下载单机游戏用户超过 5100 万人，增长率达 46%；移动网在线游戏用户数量达 1130 万人，增长率达 352%。[①]

---

① 周志军：《文化部发布〈2011 中国网络游戏市场年度报告〉》，《中国文化报》2012 年 3 月 30 日。

中国网络文化产业已成为文化产业发展的“领头羊”。

三是网络促进了舆论空间多元化格局的初步形成。互联网的多元化、包容性使之成为现阶段中国“思想文化信息的集散地和社会舆论的放大器”，中国各种社会情绪宣泄“窗口”，如“中国选举与治理网”、“凯迪社区”、“中华网社区”等网站，都聚集了一批价值取向趋同，有共同兴趣的人群。在各自用户中都已经形成较为一致的价值观，虽然各网站之间时有观念冲突，大致也能和平共处。保持这种合理、适度的多元性无疑有利于社会整体的和谐稳定，也让中国经济社会的进一步发展保有活力。

由于网络传播自身的特性和网络经营者的趋利性，网络在为人类带来丰富多彩健康有益的精神食粮和物质产品的同时，也造成了不良信息、有害信息的泛滥。出现了网络依赖危害网民身心健康、网络色情污染文化环境、网络赌博引发社会问题、网络欺诈造成信用体系缺失、网络暴力危及个人隐私、数字鸿沟带来新的社会分化等严重问题。追逐商业利润成为一些网络经营者不择手段地毒害人们思想的原始动机。一些网站为了吸引点击量，采用各种办法在网上四处传播低俗的网络文化垃圾，网络游戏里充斥着暴力血腥的内容，手机短信中存在着许多不健康甚至有害的信息；一些商业网站打着交友、“性教育”、“人体艺术”的幌子散布色情信息；一些人更把聊天室、虚拟社区和个人博客当成卖淫嫖娼的“红灯区”。[①] 这些现象给社会特别是青少年造成的负面影响（如网瘾问题）已经引起了全社会的高度关注。青少年是接触网络信息的人群中的重要组成部分，网络在促进青少年快速成长发展的同时，也给他们带来了诸多不良影响。作为一个自我防护意识和自我控制能力都相对薄弱的群体，青少年容易被色情信息、暴力游戏等不良网络内容所吸引，过分沉迷网络形成网瘾不仅影响了自身正常的学习、生活、人际交往，而且给社会带来巨大危害。[②]

早在2000年，胡锦涛同志就针对互联网对青少年教育的重要影响指出：“互联网迅速发展，逐步进入社会生活的方方面面，愈来愈多的青少年和互联网交上了朋友，这是一件可喜的事情，但同时也加重了我们的责

---

① 赵家雄：《虚拟自媒体环境下的信息管理问题研究》，硕士学位论文，重庆大学，2006年，第34页。

② 王芳：《上海市中学生网络成瘾及影响因素研究》，硕士学位论文，上海师范大学，2008年，第1页。

任。这就要求我们，一方面要加强建设，努力使互联网成为青少年获取知识和信息的一个新窗口；另一方面要加强管理，趋利避害，积极防范互联网给青少年带来的负面影响。”① 为了净化网络传播环境，2007 年，十部委联合开展打击网络淫秽色情专项行动；2009 年 1 月 5 日，国务院新闻办等 7 部门联合部署在全国开展整治互联网低俗之风专项行动，对网上低俗信息进行集中整治，使网络环境明显净化。为了加强对互联网文化的管理，保障互联网文化单位的合法权益，促进我国互联网文化健康、有序地发展，2011 年 2 月 17 日文化部还发布了《互联网文化管理暂行规定》（文化部令第 51 号）。我们必须从中国特色社会主义事业总体布局和文化发展战略出发建设中国特色网络文化，把互联网建设成为传播社会主义先进文化的新途径、公共文化服务的新平台、人们健康精神文化生活的新空间、对外宣传的新渠道，走出一条中国特色网络文化发展之路。

五　维护民族文化安全与防止文化霸权侵入

媒体竞争力是软实力的重要内容。在国际传播舞台上，中国的传统媒体，包括新华社、中央电视台等国家级新闻机构，在规模、财力、覆盖面、影响力等各个方面都无法与新闻集团等国际传媒相抗衡。以服务广大网民、传播新闻信息、履行社会责任为己任的中国网络媒体，正以快速发展的势头参与着日益激烈的国际竞争，将中国的文化传播到世界网络开通的每一个角落。例如人民网有包括中文在内的 10 个语种，读者人群已覆盖 200 个国家和地区，其中英文网站每天页面浏览量已突破 200 万，日文网站的浏览量也接近 200 万。② 中国网络媒体的快速发展，在抗击西方媒体对华恶意宣传斗争中发挥着十分重要的作用。比如 2008 年西藏“3·14”事件发生后，一些西方主流媒体对此作了大量歪曲报道，企图用谣言、猜想等恶意抹黑中国形象，达到破坏我国民族团结、分裂中国的目

① 武卫政、韩振军：《努力营造有利于青少年成长发展的良好环境》，新华社 2000 年 5 月 3 日北京电。

② 何加正：《高度重视网络推动社会主义文化的重要作用》，《人民网》2008 年 3 月 14 日：（http：//theory. people. com. cn/GB/49157/49165/7000690. html）。

的。在我国传统媒体以事实披露真相后，某些西方媒体仍置若罔闻。面对这些西方媒体的歪曲报道，愤怒的华人网民运用自己掌握的真实信息资源击破传言，将失实报道与真相对比播出，对西方媒体做出了强烈的反击，使西方媒体遭到了罕有的挫折：BBC 网站被成千上万条批评所淹没，美国之音面对汹涌而至的怒斥电话只能中断应答，数十万网民发起声讨 CNN 的签名活动，德国之声自称“陷入了中国人民战争的汪洋大海之中”。①

由于自然条件、经济发展水平和政治制度等方面的差异，每个国家、地区和民族在其历史发展过程中都形成了各具特色的政治制度和意识形态，因此，世界上存在着对立的社会政治制度和意识形态。过去，由于地理位置的自然屏障作用，交通和通信技术相对落后，以及传统媒体“把关人”的存在，恶意的政治信息很难入侵其他国家。网络时代的到来给各个国家和民族的对外传播和国家形象塑造带来了难得的机遇，但是，由于经济实力和科技发展水平上与发达国家存在较大差距，发展中国家在网络国际传播中处于弱势地位。

由于互联网发源于美国，英语在网络上占据了主导地位，在当今世界所谓的“西方话语霸权”实际上就是“美国话语霸权”，我们在自觉与不自觉中受到了美国文化潜移默化的影响。谁的语言文字在网络上占主导地位，谁的文化就会在网络上获得更多更大的覆盖率。王岑在《网络监管与构建和谐网络文化》一文中分两点来阐释这个问题：“（1）网络加剧了全球的跨文化冲突和网络霸权。网络技术标准是网络赖以生存的基础。谁掌握了互联网的标准和核心技术，谁就控制了互联网。（2）境内外敌对势力利用互联网进行意识形态渗透和干扰破坏。当前，西方敌对势力利用网络加强‘西化’、‘分化’的渗透日渐猖獗。”② 西方敌对势力也借助网络对我国日益发起“和平演变”攻势。千龙网曾经发表一篇署名蒲红果的文章《美日高薪雇用“网络特务”占领 BBS 专事反华调查》，说美国、日本雇用网络写手占领全球中文 BBS，专事张贴“诬蔑、攻击中国的文

① 转引自叶皓等《正确应对网络事件——政府新闻学网络案例》，江苏人民出版社 2009 年版，第 25 页。

② 王岑：《网络监管与构建和谐网络文化——福建网络监管调研》，《中共福建省委党校学报》2008 年第 10 期。

章和真假消息”。[①] 不管文章所述是否准确，但这一篇文章至少从一个方面提醒我们：网络舆论客观上存在着被敌对势力利用的危险，应当引起足够的警惕。正如一位美军前情报官员对《环球时报》记者所说：“中情局突然发现，通过互联网输送美国的价值观远比派特工到目标国家或培养认同美国价值观的当地代理人更容易。”[②] 美国把互联网作为继陆、海、空之后的一个新的战略空间，作为推行其政治、经济、文化、外交、军事战略的重要平台，通过操控互联网来控制世界。奥巴马政府把网络外交视为“外交箭囊中的一支新箭”，将“信息自由”和“网络安全”作为网络外交的核心理念。美国政府不断向世界推销“网络自由”，强调互联网“信息自由流动”和网上言论自由的价值，宣布美国将把“不受限制的互联网访问作为外交政策的首要任务”。美国还将“网络安全”与国家安全并论，夸大来自中、俄等国的网络威胁，炒作各种版本的“网络威胁论”；还以打击全球网络犯罪、网络恐怖主义为由，强化“先发制人”的网络攻击能力，并对他国发展网络战力进行约束。[③]

当前，国际舆论场西强我弱的局面还未有根本改观。在西方强大的舆论和文化话语权主导的国际传播竞争舞台上，中国网络媒体，特别是以新华网、人民网、中国网等为代表的主流重点网站，要想增强影响国际舆论的能力，除了遵循人类基本的共同价值理想目标之外，还必须坚持自己的特色，把符合现代文明标准的传统优秀文化发扬光大，通过网络不断传播富有中国特色和中国气派的先进文化，让更多的人喜欢中国文化、接受中国文化，进而接纳一个更加开放和民主的中国。愈是民族的，就愈是世界的。无疑，中国网络媒体将在优秀传统文化的助推下，以鲜明的中国特色赢得世界的认同。[④] 在21世纪越来越多样化的人类社会中，文化自由被看作是人类的基本人权，实施承认并保护多元文化的政策是多样化世界可持续发展的唯一选择。多元文化的发展对未来社会的影响巨大，如果不尊重和保护文化自由，不促进多元文化的发展，经济全球

---

① 杨桃源、韩冰洁、苗俊杰：《中国网络舆论问题多多，仍期待理性深入》，瞭望《新闻周刊》2004年2月24日。

② 《美国全力推行全民网络外交互联网成渗透工具》，《环球时报》2009年7月1日。

③ 阚道远：《网络时代政治输出的新途径——美国对发展中国家的信息技术援助及影响》，《学术探索》2012年第7期。

④ 刁艳丽等：《让先进文化在网络中繁荣》，《学理论》2010年第7期。

化也不可能成功。

作者黄永林，中国新文学学会会长，中国民俗学会副会长，国家文化产业研究中心主任，华中师范大学副校长，博士、教授、博士生导师。湖北省武汉市华中师范大学国家文化产业研究中心 430079

侯外庐先生论中国历史的特殊道路*

方光华

摘　要：侯外庐先生将中国历史视为社会史和思想史的结合，他依据唯物史观对两者进行了通贯性的系统诠释，并以此揭示出了中国历史的独特发展道路，如中国文明起源的亚细亚道路、封建土地国有制、中国传统思想中的浓厚宗教性、传统社会的“维新道路”及其对进步思想的束缚等。此外，他指出了中国社会和思想文化、中国史学研究的未来发展方向，对今天的文化自觉思潮也具有重要的启示意义。

关键词：侯外庐　中国史观　中国社会史　中国思想史

侯外庐先生（1903—1987）是中国现代著名的马克思主义史学家。自20世纪30年代开始，他相继出版了《中国古代思想学说史》（1942年）、《中国近世思想学说史》（1945年）、《中国早期启蒙思想史》（1956年）等著作，40—60年代主持完成了五卷本的《中国思想通史》，他通过这些著作对中国思想史及中国社会史进行了系统性的研究，取得了众多的理论成果，并建立了马克思唯物主义的中国思想史学科。并且，侯外庐先生可能是最早提出并最系统论证中国历史与思想发展有其特殊性的马克思主义学者。

---

* 原文刊发于《西部学刊》2013年创刊号。

一 侯外庐先生的中国历史观念

今天我们看历史，一般认为它包括三个方面：人与自然的关系史、人类社会的历史、人类思想的历史。人与自然的关系史主要以人类生活的环境与物质生产方式为基本研究对象，关注历史上的自然环境与物质生产方式变迁。社会史以人类的社会组织和社会生活方式为研究对象，研究人类社会的社会结构、社会组织、社会生活方式及其变动。思想史以人们的理论化的社会思维为研究对象，主要研究思想结构、思想内容、表现形式及其发展变化。

侯外庐先生认为，研究历史的本质内容，应当从以下两个方面入手：一个是物质生产方式以及相关的经济制度，一个是人们理论化的社会思维。他说："自三十年代开始，我对于中国历史的研究，主要做了两方面的工作，一是社会史研究，二是思想史研究，我向来认为，社会史与思想史相互一贯，不可或缺，而'研究中国思想史，当要以中国社会史为基础'。当然，我研究社会史，并非仅仅为了研究思想史，更重要的，还是为了探讨中国历史发展的规律性。"①

在研究人与自然的关系史方面，侯外庐先生通过翻译《资本论》，"从经典著作的原著掌握观察问题的理论和方法"②，确立了他研究中国社会发展最基本的理论依据。他认为研究社会经济形态是把握人与自然的关系最核心的内容，而研究社会经济形态，关键要研究特定历史时代生产力和生产关系的变化以及由此引起的生产方式的变化，简言之，即生产资料与生产力相结合的特殊方式。对于物质生产方式的观察，则既不能简单看生产力发展水平，也不能简单看社会生产关系，而是要看它们结合的特殊方式。根据这一原理，他系统研究了中国古代社会历史，并剖析了其主要特征。

侯外庐先生认为观察理论化的社会思维，既要看其世界观（哲学思想）和逻辑思想，更要看它对于政治、经济、道德、法律等方面的思考，并需要揭示出哲学思想、逻辑思想和社会思想的内在联系。他指出要把握

① 侯外庐：《韧的追求》，三联书店1985年版，第221页。

② 侯外庐：《中国近代启蒙思想史》，人民出版社1993年版，第157页。

好社会历史和思想历史的互动，判断历史上的思想命题，如果要避免以思想解释思想的随意性，只有把思想置于中国社会历史的具体背景之中。他说："思想史系以社会史为基础而递变其形态。因此，思想史上的疑难就不能由思想的本身运动里求得解决，而只有从社会的历史发展里来剔抉其秘密。"① 否则，对于中国思想史的解释，不仅容易犯主观化的错误，而且容易使古人的思想被曲解，即"流于附会臆度"②。需要指出的是，侯外庐先生并不是经济决定论者，他虽然认为"经济发展对思想史的各个领域起着最终的支配作用"，但同时意识到"思想意识的产生又属于社会分工的特殊部门，因而思想史本身有其相对的独立性"③。

在中国历史的研究中，侯外庐特别注意将马克思主义理论与中国历史实际相结合，以此发现中国历史的特点。他说："我们提倡马克思主义理论与中国历史实际相结合的创造性科学研究，同时也反对这样的态度：或者孤立地用一句封建主义的定义来代替各个角度的全面分析，或者动不动就武断地说马克思主义的普遍性的理论不适用于中国。这种态度妨碍人们对科学理论进行虚心而认真的研究。"④ 在中国现代的马克思主义史学家代表中，侯外庐先生与郭沫若先生有很大的不同。20 世纪 20 年代，郭沫若运用恩格斯《家庭、私有制和国家的起源》的理论分析中国古代社会及其思想，运用历史唯物主义的观点和方法第一次提出并且论证了中国古代同样存在奴隶制社会，从而证明了马克思主义关于人类社会史一般规律的普遍意义，揭示的是中国古代历史和思想与西方社会的相似性。侯外庐同样运用马克思的理论研究中国古代社会和思想，但得出的结论却与郭沫若的《中国古代社会研究》有巨大的差异，他发现的是中国历史和思想发展的独特路径。

二 侯外庐先生论中国社会历史发展的独特路径

侯外庐先生的中国社会史研究，以纵向的历史发展脉络为坐标，力图

① 侯外庐、赵纪彬、杜国庠：《中国思想通史》第 1 卷，人民出版社 1957 年版，第 28 页。

② 侯外庐：《中国近世思想学说史》，人民出版社 1987 年版，第 1 页。

③ 侯外庐：《侯外庐史学论文选集·自序》，人民出版社 1987 年版，第 13 页。

④ 侯外庐主编：《中国思想通史》第 4 卷（上），人民出版社 1959 年版，第 3 页。

从中探寻中国社会历史的独特道路，这主要体现在他的中国文明起源研究、中国封建社会研究和资本主义萌芽研究等方面：

第一，中国文明起源的独特路径与中国传统社会的“维新道路”。

侯外庐先生认为，中国文明社会的起源遵循的是一条特殊的路径，它“采取了土地为国家所有的路径，一开始便是大土地所有制，这不能不说是‘早熟’”，“氏族公社的保留以及转化成为土地所有者氏族王族，是它的‘维新’的路径”①。因此，中国古代社会保留了大量的氏族遗制，氏族贵族所有的生产资料和家族奴隶的劳动力二者紧密结合，土地地域化的私有制及国民阶级具有巨大难产性，形成了古代东方国家的“维新路径”或“亚细亚道路”②。他总结出中国文明起源的基本标志是家族而不是家庭，是氏族公有制而不是私有制，是国野之分而不是国民意义上的国家。与恩格斯所揭示的古典的古代不同，古代希腊文明社会的建立路径是：家族的消灭、私有制的起源、城邦国家的产生；而中国进入文明社会的路径是：家族和氏族制度与奴隶制度结合，土地财产为土地国有或氏族贵族专有，“宗子维城”的城市国家出现。中国文明形成之际，土地所有形态的发展过程走的是从氏族公社公有到氏族贵族的土地国有的路径，中间未经过土地的氏族成员私有化阶段，个体私有财产权不发达。侯外庐以氏族、公有制、城市国家作为研究古代文明和国家起源的路径，以及力图探讨中国古代国家形成的独特途径的科学精神，对后来者探索文明起源有很大的启示。

最重要的是，侯外庐先生通过对中国文明起源独特路径的研究，揭示了中国传统社会发展中的“维新道路”，即在社会变革的关键时刻，中国古代的政治家与思想家往往采取与旧制度和思想妥协的改良路径，而非实行彻底变革的“革命”路径。他说：“‘古典的古代’是从家族到私产再到国家，国家代替了家族；而‘亚细亚生产方式’的古代是家族到国家，国家混合在家族里面，叫做‘社稷’。因此，前者是新陈代谢，新的冲破了旧的，这是革命的路线；后者却是新陈纠葛，旧的拖住了新的，这是维新的路线。前者是人惟求新，器亦求新；后者却是‘人惟求旧，器惟求

① 侯外庐、赵纪彬、杜国庠：《中国思想通史》第1卷，第7、9页。

② 同上书，第28页。

新'。"[①] 在他看来，这正是中国社会历史独特路径的重要表现，并在历史上产生了深远的影响。

第二，封建社会的所有制形态与中国古代的集权政治道路。

关于中国封建社会史的研究，侯外庐先生涉及的问题主要包括判断封建社会确立的依据、封建社会的主要特征、封建土地国有制等。他认为法典（体系化的制度形式）是判断封建制度最终确立的主要依据。他说："真正作为分界线以区别古代和中世纪的标志，应该从固定形式的法典来着手分析。"[②] 对于中国进入封建社会的时间，不能因为古代社会有封建因素的萌芽就断定其为封建社会，而应当以制度体系转变为标准，即法典化为标准来衡量。所谓法典化标准，就是以体系化制度形式作为判断社会形态的标准。侯外庐先生据此把中国封建化的过程划在战国末以至秦汉之际，他认为战国时期虽有封建因素的萌芽，但只是一种局部现象，没有取得全国的支配性质，经过汉初一系列法律形式的确定，至汉武帝法律化过程的完成，中国的封建制才最终确立。

此外，侯外庐先生通过考察土地与生产力的结合方式以及封建社会的主要矛盾等，探讨了封建社会的主要特征，并明确提出了封建社会"土地国有制"的论点，即土地为皇族地主（国家）所有，其他阶层仅有占有权或使用权，其对于土地的所有权不过是"法律的虚构"[③]。因此，中国封建社会的土地私有，就是君有、皇族地主所有，封建土地国有制作为"一条红线贯串着明清以前全部封建史"。但这不等于整个封建社会土地的基本形式都没有变化，他以两税法为标志把中国封建社会分为前后两个时期。前一阶段从秦汉起到唐代开元、天宝之间，以军事的、政治的统治形式为主，表现为对土地的直接干预；后一阶段从唐代安史之乱后到清初，以经济的所有形式为主，表现为通过赋税方式的变化实现对土地所有，经营方式虽有改变，但土地所有制形式的本质并没有改变。侯外庐指出，与西方中世纪相比，中国封建社会的显著特点就是"自由的土地私

① 侯外庐：《韧的追求》，第235页。

② 侯外庐、赵纪彬、杜国庠、邱汉生：《中国思想通史》第2卷，人民出版社1957年版，第1页。

③ 侯外庐：《封建主义生产关系的普遍原理与中国封建主义》，《侯外庐史学论文选集》，第186页。

有的法律观念的缺乏”[①]。封建思想定于一尊，根源就是统治阶级掌握着土地所有权。皇族垄断的土地所有制形式，是秦汉以来中央专制的经济基础，伴随着土地国有制的所有形式，在主要的手工业生产方面也实行国家管制。这种以土地为主而以其他产业为副的国有的财产形态，从秦汉社会发源，一直是中国封建所有制主要的形式，也是理解中国封建社会政治史、思想史的关键所在。侯外庐先生通过对封建土地国有制的研究，揭示了中国封建社会的独特发展路径，以及专制集权政治长期存在的深刻历史原因。

第三，资本主义萌芽出现与中国社会近代化的曲折道路。

侯外庐先生从土地关系的变化、手工业以及海外贸易的发展三个方面考察了的明代嘉靖、万历时期的资本主义萌芽情况，力图证明明清之际中国封建社会内部已经有资本主义的萌芽形态，他说：“十七世纪的中国社会，已存在着资本主义的幼芽，这是在十六世纪中叶开始的。”[②] 随着社会经济的进步和商品经济的发展，明中叶以后私有土地所有制和经营地主的势力获得了空前的发展，“一条鞭”法的施行是对土地商业化和私有化的法典式总结[③]；虽然土地商品化的程度还很低，还不足以改变整个封建土地所有制，但已经反映出资本主义萌芽的发展。此外，明中期以来城市手工业及海外贸易的发展、商业资本的活跃也逐渐将封建生产方式解体，成为资本主义萌芽的重要内容。但侯外庐先生同时指出，中国的资本主义萌芽发展有其独特性，与西欧是不同的，他说：“从十六世纪以来，中国的历史没有如欧洲那样走向资本主义社会……既在封建社会的母胎内产生了资本主义的萌芽形态，又在发展过程中未能走进近代的资本主义世界。”[④] 而原因就在于农业和手工业结合的自然经济方式严重阻碍了商品经济和资本主义萌芽的发展，他说：“农业和家庭手工业的结合形式，既然是东方封建制的生产方式的条件，又是巩固东方专制政制的基础。”[⑤] 虽然明代的一条鞭法和清代的更名田，使旧制度发生了一定的变化，而清朝的封建专制主义的政策也并未能长久的阻碍历史进程，但是中国的资本

① 侯外庐：《韧的追求》，第 253 页。

② 侯外庐：《中国思想通史》第 5 卷，人民出版社 1956 年版，第 623 页。

③ 侯外庐：《中国早期启蒙思想史》，人民出版社 1956 年版，第 10 页。

④ 侯外庐：《中国思想通史》第 5 卷，第 16 页。

⑤ 侯外庐、赵纪彬、杜国庠、邱汉生：《中国思想通史》第 2 卷，第 10 页。

主义萌芽依然很难突破封建自然经济的束缚。鸦片战争后随着外国资本主义的入侵，中国有了一点自己的民族工业，但资本主义萌芽仍然没有获得充分的发展。这种“近代社会的难产”正是中国社会的独特发展路径的又一重要表现。

侯外庐通过对中国历史的通贯性阐述，揭示了中国社会的独特发展路径，他说：“从古代文明的难产到近代文明的难产，说明旧的传统是阻碍历史前进的巨大堕力，这是中国社会的特点。”① 出现这些独特路径的根本原因就是“旧的传统”——作为中国文明和社会基础的家族血缘关系以及相应的维新道路，文明起源的独特道路、封建土地国有制、资本主义萌芽发展的曲折都与此有关。

三　侯外庐先生论中国思想历史发展的独特性

侯外庐先生将中国社会思想的发展史划分为先秦社会思想史、封建社会思想史和启蒙时期的社会思想史三个阶段进行研究，并从中揭示出了中国思想历史发展的独特路径。

第一，维新道路束缚下的中国思想史。

侯外庐先生认为，中国思想史整体上存在着保守与改革的矛盾，旧有的社会制度或思想传习往往束缚新哲学思想的产生，反映新社会要求的思想中往往保留着旧的思想形式，即“新的拖住旧的”或“死的拖住活的”②，这在先秦诸子思想和近代启蒙思想中有着集中的体现。他将先秦思想史看作国民阶级思想的形成和发展的历史③，在他看来，先秦诸子思想的一个重要特征就是受到商周尤其是西周先王观及礼乐思想的严重束缚，他曾这样评价诸子思想的共同特点：“在中国，思想史起点上的思想家，不论孔子和墨子，其所论定的问题，大部分重视道德论、政治论与人生论；其所研究的对象也大都以人事为范围；其关于自然的认识，显得分

① 侯外庐：《韧的追求》，第259页。

② 同上。

③ 侯外庐、赵纪彬、杜国庠：《中国思想通史》第1卷，第18页。

量不大，其关于宇宙观问题的理解，也在形式上遵循着西周的传统。”[①]各派思想实际上就是围绕对先王观和礼乐观的批判而展开的，其中，儒家学派的特点是形式上认同礼制，而精神上则倾向于“仁”，他们把礼、乐观念化，并从道德心理和道德情操出发，批判了礼、乐的形式，并强调了其中思维的内容；道家学派的特点是发现了自然天道的某些规律，并把这种自然史的规律视为社会思想意识的依据，从而否定了孔、墨言必称先王的观点。先秦诸子“穿着古衣裳，说着古语言，而企图说明未来世界的自己的憧憬”[②]，即他们在表述政治、人生理想时，只有求助于对传统的重新诠释，而对自然只有“用‘譬如’的类比方法来证成思想家（贤人）的政治与道德的主张，从不为更进一步的自然认识而定立命题”[③]。侯外庐先生认为近代资产阶级的反封建运动依然受到“维新路线”的影响，采用了变法改良而非革命的方式。例如早期启蒙思想代表人物王夫之、黄宗羲、顾炎武等人的进步思想，一方面在自然观、政治观、伦理观上提出了反封建神学和道学、反君主专制、要求个性自由解放等新要求，体现出自由、平等、民主、科学、理性等近代启蒙的思想属性；但另一方面，正如先秦诸子思想的发展受氏族血缘纽带的制约一样，早期的启蒙学者也受到了封建传统思想的束缚，“在他们的理论中常保留着旧的内容，而且常显出矛盾的体系”[④]，如对宋明理学旧形式的保留等。鸦片战争以后的启蒙思想家如改良派的康有为、谭嗣同、梁启超，民主革命派的孙中山、章太炎等人，虽然其进步思潮受到中国早期启蒙思想的影响，也从西洋民权、法治思想中汲取了近代的思维方法，但他们依然摆脱不了儒学、佛学等传统思想及思维方式的影响，如康有为的“托古改制”和孔教论、章太炎的“建立宗教论”等，正是这种束缚的表现。

从根本上说，出现这种新旧纠葛的原因在于中国传统社会的维新道路。在中国古代，国民思想的晚出与先秦诸子对“先王观”的保留，古代思想的“贤人”类型与人们对伦理道德的偏重，“是‘亚细亚的’或‘维新的’中国古代图景的思想史面貌”[⑤]。而中国虽然从16世纪晚期就

① 侯外庐、赵纪彬、杜国庠：《中国思想通史》第1卷，第131页。

② 同上书，第48页。

③ 同上书，第133页。

④ 侯外庐：《中国思想通史》第5卷，第30页。

⑤ 侯外庐、赵纪彬、杜国庠：《中国思想通史》第1卷，第136页。

开始了封建社会解体和资本主义萌芽的发展，但中国并没有能够走进近代的资本主义世界，其原因就在于中国封建社会“旧的生产方式以及旧的思想影响太深”[①]，这些都是“人惟求旧，器惟求新”这一特殊路径的具体表现[②]，在他看来，这种“维新传统”正是理解中国社会思想史的关键之一。

第二，正统思想中的宗教因素与中国传统思想的浓厚宗教性。

侯外庐先生在研究中国思想史的过程中，提出“东方史更好像宗教史”，即中国传统思想中具有浓厚的宗教性。他是在研究商周时期思想的时候提出这个观点的，这一观点实际上贯穿于他研究中国思想历史的整个过程，是他对中国思想史以及中国社会史发展的独特路径的一个整体判断。

侯外庐先生认为中国思想的宗教性很浓厚[③]，主要理由是：其一，中国的思想具备西方宗教的一般特征，如有神论的“神灵崇拜”，圣经、教主、神职人员、教团组织和寺院等。其二，中国思想中具有相当于西方宗教哲学或神学的理论。侯外庐先生认为宗教思想主要包含两个方面，一方面是哲学的，另外一方面是神学的，哲学主要以世界观作为核心，中国的哲学大多表现为自我意识的循环；神学则探讨神性、神意、神启及神迹等内容，以感性的心灵直观和想象的形式出现。中国古代“天人感应”的神启说、“天人合一”的神迹说、“天命”的神意说，天“寂然不动，感应万端”的神性说，都相当于宗教神学。与西方中世纪的政治服从于宗教，政治是宗教的婢女不同，中国古代和中世纪是宗教服从于政治，宗教成为意识形态的一个内在组成部分，并深入到社会生活的各个部分。其三，中国传统主流思想的儒学发挥了宗教的功能。侯外庐先生比较早地指出儒家思想具有宗教化倾向，具备宗教性质，发挥了宗教作用。他认为思孟学派就已经开始对孔子进行神圣化，孟子“天人合一”的神秘宇宙观使儒学的宗教色彩更浓厚，是后世儒教的起源[④]。汉代的儒学是国家化的

---

① 侯外庐：《韧的追求》，第259页。

② 侯外庐：《侯外庐史学论文选集·自序》。

③ 参见方光华、袁志伟《侯外庐的中国宗教思想史研究》，《世界宗教研究》2012年第1期。

④ 侯外庐、赵纪彬、杜国庠：《中国思想通史》第1卷，第382页。

宗教，“到了汉代，谶纬之学大盛，儒学即附带了儒教的职能”[①]，汉代的官方哲学“在两汉是‘经学’的正宗神学”[②]。宋明理学是比汉代儒学更加高明的宗教，“中国的道学是一种特别形式的中古宗教”[③]，宋明理学的天理论及方法论便具有宗教神学的特征，以朱熹为例，在维护封建统治方面“朱熹的哲学也尽了它作为神学奴婢的作用”[④]，即发挥了神化专制君权并巩固封建统治的国教作用，道教和佛教的宗教性及其在中国思想史上的重要影响自不待言。侯外庐先生认为中国的启蒙思想也有非常浓厚的宗教色彩，进步思想家往往利用宗教“旧形式及材料”表达新思想，比如王夫之、傅山等人都是用利用佛学的概念或思维方式表达自己的思想。鸦片战争以后，康有为的孔教论实际上是宗教改革的中国式的再版，谭嗣同思想的实质则是泛神论的孔教观，章太炎一方面反对孔教的迷信，另一方面又用佛学的思维来表达新思想。因此，侯外庐先生指出中国思想的历史更好像是宗教史，这是中国思想史的又一重要特点。

第三，中国思想发展史上存在着正统与异端思想的矛盾斗争。

在侯外庐先生看来，中国思想史并不是自三代开始的“道统思想”的传承与延续，也不是西方学术语境下的“哲学思想”自身发展与逻辑展开的历史，而是不同思想体系之间矛盾斗争的发展过程，通过这一过程，思想与社会之间的互动、历史与逻辑之间的统一得以揭示。他说：“思想史以‘正宗’与‘异端’，唯心与唯物的对立或斗争为其发展规律。”[⑤] 侯外庐在中国思想史及哲学史的研究中，就注意探讨唯心思想与唯物思想之间的辩证矛盾发展的历史过程。在先秦思想史的研究中，他突出了孔、墨的对立，老庄与孔、墨的对立，法家思想与儒、墨、道家思想的对立。在两汉思想史的研究中，他突出了正统经学与异端思想的对立，“唯心主义和唯物主义，有神论和无神论的斗争，通过汉代是有一条线贯穿的”[⑥]；汉代异端思想的代表司马迁、桓潭、王充、王符、仲长统等人，表现出对社会弊端的揭示和对神学世界观的怀疑。封建社会后期思想主要

① 侯外庐主编：《中国思想通史》第4卷（下），人民出版社1960年版，第783页。

② 侯外庐：《侯外庐史学论文选集·自序》。

③ 侯外庐：《中国思想通史》第5卷，第199页。

④ 侯外庐主编：《中国思想通史》第4卷（下），第609页。

⑤ 侯外庐、赵纪彬、杜国庠、邱汉生：《中国思想通史》第2卷，第254页。

⑥ 同上书，第55页。

是理学思潮，作为哲学化的儒学，“道学成为维护和承认封建统治的精神力量”。侯外庐认为，理学唯心主义和反理学唯物主义哲学的斗争则是贯穿封建社会后期思想史的主线，他说：“我们一致认为，中世纪思想史，必须着重研究异端思想和正统儒学的斗争，无神论和有神论的斗争，唯物主义和唯心主义的斗争，表彰中国思想史上唯物论的光辉传统。”① 他在探讨程朱理学、陆王心学等理学思想的同时，还发掘了杨万里、罗钦顺、王廷相、吕坤、李贽、方以智等反理学思想家，以此显示思想史内部的矛盾发展过程。需要指出的是，侯外庐并非机械地将“正宗”与“唯心”，“异端”与“唯物”等同起来，两者属于不同的范畴，他认为：“有的利用思想资料进行改编工作，为统治阶级说教，这就是‘正宗’；有的利用思想材料，进行改造工作，反抗统治阶级，这就是所谓‘异端’。他们所利用的材料都可能是经学形式，然而他们的立场观点却又可能完全相反。”②

四　侯外庐先生中国历史观的现代启示

第一，在对中国历史作出整体判断整理的基础上，侯外庐先生指出了中国思想和文化的不足及其未来发展方向。

首先，中国历史和思想文化需要进行批判性的整理。侯外庐先生认为，中国传统思想文化的主要缺陷在于：一是缺乏私有权和独立的法权观念。在中国古代最能够体现私有权的是土地，而国家土地所有制是中国历史上主要的土地制度，“自由的土地私有权的法律观念之缺乏，土地私有权的缺乏，甚至可以作为了解‘全东方’世界的真正的关键”③。私有权观念的不发达，以国有土地为核心的所有制以及它的政治形态，影响了中国思想家的生活空间和思想的范围。二是受维新道路影响，中国古代的思想家在分析人类社会的时候，缺乏深刻的批判精神，思想的自我循环色彩十分明显。三是中国的自然观念不发达，先王观念特别发达。中国的思想

① 侯外庐：《韧的追求》，第281页。

② 侯外庐、赵纪彬、杜国庠、邱汉生：《中国思想通史》第2卷，第2页。

③ 侯外庐：《韧的追求》，第253页。

中关于自然的研究，没有成为人类生活真正的科学依据。从侯外庐先生对中国社会史和思想史的批判性分析中，可以看到他对神学世界观、法律的不平等性、私有权的缺乏、专制主义制度等持坚决的批判态度。与此同时，他也高度重视中国传统思想中的反专制思想、朴素唯物主义、无神论、自由私有权观念等可资发掘利用的优良传统，并提出了相应的解决方案，即通过辩证唯物主义世界观以及科学观念、法权观念、自由民主思想的启蒙，实现中国现代化的时代课题。

其次，中国社会和历史的发展需要引入外来的动力。在侯外庐先生看来，中国社会和历史虽然有其特殊性，但从世界历史的总体发展趋势来看，统一性和普遍性将是世界各国未来发展的基本走向。也就是说，未来的中国社会将是人类大同的共产主义。不过，与许多马克思主义学者不同的是，他认为中国社会实现自我进化的内在动力是不足的，这一点已经为文明起源、封建社会国有制、资本主义萌芽发展等历史事实所证明。因此，要实现中国社会的现代化，必须从思想文化、政治制度等各方面引入外部动力，即马克思主义。侯外庐先生研究中国历史和思想的目的是为扫清中国现代化的思想障碍，他将当时学术研究的时代课题视为“民主潮流的在中国的现实解决”[①]，他从不讳言其学术研究的目的是为了民族的独立和自由，希望以学术研究的手段促进社会和思想的解放，并为时代课题的解决寻找答案。侯外庐认为：研究历史，主要的工作是要实事求是地分析思想家的遗产在其时代的意义，批判其腐朽的糟粕，发掘其优良的传统，他说：“从新事物里剔除腐烂渣滓，从旧事物里提取新生契机，发扬它。这是当前哲学上的首要任务。”[②] 他站在马克思主义唯物史观的立场上，将当时的自由主义西化派和文化保守主义派视为资产阶级史学和封建史学的余绪，并通过对其理论弊端与缺陷的深刻揭露，阐明了马克思主义史学研究的原则和科学性。他认为马克思唯物史观具备真正的科学性，他说：马克思主义的治史要求，“在乎详细地占有史料从客观的史实出发，应用历史唯物主义的基本原理和方法，认真地分析研究史料，解决疑难问题，从而得出正确的结论，还历史以本来面目”[③]，可以借此解决清算封

① 侯外庐：《中国近代启蒙思想史》，第 1 页。

② 同上书，第 307 页。

③ 侯外庐：《韧的追求》，第 292 页。

建糟粕的思想任务。侯外庐先生对实现中国现代化问题的思考与探索，为中国当前及未来的现代化建设提供了理论上的重要参考和启示。

第二，侯外庐先生对中国历史学研究进行了理论思考，并提出了关于中国历史学研究内容及研究视野的独特见解。

首先，中国历史研究应当是社会史、哲学史、社会思潮史研究的结合。侯外庐先生的中国思想史研究注意思想史与社会史研究的结合，并以社会史研究为基础，侧重于探讨社会思潮的发展与演变，这一点已经为学者熟知，他说："对中国思想史的研究，我以社会史研究为前提，着重于综合哲学思想，逻辑思想和社会思想（包括政治，经济，道德，法律等方面的思想）。……要研究整个社会意识的历史特点及其变化规律。"[①] 此外，侯外庐先生对哲学史也给予了特别的关注，并以唯物史观和辩证法为研究手段，初步建立了马克思主义中国哲学史的研究范式，其研究方法在建国后的相当长时间里成为中国哲学史研究的主流方法和范式[②]。他认为哲学史与思想史两者为有机的统一体，哲学史是思想史的核心部分。哲学思想是思想家的世界观，即思想家对世界总体的认识，具体内容包括宇宙论（本体论）、认识论（知识论）、历史观三个主题。他的哲学思想史研究主要有三个特点：一是重视宇宙论（本体论）、认识论（知识论）和历史观的内在逻辑，重视利用"矛盾律"来发现某一哲学体系中固有的矛盾。二是重视对世界观性质的考察。他说："世界观是一种更高的、即更远离经济基础的意识形态，属于哲学的范畴。"[③] 在他看来，世界观的首要问题是思维和存在的关系问题，存在决定思维的是唯物主义，反之是唯心主义。三是关注哲学思想所反映的经济意图。他特别注重探讨哲学思想与经济运动的关系。在他看来，哲学思想在上层建筑中处于较高的位置，它通过政治和法律等制度反映出经济基础的情况，哲学思想、制度与生产方式三者是一个有机的整体。因此，研究中国思想史必须对社会史、哲学史和社会思潮史进行整体性的把握。

其次，在中国历史研究中必须坚持"世界视野与中国问题结合"的研究视野。侯外庐先生对中国历史和思想的上述考察，并不是就中国而论

---

① 侯外庐：《侯外庐史学论文选集·自序》，第11页。

② 参见方光华、袁志伟《侯外庐的中国哲学史研究》，《中国哲学史》2010年第1期。

③ 侯外庐：《侯外庐史学论文选集·自序》，第15页。

中国，而是围绕中国的现实问题与时代课题，将中国历史放在世界历史的宏观范围内加以考量，力图对中国历史的特点、价值与不足作出全面的考察。他说："我常注意从世界史的总范围去考察以及从各个时期中外历史的比较中去探索中国社会发展的特点，自信不是削足适履。"[①] 例如，他研究中国的文明起源道路，就把"古典的古代"的希腊城市国家作为主要参照；在先秦思想的研究中，则以古希腊哲学思想为参照，认为古希腊思想起源在于对自然界本原的思考，而中国古代文明起源之际的思想则萌芽于对人类社会历史的思考，对应于希腊古代探究宇宙根源的智者气象，在中国则为偏重伦理道德的贤人作风[②]；自中国资本主义萌芽和启蒙思想的研究中，则以欧洲历史上16世纪初的德国宗教改革运动与文艺复兴为参照，在考察明末以来"三百年"的社会变动和学术思想时，既注意从世界史的普遍性角度看待中国启蒙思想的发生发展，又注重从中国社会历史的特殊性出发审查中国启蒙思想的个性特点。这种辽阔的世界历史视角，使侯外庐先生的中国历史研究摆脱了自我中心的局限，突破了中国传统史学中的"中国即天下，天下即中国"的狭隘眼光，进入了世界史学的领域。只有立足于中国历史问题，同时以世界历史的视野进行中西比较，才得以发现中国历史发展的独特性及其症结所在，正是近代以来中国学术发展及侯外庐先生中国历史研究给我们的启示，这在今天依然具有重要的学术和现实意义。

第三，侯外庐先生对中国历史特殊路径问题的理论探索，为今天的文化自觉指明了方向。

我们认为，侯外庐先生所揭示的中国文明早熟论、私有观念缺乏是中国封建社会最突出的特点、实践方式的变化不能改变封建土地国有制的实质、中国思想有很浓厚的宗教色彩、中国早期启蒙思想具有与西方启蒙思想不同特点等种种论点，是中国社会史和思想史研究重要的创见。白寿彝先生曾经指出："别的马克思主义史学著作宣传了马克思主义的理论，也试图把马克思主义理论同中国历史结合起来，但是把中国历史特点指出

① 侯外庐：《韧的追求》，第263页。

② 同上书，第326页。

来，这在外庐同志是最突出的。”[①] 就其现实意义来说，侯外庐先生的中国史观为今天的文化自觉指明了方向，他将历史研究视为“从掘发自己民族文化的传统中，走出一条中国化的道路”[②]，既注意从世界史的普遍性角度看待中国历史和思想的发生发展，又注重从中国社会历史的特殊性出发审查中国历史的个性特点，在“世界”性和“民族”性相统一的基础上，发掘中国传统社会与思想中自身所孕育出的诸如自由、平等、民主、科学、理性等近现代文化因子，以嫁接起“传统”与“现代”的内在性桥梁。他的中国历史研究正体现出“文化自觉”的文化视野，并给予我们这样的启示：只有对自己的文化和思想有“自知之明”，并能将自己的民族文化和思想融入世界文化体系中，在世界文化体系中找到自己文化和思想的位置与坐标，对自身文化进行创造与建设，才能较好地做到中国与世界的沟通，最终自立于世界民族文化之林。

作者方光华，西北大学校长、中国思想文化研究所教授、博士生导师。陕西省西安市郭杜教育科技产业园学府大道1号 710127

① 白寿彝：《外庐同志的学术成就》，《纪念侯外庐文集》，陕西人民教育出版社1991年版，第21页。

② 侯外庐：《侯外庐自传》，《晋阳学刊》1981年第5期。

新世纪以来中国大陆口述历史述评

周新国

摘　要：进入21世纪，中国大陆口述史实践继续在口述访谈对象上进一步呈现开放性与多元化；在研究方法上，进一步采用现代口述史的理论与方法。伴随着这股媒体、网络带来的口述史的热潮，“口述历史”的书刊发行或刊载成为时尚。当然，构建中国口述史学工程是一项极其艰巨、复杂、浩大的系统文化工程。从研究方法来说，它涉及多个学科；从内容上看，它包括多种领域；从类型来说，包括社会各个阶层和各种社会现象，无一不是口述历史的对象。针对口述史研究的现状，提出进一步发展的一些建议。

关键词：中国大陆　口述历史　中国口述史学

进入21世纪，中国大陆口述史实践朝着成熟的方向迈进。在20世纪八九十年代的发展基础上，在口述访谈对象上进一步呈现开放性与多元化；在研究方法上，进一步采用现代口述史的理论与方法。以下概括介绍有关口述史学术会议、口述史的实践成果和口述史的理论探讨三方面问题。

一　学术会议

1. 首届中华口述史学术讨论会

2004年12月10—12日，由中国社会科学院近代史研究所、当代中国研究所、江苏省社会科学院、江苏省社科联、扬州大学、《当代四川史研究》编辑部等单位发起的“首届中华口述史高级论坛暨学科建设会议”在扬州大学召开。80多位来自全国政协、教育部、新闻出版、科研机构和有关高校的专家、学者出席了这次大会，其中既有国内享有盛誉的老一辈学者，也有当今学术界的中青年知名专家。

本次论坛对中国大陆口述史的研究进行了回顾与展望，交流了口述历史研究的工作经验；论坛还对口述史学的学科分类与建设深入探讨，讨论了口述历史的规范、标准、原则。本次论坛的一个重要成果是成立了“中华口述历史研究会”，作为中国文化史学会的二级学会，通过了“中华口述历史研究会章程”，推动了大陆口述历史的学术研究的发展及其学科建设。

2. 第二届中华口述史学术讨论会

2006年11月10—12日，由中国社会科学院近代史研究所、中华口述历史研究会、江汉大学联合主办的“第三次东亚史料编纂机关国际学术会议暨中华口述历史国际学术讨论会”在江汉大学举行。著名学者华中师范大学章开沅教授、中国社会科学院近代史研究所副所长虞和平研究员、扬州大学副校长周新国教授、江汉大学副校长涂文学教授和韩国国史编纂委员会委员长柳永烈、日本东京大学史料编纂所所长保立道九、美国纽约中国近代口述史学会会长禤福辉以及来自港台、大陆高校、科研院所、新闻出版机构的专家学者共80余人参加研讨会。

在对口述史的研讨方面，学者们带来了各自近期的访谈研究成果和理论探讨文章，研讨期间学者们基本认同，作为“口述史料”的口述史和在此基础上加入文献考证而写成的“口述历史”以及在“历史记忆”层次上研究的口述史，这三种不同层次的研究趋向。作为2004年在扬州大学举行的首届中华口述历史学术讨论会的继续，本次会议关于中国口述史问题的讨论是对上次会议提出的主题“建立中国特色中国气魄的口述史学”的进一步深入。

3. 第三届中华口述史学术讨论会

2010年11月21—23日，由中国社会科学院近代史研究所、四川省社会科学院、当代四川史编委会、中华口述历史研究会联合主办的“口述历史未来之路”论坛暨第三届全国口述历史学术研讨会在成都举行。来自全国各地和省内的包括政协、教育部、新闻出版、科研机构、高校、党史、地方志等部门，自然科学、近代史、当代史等学科的专家学者150多人参加了这次研讨会。

此次会议收到论文50多篇，内容包括中国口述历史的发展态势和未来之路、口述历史的学科建设、口述历史的学术规范、口述史和其他学科的区别与互补关系、口述史的魅力、口述史的特质、抗战口述史料、地方口述史料、“文革”口述历史和口述史与抗震救灾等方面。这次论坛的主题是口述历史未来之路。会议就口述历史在我国的发展、口述历史的特点、规律及未来发展之路等问题进行了热烈的讨论，并提出不少好的建议设想。

4. 海峡两岸三地口述史会议

2006年8月，当代上海研究所主办了首届“海峡两岸口述历史理论与实务研讨会”，来自两岸三地的100多位口述史专家参加此会。会议就口述历史的真实性问题、口述历史研究中的法律与道德困境、规范和推进口述历史建设、加强各地口述历史研究的合作与交流等，进行了深入探讨。

2008年8月，在复旦大学召开第二届海峡两岸三地口述史学术研讨会，两岸三地的学者就口述史的理论和实践进行了深入探讨。

2011年10月，厦门社会科学院、厦门社科联及厦门大学联合举办了海峡两岸三地口述史会议，来自两岸三地50多位学者就口述历史的现状与发展以及口述历史的实例进行了交流研讨，值得注意的是，本次会议延续了前两次会议议题，对口述史的真实性以及相关的实务规范进行了深入持续的探讨，成为海峡两岸三地口述史系列会议的显著特点。

二　口述史的实践成果

考察21世纪初以来口述历史发展的现状，大陆口述历史发展热潮已经跃出学术界囿于理论探讨的范围。以媒体、网络诸种口述史实践成果来看，至少体现在这样几个方面：

1. 电视

中央电视台新闻频道设有《口述历史》栏目，在《大家》、《见证》、《面对面》等栏目中也采用了口述历史的方法，特别是由中央电视台新闻中心主办的纪念汶川地震特别节目——《铭记》，口述历史，铭记灾难，引起了社会的极大震动和反响。部分地方电视台如北京电视台、南京电视台、上海东方卫视等也纷纷把口述历史引入电视栏目。

北京电视台“口述历史”栏目，选取重大历史事件中的亲历者或见证人，采用人物访谈、本人叙事方式，“因事找人，因人找事”，或从历史亲历者口中重现观众最关心的历史往事，或聚焦重要历史人物、国家政要所亲身经历的事件等等。该栏目一度以高收视率引起极大关注。

从 2002 年起，崔永元开始策划制作《电影传奇》、《我的长征》、《我的祖国》、《我的抗战》等电视纪录片，8 年间共采访了 3500 多人，积累了 600 万分钟的素材。《羊城晚报》记者采访崔永元时，他说：“这 600 万分钟就是一个庞大的口述历史资料库，我们将来想建立一个中国口述历史博物馆。”“我参观过日本、美国、加拿大的相关机构，我们的‘口述历史库’甚至比不过人家的一个大学。我们的 GDP 赶超了别人，但对历史的敬重、敬仰、尊重、珍爱，却比不过别人！为什么大家不觉着这件事丢人呢？为什么不为这事发愁着急呢?!”（《羊城晚报》2009 年 9 月 29 日 B1 版）

2. 网络

江苏民国春秋网“口述”栏目，设“名人口述”、“后人相思”、“老兵记忆”等专题，其中有“台湾老兵忆抗战劫难”、“台湾老兵卜国同忆国军空军南京撤退”、“台湾老兵缅怀抗战捐躯的战友”等，其口述专访“访民国老人梅吕素琳”、“七旬老兵讲述金门对峙”、“柏均和口述：袁家旧事”引起关注。

人民网文史类“口述历史”栏目，推出“‘文革’期间轰动一时的‘李震之死’”、“对话江青秘书阎长贵：八年秦城冤狱后‘老实人’的悲壮结局”、“‘文革’中的胡耀邦：被红卫兵用皮带抽得在地上打滚！”、“1976：我负责的‘四人帮’抓捕行动”、“儿子眼中的章乃器：他是个顶天立地的人”、“张思之口述：审判‘四人帮’，我为异端辩护”、“‘文革’后的首次高考：陈平原的作文登上了《人民日报》”、“杨瀚口述：祖父杨虎城的入党之谜”、“王鹤滨：毛泽东口吐粗话，使我感到震惊和不知所措”、“老兵亲历：中美军队在朝鲜战场上的第一次交锋”、“开国大典前的国宴，中央五大书记个个都是‘海量’”等专题。

雅虎网文化类“口述历史”栏目，以“毛泽东当选主席缺一票，是谁没投票?”为题选摘自《百年潮》杂志 2009 年第 9 期，曾担任 1949 年政治协商会议筹备会秘书处副处长的王仲方谈“亲历中华人民共和国诞生过程”。以“晚清铁路国有化在当时肯定是对的”为题选编转载《时代周报》专访中国社会科学院近代史研究所研究员闵杰谈“铁路国有与晚清大变局”。

“老兵忆给张自忠清洗遗体：重伤七处胸部洞穿”一文转载自人民网。该文专访河南省泌阳县93岁高龄的郭荣昌，当年张自忠殉国后，身为排长的郭荣昌参加敢死队冒死抢回了他的遗骸，成为亲历那段历史的唯一幸存者。

3. 报刊

《三联生活周刊》“口述历史”专栏，近年主要口述专题：“1972：跨过最辽阔海洋的握手”（《三联生活周刊》2009年第1期）、“我与父亲项英：两代人的沧桑往事”（《三联生活周刊》2008年第42期）、“父亲储安平之死”（《三联生活周刊》2008年第37期）、“高文彬：我所经历的东京大审判”（《三联生活周刊》2008年第21期）、“我的父亲郑君里”（《三联生活周刊》2008年第9期）、“最后的格格——金默玉”（《三联生活周刊》2008年第4期）、“我的公公陈立夫”（《三联生活周刊》2007年第41期）、“口述：我的父亲佟麟阁”（《三联生活周刊》2007年第25期）、“我的父亲卫立煌”（《三联生活周刊》2007年第18期）、“黄宗江：我的戏剧人生”（《三联生活周刊》2006年第38期）、“我的父亲罗家伦”（《三联生活周刊》2006年第43期）、“王天成：我所知道的毛岸英之死”（《三联生活周刊》2006年第8期）、“毓嶦：我所知道的溥仪”（《三联生活周刊》2006年第3期）、“赵炜：我的西花厅岁月”（《三联生活周刊》2006年第2期）、“周海婴眼中的鲁迅与许广平”（《三联生活周刊》2006年第1期）、“‘四大家族’之宋氏家族的低调生活”（《三联生活周刊》2007年第15期）。其中“传奇陈毅”（《三联生活周刊》2009年第18期），通过对陈昊苏、陈小鲁的采访，引述了陈毅当年对儿女专门口述的自己早年经历。

瞭望杂志社《东方周刊》，近年也推出口述专题。其中“亲历者口述历史：我策反了国民党海军”一文由新华社播发。2010年4月，瞭望《东方周刊》记者刘芳采访整理，原国民党海军司令部人事署人事参谋陈志远口述，叙述陈志远参与策动过国民党海军军防第二舰队集体起义、海军驱逐舰永兴号、护航驱逐舰灵甫号及运输舰联荣号起义的经历。陈志远对此是感慨万千："我以为60儿年前的事早就尘封起来了，没想到今天还能有艺术（电影《澳门1949》）来还原这段历史，我非常感激"。（瞭望《东方周刊》2010年8月19日）

4. 出版

伴随着这股媒体、网络带来的口述史热潮，图书出版界出现了"图说史大出风头，口述史一枝独秀"的新格局，各种冠以"口述史"名目的出版物大量出版并畅销，新闻记者、社会调查者，甚至包括文学创作者，也把通过实地调查和人物采访形成的报告与经过文学加工的作品，称作"口述历史"，各出版社及杂志社以发行或刊载"口述历史"书刊为时尚。

就近年来以口述史为名公开发表的相关著述，至少可以概括为三个方面：

第一，社会学、人类学田野调查口述资料。

如余未人《走近鼓楼——侗族南部社区文化口述史》（贵州人民出版社2001年版），以少数民族社会文化、风俗习惯为研究对象，从社会学或人类学的角度，采用口述访谈的方式，记录原生文化形态。还有20世纪末如张晓的《西江苗族妇女口述史研究》（贵州人民出版社1997年版）、钟华主编的《大山的女儿：经验、新声和需要——山区妇女口述》（贵州人民出版社1998年版）、郭于华的《心灵的集体化：陕北骥村农业合作化的女性追忆》（《共识》（2009年春季刊））等都是这类情况。

第二，文学工作者用新闻采访的方式写作的口述作品。

如：张建伟的《男人之隐——四十岁男人的生存现状访谈实录》（南海出版公司2000年版）、孟晓云的《非隐私访谈录——成功女性的独白》（当代世界出版社2000年版）、老威的《中国底层访谈录》、郑实等人的《太平湖的记忆——老舍之死》（海天出版社2001年版）等。还有如：李辉《摇荡的秋千——是是非非说周扬》（海天出版社1998年版），贺黎、杨健《无罪流放——66位知识分子"五·七"干校告白》（光明日报出版社1998年版），以人物口述展开文学性叙事。

也包括一批学者名流口述自传。如：陕西师范大学出版社2010年出版的《大国学——季羡林口述史》、外语教学与研究出版社2010年出版的《季羡林口述人生》，广西师范大学出版社2010年出版的《箫声剑影（一）——刘绪贻口述自传》，中国社会科学出版社2002年至2003年陆续出版的《黄药眠口述自传》、《舒芜口述自传》（2002 年）、《文强口述自传》（2003 年）等“口述自传”丛书，北京大学出版社也先后推出了“口述传记”丛书。其中，赵仁珪、章景怀著，北京师范大学出版社出版的《启功口述历史》（北京师范大学出版社，2004 年），口述者忆述本人人生经历，他人的采录，启功“讲出心底的痛”，“听到他讲述家族从盛清到晚清以至民国的经历，我们会深感到清朝的兴衰是一种历史的必然；听到他讲述自己辛勤学习和走入社会的过程，我们一方面会被他自强不息、顽强进取的精神所感动”，即是口述自传的典型例子。

第三，史学工作者用口述访谈整理的存史性口述史。

当代中国出版社出版的《吴德口述：十年风雨纪事》（2004 年）、《从“童怀周”到审江青》（2004 年）、《汪东兴回忆：毛泽东与林彪反革命集团的斗争》，1997 年）等，以及湖南教育出版社出版的《20 世纪中国科学口述史》丛书（第一辑）（2009 年）、孙丽萍主编的《口述大寨史——150 位大寨人说大寨》（上、下册）（南方日报出版社 2008 年版），口述者以当事人身份，以叙述相关历史事件人物为主，以存口述史料。

在纪念中国人民抗日战争胜利 60 周年之际，山西人民出版社推出这部由山西省社会科学院历史研究所历时一年完成的《山西抗战口述史》（2005 年），有重要意义。其他还包括齐鲁书社 2005 年出版的何天义等主编的《二战掳日中国劳工口述史》（1—5 卷）和《日军侵华集中营》（大象出版社 2008 年版）、张宪文等主编的《南京大屠杀口述史料》（1—50 卷）（江苏人民出版社 2007 年版）、齐红深主编的《流亡：抗战时期东北流亡学生口述》（大象出版社 2008 年版），以及《河北抗战“三亲”实录》（河北少年儿童出版社 2005 年版）等。

定宜庄的《最后的记忆——十六位旗人妇女的口述历史》（中国广播电视出版社 1999 年版），是口述史在社会史和妇女史领域用口述方法研究历史的最新成果，对以往文献资料以汉人为中心和以男人为中心的传统史学提出了挑战。

目前由于媒体、网络、出版等诸多方面的积极关注，口述史已经出现了热潮，考察这股热潮，有如下几个方面的趋向和特征：

第一，口述史被运用于史学研究以外更多的领域。

目前口述史的运用除了在政治史、社会史、妇女史等历史研究领域得到更多推广以外，在其他领域也有较多的应用。比如，档案学界应用口述史方法探讨“口述档案”理论与实践；党史、文史资料工作者也在尝试通过对当事人以录音录像方式进行文史资料的采集整理，并约定公开发表的时间，从而打破传统文史资料采集主要以当事人撰写回忆录的局限。

第二，自下而上的民众口述史的形成出现。

如刘小萌《中国知青口述史》（中国社会科学出版社 2004 年版）、李小江《20 世纪中国妇女口述史》丛书、定宜庄《老北京人的口述历史》（中国社会科学出版社 2009 年）、尔冬强《口述历史：尔冬强和 108 位茶客》（上海古籍出版社 2010 年）以及《中国民间艺术传承人口述史》（中央编译出版社 2010 年）丛书等，以专业访谈者策划访谈内容，普通民众口述，由访谈者记录整理出版。

2008 年南方日报出版社出版的《口述历史：我的 1976》，全书包括 33 个专题、20 万字实录、160 小时的录音、80 个广州人的回忆。该书由广东省委党史研究室、广州市委党史研究室、南方都市报联合主编。

该书认为“1976 是一个绕不开的年份，它带给这个民族的悲喜怎么书写都不为过。伟人去世、民众怒吼、唐山地震、乱权者走向末路……三十年了，很多事情已经有了定论，但是，依然有很多事情存在于我们的认知之外，在喧嚣中日渐面目模糊、似是而非。南方都市报试图以广州为原点，展现三十年前中国的一个切面。于是，有了《1976 · 广州口述史》，希望以口述历史的形式，收集、抢救、丰富更多鲜活的民间记忆”。

第三，就口述史发展的全国不同态势来说，目前北京、上海、吉林、江苏、浙江、四川、山西，大致形成了中国当代口述史研究的六个区域，各具特色。

北京是中国大陆开展口述史实践最早、实力最强、优势最明显的地区。中国社会科学院当代所当代中国出版社出版《当代中国口述史》丛书，目的主要为当代中国史研究提供可信的史料。王俊义、丁东主编《口述历史》丛书由中国社会科学出版社出版，目前已出四辑。左玉河主编的《中华口述历史丛书》目前已由大象出版社出版。中国科学院自然科学研究所《中国科技史杂志》近年来开展的“口述科技史”研究工作越来越受到学术界的重视。北京大学、中国人民大学、北京师范大学等高校多年来也一直在倡导和进行口述史研究。北京社会科学院钟少华研究员是国内较早倡导并以个人名义进行口述实践的口述史学的学者。

《上海口述历史》是上海社会科学院的重大项目，于 1999 年立项，已取得阶段性成果。上海师范大学中国“慰安妇”研究中心长期致力于对各地日军“慰安妇”受害者进行调查，记录其苦难的经历，填补历史的空白。作为国家社科基金项目、中国社会科学院《女殇——中国“慰安妇”的调查》的结项成果已获得通过。另据2006年7月14日《新民周刊》报道，目前陈映芳等学者正准备开辟《上海棚户区口述史研究项目》，把口述史的焦点更向下对准下层民众，纪录研究棚户区居民群体的社会生活记忆。作为口述史研究的论坛，《史林》从2000年第3期起，推出了口述史研究专栏，陆续刊登口述史研究文章。

江苏省是中国大陆口述史研究的一个重要地区。扬州大学历史系20世纪50年代末—60年代初即开始对辛亥革命时期江苏地区史料进行调查、采访，并出版了《辛亥江苏地区史料》；20世纪80年代末至90年代初完成《辛亥革命江苏地区史料续编》；80年代初期，开始“侵华日军扬州万福桥大屠杀惨案”口述调查采访，倡议并建立侵华日军扬州万福桥大屠杀纪念碑；90年代末至2003年还陆续参与完成了《天南地北扬州人》、《当代扬州人》和《扬州人》，并正在进行《辛亥前后民国名人后裔访谈》、《当代中国佛教高僧访谈》等。以《扬州史志》和《扬州大学学报》等为阵地，陆续发表有关研究口述史理论与实践的文章，推动口述史学的开展，建立扬州口述史中心，开展区域口述史的访谈及理论研究。筹建江苏省口述史研究会，呼吁筹建中国口述史研究会，建立口述史档案馆或口述史博物馆或在各地档案馆、博物馆内建立口述史部等。南京大学、南京师范大学、扬州大学以及南京大屠杀纪念馆分别开展了《南京大屠杀口述调查》，出版了《南京大屠杀史料》等，并在2012年成立侵华日军南京大屠杀（幸存者）口述史研究会，推进了侵华日军南京大屠杀的研究。

四川社会科学院的《当代史资料》从2000年起开始内部发行，主要刊登1949年以来社会、政治、经济、文化、学术等各方面的历史资料，以采访、口述、回忆、搜集、整理等形式为主，并设有“口述史研究”等专栏，并开展了生机勃勃的对四川及西南地区的建国以来有关进军大西南，土改、肃反、对私改造、大跃进、四清以及改革开放以来的口述史访谈，并对有关口述史理论作了探讨。四川省社会科学院和四川省政协一批退居二线的老领导积极推动当代口述史工作，尤其是对汶川大地震的口述采访和抢救，保存了许多史料。

三 口述史的理论探讨和发展

（一）口述史的理论探讨

新世纪以来，大陆出版的有影响有代表性的口述史理论译著主要有：周新国主编的《中国口述史的理论与实践》（中国社会科学出版社2005年版）、保罗·汤普逊的《过去的声音——口述史》（覃方明等译，辽宁教育出版社2000年版）、杨祥银的《与历史对话——口述史学的理论与实践》（中国社会科学出版社2004年版）、唐纳德·里奇的《大家来做口述历史》（王芝芝、姚力译，当代中国出版社2006年版）。

大陆各类报纸杂志发表的口述史文章，约计为300余篇。

这些著述论文，对推动大陆口述史理论研究起到了巨大作用，概括起来至少有这样几点：

1. 区分了“口述史料”和“口述历史”

不再在学理上强辩口述史应该是方法论上的“通过口述获得史料”还是史观变革意义上的“自下而上”构建新的历史，二者可以分别在不同的意义上同时存在，既可以是“口述史料”，也可以是“口述历史”。荣维木在《关于口述历史研究中的概念界定》一文中认为：“口述史料，是从史料学的角度，特指史料留存的一个种类；口述历史，是从历史学的角度，特指表述历史的一个方式”（周新国主编《中国口述历史的理论与实践》，中国社会科学出版社2005年版）。左玉河《方兴未艾的中国口述历史研究》一文则进一步明确提出，“口述史料是不需要加工的；但口述历史是必须经过整理者加工的。而这种加工，最重要的一项就是与文献史料比较后对受访者的口述进行了筛选”（《新华文摘》2006年第16期）。对二者的探讨逐步趋同。

2. 口述史与历史学变革

朱志敏在《新视野》2006年第1期发表《口述史学能否引发史学革命》一文认为，口述史“主要通过历史的亲历者或见证人用口头讲述来展示历史的方法。这种方式本身即可形成对历史片段或侧面的可信表述，因此就成为人们认识历史的一个途径。这是口述史可以促成历史学产生革命性变革含意的一个方面”。“口述史学的革命含义还表现在为社会史、民众史、社会心理史的开展创造有利条件。”而“口述史学能否真正推动史学的革命性进步，取决于口述史的科学性与规模。口述成果缺乏科学性，无以反映真实的历史，只可当成讲故事；规模不大，无力反映历史的丰富内涵，就达不到为社会史提供丰富材料的目的”。

3. 关于建立中国特色中国气魄的口述史学

周新国在《当代中国史研究》2004 年第 4 期发表的《构建中国特色、中国风格和中国气派的中国口述史学》一文，提出了“构建中国特色中国风格和中国气魄的中国口述史学”，这里至少包括三层含义：其一，应当承认中国口述史是立足中国史学的历史根基与传统并结合当代史学发展新的理论，逐步创新逐步规范，成为有中国特色的中国口述史学；其二，中国口述史学应当既规范又包容，并在更多的实践中逐步形成，逐步完善，而不是一蹴而就；其三，我们应当朝这个目标迈进，不断实践不断总结，从而在理论和实践上形成口述史研究的一批又一批标志性成果。

构建中国口述史学工程是一项极其艰巨、复杂、浩大而又光荣的系统文化工程。从研究方法来说，它涉及历史学、社会学、民族学、民俗学、宗教学、法学等多个学科；从内容上看，它包括政治、军事、外交、经济、文化、科技、教育、民族、宗教和社会习俗等多种领域；从类型来说，包括老人、妇女、儿童、知识分子以及下岗职工等在内的社会各个阶层，甚至连同帮会、宗教以及当前社会中出现的贩毒、乞讨等各种社会现象，无一不是口述历史的对象。

从时间跨度上看，它不仅涉及从旧民主主义革命到新民主主义革命时期，而且关注新中国成立以来的政治、军事、经济、文化、科技、教育等多方面的内容；它不仅关注建国后重大的历史事件，如：土地改革、镇压反革命、抗美援朝、工商业改造、“三反”、“五反”、反右派斗争、“大跃进”、自然灾害、“四清”、社会主义教育运动、“文化大革命”以及 30 多年的改革开放等，而且也关注重要历史人物，如党和国家的高层领导人物，从毛泽东、刘少奇、周恩来、朱德等老一辈革命家到各个时期的领导人；同时它也关注普通的人民群众，如工人、农民、手工业者、私营企业主、科技人员、教师、艺术家以及其他各个行业人员等。与此同时，对这一时期的社会习俗、各阶层人民生活状况、民众心理等也予以关注，并特别注意抢救一些重大事件的参与者、决策者和经历者等重要人物的口述史料以及濒临绝迹和消失的特殊行业、特殊工艺、特殊人物的史料。

（二）针对口述史研究进一步发展的建议

第一，进一步呼吁并推动将“口述史理论与实践”列入国家专业目录中的历史门类的二级学科。

第二，大陆现有的国家博物馆、档案馆或国家图书馆中有条件的地方逐步建立口述史馆或口述史档案馆。

第三，对口述史研究项目建议在国家和省、市社科基金项目中给予更多立项，并对优秀成果给予相应奖励。国家有关部门，如：全国或省市县区的党史办公室、文史资料办公室等，应当立项保障全国和地方口述史研究经费和人力支持，并鼓励逐步建立系统化的全国口述史工作者队伍，对具备条件的，今后有关部门应给予评定相应技术职称等。

第四，进一步开展与美国、新加坡、英国等国进行口述史研究的国际交流与合作，开展大陆与香港、澳门、台湾的口述史研究交流合作，进一步推动全国各地的口述史研究。

作者周新国，江苏省历史学会会长，扬州大学原副校长、社会发展学院教授。扬州市四望亭路 180 号　225002

研究生培养模式变革:目标和方式

——基于专业的视角

谢志华

摘　要：研究生招生规模扩大，以及社会对研究生素质需求的变化，一方面提高研究生培养效率，另一方面更要保证并提高研究生培养质量。实践证明，旧的培养模式已经不能适应这种需要，研究生培养模式亟需变革。研究生培养目标要由学知识向认知世界过渡，培养方式要由以到时为主体向以学生为主体过渡，通过培养模式的变革使学生更具有主动性，从而提高我国研究生培养的质量和效率。

关键字：研究生培养模式　培养目标　培养方式

如何把研究生培养成某一专业领域的有用人才，是当今研究生教育所面临的最为重要的命题。在这一命题中，最为重要的是研究生培养模式的变革，而研究生培养模式中又以培养目标的重新定位和培养方式的改革令人关注。

一　研究生教育亟需变革培养模式

（一）变革培养模式，是研究生招生规模扩大而又必须确保培养效率和质量的需要。自 1999 年国家作出高校扩招的决定后，我国研究生教育实现了跨越式发展。近年来，研究生教育以30%的幅度递增，到2012年，我国研究生（包括硕士生和博士生）的计划招生规模达到了584416人。我国近10年研究生招生规模趋势如下：

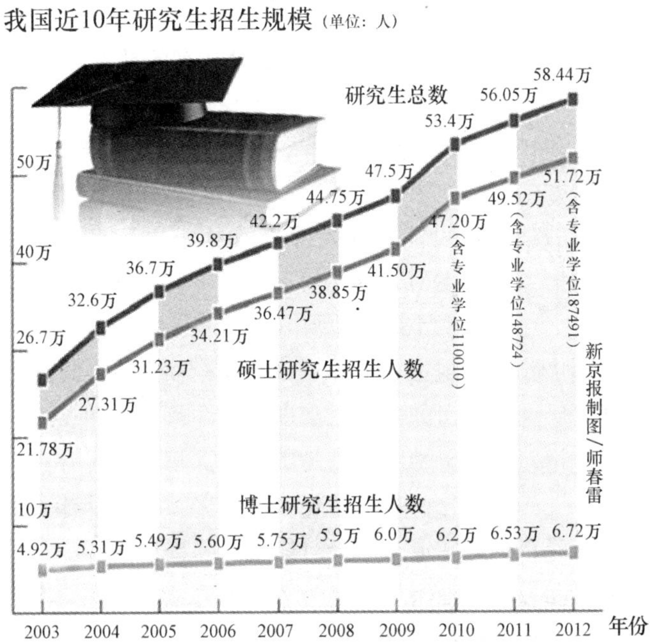

在这种状态下，研究生教育的数量和规模迅速膨胀，但研究生培养的质量并没有随之提高。如何进行研究生培养模式，特别是培养目标和方式的变革以适应研究生招生规模不断扩大的现实，并保证实现研究生教育“质”与“量”的同步发展就不能不成为一种现实的需要。这种需要的内核至少包括以下两个方面：一是，在研究生招生规模不断扩大，特别是每个导师所培养的研究生数量增加的条件下，如何使研究生培养由过去的师傅带徒弟转化为研究生自我学习、自我研究为主，或者说由过去被动地接受教育和进行科研转化为主动的学习和探索，这显然能够提高整体研究生培养的效率，也能提高每个导师培养研究生的效率。也就是说，每个导师虽然增加了培养研究生的数量，但由于每个研究生的主动自我学习和探索并不会降低研究生的培养质量；二是，在不降低甚至提高研究生培养质量的前提下，缩短研究生培养的时间。如果每个研究生培养时间缩短，在现有研究生招生数量不变的条件下，就会必然减少在校研究生数量。要实现这两者，最为关键的是，必须提高研究生培养的效率，这一效率的内核是在研究生的专业能力不断提高的条件下，缩短培养时间，减少导师无效的指导工作量。为此，只有进行研究生培养目标和培养方式的变革才能达成这一目标。

（二）变革培养模式是旧模式已经不能适应研究生质量稳定提高而必须改变的需要。从专业的视角，研究生培养模式最为重要的是必须有明确先进的培养目标和科学有效的培养方式，而我国传统的研究生培养模式在培养目标和培养方式上存在根本的缺陷。就培养目标而言，尽管目标存在多样性、对目标的理解也可能存在差异，但目标过于笼统抽象即目标不清，必然会造成培养方向不明，以此而确定的培养方式也不可能做到对症下药，有的放矢。培养目标不明确主要表现在三个方面：一是过于政治化而非专业化，如培养目标规定要求学生德智体全面发展，这更多的是从思想政治的角度对研究生提出的要求，从专业能力培养的角度，这样的培养目标没有明确的指向性，特别难以满足不同专业培养目标存在一定差异的现实需要；二是过于抽象化而非具体化，如培养目标：从能力的角度要求学生能够通过培养获得认知能力、分析能力、判断能力、表达能力、协调能力等等，这些能力的培养不仅仅作为大学教育应该如此，人的一生更是要通过不断的学习和实践形成这些能力并应用这些能力。由此，就导致了以此为研究生培养目标不能说明研究生培养的特殊性，也导致对研究生的培养方案的制定不具有很强的针对性；三是过于社会化而非个性化，培养目标通常更多的考虑到社会的需要，但是研究生培养特别要关注其创新能力的养成和发挥，而创新能力更多的具有个性化特征，只有让每个研究生的个性特征得以张扬和发挥，其创新潜力的培养和发挥才有可能达到最佳状态，做到这一点，就要求培养目标必须加入自我认知、自我发挥的要求。

就培养方式而言，我国研究生教育基本上是导师指导，学生照着做；老师讲，学生听，学生缺乏自学能力、思维能力与动手能力的锻炼。在美国，研究生培养的目的就是“不要轻信任何结论，甚至包括自己导师的结论”。在我国研究生大多信奉导师的结论为真理，不讲有争议的话题，这对研究生批判性思维及创新能力的培养十分不利，造成许多研究生科研意识薄弱、科研能力不强，往往几年下来只是多读了几本书，思维方式并无大的转变。归结起来，研究生培养方式至少存在以下根本缺陷：一是功利性学习而非兴趣性学习，研究生学习具有很强的功利性，一方面，为了适应社会激烈竞争的现实需要，研究生在学习阶段不是把其自身能力，特别是创新能力的培养看成第一要务，而是迎合社会的需要忙于考证考牌，分散了精力，耗费了时间，而真正形成研究生创新能力的培养过程耗时甚少；另一方面，研究生学习更多的不是为了实现自我超越、能力提升，而是为了尽快拿到学位，为拿学位而学习的功利性倾向较为严重。二是被动性学习而非主动性学习。研究生进入培养过程是以老师为主导，师傅带徒弟完成整个学业过程，尤其在我国的研究生培养过程中强调老师讲课学生听课，一讲一听更使得研究生的学习具有被动性，这种被动性甚至贯穿于整个研究生培养过程：研究生的研究选题、研究路径的确定、研究生论文的定稿无不贯穿着老师的主意。在整个培养过程中，研究生没有以主人翁的身份有目的、有兴趣、有选择、有动力、有辨别、有分析、有思考地进行学习和研究。事实上，在研究生培养过程中，导师只是一个给研究生托力的人，而力量的源泉必须来自于研究生本身。三是强制性学习而非自愿性学习。研究生进入学习阶段后，整个培养过程都是按照学校、学科、导师预先设定好的一整套体系或者流程进行学习，留给研究生自我选择的时间和空间较少，这种强制性导致研究生很难形成一种发自内心的兴趣。正由于缺乏这种兴趣，也使得研究生通过培养很难进入对专业的心理认同或心理感知，很可能始终处于一种若即若离的边缘状态。强制性学习的更大问题在于，从研究生本人的自我特性看，如果不适合于进行某一专业学习和研究，而仅仅只是基于功利性目标或者强制性要求，其结果会导致研究生不仅难以找到学习的兴奋点，甚至还对其自然特性进行扭曲。四是封闭性学习而非开放性学习，我国研究生的培养过程往往是跟着导师学、自己自学，与外界的交流较少，形成相对封闭的学习状态。正是这种封闭式的学习状态，一方面不能发现自身的学习和研究差异，另一方面，也不能通过开放式学习的相互讨论、相互争论而提升自身的研究能力，完善自身的研究成果。

正因为存在上述培养目标不明确、培养方式不科学的问题，使得我国研究生培养的质量和效率都相对较低。需要解决的问题是如何在提高研究生培养效率的同时还能提高研究生培养质量，使得研究生培养的投入和产出效率处于最佳状态。

二 研究生教育的培养模式变革

从上可知，研究生教育的培养模式必须以培养目标和培养方式作为变革的重点，这种变革有必要借鉴欧美发达国家研究生培养的基本经验，特别是美国的经验。美国的研究生培养质量和效率在国际上居于领先地位。一方面，美国的研究生培养质量是全世界最高的，另一方面，美国的硕士研究生的培养时间又比中国要短，这就体现了质量与效率的统一。之所以能做到这一点，是由于美国的研究生教育有明确先进的培养目标和科学有效的培养方式，这与美国一流大学具有明确的使命和战略规划，以及能产生正向激励的制度密不可分。

仅以哈佛大学肯尼迪政府学院硕士研究生培养为例，哈佛大学肯尼迪政府学院创立于1936年，在2008年《美国与世界新闻报道》公共事务专业排名中，哈佛大学肯尼迪政府学院仅次于锡拉丘兹大学麦克斯韦尔学院名列全美第二。在70多年的发展历程中，肯尼迪政府学院致力于立足公共政策研究的前沿，并培养公共部门的实践者，毕业生分布于全球137个国家，任职于政府、私人部门和非营利机构。哈佛大学肯尼迪政府学院只培养硕士和博士生，博士生很少。肯尼迪政府学院在硕士研究生培养方面的使命和目标非常明确。用现任院长戴维·埃尔伍德（DavidT. Ellwood）的话来说，就是培养文明社会的领导者，汇集思想，为世界上最具挑战性的公共问题提供解决方案。另外，肯尼迪政府学院十分重视培养学生的社会责任和公共意识。肯尼迪政府学院在硕士研究生培养的目标方面，具有明确的区分和定位，能够在严格标准的基础上，力求满足不同背景学生的从业需求。为适应多样化的培养目标，肯尼迪政府学院提供了多种项目。这些项目既有为职业型研究生设计的，比如公共政策硕士（MasterinPublicPolicy）、公共管理硕士（MasterinPublicAdministration）、公共管理在职硕士培养项目、公共管理/国际发展硕士、联合 & 同期培养学位，也有为学术型研究生设计的培养计划。在多样化的培养目标指导下，肯尼迪政府学院的招生制度、课程设置、学费资助以及毕业答辩等也呈现出多样性特征。第一，在硕士招生方面，没有统一的考试，而是通过审核申请材料确定录取人选。第二，在课程设置方面，肯尼迪政府学院既秉承了哈佛大学

"核心课程" 的理念，又为学生提供了多种多样的选修课程。第三，在学费资助方面，学院成立专门的学生经费服务办公室，为那些得不到资助就无法深造的学生提供咨询和经费支持，并鼓励他们申请各种形式的资助项目，包括贷款、奖学金以及半工半读资助，前提是这些学生要符合联邦政府和财政援助委员会（the Financial Aid Committee）制定的资格标准。事实上，肯尼迪政府学院培养目标的多样性和培养方式的灵活性能够较好地实现培养目标的专业化、具体化、个性化，培养学生的兴趣性、主动性、自愿性、开放性。

借鉴国外的经验以及我国的现实情况，对研究生培养目标和培养方式必须进行如下变革：

1. 培养目标的变革

从专业的视角，研究生培养目标要实现专业化、具体化、个性化，首先必须要明确：通过研究生教育必须使研究生具备什么样的基本素质。长期以来，教育的基本目标定格为把培养对象培养成有知识的专门人才，所以教育的目的就演变成使接受教育者拥有更多的知识，进一步表现为大学是知识的殿堂、老师教知识、学生学知识、毕业后用知识，知识就成为了教育的出发点和归宿点。实际上，知识并不是教育的目的，学生学习或者掌握知识也不是目的，知识是形式，是外壳，而知识背后则是知识所反映或表现的世界，离开了这个世界（自然界和社会），知识就失去了表现的内容或者对象，知识既不可能形成和存在，也不可能扩充和演变。既然如此，教育通过使接受教育者学习和掌握知识，根本上就是为了了解和利用知识背后的世界。通过学习物理知识掌握所有事物之间的力学关系，通过学习数学知识掌握事物之间的数量关系，学习经济学知识掌握事物之间的经济关系，等等。了解和利用知识背后的世界是比学习和掌握知识更为本质和更为终极的目标，它可以进一步区分为三个层次：第一个层次是通过学习和掌握知识，认知专业世界，使感觉和触摸不到的专业世界能够为学生所知，所谓徜徉在知识的海洋之中，实质上是徜徉在专业的领域之中，专业知识正是通过对专业领域的认知而产生的。如果说本科学生通过专业知识的学习和掌握而认知专业世界，那么，研究生通过专业知识的进一步学习和掌握则是发现已有专业知识对专业世界的反映所存在的差异，包括已有知识没有反映的专业世界和反映有误差的专业世界，这正是研究的起点，也是创新的开始。第二个层次是通过学习和掌握的知识，实践于专业世界，它意味着将专业认知能力转换为专业实践能力。如果说第一个层次知识的学习和掌握是为了让学生了解专业世界，那么，第二个层次学习和掌握的知识的实践运用则是为了让学生能够运用于专业世界，从而实现从知识（理论）到运用（实践）的飞跃。本科学生通过第二个层次的主要任务是“照着做”，那么，研究生通过第二个层次就是要发现已学习和掌握的知识与现实专业世界存在的差异，进而发现新的运用方式。第三个层次是通过学习和掌握的知识改造专业世界，将知识运用于专业世界，意味着学生通过在课堂上、书本上、交流中所获得的对专业世界的理解，直接带入专业世界进行现实印证，而通过学习和掌握的知识改造专业世界，则是让专业世界的某些运行规律通过人的主观能动性或进行改变或让其更加有序，从而符合人们的主观愿望。要达成这一目标不仅要求学生全面系统地了解专业世界，并且在专业世界有丰富的实践积累，更为重要的是，还必须拥有将多个专业世界的知识进行融合，进而认知多个专业世界的能力，它往往是原创性创新的基础。这有可能成为精英教育特别是高层次博士生培养的目标。这里只是从一般意义上把培养目标分为三个层次，但每一个学科或专业都必须根据其特殊性在这三个层次上对培养目标进行专业性定义。尽管如此，万变不离其宗的是，教育的根本目标不是为了让接受教育者学习和掌握知识，而是透过知识的学习了解和把握知识背后的专业世界。

2. 培养方式的变革

既然研究生培养目标是透过知识的学习，了解和把握知识背后的专业世界，所以最为重要的是采取何种培养方式使得研究生本身能够迅速地进入专业世界。任何学生进入专业世界一般都是从专业知识的学习和掌握开始的（当然也可能在专业世界的某些方面的了解和把握是通过某一次实践或者体验的偶然机会而达成的，但它不是系统有序的，不是全面完整的），教师向学生讲授专业知识不是就知识讲知识，而是透过知识的讲授把学生带到专业世界，让学生能够感知专业世界的存在，或者更本质地说使学生能够领悟到书本上的知识所表达的专业世界恰好就是这样一个世界，使学生有身临其境的真实感觉。正如培养目标所述，研究生学习和掌握知识的第一个目标就是要认知专业世界，它包含了两个层次：一是必须感知或者触觉到专业世界的存在，二是必须用人类创造的文字语言把感知或者触觉到的专业世界用概念和原理的方式详细表达出来。研究生培养如果完成了这两个层次的目标，研究生对专业世界的认知能力就能修成正果。既然认知专业世界是通过专业知识的学习开始的，那么，研究生的培养就必须从读书开始，书就是描述和表达专业世界的。如果说本科学生通过读书是了解专业世界，那么，本科学生所读之书就是对专业世界的直接和一般描述的知识，这些知识就是要告诉专业世界是什么；而研究生通过读书不能停留在了解专业世界的一般状态之上，所以，研究生所读之书就是对专业世界的描述还存在模糊不清和存在异议的知识。读书的目的是要了解专业世界，了解的主体是学生，即便是老师教授学生也是为了让学生成为专业世界的主体。如果当学生能够通过自我读书就能直视专业世界，这样的知识就无须老师进行讲授，可谓师父领进门修行在个人。在西方发达国家的研究生培养方式中，教师少讲学生多读是其重要的特征，教师少讲只是讲知识的背景以及知识的内在逻辑线索，学生多读则必须读完专业世界的所有知识或者书籍。尽管如此，教师少讲但必须转换为更多的与学生面对面的交流，其目的就是要通过这种一对一、面对面的交流把学生从对知识的理解转换到对专业世界的感知中去，使其能够触摸到这样一个世界。事实上，学生多读也是在与书进行交流，通过读书中的知识达到与知识所表达的专业世界进行交流的目的。不难看出，老师与学生交流，学生与书交流，都是为了让学生感知专业的世界，但在这里，与传统的课堂讲授不同之处是学生成为了学习的主体，学生的学习是主动的，由于目标明确，学生的学习也是有效率的。

一旦学生感知到了专业世界，就有必要将感知到的专业世界用人类创造的文字语言描述出来，这样就形成为自身创造的知识，即便这种知识可能已经存在，但只要是基于自身的认知也可以称之为是一种创造。对于研究生培养而言，就更是要求研究生对现存知识与其所描述的专业世界所存在的差异进行认知和表达，从而形成创新。在欧美研究生培养中，教师少讲则研究生必须多写多讲，研究生在阅读大量的专业书籍的基础上，必然会更加深刻、全面的认知专业世界，也更容易发现已有知识对专业世界的描述所存在的误差，通过对这些误差的研究发现其性质和规律并以人类创造的文字语言描述出来，或通过口述或通过文章的形式传播开来。研究生必须多写多讲意味着在研究生培养中，要求研究生在大量阅读的基础上要对探索的专业世界的问题写成文字，并通过与老师、与同学的交流或者正式场合的演讲，最终达成两个目的：一是研究生能够用准确的概念对所认知的专业世界进行描述，从而实现了对专业世界的直接和真实的感知，这就使得研究生的专业认知能力能够升华到一个高度；二是研究生用人类创造的文字语言去描述专业世界的新发现，并通过与老师和同学甚至社会各界的交流和碰撞，进一步使研究生新的认知和发现更加接近专业世界的本质和规律。由于整个过程是研究生身临其境的，也是研究生主观努力和自我思考的结果，这必将大大提高研究生透过知识的学习和掌握了解专业知识的效率，也就是说研究生通过知识的学习和掌握直接认知专业世界，比之于通过老师的二传手让研究生认知专业世界可能效率更高，老师只是在研究生透过知识认知专业世界存在较大的难度时，方能彰显其重要性和效率性。这正是欧美研究生培养效率高、质量好的重要原因。

一旦研究生透过知识的学习和掌握认知了专业世界并发现现有知识与专业世界存在的误差后，就有必要直接进入专业领域进行实践、实验，以验证这种误差存在的现实性和客观性。同时，通过这种专业实践和实验，进一步发现专业世界与现有知识之间存在的误差。这里存在一个由理论到实践、由实践再到理论的双向误差的发现过程。在这种误差发现后，必须对误差进行纠偏，从而达成使现有的知识能够准确地描述专业世界，也使没有描述的专业世界寻找新的知识进行描述，从而达到创新的效果。在这个环节最为重要的是研究生必须写出研究报告，并与老师、学生以至社会各界进行交流和碰撞，以完善所用知识对专业世界的描述。

研究生培养在认知专业世界、实践于专业实践的基础上，更应该在专业世界中进行创新，这种创新包含两个方面，一是能够对专业世界进行改造，人们常说，人类不仅要认知世界而且要改造世界。改造专业世界就是要按照人们的意愿使专业能够更好地为人类社会服务并发挥作用。如研究水专业，可以利用水力发电为人类创造福祉；二是能够进行跨专业研究形成更基础的理论，并通过这些理论更好地指导社会实践。如通过对自然世界各种专业的研究形成自然辩证法，在第一层次是通过对力学的研究形成物理学原理、对社会经济的研究形成人文辩证法等等。这一层次的研究生培养主要是针对博士研究生，正是基于这些特征，欧美国家对博士研究生所授予的学位一般称为哲学博士。尽管博士生必须上升到改造专业世界的层次，但前提仍然是必须认知专业世界，并实践于专业世界，只有在此基础上，才有可能升华到改造专业世界的层次。不仅如此，博士生对世界的认知和实践一般都是跨专业的，只有在若干专业融合的基础上才能产生对事物规律的把握，并形成协同创新。在欧美国家，进入博士层次可以是以本科为基础，也有要求以硕士为基础的，而在我国，只是在读完硕士后，才进入博士层次，两者存在一定的差异，但却有一个共同的基础，就是必须要认知专业世界，并实践于专业世界。

所以，无论认知专业世界，实践于专业世界，还是改造专业世界，研究生都是行为的主体，他们都以主动、积极的方式进入专业世界，并通过与外界的交流更加准确地用人类创造的文字语言描述或表达专业世界，这就使得研究生学习能够从功利性转化为兴趣性、从被动性转化为主动性、从强制性转化为自愿性、从封闭性转化为开放性，实现这些转换根本在于研究生真正发挥了主观能动性，成为了学习的主人翁。

作者谢志华，北京工商大学党委常委、副校长，教授。北京市海淀区阜成路33号 100037

大学智库建设的战略意义与相应对策

梅新林

摘　要：智库是为决策者处理军事、外交、经济、科技和社会等方面问题建言献策，提供理论依据、思想观点、决策建议的公共研究机构。正处在战略机遇期和矛盾凸显期的当代中国，迫切需要从全球视野与国家战略的高度大力加强大学智库建设，为中国的和平崛起与可持续发展提供智力引领和支撑。本文从大学智库的独特优势和目前的发展格局入手，阐述了大学智库的比较优势，强调了大学智库建设的战略意义；通过分析我国大学智库发展的现状和存在的问题，考察国外知名大学智库的发展经验，进而从强化战略意识、制定科学规划、突破体制障碍、造就复合人才、产出高端成果、优化评价导向、推进国际合作和加大经费投入等方面提出加强大学智库建设的相应对策。

关键词：大学智库　全球视野　国家战略

智库（Think Tank），也称思想库、智囊团，是为决策者处理军事、外交、经济、科技和社会等方面问题建言献策，提供理论依据、思想观点、决策建议的公共研究机构。根据智库主办单位的不同，大体可以分为官方、民间与高校智库三种类型。

现代意义上的智库起源于第二次世界大战时期的美国，本指国防专家和军事参谋在一起讨论战略问题的秘密空间，后来泛指提供决策建议的研究机构。随着世界政治经济文化领域问题的不断增多以及研究对象的日趋广泛，需要进行多视角、多领域的综合研究，智库的研究范围也不断扩大。比如著名的美国兰德公司，早期是为美国军方提供服务，后来其研究范围扩展到法律、教育、科技、经济等多个领域。

与西方相比，我国的智库建设明显滞后。20 世纪 80 年代初期，中央制定诸多改革方案，便在各部门中搜集相关领域的专门人才，最初是不定期地邀请他们到中南海讨论，后来陆续成立了一些相应的研究机构，中央政策研究室和国务院发展研究中心成立的背景即是如此。从目前中国智库的形态看，主要可以分成三大类：一是政府的直属研究机构，以中国社会科学院、国务院发展研究中心、国务院研究室为代表，还包括一些职能部门的研究机构，如国家发改委、财政部、商务部等下属的研究所，这类研究机构大概有 200 家；二是各个大学的研究机构，例如北京大学、复旦大学等都有和政府联系紧密的智库机构，全国可能在 700 家至 800 家左右；三是数量不到十分之一、生存困难的一些民间智库，例如由经济学家茅于轼、张曙光和盛洪等创办的国民经济研究所等。[①] 2006 年 11 月，“首届中国智库论坛”于北京召开之际，评选出了“中国十大著名智库”，即：中国社会科学院、国务院发展研究中心、中国科学院、中国军事科学院、中国国际问题研究所、中国现代国际关系研究院、中国太平洋经济合作全国委员会、中国科学技术协会、中国国际战略学会、上海国际问题研究所。在此“十大著名智库”中，无一家大学智库或民间智库入选。而在 2009 年、2011 年于北京召开的第一、二届全球智库峰会上，同样以官方智库为主导，大学智库和民间智库整体失声。所有这些，都充分凸显了官方智库一家独大、过于强势的失衡状态。

鉴于当今中国正处于既是战略机遇期又是矛盾凸显期的特定历史阶段，以及大学智库在三大智库体系中应有的独特优势与目前的发展格局，迫切需要从 21 世纪全球视野与国家战略的高度大力加强大学智库建设，以此为中国的和平崛起与可持续发展提供智力引领和支撑。本文重点就此

---

① 刘薇：《政府智库影响十二五决策》，《京华时报》2011 年 3 月 14 日 A10 版。

问题提出若干对策性意见和建议。[①]

一　大学智库建设的战略意义

官方、民间与高校三种智库，各有优势和不足。官方智库具有整体实力上的绝对优势，但同时也难免有一定的局限性，例如：与决策层关系过于紧密，受决策层的主观意志影响较大，容易造成思想上的“先入为主”；较多地注重对决策的解读和说明，缺乏学理积淀和批判精神，容易走向实用主义、功利主义，等等。民间智库在中国发育滞后，成果有限，可以预见在今后的一定时段内仍然难以发挥应有的作用。而相对于官方智库和民间智库而言，大学智库在学科、学术、人才以及独立性上有着独特的优势。

（一）大学智库的比较优势

大学具有人才培养、科学研究、社会服务以及文化传承创新的四大职能，这是其他任何组织机构所无法同时具备的，因而大学智库的比较优势，归根到底是由大学的四大职能所决定的，也可以说是大学之所以为大学的功能优势。

1. 学科优势

大学具有综合性的学科基础，具备多学科交叉融合、催生新兴学科的良好土壤和环境，能够为解决政治、经济、军事、外交和文化等综合性问题提供学科支撑。当今大学智库发展的突出特点是问题导向与跨学科方法，因而大学智库所具有的综合性学科基础的优势更为明显。享有世界声誉的智库报告，诸如普林斯顿大学高级国际问题研究院的《普林斯顿报告：法治下的自由社会》，俄罗斯高等经济大学的《2017 年的俄罗斯与世界》、《2020 年的俄罗斯与世界》等，都是以问题为导向的多学科合作研究的集成性成果。

---

① 国内学界对大学智库的研究，尚未予以应有的重视，相关成果屈指可数。其中冯绍雷所著《智库——国外高校国际研究院比较研究》（上海人民出版社 2011 年版）对国外大学智库的研究富有参考价值与启示意义。

2. 学术优势

大学是知识创新和传播的源泉与阵地，基于对知识的非功利性追求，通常具有注重学理研究的优良传统，有着丰富的理论积累。与此同时，大学也非常注重理论研究和应用研究相结合，以此促进科研成果的转化。20世纪90年代，英国工党政府长期邀请伦敦政治经济学院的经济绩效中心作为其实施英国现代化方案和经济政策制定的特别顾问，[①] 即是倚重大学学术优势的典型案例。上述的《普林斯顿报告：法治下的自由社会》、《2017年的俄罗斯与世界》、《2020年的俄罗斯与世界》等，同样也是大学智库学术优势的集中体现。

3. 人才优势

大学的第一职能是人才培养，大学的第一优势在于人才优势。培养与聚集人才，不仅通过教学和科研的互动推进研究成果的创新发展，而且通过思想碰撞与智慧启迪能够产生源源不断的科研力量。无论是国际还是国内的著名大学智库，都毫不例外由著名学者主持，并有赖于一支高水平团队的强力支撑。美国哥伦比亚大学的地球研究所在杰弗里·沙克斯教授的指导下，由30多个研究中心和850位科学家、博士后研究员和教职员组成。[②] 研究所曾向国家政府和联合国提供了关于可持续发展和《千年发展目标》等建议，充分显示了该研究所雄厚的人才优势和科研实力。

4. 身份优势

大学智库的身份优势是相对于官方与民间智库而言的：一是大学智库具有相对的独立性。国内外许多研究者都曾指出，大学智库主要特征之一就是其独立于政府或党派利益。[③] 由于大学智库主要利用其自身的员工和资金，较少的受到党派或某些利益相关群体的影响，从而使得大学智库提供的决策依据更为中立，同时也更容易被公众接受；二是大学

---

① Pautz, H., Think-tanks and Public Policy in the UK and Germany., *A Case Study of the Development of Social Policy Discourses of the Labour Party and SPD between 1992 and 2005*, *Unpublished doctoral thesis*, 2008, Glasgow Caledonian University, Glasgow. PPA 378328.

② 哥伦比亚大学相关网站：http://www.earth.columbia.edu/articles/view/1791

③ McGann J. Think Tanks and Policy Advice in the US: *Academics, Advisors and Advocates. 2007*, New York: Routledge; Stone, D., "Recycling Bins, Garbage Cans or Think-tanks? Three Myths Regarding Policy Analysis Institutes" *Public Administration*, 85 (20): 259-278, 2007.

智库具有相对的公正性。由于大学学者具有较强的独立意识和批判精神，更能够提出客观公正的建议，也更适合发出反对和批评的声音，有利于决策者开阔视野，促进决策的民主化，制约公权力的滥用，有利于保证决策制定和执行的科学性；三是大学智库具有相对的严谨性。“大学智库的研究人员长期接受科学研究方法的训练，具有良好的学术水平，善于利用全面系统化的科学方法处理所有可得的相关数据或证据，并推导出政策，而不是依靠组织证据来支持预设结论的政策。这符合现代政府在决策时非常注重政策制定具有严谨依据，从而能够更有效的说服公众。”①

（二）大学智库建设的战略意义

杨玉良先生在《大学智库的使命》中指出，大学为社会服务的现代形式就是大学的“智库”，尤其在综合性、研究型大学，它是体现多元化功能、服务于国家和社会的一种现代形式。② 大学智库建设的战略意义，集中体现在促进社会发展、促进教育发展与促进人才培养三个方面。

1. 促进社会发展的战略意义

主要取决于大学智库服务社会的不同层级，包括服务区域、国家和人类三重取向，也有一些大学智库将此三者融于一体。

（1）服务区域发展。区域发展是一个国家发展的基础，国内外的许多地方大学往往首先定位于服务区域发展。实际上，区域发展应该成为所有大学智库的首要服务对象，因为即便是世界著名大学，也同样存在于特定的区域之中，与所处区域有着千丝万缕的关系。西方大学智库，特别是公立大学的附属智库，往往是地方政府区域发展政策咨询的主要提供者。美国大部分州政府的政策研究机构都设立在公立大学专业院系或校内研究所，其政策研究具有较高的创新性③。国内如北京大学首都发展研究院、

① Pautz, H., Think-tanks and Public Policy in the UK and Germany., *A Case Study of the Development of Social Policy Discourses of the Labour Party and SPD between 1992 and 2005*, *Unpublished doctoral thesis*, 2008, Glasgow Caledonian University, Glasgow. PPA 378328.

② 杨玉良：《大学智库的使命》，《复旦学报》2012 年第 1 期。

③ Teitz, M. B. “Analysis for Public Policy at the State and Regional Levels: The Role of Think Tanks”. *International Regional Science Review*, 2009, 32 (4): 480 - 494.

南京大学长江三角洲经济社会发展研究中心、南开大学滨海开发研究院、浙江大学中国西部发展研究院、浙江工业大学海洋研究院等，也都立足于区域发展的智力服务。

（2）服务国家发展。服务国家发展，几乎是全球知名大学智库的核心宗旨。美国第28届总统伍德罗·威尔逊（Woodrow·Wilson）于1896年概括普林斯顿大学的治校信条是“为国家服务”，由其创建的普林斯顿大学高级国际问题研究院理所当然地以此为宗旨。哈佛大学肯尼迪学院贝尔弗科学与国际关系研究中心，作为该校在国际安全事务、环境和资源事务、科学和技术政策领域的研究、教学和培训的最重要的研究机构，一直以双重使命作为自己的目标定位：一是为领导制定决策时提供相关信息，如国际安全和其他科学、技术、环境政策以及国际事务交叉领域的关键问题；二是培养这些领域的新一代的领导人。斯坦福大学国际安全与合作研究中心，早期研究美国对中国、苏联的关系，军备控制和防止核扩散，以及国际安全事务的科学和技术方面的问题。目前研究领域拓展为战争和冲突、移民和跨国界的流动、公共卫生和环境的事务、网络和生物安全、国际规范和道德标准、暴乱和国土安全，以及核扩散等问题，[①] 对于美国外交战略和国外政策的制定有着重要影响。澳大利亚国立大学克劳福德公共政策学院，肩负了澳洲高阶公务员培训、进修和联邦智库等任务，其建立的亚洲与太平洋政策学会和中华全球研究中心在澳大利亚政府的亚太事务和对中国外交事务政策的制定中发挥着决定性的作用。[②]

就国内大学智库而言，在服务国家发展方面主要呈现为以下三大取向：一是服务于政治、外交和军事战略，如清华大学国际问题研究所、北京大学国际关系研究所、复旦大学国际问题研究院、复旦大学美国研究中心、南京大学欧洲研究中心、浙江师范大学非洲研究院、广西民族大学中国—东盟研究中心、宁夏大学阿拉伯研究中心等；二是服务于经济、社会政策，如清华—布鲁金斯公共政策研究中心、清华大学循环经济研究院、清华大学公共安全研究院、北京大学国家发展研究院、北京大学民营经济

① 斯坦福大学相关网站：http：//cisac. stanford. edu/docs/about_ cisac/

② 澳大利亚国立大学相关网站：http：//www. crawford. anu. edu. au/about_ ipp/content/strategic_ plans_ anipp. php

研究院、中国人民大学中国经济改革与发展研究院、中国人民大学公共政策研究院、浙江大学民营经济研究中心、武汉大学经济发展研究中心、武汉大学社会保障研究中心、浙江工业大学中国中小企业研究院等；三是服务于产业、行业发展，如清华大学国际传播研究中心、北京大学中国能源研究院、北京大学文化产业研究院、南开大学公司治理研究中心、武汉大学媒体发展研究中心等。

（3）服务人类发展。大学智库的公益性和独立性身份能使其更为自由地关注人类发展的事务，而全球学术研究交流的不断发展又能使其在促进人类社会和平可持续发展中发挥关键性作用。20 世纪 90 年代，时任普林斯顿大学校长的哈罗德 · T. 夏皮罗（Harold. T. Shapiro）将 1896 年"为国家服务"的治校信条，充实和调整为"普林斯顿为国家服务，为所有国家服务"，这对普林斯顿大学高级国际问题研究院的服务宗旨和方向产生了直接的影响。诚然，在服务国家与服务人类之间本来就存在着难以克服的固有矛盾，在实践中，无论是西方还是中国的大学智库在服务人类发展中难以真正超脱于国家利益，也难以真正遮蔽自己的主体价值导向，但也有更多的大学智库开始关注人类共同面临的问题，并提出相对独立、公正、严谨的解决方案。比如哥伦比亚大学地球研究所致力于应对世界上一些最困难的问题，从气候变化、环境恶化到贫困、疾病和资源的可持续发展，创新性地提出很多在公共卫生、贫困、能源、生态系统、气候自然灾害和城市化等领域问题的解决方案，① 包括向国家政府和联合国提供了关于可持续发展和《千年发展目标》等建议。国内大学智库如清华大学全球变化研究院、清华大学气候政策研究中心、复旦大学世界经济研究所、南京大学经济全球化与国际关系研究中心、山东大学移民研究所（我国目前唯一以国际移民为主要研究对象的移民研究机构）等，也都不同程度地关注全球化问题和人类发展问题。古人云："取法于上，仅得为中；取法于中，故为其下。"② 追求服务人类发展的高远目标，显然有助于大学智库不断拓展研究视野和领域，加强国际交流与合作。

① 哥伦比亚大学相关网站：http：//www. earth. columbia. edu/articles/view/1791

② 唐太宗《帝范》卷 4。

2. 促进教育发展的战略意义

大学智库在影响政策制定的过程中，建立了与政府广泛的联系，加强了教育界与政府之间的人员流动，有助于推动教育发展。[①] 另一方面，大学智库深入研究区域性、国家层面以及国际发展的问题，在研究中可以获取大量一手的现实数据，借此提升相关学科应用理论解决现实问题的能力，提升大学教育服务社会的能力。

大学智库的对策研究以学科、科研、人才为基础，通过智库建设，本身就可以带动学科建设、人才引进和科研水平的提高，可以推动管理体制机制的改革创新，对于教育事业的发展具有促进作用。

3. 促进人才培养的战略意义

大学智库不仅为政府制定政策提供决策和咨询的智力支持，同时也是培养高素质专业人才的摇篮。全球大部分大学智库都设有附属的研究生项目或博士后研究项目，可以吸收具有良好学术背景的人员参与到政策决策和制定的过程中，一方面可以培养大批优秀的专业人才，另一方面也能帮助大学教师熟悉政策实务操作，了解政策制定流程。因此，大学智库的建设也有利于培养更多能解决现实问题的人才。

目前，很多大学智库也是高校进行教育教学改革的试验区，比如南京大学—约翰·霍普金斯大学中美文化研究中心，致力于国际化、复合型人才的培养，有利于提高学生的创新精神、实践能力。同时，由于智库对于政府决策的服务性以及对于社会问题的密切关注，也有利于增强学生的社会责任感。

大学智库促进人才培养的重要意义还体现在提高政府工作人员的素养上。一是可以根据政府工作人员的职业要求进行对口培养；二是可以对政府工作人员进行相关职业培训。政府公务员不仅需要具备良好的知识基础，还要熟悉政策制定、执行的过程，大学智库较之传统学术化的教育能更好地满足这一需求。为此，许多大学智库都会聘任诸多政府要员担任兼职教授或讲座教授，以适应对口培养与培训的需要，这是一个双向互动而使彼此受益的过程。

---

① Thunert, M., "The Development and Significance of Think Tanks in Germany", *German Policy Studies*, 3 (2): 185 - 221, 2006.

二 国外知名大学智库的经验借鉴与启示

国外大学智库率先起步，数量众多，实力雄厚，成果显著，影响深远，值得国内大学智库借鉴。

（一）国外知名大学智库的区域分布

2012 年 1 月 18 日，美国宾夕法尼亚大学发布了《2011 年全球智库调查报告》。该报告调查了全球 182 个国家中最具有影响力的 6545 家智库，其中北美和西欧 3707 家，占比 56.64%，亚洲拥有 1198 家，占比 18.30%；从国别看，居于前三名的是美国、中国和印度，分别为 1815 家、425 家、292 家，中印两国已经超过英德等发达国家跃居前三。[①]

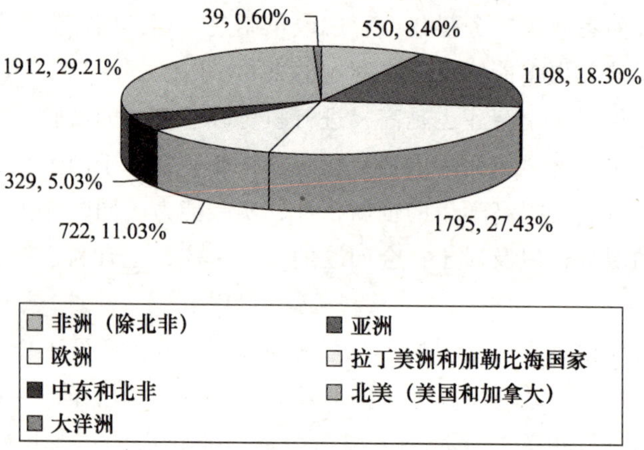

图一 全球智库分布情况

又据该报告所列 30 所“世界最佳大学智库”排名，其中美国 9 所，英国 4 所，中国 2 所，新加坡 2 所，加拿大 2 所，德国、法国、厄瓜多尔、匈牙利、巴西、乌干达、澳大利亚、新西兰、瑞士各有 1 所入选。

---

① 资料来源：美国宾夕法尼亚大学《2011 年度全球智库调查报告》，2012 年 1 月，（http：//repository. upenn. edu/think_ tanks/6/）。

表 1 **2011 全球大学智库排名①**

排名	机构名称	所在院校	国家	成立时间
1	贝尔弗科学与国际关系研究中心	哈佛大学	美国	1973
2	胡佛研究院	斯坦福大学	美国	1919
3	国际发展研究中心	哈佛大学	美国	1998
4	公共政策集团	伦敦政治经济学院	英国	
5	地球研究所	哥伦比亚大学	美国	1995
6	跨大西洋关系研究中心	约翰·霍普金斯大学	美国	
7	国际安全与合作研究中心	斯坦福大学	美国	1983
8	莫卡特斯中心	乔治梅森大学	美国	
9	发展研究所	苏萨克斯大学	英国	1966
10	国际问题研究中心	巴黎政治学院	法国	1952
11	Faculdad Latinoamericana	de Ciencias Sociales	厄瓜多尔	
12	维斯海德国际事务中心	哈佛大学	美国	
13	国防研究中心	伦敦国王学院	英国	1990
14	布鲁金斯—清华公共政策研究中心		中国	
15	发展研究中心	波恩大学	德国	1995
16	政策研究中心	中欧大学	匈牙利	2000
17	詹姆斯贝克·公共政策研究所	赖斯大学	英国	1993
18	国立莫斯科国际关系学院		俄罗斯	1944
19	全球化研究中心	耶鲁大学	美国	2001
20	金砖四国策略中心		巴西	
21	刘氏全球问题研究所	英属哥伦比亚大学	加拿大	
22	拉贾拉南国际问题研究院	南洋理工大学 国防和政策研究学院	新加坡	1996
23	经济政策研究中心		乌干达	
24	弗里曼·斯伯格里国际问题研究所	斯坦福大学	美国	1983
25	国际关系研究所	北京大学	中国	
26	人类安全报告项目	西蒙·弗雷泽大学	加拿大	2007

① 资料来源：美国宾夕法尼亚大学《2011 年度全球智库调查报告》，2012 年 1 月，（http：//repository. upenn. edu/think_ tanks/6/），个别机构成立年份不详。

续表

排名	机构名称	所在院校	国家	成立时间
27	战略和国防研究中心	澳大利亚国立大学	澳大利亚	1966
28	政策研究中心	惠灵顿维多利亚大学	新西兰	
29	东南亚研究所	新加坡国立大学	新加坡	1968
30	安全问题研究中心	苏黎世联邦理工学院	瑞士	

从表1中可以看出，知名大学智库集中于美英两国，大多建于研究性大学。这一区域分布结果表明，知名大学智库除了自身实力之外，还直接取决于各相关大学的历史沉淀和整体优势，以及所在国家的国际地位。

（二）国外知名大学智库的发展趋势

根据冯绍雷主编《智库——国外高校国际研究院比较研究》的归纳，国外大学智库的发展主要呈现以下六大趋势：

1. 问题导向下的国际研究

纵观当今国外高校重要国际研究机构，一个相当普遍的现象，就是以问题为导向，特别是以当前国际社会和外交政策与战略中所面临的一系列重大而尖锐的挑战作为自己的研究客体，从中提出切合实际的解决方案。这样一种相当务实，并有明确针对性的学术和教学风格，已经成为国外高校国际研究机构的普遍追求。

2. 受到普遍重视的跨学科方法

国际研究本身所包含的多样化内容自然而然地要求研究方法偏重于多学科方法。许多国外高校国际研究机构在专家云集、强手如林的氛围下，各学科之间的交流有力地推动了跨学科方法的推广。

3. 国际化的办学宗旨

欧美国家大学国际研究院在国际化办学方面采取了一系列重要措施，除了通过常规的国际访问学者制度、国际奖学金制度、国际学生交流制度、国际学术交流制度，以及面向全球的专业人员和教授的招聘制度，吸引来自世界各国的精英，推动思想和成果的互动，而且多年来还通过广泛地在海外建立分校的做法，更加直接地扩展学校的影响，构建起全球网络。进入新世纪以来，欧美日俄多国大学国际研究院都以发展与东亚地区，特别是与中国的合作作为国际化的一个重要方向。

4. 重在培养质量的研究生教学体系

国外大学国际研究院富有特色的一个方面，就是确保高质量的研究生培养体系的正常运转。首先是研究生课程体制的安排，其次是非常关注学位培养过程的严格把关，还有一个重要环节是推动研究生积极参与实际工作的锻炼。

5. 力争取得超越党派政治的独立地位

西方国家的政府部门和各个党派尽管非常关注对于决策有密切关系的国际研究院系统的成果与影响力，但在一般情况下，并不影响这些学术机构的独立运作。另一方面，在提倡学术自由的同时，这些研究机构对于国家利益的恪守和国家尊严的维护，无论在教学中还是发表的学术作品中时时可以看到。

6. 务实的研究工作保障体系

欧美等国大学国际研究院之所以成为这些国家对外决策过程中不可忽视的重要力量，除了上述各方面的智力建设和软件保障系统之外，重要的硬件设施，包括图书馆情报资料、教学设施、网络系统等基础设施建设，是其确保高质量的研究与教学成果的关键条件。而在资金投入方面，尽管近年来西方各国经济趋紧，但是对作为国家决策重要思想源的高级研究院系统还是保持了相对充裕的经费投入。①

（三）西方知名大学智库的主要经验

美国大学智库可以说在世界上独领风骚，其原因就在于美国特殊的环境，如分散化的政治和决策制度、发达的“政策企业家精神”和多元、充沛的经费投入。

2009 年，美国布鲁金斯学会主席约翰·桑顿在参加北京全球智库峰会时谈到该学会奉行的三大核心价值：一是质量，由各领域最优秀的学者把思想变为现实问题的解决方案；二是独立，虽受惠于多个赞助者，依然从事独立、公正的研究；三是影响力，不仅是发表成果或提出有意思的思想，更需要广泛的宣传。②

① 冯绍雷：《智库——国外高校国际研究院比较研究》，第 7—12 页。

② 侯定凯：《人文社会科学的知识转化机制探析——兼论优质大学智库的培育》，《复旦教育论坛》2011 年第 5 期。

国外知名大学智库有着共同的建设和发展经验，大致可以归结为以下八个方面：

1. 国际化的战略取向

这首先见之于许多知名大学智库普遍以国际研究院或研究中心命名，诸如哈佛大学贝尔弗科学与国际关系研究中心、国际发展研究中心、维斯海德国际事务中心，耶鲁大学全球化研究中心，斯坦福大学国际问题研究中心、弗里曼·斯伯格里国际问题研究所，约翰·霍普金斯大学高级国际研究院，普林斯顿大学高级国际问题研究院等等，都是如此。而更重要的是，这些知名大学智库普遍以国际战略思维关注全球性的重大问题。比如普林斯顿大学高级国际问题研究院下设全球化和治理研究中心、科学与全球安全中心、全球健康和卫生政策中心等研究机构，这些二级研究机构亦以“全球”命名，即充分凸显了其对全球重点问题的高度关注。此外，还有许多知名大学智库重点关注区域问题的研究，英国伦敦大学亚非学院（SOAS）建有南亚研究、东南亚研究、近东和中东研究、非洲研究、当代中国研究所、日本研究中心、韩国研究中心等“地区研究”机构，在重点区域研究领域与方向中体现国际化的战略取向。事实充分证明，只有立足于国际化的战略取向，才能占据国际智库的制高点，才能拥有国际学术话语权。

2. 特色化的发展路径

在立足于国际化的共同战略取向中，西方许多知名大学智库同时又都能紧密结合学校自身优势，整合最雄厚的学术力量，以提高对策研究的专业水准。比如伦敦政治经济学院的公共政策集团，基于学校在政治学方面的绝对优势，致力于“培训有技能的和思维开阔的领导者，通过世界级的学者以及实践者和政策决策者一起研究国际事务”。目前的研究领域涉及东南亚、中亚、巴尔干半岛、中东、拉丁美洲、非洲的国际事务，以及跨大西洋事务等。① 即便在上文所述的皆以“国际”命名的大学智库中，包括哈佛大学贝尔弗科学与国际关系研究中心、国际发展研究中心、维斯海德国际事务中心、耶鲁大学全球化研究中心、斯坦福大学国际问题研究中心、弗里曼·斯伯格里国际问题研究所、普林斯顿大学高级国际问题研究院等等，也都有各自不同的研究重心和优势。至于以特定研究领域为宗

① 伦敦政治经济学院相关网站：http：//www2. lse. ac. uk/IDEAS/Home. aspx。

旨的大学智库，诸如约翰·霍普金斯大学跨大西洋关系研究中心、苏黎世联邦理工学院安全问题研究中心、澳大利亚国立大学战略和国防研究中心、新加坡国立大学东南亚研究所，以及英国伦敦大学亚非学院的南亚研究、东南亚研究、近东和中东研究、非洲研究、当代中国研究所、日本研究中心、韩国研究中心等更是如此。可见有所为有所不为，以特色优势取胜，同样是知名大学智库的生存与发展之道。

3. 独立性的学术追求

这里有双重含义，一是在西方多党制的政治生态环境中，如何超越党派政治而回归学术。以美国为例，许多大学智库多由刚刚离任的政府要员创办、主持或被聘为学术骨干，也有许多智库学者出任政府要职，彼此来往密切，互动频繁。但大学智库作为一个学术机构，基于维护大学思想自由、学术独立的理想，总是力图超越党派政治而保持相对的独立性。另一重含义是学理上的独立性，亦即上文所述的相对的公正性和严谨性，由此可以杜绝决策咨询研究的实用主义、功利主义，避免成为政府决策的解读和说明。正是大学智库的相对独立性，增强了其成果的公正性和可信度。

4. 多学科的人才聚集

大学不仅拥有来自不同学科的高学术水平的研究者，而且容易在大气包容的学术氛围中促进不同学科的交融与创新，以适应跨学科研究的需要。西方许多知名大学智库往往就是多学科人才聚集的高地，其中既包括了大学学术研究人员，也聘请具有一定学术背景的前政府工作人员，同时还招募或聘请一些设计、营销、广告等方面的专家。为此，这些大学智库都设立了一套完善的行政管理和公共关系处理的组织架构。比如哈佛大学贝尔弗科学与国际关系研究中心，即整合了一大批社会科学家、自然科学家、技术专家以及政府、外交、军队和商业领域的实践者，有常驻学者150多名，包括哈佛大学的研究员、教员和实习人员，每年还会新增一批国际化的交叉学科的博士后研究员。① 这种多学科的人才聚集，混合性的人员配置，在国外知名大学智库比比皆是，归根到底是为了更好地适应跨学科研究的需要。

5. 高质量的成果产出

上文所述布鲁金斯学会主席约翰·桑顿之所以将质量列为该学会奉行的三大核心价值之首，即已充分说明了由各领域最优秀的学者把思想变为

---

① 哈佛大学相关网站：http：//belfercenter. ksg. harvard. edu/about/。

现实问题的解决方案的极端重要性。实际上，智库存在的根本目的是向政府提供智力支持，影响政府的政策决定过程，因此只有提供高质量的解决现实问题的方案，才能引起政府的关注。另一方面，从政府、学界到社会，也同样都是以高质量的成果产出作为衡估智库的根本标准。20 世纪 90 年代，德国波恩大学建立欧洲一体化中心（ZEI）而获得了德国政府大量的资金支持。① 澳大利亚国立大学贴近澳大利亚政府积极参与亚太事务，关注中国发展的需求，改组原有的公共政策学院，成立了新的亚太研究中心和中国研究中心，吸引了澳大利亚政府超过 1.5 亿澳元的资助。② 所以，西方大学智库研究之所以普遍贴近政府需求，以解决现实问题为导向，不仅仅是一种学术传统的延承、一种社会责任的担当，同时也是基于自身生存与发展的需要。当然，高质量的成果产出是多方面的，除了基于现实需要而提供的解决方案外，还包括出版年度报告、重要刊物，召开学术会议以及参与其他公共讨论等。

6. 一体化的组织体系

国外知名大学智库几乎都是集人才培养、科学研究与社会服务于一体。其中约翰·霍普金斯大学高级国际研究院（SAIS）具有一定的典型性，该院于 20 世纪 40 年代创办初期，即已敏锐地意识到了必须创建新型研究生院，以培养具有国际眼光的新一代美国人。经过六十多年的发展，该院培养的学生总数已达 1.5 万人，服务于 140 个国家和地区，其中有 130 位校友成为大使。近来连年被《外交政策》评为美国最好的国际关系研究生院之一，2005 年和 2007 年，该院的 M. A. 项目分别名列该排行榜的第 1 名和第 2 名。③ 由此表明，约翰·霍普金斯大学高级国际研究院已同时以国际问题高等研究与教育的卓越成就而享誉世界。再以美国非洲研究机构为例，20 世纪 90 年代中期，共有 18 所大学被指定为非洲研究方面的国家智力中心。这些智力中心往往同时兼具研究、教育与公共服务三项使命。④ 大学智库一体化的组织体系，不仅可以使其发挥最大效益，而且可以保障学术梯队与传统的不断延续。

---

① Thunert, M. , "The Development and Significance of Think Tanks in Germany", *German Policy Studies*, 2006, 3 (2): 185 - 221.

② 澳大利亚国立大学相关网站：http：//news. anu. edu. au/? p = 2137。

③ 冯绍雷：《智库——国外高校国际研究院比较研究》，第 17—18 页。

④ 许亮：《伊利诺伊大学香槟分校非洲研究中心简介》，《西亚非洲》2007 年第 5 期。

7. 紧密型的互动平台

国际知名大学智库一般都建立了广泛的联系网络，其中既包括学术性的研讨网络，还包括与政府的密切联系。这些大学智库正是通过与政府搭建良好的互动平台，不仅得到了政府以及社会各界更多的支持，而且能够及时而充分地宣传相关研究成果。美国大学智库就经常性地举办研讨会、答谢宴，邀请国务院官员、国会议员、政界名流参加，扩大影响。例如斯坦福大学的胡佛研究所，自 1980 年起，每年定期在华盛顿召开为期两天的研讨会，与会人数限定在 12 人到 15 人，大多来自国会两院和各种小组委员会。① 大学智库紧密型的互动平台的搭建，有助于促进智库与政府以及社会各界社交网络的形成和优化。

8. 多元化的经费投入

资金来源的多元化，有利于减少外界对大学智库独立研究的干扰和主观意志的牵引。比如，专门从事国际问题研究的哈佛大学国际事务中心，其经费除校方提供外，还得到福特基金会、洛克菲勒基金会和卡内基国际和平捐助基金等大基金会的资助，其他基金会如约翰逊基金会、蒂森基金会、凯特林基金会、卢布里佐尔基金会等对它的某些研究项目也给予部分资助。此外，中心还接受个人捐助、企业资助，以及国家科学基金会、国防部和全国卫生研究学会等官方的研究基金。大学智库多元化的经费投入，是保障智库可持续发展与独立研究的重要条件。

三 我国大学智库建设的最新进展与存在问题

我国大学智库是伴随改革开放的历史进程、为适应国家和区域发展的迫切需要而逐步成长起来的，因而在总体上与欧美发达国家大学智库存在明显的差距，尤其在服务区域、国家、人类发展的意识、能力方面都有待进一步的加强。

（一）我国大学智库建设的最新进展

目前，我国大学智库的一个重要来源是教育部人文社科重点研究基

① 黄忠敬：《美国教育的智库及其影响力》，《教育理论与实践》2009 年第 5 期。

地。1999 年以来，教育部按照“一流”和“唯一”标准，在全国 66 所高校相继设立了 151 个人文社科重点研究基地，旨在构建以中国化马克思主义为指导、具有中国特色、中国风格、中国气派的哲学社会科学体系和开创我国高校哲学社会科学新局面，其中超过 50% 的基地成为后来启动“985 工程”国家哲学社会科学创新平台的核心和支撑。与教育部人文社科重点研究基地建设相呼应，各地相继建立省级重点研究基地 400 多所，各校建立校级研究基地 1000 多所。

表 2　　教育部人文社科重点研究基地

所属学科	数量（个）	所属学科	数量（个）
法学	9	图书情报文献学	1
港澳台问题研究	2	外国文学	1
管理学	7	心理学	2
国际问题研究	9	新闻学与传播学	4
教育学	11	语言学	8
经济学	26	哲学	12
考古学	2	政治学	1
历史学	12	中国文学	7
马克思主义	4	宗教学	2
民族学	4	综合	32
社会学	4	总计	151

当然，并非所有的大学研究机构都可以与智库画等号，只有那些侧重于政策研究的机构才属于智库。在以上 151 个人文社科重点研究基地中，真正兼具智库功能的为数不多。这是由于过去对这些研究基地比较强调以学科为中心，而与智库注重问题研究以及跨学科方法取向不同。

为进一步加强高校人文社科重点研究基地建设，形成一批国家智库，教育部新近又启动了实施新一轮《高校人文社会科学重点研究基地建设计划》。新一轮的重点研究基地建设将以研究回答全面建设小康社会中的重大问题为主攻方向，推动基地与各部委、地方政府等开展实质性、高水平合作；将聚焦国际学术前沿，长期、持续推进基础研究，形成一批有国际影响的学术高地；还将形成一批新兴交叉问题研究的“孵化器”、形成一批拔尖创新人才培养的平台、形成一批高水平数据和信息中心、形成一批国际学术交流合作的重镇，同时积极探索新型科研组织模式，服务中国特色现代大学制度建设。[①] 这一计划及时回应了当前中国经济社会发展和大学智库建设的迫切需要，必将产生巨大而深远的影响。

表3　教育部区域和国别研究培育基地

类别	所属高校	基地名称
区域研究培育基地（23个）	北京大学	非洲研究中心
	上海师范大学	非洲研究中心
	浙江师范大学	非洲研究中心
	北京大学	大洋洲研究中心
	中山大学	大洋洲研究中心
	天津外国语大学	拉美研究中心
	西南科技大学	拉美研究中心
	北京语言大学	阿拉伯研究中心
	北京第二外国语学院	阿拉伯研究中心
	宁夏大学	阿拉伯研究中心
	中国人民大学	欧盟研究中心
	四川大学	欧盟研究中心
	上海外国语大学	欧盟研究中心
	厦门大学	东盟研究中心
	广西民族大学	东盟研究中心
	贵州大学	东盟研究中心
	吉林大学	东北亚研究中心
	北京大学	南亚研究中心
	四川大学	南亚研究中心
	兰州大学	中亚研究中心
	北京外国语大学	中东欧研究中心
	厦门大学	港澳台研究中心
	中山大学	港澳台研究中心

① 赵婀娜：《我国高校将开始新一轮人文社科研究基地建设》，《人民日报》2011年11月22日第12版。

续表

类别	所属高校	基地名称
国别研究培育基地（14个）	北京大学	美国研究中心
	四川大学	美国研究中心
	同济大学	德国研究中心
	四川外语学院	德国研究中心
	南开大学	日本研究中心
	北京外国语大学	日本研究中心
	北京航空航天大学	法国研究中心
	武汉大学	法国研究中心
	广东外语外贸大学	加拿大研究中心
	北京外国语大学	加拿大研究中心
	北京外国语大学	英国研究中心
	上海外国语大学	英国研究中心
	上海外国语大学	俄罗斯研究中心
	北京师范大学	俄罗斯研究中心

与此同时，为了弥补大学智库服务国家外交战略的不足，教育部于2011年启动了“教育部区域和国别研究培育基地”，旨在加强中国的区域和国别研究，促进教育对外开放，服务国家外交战略，为国家制定发展战略、政策措施提供智力支持、决策咨询、理论探讨和实践分析，这就意味着这些研究机构的建设目标是服务国家外交战略的大学高端智库。首批获得教育部批准立项建设的区域研究基地23个、国别研究培育基地14个，合计37个。

此外，也有部分高校基于强烈的智库意识，自行建立服务国家和区域发展的研究机构，其中一部分是以先前各地建立的400多所省级重点研究基地、1000多所校级研究基地为基础，经过遴选、转型、升级而来的，另一部分则是另行新建的研究机构。就创建智库的主体单位而言，除了部属大学之外，一些地方大学也参与了智库建设，从而形成了部属大学高端智库与地方大学特色智库相辅相成的崭新局面。而从服务层级而言，地方大学特色智库以服务区域发展为主体，部属大学高端智库则以服务国家发展为主体，但在服务能力与水平方面都存在着明显的不足。至于在关注全球问题、服务人类发展的更高层面，与西方知名大学智库的差距更为明显。

（二）我国大学智库建设的主要问题

我国与西方知名大学智库的差距，既是社会发展阶段的差距，也是大学发展水平的差距，主要表现在以下八个方面：

一是战略意识问题。无论是政府对大学智库的培育，还是大学以智库服务政府的自觉，首先在意识上还没有引起足够的重视，甚至还存在着诸多偏差。从大学智库自身反思，由于长期远离政府决策中心，普遍呈现为学科本位、轻视应用对策研究以及活动“个体化”的特点。研究人员的服务意识不强，不能积极主动对接政府决策需求；研究成果也过于理论性、学术性，不易为政府和大众接受。[①]

二是科学规划问题。一是从宏观层面而言，《国家中长期教育改革和发展规划纲要（2010—2020年）》提出高校要积极参与决策咨询，主动开展前瞻性、对策性研究，充分发挥思想库、智囊团作用，但未见有关智库建设的相应规划、计划或举措。在其他相关的国家中长期发展规划中，也都尚未将国家智库（包括大学智库）建设规划提上议事日程；二是从中观层面而言，大学智库建设的整体规划已明显滞后于形势需要，一方面存在着盲目跟风、重复建设、水平低下、智力资源浪费的情况，另一方面却又存在着诸多空白点，比如包括钓鱼岛在内的海疆研究机构几乎没有，远远跟不上国家外交战略的需求；三是从微观层面而言，无论是大学对本校智库建设还是大学智库的自身建设来说，也同样普遍缺乏富有前瞻性的战略谋划。

三是体制障碍问题。一是就大学与政府关系而言，受制于大学管理体制的束缚，大学与政府明显处于不对等地位，大学与政府的通道难以真正打通，大多数智库和研究人员与决策者的联系不够紧密，研究成果对政策的影响力有限。另一方面，各级政府都建有较为完善而又相对封闭的政研室系统，在政府决策咨询中扮演着主导角色，由此也进一步抑制了大学服务政府决策的机会与途径。二是就大学本身而言，大学内部长期形成的学科壁垒以及资源制约，成为大学智库所需要的多学科合作、跨学科交融的

① 张骏：《打造大学智库完善多元决策》，《解放日报》2012年3月8日第3版。

严重障碍。而在不同大学智库之间，由于学术目标与研究传统的差异，同样也是壁垒重重，难以开展深度合作，无法实现优势互补。

四是人才队伍问题。从大学智库服务区域、国家、人类发展的层级要求以及跨学科研究方法来看，目前最紧迫的问题是人才问题。一是缺乏引领多学科合作、跨学科研究的领军人才；二是缺乏整合多学科的科研力量、形成科研合力的高水平的团队；三是缺乏与世界知名智库对话与合作的国际化人才。所以难以形成与国家经济实力相应的话语权，尤其是对于全球性问题和关系人类发展的重大课题的研究，缺乏应有的贡献度和影响力。

五是成果产出问题。整体而论，目前我国大学智库所能提供的研究成果还相当有限，水平也是参差不齐。许多地方政府主要借助政研室的力量，来自大学智库的研究报告数量不多，真正被政府采纳的更少。而对于一些涉及国家外交战略以及全球性的重大问题，许多大学智库未能及时做出积极的响应，更缺乏前瞻性的研究成果。实事求是地说，我国大学智库还拿不出诸如普林斯顿大学高级国际问题研究院的《普林斯顿报告：法治下的自由社会》，美国哥伦比亚大学地球研究所的《千年发展目标》，以及俄罗斯高等经济大学的《2017 年的俄罗斯与世界》、《2020 年的俄罗斯与世界》之类的优质报告。归纳起来，当有两个方面的问题：一是有无的问题，即大学智库未能提供区域、国家、人类发展所需要的智力支持；二是优劣的问题，即虽然大学智库提交了相关的研究报告，却由于质量不高而难以付诸实践。

六是评价导向问题。对于大学智库的研究成果，缺乏中介性评价的平台和途径，基本上限于“领导批示”，并以领导批示的层级确定其水平和价值。与此同时，在目前高校的考评体系中，依然存在重学术、轻应用的弊端，缺乏与此相应的激励机制，因而影响了应用对策研究的积极性。

七是国际合作问题。目前中西之间大学智库的交流已逐步热络起来，但由此走向深度合作研究尚有许多障碍。2000 年南京大学与美国约翰·霍普金斯大学共同成立南京大学—约翰·霍普金斯大学中美文化研究中心，2006 年由清华大学和美国布鲁金斯学会联合创办清华—布鲁金斯公共政策研究中心，标志着中美大学智库合作业已取得了突破性的进展。但目前此类趋于机制化的合作方式还属个案，而且一时难以向更多的大学智库推广。至于以项目为纽带的中西大学智库合作研究，还没有形成相应的规模，其中由我国大学智库主持的合作项目研究则为数更少。

八是投入保障问题。目前大学智库研究经费的获取渠道普遍比较单一，如同西方的多元化投入机制尚未形成，所以难以为智库的可持续发展提供强有力的经费保障。

四 关于加强大学智库建设的若干建议

根据《国家中长期教育改革和发展规划纲要（2010—2020 年）》、教育部、财政部联合颁布的《高等学校哲学社会科学繁荣计划（2010—2020 年）》关于高校要积极参与决策咨询，主动开展前瞻性、对策性研究，充分发挥思想库、智囊团作用的精神，以及教育部、财政部《关于实施高等学校创新能力提升计划的意见》，推进“协同创新”，提升高等学校创新能力的意见，为主动适应中国和平崛起与可持续发展的需要，逐步缩小我国与西方大学智库的差距，提出如下几点建议。

（一）强化战略意识

无论普林斯顿大学校长哈罗德提出的“普林斯顿为国家服务，为所有国家服务”，还是美国哥伦比亚大学地球研究所向美国政府和联合国提供的关于可持续发展和《千年发展目标》等建议，以及诸多西方大学智库普遍关注全球性的重大问题，其中所蕴含的如此强烈的全球战略意识，应引起我国大学智库的普遍重视和警示。毫无疑问，我国大多数大学智库应首先立足于服务区域和国家经济社会发展，要主动跟踪和密切关注政府的战略需求，并努力为其提供高质量的咨询服务。但与此同时，我国大学智库，尤其是一些高端智库一定要有从服务区域、国家走向服务人类发展的宏大理想和高远目标，要有提升国际学术话语权与竞争力的战略意识和能力，尤其需要高起点、大手笔地做好“实力”与“特色”两篇文章。

（二）制定科学规划

西方大学智库的成长，不仅仅是大学自身发展的结果，在其背后，政府其实发挥了无可替代的主导作用。以美国的“地区研究”为例，1957 年，美国政府在苏联成功地发射了世界上第一颗人造卫星之后，感受到了新科技带来的巨大冲击，迫切需要组织各方面的国际和地区问题专家与苏联进行全球战略竞争，于是谋划启动新一轮地区研究重点资助计划。1958年美国政府正式颁布《国防教育法案》之后，先后资助了19个国际和地区问题研究中心，并开始设立非洲研究项目。进入20世纪80年代之后，美国2000多所大学中已有900多所大学开设了有关非洲或黑人问题的课程，并建有280多个各种各样的非洲研究中心（中心、规划、委员会、研究所等）。与此同时，美国政府也开始大规模地在大学中资助建立国家智力中心。至20世纪90年代中期，共有18所大学被指定为非洲研究方面的国家智力中心。[①] 有鉴于此，我国大学智库建设，首先需要在国家层面做好顶层设计，优化整体布局，加强大学智库在研究领域、研究方向上的引导，并推动建立资源共享机制，避免智力资源的浪费。而大学智库自身也要明确战略定位，突出特色优势，有所为有所不为，在错位发展中形成新的学术增长点与竞争力。

（三）突破体制障碍

借鉴西方大学智库建设的经验，需要重点在以下三个方面下工夫：一是推动现代大学制度建设，理顺大学与政府、大学与社会的关系。而在当前，尤其要与政府建立良好的互动平台，以争取到更多的资源支持。张圣坤先生认为，政府部门是大学智库研究成果的最终消费者，理应主动提供透明、真实和及时的决策信息，以便大学智库能全面、准确地跟踪和判断公共政策的动向和趋势。[②] 这是从政府层面而说的。而对于大学智库而言，则既要主动了解政府需求，增进彼此联系，充分建言献策，又要保持一定的独立性、公益性、公信力，不能成为利益集团和赞助者的代言人；二是要推动学校内部管理体制改革，大力推进学科的交叉融合。通过探索学部制以及建立跨学科研究机构等途径，有效打破原有的学科壁垒，以更好地适应大学智库以问题为导向与跨学科研究的需要；三是推动大学智库联盟建设，当前尤有必要建立全国大学智库联合会组织与年会制度，以促进大学智库之间的深度交流与合作，通过协同创新和优势互补提高大学智库的整体水平。

---

① 许亮：《伊利诺伊大学香槟分校非洲研究中心简介》，《西亚非洲》2007年第5期。

② 张骏：《打造大学智库完善多元决策》，《解放日报》2012年3月8日第3版。

（四）造就复合人才

我国大学智库与西方知名大学智库的差距，归根到底是人才的差距。与此相应的对策，一是培养和引进双管齐下，造就引领多学科合作、跨学科研究的领军人才，要建立更加灵活的人才招聘、任用和流动机制，以多种方式吸纳不同领域、不同身份的领军人才；二是要注重智库团队的培育和建设，完善团队内部的学源结构，以来自不同学科背景的群体组合，弥补个体学者专业的限制，形成多学科组合、跨学科交融的整体优势；三是重点培养具有语言和专业双重能力、能够与世界知名智库对话与合作的国际化人才；四是要积极推进人才培养模式改革，根据服务区域、国家和人类发展的需要，着力培养跨学科的新型复合型的人才，为智库的可持续发展储备后继力量。

（五）产出高端成果

无论是中国还是西方，大学智库的生存和声誉最终都取决于能否产出高端成果。所谓高端成果，包括高质量的调研报告、学术论坛、论著、连续出版物等系列产品。各大学智库要根据自己之于区域、国家和人类发展不同服务层级的特定需求，不断推出具有标志性意义的高端成果。如果我们的大学智库不关注涉及人类发展的全球性重大课题，不能为此提供具有东方智慧的解决方案，那么就不可能拥有国际学术竞争力和话语权；如果我们的大学智库不能为解决国家发展中的一系列重大问题建言献策，提交诸如《普林斯顿报告：法治下的自由社会》、《2017 年的俄罗斯与世界》、《2020 年的俄罗斯与世界》之类的优质报告，那么就不可能成为国家重点智库；如果我们的大学智库不能满足服务区域发展的需要，那么进而言之，也就没有存在的必要。

与此同时，大学智库还要改进研究成果传播形式，面向政府和大众时学会使用“政策”语言，避免过分专业化的“学术”语言。要拓宽研究成果的传播渠道，通过会议、专著、期刊、网络、大众媒体等多渠道宣传研究成果，增强品牌效应，提升影响力。

（六）优化评价导向

重点是建立政府、社会、学校互动交融的新型考评激励机制。一是以政府评价为主导，建立高校与政府之间的信息沟通与反馈机制，及时互通意见采纳情况；二是参照西方的中介评价机制，通过综合评估和绩效排名，促进大学智库考评激励机制的优化；三是改革学校评价体系，要针对大学智库的建设情况、成果质量和社会效益等，突出学术研究对于经济社会发展的契合度和贡献度，以此实现与政府、社会评价的有效对接。当然，无论是政府还是社会评价，都有可能出现某种偏差，这就需要大学智库加强彼此的沟通，处理好学术独立性与政治性、公众性的关系。

（七）推进国际合作

就研究领域或方向而言，当前西方大学智库所重点关注的问题主要有以下四个方面：一是对全球化问题的研究，如环境问题、能源问题、消除贫困问题、可持续发展问题；二是对大国特别是新兴大国的研究，如中国问题、印度问题等；三是对热点地区问题的研究，如中东地区、印巴地区等；四是对社会问题的研究，如社会福利、教育公平、妇女和儿童权益保障、劳动就业、食品安全等问题。[①] 对此，我国大学智库首先要积极介入其中，在与西方大学智库开展深度合作研究中贡献自己的创见，以此提升我国大学智库的国际学术竞争力和话语权。其次，要与西方知名大学智库建立机制化的学术交流平台，并就彼此共同感兴趣的重大研究课题开展合作研究。再次，以南京大学—约翰·霍普金斯大学中美文化研究中心、清华—布鲁金斯公共政策研究中心为案例，认真总结中美校际智库合作的成就和问题，然后逐步扩大合作范围，提升合作层次。通过这两个机构的成功合作，还可以起到以点到面的带动和示范作用。此外，还要在参与全球大学智库的有关活动中积极亮相和发声，这对扩大我国大学智库的知名度与影响力同样是不可或缺的。

（八）加大经费投入

要着力改变目前大学智库单一投入模式，在继续争取政府加大投入的同时，要积极拓宽资金筹措渠道，争取民间资本、研究基金、公益基金的支持。

---

① 金芳：《国际知名智库跟踪研究系列——当前国际智库的发展趋势及研究动向》，《社会观察》2008 年第 2 期。

当今中国正处于战略机遇期与矛盾凸显期相互交织的特定历史阶段，基于中国和平崛起与民族复兴所赋予的历史使命，我国大学智库可谓生逢其时，大有作为。充分认识大学智库建设的战略意义，认真总结国外大学智库建设的成就与经验，深入分析我国大学智库建设的进展与问题，正是为了更好地发挥我国大学智库在国家和平崛起与民族复兴中的重要作用。无论从把握战略机遇还是从解决社会矛盾来看，都应大力加强我国大学智库建设，应在借鉴国外大学智库建设经验并积极推进与其深度合作的基础上，全面提升我国大学智库在服务区域、国家与人类发展中的国际学术竞争力与话语权，最终促进社会经济与大学自身的同步发展。

作者梅新林，浙江工业大学党委书记，教授、博士生导师。
浙江省杭州市潮王路18号　310014

推进江苏高校哲学社会科学繁荣发展的思考与行动计划*

殷翔文

摘　要：本文立足于江苏高校哲学社会科学发展实际，阐述了中国特色社会主义伟大实践呼唤哲学社会科学的繁荣发展，需要哲学社会科学切实坚持“三个紧密结合”：坚持面向学术前沿和面向实践前沿的紧密结合、坚持研究重大理论问题与研究重大实践问题的紧密结合、坚持回答“是什么”“怎么看”与“为什么”、“怎么办”的紧密结合。介绍了江苏高校繁荣发展哲学社会科学的“七大行动计划”：学科体系建设计划、杰出人才培养计划、科研创新提升计划、资政惠民服务计划、文化传承创新计划、国际话语影响提升计划、创新平台与智库建设计划。提出了高校哲学社会科学学风要净化，作风要转变，文风要改善。

关键词：江苏高校　哲学社会科学　繁荣发展　行动计划

哲学社会科学具有认识世界、传承文明、创新理论、资政育人、服务社会的重要功能，其发展水平体现着一个国家和民族的思维能力、精神状况和文明素质。建设中国特色社会主义，高等学校是战略要地。建设具有

---

* 本文是作者以 2012 年 10 月 25 日在第六届中国社会科学前沿论坛上的发言为基础撰写的。其中第一、三部分主要是本人的思考，第二部分行动计划则是集体的智慧，本人是行动计划的主要策划和有关文件的主要执笔者之一。

中国特色、中国风格、中国气派的哲学社会科学，高等学校是重要力量。推进高等学校哲学社会科学的繁荣发展，是推进我国哲学社会科学全面繁荣和持久发展的重要保证。

在党中央的正确领导、国家有关部门大力推动和广大哲学社会科学工作者的共同努力下，我国哲学社会科学事业正进入深入推进的新阶段，迎来全面提升的新机遇，呈现繁荣发展的新局面。前不久，我省专门召开了全省高校哲学社会科学工作会议，贯彻落实省委、省政府建设社科强省的战略部署和教育部一系列会议和文件精神，对深入推进高校哲学社会科学繁荣发展进行了全面部署。《中国社会科学杂志社》和江苏师范大学联合在徐州举办中国社会科学前沿论坛，使我省高校哲学社会科学工作又获得难得的学习借鉴和接受指导的宝贵机会。借此机会，我就推进江苏高校哲学社会科学繁荣发展问题谈一些认识和思考，和大家共同研讨。

一　哲学社会科学需切实坚持“三个紧密结合”

在当代中国，建设中国特色社会主义是波澜壮阔、生动丰富、史无前例的伟大实践。中国特色社会主义道路是建设中国特色社会主义的实现途径，中国特色社会主义理论体系是建设中国特色社会主义的行动指南，中国特色社会主义制度是建设中国特色社会主义的根本保障，三者统一于中国特色社会主义伟大实践，这是中国特色社会主义最鲜明的特色。中国特色社会主义伟大实践呼唤哲学社会科学的繁荣发展，需要做到“三个紧密结合”。

（一）坚持面向学术前沿和实践前沿的紧密结合

学术是有系统、较专门的学问。[①] 学术前沿是最新或者领先的学术领域，哲学社会科学的学术前沿是处于领先地位的新思想、新理论、新观点、新方法的创新成果。学术追求是哲学社会科学的基本任务，学术创新

---

① 中国社会科学院语言研究所词典编辑室：《现代汉语词典》，商务印书馆2005年版，第1547页。

是哲学社会科学的本质要求，面向学术前沿是哲学社会科学繁荣发展的不竭动力。实践是人们改造自然和改造社会的有意识的活动，[①] 实践前沿是人们改造自然与改造社会的前沿阵地。实践是学术之源，研究之本，创新之基。学术源于实践，指导实践，引领实践。哲学社会科学以人类社会实践为对象，以总结人类社会实践的经验教训、把握人类社会实践的基本规律为宗旨。坚持面向实践前沿，紧密围绕实践活动，密切关注现实世界，主动适应现实需要，注重研究现实问题的哲学社会科学才有不竭活水源头，才能永葆活力生机。如果说，自然科学技术为“器”，哲学社会科学为“道”，自然科学技术和哲学社会科学是社会发展前进车之两轮、鸟之两翼的话，那么，面向学术前沿和面向实践前沿，则是哲学社会科学繁荣发展的车之两轮、鸟之两翼。立足实践前沿是面向学术前沿的基本前提，面向学术前沿是立足实践前沿的重要保证。面向学术前沿和面向实践前沿的哲学社会科学才能真正成为指引方向的“道”，才能是高水平的。

（二）坚持研究重大理论问题与重大实践问题的紧密结合

作为当代人类宏大的创新实践，建设中国特色社会主义面临着许许多多没有现成答案的重大理论问题和没有现成经验的重大实际问题。问题是客观存在的，难以避免的，不断出现的。事物是在解决矛盾的过程中发展的，中国特色社会主义是在解决问题的过程中前进的。高校哲学社会科学研究只有坚持以问题为导向，紧紧围绕中国特色社会主义建设的一系列重大理论问题和重大实践问题，紧紧围绕人民群众关心的难点和热点问题，全面、系统地去调查、审视、分析和评判，深入、智慧地去研究、思考、把握和破解，才有研究的意义、作为的空间和学术的价值，才能找到研究的切入点、学术的突破点和贡献的着力点。空洞的、教条的、文牍的、碎片式的研究不仅是无用的，而且是有害的。切实研究重大理论问题和重大实际问题的哲学社会科学才能真正解决问题，才是这个时代真正需要的。

---

① 中国社会科学院语言研究所词典编辑室：《现代汉语词典》，商务印书馆 2005 年版，第 1237 页。

（三）坚持回答“是什么”、“怎么看”与“为什么”、“怎么办”的紧密结合

在现实生活中，尤其在现代网络社会中，往往看到人们会及时地发现问题，尖锐地提出问题，勇敢地揭露问题，极力地发酵问题，甚至责怪责难起冲突，这是社会公众参与社会、表达诉求正常的社会现象，有些也是解决问题的必要前提。但是，更重要的是及时化解矛盾，有效解决问题。哲学社会科学工作者的任务和使命既要发现和提出有哪些问题，是什么问题，回答“是什么”、“怎么看”，又要分析产生问题的背景和原因，提出解决问题的方案和途径，揭示破解问题的关键和规律，回答“为什么”、“怎么办”。既能回答“是什么”“怎么看”，更能回答“为什么”、“怎么办”的哲学社会科学才管用，才是人民群众欢迎和满意的。

二　推进哲学社会科学繁荣发展的“七大行动计划”

江苏作为改革开放和中国特色社会主义生动实践的前沿阵地，率先发展的实践总是会率先遇到各种矛盾和问题，更加需要全省高校哲学社会科学肩负历史使命，担当社会责任，服务重大需求，回应人民期待，切实坚持“三个紧密结合”，切实做到顶天攀高创一流水平，立地服务作重大贡献。基于这样的认识和思考，我们提出了深入推进高校哲学社会科学繁荣发展的思路和行动计划。

在江苏高校哲学社会科学繁荣发展的目标上，我们提出到2020年，基本形成比较完善、具有明显优势和特色的哲学社会科学学科体系；培养建设一支在国内外有较大影响力的哲学社会科学人才队伍；培养输送一大批高素质、高质量的哲学社会科学青年人才；培育建设一批具有较高水平和较大影响的研究基地和服务平台；产出一批能代表江苏水平、具有历史传承意义和重大影响的精品力作，为促进形成我省高校哲学社会科学与自然科学协调发展、共同繁荣的局面，为我国社会主义文化大繁荣大发展，建设教育强省、文化强省和社科强省，推动江苏科学发展、建设美好江苏提供强大的人才支撑和智力支持。

在江苏高校哲学社会科学繁荣发展的导向上，我们提出要作出“六大贡献”。一是为中国特色社会主义旗帜建树、道路模式、理论体系、制度建设作贡献；二是为中国社会主义核心价值体系建设和践行作贡献；三是为国家和我省破解各种重大实际问题、科学健康持续发展、实现江苏“两个率先”和民族伟大复兴作贡献；四是为提高全民族的文化素质、文明程度和广大人民群众的幸福指数作贡献，五是为建设一流大学和高水平、有特色的大学，提升大学的精气神、调适大学的刚柔度作贡献；六是为我省建设教育强省、社科强省和我国建设文化强国，提高文化软实力和国际影响力作贡献。

在高校哲学社会科学繁荣发展的行动措施上，我省提出实施“七项计划”。

（一）学科体系建设计划

坚持完善体系与优化结构相结合，重点建设与协调发展相结合，提升品质与优质服务相结合，遵循规律与彰显特色相结合，建设和完善江苏高校哲学社会科学学科体系。到2020年，努力形成居于学科前沿、结构布局优化、具有江苏特色的高校哲学社会科学学科体系，整体实力继续保持全国领先水平，若干优势重点学科和研究领域达到国际先进水平，具有重要的国际影响力。加强学科体系统筹规划布局，大力推进学科交叉融合，不断优化学科生态环境。加大跨学科和交叉学科的引导和培育，积极推进学科建设模式和运行机制创新改革和交流开放力度，不断提高管理水平和建设效应。进一步提升文学、历史、哲学等基础学科建设水平，使之保持全国领先水平。进一步加强经济、管理、法律、教育、艺术等应用学科建设，建设一批具有时代特征、与经济社会发展实践紧密结合、具有明显优势特色的学科群。到2020年，着力打造一批国家级和省级哲学社会科学重点学科和学科群。

（二）杰出人才培养计划

实施江苏高校哲学社会科学人才发展战略。全面加强高校哲学社会科学队伍建设，努力造就一批用马克思主义武装起来的，深入了解中国国情、具有广阔的国际视野、通晓古今、学贯中西的思想家和理论家，造就一批政治和业务素质良好、理论功底扎实、学风端正务实、年富力强、开拓创新、善于诠释和解决重大学术问题与实际问题的学科带头人和学术骨干。到2020年，通过“江苏特聘教授”等专项选聘办法培养和引进一批在国内引领学术潮流、在国际上具有重要影响力的江苏高校哲学社会科学领军人才；遴选培养和引进一批具有较强创新能力、实践能力、发展潜力和本领域影响力的优秀学术骨干。每两年遴选建设10个左右高校哲学社会科学优秀创新团队。

实施江苏高校哲学社会科学卓越人才教育培养计划。充分发挥哲学社会科学的育人功能，着力培养一大批学风严谨、业务精湛的哲学社会科学青年人才。积极参与国家马克思主义理论研究和建设工程，力争为马克思主义理论研究和建设工程重点教材编写做出贡献，加强高质量、高水平的教材建设，扎实做好马克思主义理论研究和建设工程重点教材的使用工作。进一步加强高校思想政治理论课建设，深入推进马克思主义中国化最新理论成果“进教材、进课堂、进学生头脑”工作，全面提高哲学社会科学人才培养质量。通过开办哲学社会科学卓越人才培养实验班等，积极探索哲学社会科学杰出人才和高素质创新创业人才培养和成长规律，加快培养学术型、应用型、复合型等各类哲学社会科学卓越人才。通过设立文科学生科研创新基金、社会实践专题等方式，积极鼓励和组织大学生开展和参与哲学社会科学教学改革、科研创新、学术交流、社会实践、资政服务等活动，教育引导广大学生牢固树立正确的世界观、人生观和价值观，夯实理论基础，了解学术前沿，深入社会实际，强化社会责任，培养良好学风，提高创新能力和实践能力。

（三）科研创新提升计划

立足我国基本国情，把握我国发展新阶段特征，着眼于跟踪学术前沿和重大理论问题与重大实际问题，着力于加强全局性、战略性、前瞻性、综合性和公益性研究，着眼于产出具有重要影响和重大贡献的标志性成果，着力于原始创新和协同创新，着力于成果的转化应用，实施科研创新提升计划，着力打造江苏学派、江苏风格，努力产出一批具有鲜明江苏特色、重要国内外影响力的学术创新成果。

深化马克思主义理论和党的理论创新成果研究。重点支持马克思主义经典文本研究，重点支持中国特色社会主义道路、理论体系、制度和马克思主义中国化、时代化、大众化研究，重点支持中国特色社会主义在江苏的理论与实践研究，重点支持社会主义核心价值体系研究，重点支持文化改革发展研究和党的建设研究，大力推动实践基础上的理论创新，努力打造马克思主义理论研究与建设工程的江苏品牌。

加强重大基础理论研究。鼓励江苏高校依托国家和省重点学科、优势学科，积极承担国家重大招标项目和省重大研究项目。设立“江苏高校哲学社会科学重大研究项目”，瞄准哲学社会科学学术前沿，开展重大基础理论研究和重要文献资料研究整理。加大对重大基础理论研究的支持和引导。大力推进科研方法与科研手段创新，不断提升江苏高校哲学社会科学基础研究水平和学术创新水平，努力形成一批具有原创性、突破性的重要概念和理论，产出一批具有重大影响力的学术创新成果。

深化重大实际问题研究。设立“江苏高校哲学社会科学重大研究项目”，立足中国特色社会主义建设及其在江苏的伟大实践，紧密围绕国家和我省经济建设、社会建设、政治建设、文化建设和生态建设的重大需求和实际，大力开展应用对策研究，进行实践经验总结和基于实践的理论创造，开展跨学科、持续性的跟踪研究，积极探索经济社会发展的新规律、新模式、新机制，努力产出一批具有鲜明时代特征、较强说服力和社会影响力、经得起时间和实践检验的应用研究成果，有效指导和引领改革发展实践。

（四）资政惠民服务计划

积极开展决策咨询服务。紧密围绕各级党委政府和广大人民群众关心的重大现实问题、热点难点问题，开展系统深入的调查研究，通过提交高质量的研究报告、发展报告或政策建议，建立资政服务专家库，组织高层论坛与专题研讨会，编印“江苏高校建言献策”简报等方式，反映社情民意，汇聚专家智慧，提供决策建议，充分发挥高校哲学社会科学思想库、智囊团的作用。

加强哲学社会科学普及。充分发挥高等学校哲学社会科学学科优势与人才优势，面向社会开放高校哲学社会科学资源，推进高校哲学社会科学贴近实际，贴近生活，贴近群众。组织高校开设“高校名师大讲堂”、“高校理论名家社会行”、“哲学社会科学走进百姓大众”、“理论面对面”、“优秀哲学社会科学普及项目”评选、组织编写社科普及读物等形式多样的活动。积极传播科学理论，解读政策精神，弘扬优秀传统文化，满足人民群众日益增长的精神文化需求，提高公众人文素质和国民文明程度，净化社会环境，引领社会风尚。

（五）文化传承创新计划

切实加强大学文化建设。注重挖掘、凝炼大学文化的历史积淀、创新品格和价值取向。把社会主义核心价值体系融入大学文化建设全过程，充分发挥大学文化的育人作用，大力提升大学文化的凝聚力和影响力。坚持秉承优良传统，体现时代特征，培育大学精神，铸造大学之魂，着力提升大学的文化内涵与文化自觉，增强大学的文化自信与文化特质。充分发挥广大师生的主体性和创造性，以创新、创业、创优为主要内容，以校歌、校训、校风、教风和学风等为载体，加强校园文化建设，不断提高高校的文化品位、教师的文化素养和学生的文化素质。充分发挥高校图书馆、博物馆、各类媒体、各类社团组织等在大学文化建设中的作用。重视加强学科专业文化建设、文化载体建设和文化制度建设，把大学文化建设贯穿于人才培养、科学研究、社会服务、文化传承创新等各个方面，真正以大学文化引领有文化底蕴、有精神灵魂、有个性特色的办学实践。深入开展大学文化建设专题研究，广泛开展各类富有特色的大学文化建设活动，努力培育和产出高水平、高质量、高影响力的大学文化建设优秀成果。

积极主动地为提升国家和地方文化软实力服务。充分发挥高等教育作为优秀文化传承的重要载体和思想文化创新的重要源泉的作用。以研究与弘扬中国优秀传统文化，吸收借鉴人类优秀文化成果，弘扬时代主旋律，助推提升中华文化的国际影响力、国家与江苏的文化软实力为主要任务，依托高校学科、人才和智力优势，加强高校与政府、行业产业和企事业单位的战略合作，加快培养高层次文化领军人才和高素质文化创意、经营、管理、技能人才。培育建设一批特色鲜明、创新能力强的文化产业大学科技园区，鼓励高校师生到文化产业大学科技园区自主创业，积极发挥高校在文化产业发展的人才智力支撑和高端引领作用。

以金陵文化、吴越文化、楚汉文化、淮扬文化等为重点，加强具有鲜明江苏特色的地方文化研究、发掘与弘扬，组织一批研究人员，建设一批研究基地，设立一批品牌讲坛，产出一批精品成果。以金融服务、现代物流、科技咨询、信息服务、工业设计、商务会展、文化创意、动漫等江苏重点发展的现代服务领域为重点，设置调整一批哲学社会科学学科专业，建设一批人才培养培训、科研创新与成果转化基地，建立一批文科类研究生工作站，孵化培育一批文化企业，大力提高大学的公共文化供给能力和服务水准。

（六）国际话语影响提升计划

充分发挥高校在世界文化交流融合中的独特优势和作用，坚持推进学术交流与合作为主线，坚持“走出去”与“请进来”相结合，坚持以我为主、积极稳妥的原则，有选择、有步骤、有层次地实施高校哲学社会科学“走出去”战略。进一步加大国际学术交流与合作力度，增强我省高校国际学术对话能力和学术影响力，不断提升服务国家重要国际战略的能力和服务我省对外开放的能力。

加快培养国家和我省急需的国际化人才。调整优化哲学社会科学学科专业结构、课程结构和人才培养结构，提高大学生的国际认知和国际理解水平，强化培养大学生的国际视野、国际素养和国际交往能力。提高我省公派留学项目的文科学生比例，加大文科研究生参加国际学习和学术交流的资助力度。开展全英文人才培养、中外联合培养和中外暑期学校等国际化人才培养项目。

加强国际学术交流与合作。鼓励高校与国外高水平大学或教育科研机构开展实质性、深度的国际合作研究，开展国际学术交流。鼓励高校探索建立海外中国学术研究中心，鼓励高校参与和设立国际学术组织、国际科学计划，积极参与和推动国际学术组织有关政策、规则、标准的研究和制定。加大选派哲学社会科学教师到境外高水平大学或研究机构学习深造和合作研究的力度。加强哲学社会科学领域国际学术交流与合作的规范化管理。

加大学术精品海外推广力度。以项目为导向，鼓励江苏高校学术精品、优秀学术成果的翻译、国际发表、海外出版和推介。按照有关规定，鼓励支持高校出版机构设立海外出版发行基地，鼓励支持有条件的高校学报（社会科学版）创办英文版，支持特色优势哲学社会科学学科创办外文专业期刊，支持和建设若干有影响力的外文学术网站，加强对外表达和传播，提升国际话语影响力。

切实加强国际问题研究。充分发挥高校学科和人才优势，着力培养建设一支国际问题研究专家队伍，着力打造一批有重要影响的国际问题研究“智库”。有重点、有计划、有针对性地开展全球问题、区域问题和国别问题研究，不断推出有分量、有价值、有影响的研究成果，妥善回应外部关切，努力增强国际对话底气，掌握国际话语主动权，为推动国际社会对我国基本国情、价值观念、发展道路、内外政策的了解和认识，展现我国文明、民主、开放、进步的形象，提升我国文化软实力和综合实力，有效实施国际化战略，提升国际化水平做出积极贡献。

（七）创新平台与智库建设计划

加强高校哲学社会科学重点研究基地与高校文科实验室建设。按照优化结构、合理布局、突出重点、兼顾基础和应用研究的要求，建设一批国家级、省级哲学社会科学重点研究基地，建设一批跨学科、运用现代科学技术方法与手段的高校文科实验室，到2020年，力争江苏高校教育部人文社会科学重点研究基地建设水平位于全国前列。

加强高校人文社会科学协同创新中心与校外研究基地建设。坚持以“需求导向、全面开放、深度融合、创新引领”为原则，整合江苏高校人文社会科学资源，推进学科交叉融合，加强与地区、行业、企事业单位和社会组织的紧密合作，围绕若干重大理论问题和实际问题开展协同研究。到2020年，培育建设一批具有国内领先水平和重要国际影响力的国家级文科类协同创新中心，建设一批高水平的校外研究基地、实验实践基地和成果转化基地。

加强各类高水平智库建设。面向国家和我省重要战略需要，建立全省高校人文社会科学咨政服务专家库。建设一批国内一流、具有国际先进水平和国内领先水平的公共政策和公共事务智库，建设一批国际问题研究中心。

加强高校哲学社会科学条件支撑体系建设。根据高校哲学社会科学繁荣发展特点和需要，大力加强图书文献与网络资源建设，大力加强社会调查、统计分析、专题资料、实证案例等专题数据库建设，大力加强出版机构、期刊、网站等学术载体和设施建设，大力加强高校哲学社会科学学术交流、成果发布、资讯服务平台建设。推动学术期刊专业化和数字化发展，提高哲学社会科学信息化水平。到2020年，建成一批在国内具有领先水平、在国际上具有显著影响力专题数据库、学术名刊、名栏和网站。

三 加强高校哲学社会科学"三风"建设

根据我省高校哲学社会科学发展需要和实际，我们提出高校哲学社会科学加强"三风"建设的要求，这就是学风要净化，作风要转变，文风要改善。高校哲学社会科学工作者既要讲"西语"，更要讲"中文"；既要按照自己的学术方向和兴趣做学问、究学术，更要面向社会和人民需求研究和解决实际问题；既要待在书房、钻进图书馆、遨游于网络上，更要走进基层、走进群众、走进实际。在学术活动中少一点假大空，多一点真善美；少一点权力和利益的思维边界，多一点实际问题的潜心研究和对真理追求的独立思考；少一点粗制滥造的"等身之著"，多一点千锤百炼的精品力作；少一点闲言碎语和牢骚指责，多贡献一点建设性的大智慧大谋略和妙计良策。要大力弘扬求真、求实、求精的良好风气，要大力探索和创新哲学社会科学工作的组织模式、工作模式和活动模式。高校哲学社会科学工作者要努力成为良好社会风尚的示范引领者、中国特色社会主义的积极建设者、哲学社会科学繁荣发展的主体践行者和中华民族伟大复兴的智慧贡献者。

作者殷翔文，江苏省教育厅副厅长。江苏省南京市北京西路15号 210024

引领推动中国学术走向世界*

——第六届中国社会科学前沿论坛在徐州举办

郑　飞

本报讯（记者郑飞发自徐州）改革开放以来，尤其是党的十六大以来，中国特色社会主义事业取得了举世瞩目的成就，为我国哲学社会科学走向世界提供了宝贵的历史机遇，中国学术肩负着提升国家文化软实力和国际影响力的重要使命。10 月 25 日，围绕“走向世界的中国学术”这一主题，由中国社会科学杂志社和江苏师范大学联合举办的“第六届中国社会科学前沿论坛”在徐州召开。中国社会科学院党组副书记、常务副院长王伟光出席论坛并作主题讲话。

论坛开幕式由中国社会科学院副秘书长、中国社会科学杂志社总编辑高翔主持。江苏省委宣传部副部长周琪，江苏省教育厅副厅长殷翔文，江苏师范大学校长任平，徐州市委常委、宣传部部长张彤致辞。来自中国人民大学、吉林大学、中山大学、浙江大学、南开大学、东南大学、华中科技大学、安徽省社会科学院、湖南省社会科学院和湖北省社会科学院等全国四十余所高校与科研机构的主要负责人和学科带头人参加论坛。

王伟光代表中国社会科学院党组，代表全国政协副主席、中国社会科学院党组书记、院长陈奎元向论坛的召开表示祝贺。他指出，中国特色社会主义伟大实践不断激发着理论创新、学术创造的活力，为哲学社会科学打开了世界性的宏阔视野，奠定了中国学术走向世界的理论与现实根基。

---

* 原文刊发于《中国社会科学报》2012 年 10 月 26 日第 1 版。

当前，中国哲学社会科学事业正处于前所未有的快速发展中，这为中国学术走向世界、争夺“话语权”、占据“思想高地”积累了宝贵经验，创造了积极条件，奠定了坚实基础。他认为，推动中国学术走向世界，提升中国学术的世界影响力和国际话语权，是哲学社会科学界深入贯彻党中央统筹国内国际两个大局、发展中国特色社会主义、实现中国现代化战略思想的重大举措。

王伟光强调，哲学社会科学走向世界，必须坚持“立足中国、面向世界，以我为主、为我所用”的原则，必须坚持围绕中心、服务大局，为实现中国现代化和中华民族伟大复兴、为中国特色社会主义服务的方针。他指出，中国学术必须坚持以马克思主义为世界观方法论指南，必须坚持服务于中国特色社会主义事业，与国际学术界展开平等、独立、相互尊重的对话，以鲜明的中国特色和时代特征走向世界。中国特色社会主义实践既是中国学术走向世界的物质基础和理论资源，又是中国学术走向世界的服务目标和终极归宿。与国际学术界展开对话，要坚持以科学的眼光对待其他国家、其他民族的学术观点和学术成果，要坚持中国学术的自觉与自信，毫不动摇地继承和弘扬中华民族的优秀学术传统，创造并发扬光大具有时代气息的、中国特色的学术。

周琪代表江苏省委宣传部向论坛的成功举办表示祝贺。他介绍，江苏省委、省政府历来高度重视繁荣发展哲学社会科学事业，提出了要在“两个率先”进程中建设社科强省的战略目标。当前，江苏省正组织有关部门加紧制定《社科强省建设实施意见》，以进一步提升江苏哲学社会科学的创造力、影响力，更好地为实现“两个率先”目标提供思想引领和精神支持。

中国社会科学杂志社副总编辑余新华向记者介绍，在中国社会科学院党组的直接领导下，中国社会科学杂志社近几年来不断研究和总结世界报刊发展和传播规律，创新和深化办报办刊工作体制机制，努力通过打造学术理论传媒集团，助推中国学术走向世界。

与会专家从哲学、经济学、历史学、政治学、法学和语言学等不同的学科视角，对中国学术如何走向世界进行了深入的交流探讨。东南大学党委书记郭广银认为，经过30多年的改革开放，我国在物质文明上逐渐赶上了世界，成为经济总量居全球第二的国家，随之而来的是一个文化大国的崛起，及其与之伴随的必要的文化自觉和文明担当。在古代，我们的先人用自己坚韧的努力，走出了陆上“丝绸之路”和海上“丝绸之路”，成就了中西文明交流的创举，也铸造了中华文明走向世界的辉煌。今天中国学术能否走向世界，能否得到世界的承认并影响世界，关键就在于我们能否开拓一条“学术丝绸之路”。

黑龙江大学校长张政文对记者表示，改革开放30多年来，中国哲学社会科学事业实现了巨大发展，在这一历史进程中，中国社会科学前沿论坛发挥了特殊的、不可取代的重要作用。这体现在：第一，前沿论坛把中国特色、中国风格、中国气派作为主导价值诉求，为中国学术、中国文化走向世界带来了巨大的品牌效应，成为中国学术走向世界的重要标志。第二，前沿论坛在中国学术界产生了独特的、巨大的影响，一方面它以高度的思想自觉、强大的学术自信、高度的目标自律，整合了中国高校和科研机构的学术、人才和思想资源；另一方面，它统合了哲学社会科学不同门类、学科、专业、领域的优质资源，推动了当代中国社会科学的协同创新。第三，前沿论坛具有国际化的视野、全球性的高度，立足于中国社会发展尤其是哲学社会科学发展的现实基础，关注的是重大理论和现实问题，因而成为哲学社会科学界影响最大、引领性最强、水平最高的高峰论坛。

湖南省社会科学院院长朱有志提出，让中国学术走向世界是我们这一代社会科学工作者的特殊使命。他说，如果深刻领会了马克思主义经济基础决定上层建筑的理论，那么，在中国经济总量位居世界第二的情势下，提出加速中国学术走向世界进程的新任务，绝不是理论工作者的职业偏好，而是中国经济社会可持续发展的内在要求。我们欣逢中国经济在世界经济格局中的地位快速提升的大好时机，因之也历史性地承担着让中国学术走向世界的新任务，这也是推动中国可持续发展、增强中国国际竞争力的必然要求。

与会代表还一致通过了《中国社会科学前沿论坛徐州倡议》（详见本报A－03版），进一步推动论坛的建设与发展，推动论坛产生更大的学术影响和社会影响。

中国社会科学前沿论坛是由中国社会科学杂志社作为常设主办单位发起和创办的全国性哲学社会科学高层次学术交流平台，主要邀请我国各著名高校和科研机构的学术领军人物参加。首届论坛于2007年12月在北京召开，目前已成功举办六届，中国社会科学杂志社在论坛基础上连续编辑出版了社会科学蓝皮书《中国社会科学学术前沿》系列丛书。

第七届中国社会科学前沿论坛将于2013年由吉林大学承办。

“中国社会科学前沿论坛”徐州倡议

由中国社会科学杂志社发起并作为常设主办方的中国社会科学前沿论坛，在全国学术界倡导打破学科壁垒，直面重大前沿问题，谋划学术未来发展，推动建构具有中国特色、中国风格、中国气派的哲学社会科学体系，推动中国学术走向世界、走向未来。

自2007年在北京成功举办以来，中国社会科学前沿论坛历经广州、西安、伊春、永州、徐州，一路走来，目前已经成为哲学社会科学界学术带头人探索关系全局的重大理论和现实问题的重要平台，成为哲学社会科学界交流信息、规划学科发展的高峰论坛。

为推动中国社会科学前沿论坛更好更快地发展，第六届中国社会科学前沿论坛与会代表一致通过《徐州倡议》：

一、精心筹划中国社会科学前沿论坛主题，设计和使用统一的中国社会科学前沿论坛会徽、会旗，进一步推动论坛的精品化、规范化、系统化建设；

二、设立“中国社会科学前沿论坛优秀论文奖”，由中国社会科学杂志社筹集资金对获奖论文进行奖励，颁发获奖证书；

三、在《中国社会科学》（含《中国社会科学》英文版）、《中国社会科学报》等重要学术理论报刊刊发中国社会科学前沿论坛优秀论文，及时报道会议成果；

四、参加中国社会科学前沿论坛的高校和科研机构将参会论文纳入科研评价体系；

五、结集出版中国社会科学前沿论坛优秀论文集，做好会议资料保存、整理工作。

与会代表呼吁全国各兄弟高校、科研机构学术带头人积极参加中国社会科学前沿论坛，支持中国社会科学前沿论坛的建设与发展，推动中国社会科学前沿论坛产生更大的学术影响和社会影响。

第六届中国社会科学前沿论坛与会代表

二零一二年十月

编 后 记

第六届中国社会科学前沿论坛于2012年10月25日至26日在江苏徐州举行。会议由中国社会科学杂志社和江苏师范大学联合举办。来自全国四十余所高校和科研机构的主要负责人和学科带头人参加会议。本届论坛主题为“走向世界的中国学术”。会议共收到论文40余篇，我们从中精选了32篇，编成这本文集。文集内容按专题分为主旨论文和专题文章两个部分。书前收入本届论坛开幕式致辞，书末收入本届论坛的会议综述和《“中国社会科学前沿论坛”徐州倡议》。

为了保证文集的学术水准，我们在编选文集时遵照了以下原则：1. 入选论文应达到较高的学术水平，未成篇的内容摘要或论文提纲以及篇幅过短、内容单薄的文章不在入选之列；2. 部分论文入选时，作者做了不同程度的修改和完善；3. 入选论文按专题及问题之间的相关性为序排列。

中国社会科学出版社对文集的出版给予了大力支持；文集在选编过程中得到了各位作者的积极配合；中国社会科学杂志社总编室安蕾、李文珍、王美、侯丽敏、余慧、李丽诸同志负责文集的初编工作，付出了大量的心血，在此一并表示衷心的感谢。

编 者

2013年5月